JN263793

文眞堂現代経営学選集 II 4

バーナード経営学の展開

―意味と生命を求めて―

庭本佳和著

文 眞 堂

まえがき

　本書で書こうとしたことは，書名から想像できるように，現代経営学を基礎づけるバーナード理論の解明（私なりの解釈と展開）である。かつて「C. I. バーナードの理論は，一般組織論であって，経営学ではない」という指摘がしばしばなされたが，「現代経営学を基礎づけるバーナード理論が経営学でなければ，何を経営学というのか」という思いもあって，書名は『バーナード経営学の展開』とした。ただし，「経営学とは何か」という高邁な議論は本書では全くしていない。

　本書のいまひとつの秘かな狙いは，経営学を自然ないし生命から立論すること，あるいは生命の意味から経営学を書き直すことであった。それを「意味と生命の経営学」といってもよいが，序章と終章にややまとまった姿を現すだけで全体としては断片的な素描で終わっている。その意味では，せいぜいのところ，そのような観点から経営学を見直そうとしただけだともいえる。

　それでも，自然や生命を意識して最初に執筆したのは，もう25年も前である。「自然と人間のための経営学：バーナードの自然観」（『大阪商業大学論集』第60号，1981年）が，それだ。この論文自体は終章の基礎の一つとなった「経営存在と環境問題」（山本安次郎・加藤勝康編『経営学原論』文眞堂，1982年，第17章）に吸収したこともあって，本書には収めていない。もちろん，常にそのような意識で論文を書いたわけではないが，頭の片隅に，あるいは潜在意識下には，絶えずそのような問題意識があった。

　たとえば，本書第4章に所収した「近代科学論を超えて：バーナードの方法」（『大阪商業大学論集』第65号，1983年）で経営学文献として初めてM. ポラニーの暗黙知を導入したのも，生命を絶滅の淵に追いやる近代科学知を超えるものとして，あるいは対抗知になり得るかもしれないバーナード

の行動知，身体知，そしてそれを説明する暗黙知に関心があったからである。暗黙知を有名にした組織的知識創造論（野中）が展開され始めた同じ時期に，本書第6章に収めた「組織と知識：バーナードの知識論」（『大阪商業大学論集』第90号，1991年）を書いてはいるが，当初は暗黙知を基礎にした知のあり方そのものから組織知を見直そうとしたもので，組織的知識創造の文脈からではない。それが「組織と知識」を，第Ⅳ部「現代経営学とバーナード理論」ではなく，第Ⅱ部「バーナードの方法」に配置した理由である。「自由と自然」の問題を直接に扱った「自由意思と自然：バーナードの自由概念」（『千里山商学』第26号，1986年）はもちろんのこと，生命を説明することから生まれたマトゥラーナ＝ヴァレラのオートポイエーシス論に取り組んだのも，「意味と生命の経営学」を構築するヒントがないかという思いが，その底には流れていた。その思いは十分には結実しなかったが，「わが国で最初にオートポイエーシス論を組織に適用」（長岡）した本書第12章の基になった論稿（「現代組織論と自己組織パラダイム」『組織科学』Vol.28, No.2, 1994）には繋がった。また，バーナードの方法を浮かび上がらせるという副産物をもたらしたことも大きかった。

　これら論稿もサブタイトルが示すように，バーナードの概念や理論に論及している。その限りでは，本書もまたバーナード（理論）研究には違いないが，バーナード研究の二大巨頭，飯野や加藤のように，バーナードが残した資料や周辺資料をも駆使して，バーナードおよびバーナード理論そのものを明らかにしようとしたバーナード研究ではない。本書の場合はどこまでも，自己の問題意識という「ボール」をバーナード理論という「壁」にぶつけて，その跳ね返りを手がかりに考えようとするもので，バーナード理論は思考の道具にすぎない。本書では，それを現代の経営課題への接近にだけでなく，現代経営学の発展を整理するのにも用いている。いずれにしてもバーナード理論を使いこなすには，未だ完全に解明されていないバーナード理論を読み解く作業が必要であった。本書がバーナード理論研究にいささかなりとも貢献した部分があるとすれば，そのためである。

　このように，目に見える本書のハッキリとした太い縦糸が「バーナード経

営学の展開」だとしたら，見えるか見えないかの細い横糸が「意味と生命の経営学」の素描である。この縦糸と横糸がうまく編まれているという自信はないが，それが本書の特徴の一つだろう。そして，やや論争的なところが，本書の第二の特徴かもしれない。わが国学界では論争は余り好まれないが，多くの著作やバーナード理論批判研究に反論し，反批判を覚悟してかなりハッキリと批判した。もとより，バーナードおよびバーナード理論は人を寄せつけない「神」ではない。当然，完璧な理論でもなく，批判的に検討され，乗り越えられるべき対象である。まして，本書のように道具として使うのであれば，不足を補い，切れ味の鈍い部分は磨かれるべきであろう。しかし，不当な過小評価や大きな誤読は，過大評価と同様に，無益である。これまでバーナード理論研究者も誤読や誤解はしてきた。それだけに，厳しい批判や鋭い批評，冷静な論争は欠かせない。それがバーナード理論を正当に評価するための道であり，経営学研究進展の道だからである。

　それ以外にも，批判や反論の意義はある。一つに，批判や反論は論点を明確にして，その著作の主張を鮮明にすることだ。もし本書の論点や主張がわかりやすければ，そのおかげだろう。それにもかかわらず，何を主張しようとしているのかわからないとすれば，すべて書き手である私の責任である。いま一つの批判や反論の効用は，批判者の眼や批判者の理論水準を批判対象者の理論水準にまで一気に引き上げてくれることだ。本書が少しでも読むに耐えるレベルにあるとすれば，すぐれたバーナード理論批判を展開した研究者やその他の研究者の水準の高さに負っている。その意味では，本書で批判や反論の対象に取り上げたすべての研究に感謝せねばならないだろう。

　このようにしてできた本書は，序章および終章と，四部に分かれた 12 章から構成されている。その内容を簡単に紹介すれば，次のようになる。
　序章「意味と生命システム」で，まず経営（体）を生命システムにして意味システムであることを明らかにする。生命システムとしての経営は生命の包括関係を生命の意味として，自らの意味システムに組み込むべきこと，その場合，バーナードの知のシステムが可能性を切り開くことを示した。

それを受けた第Ⅰ部「バーナードの思想」において，まずバーナードの人間観を明らかにし，続いて個人主義を吟味しつつ，その協働観，社会観を示した。さらに人間協働のダイナミズムをその組織観と管理観から論及し，究明してゆく。その際，ポイントとなるのが，自由および自由意思の問題であろう。ここでバーナードの自由概念が自然と関連させつつ位置づけられることになる。

　第Ⅱ部「バーナードの方法」では，近代科学的方法あるいは近代科学知を超えるバーナードの行動知や身体知（バーナード自身の表現ではない）を意識のレベル（潜在意識や無意識）に合わせて切り出し，それが暗黙知の性質をもつことを明らかにしている。バーナードが行動知や身体知に行き着いたのは，組織に内的な視点に立つ行為的直観によって組織行為を把握しようとしたからである。それは，約30年後に現れたマトゥラーナ＝ヴァレラのオートポイエティックな視点や方法とほぼ同じ視点と方法でもあった。ここにバーナードの組織把握の視点と次元が浮き彫りにされてゆく。さらに，バーナードの知識論を基礎に組織的知識創造理論（野中郁次郎）を批判的に検討した。

　第Ⅲ部「バーナード理論の諸問題」は，組織概念や管理観にまつわるバーナード理論に固有の問題を扱っている。まず，バーナード理論の中核的概念構成である協働システムと組織概念の関係についての一つの解釈を提示している。第二に，バーナード組織概念がもたらしたといわれる組織境界問題に対するオートポイエティックな解釈によって，それが深い管理認識に支えられていることを明らかにした。第三に，バーナード理論における管理過程とは，マネジメント・プロセスではなく，有効性と能率を達成基準とするエグゼクティブ・プロセスであることが提示されている。このプロセスの全体感を可視的に表現するものが，組織経済にほかならない。それが管理過程の問題が組織経済の問題になる理由である。

　第Ⅳ部「現代経営学とバーナード理論」では，まず「組織と意思決定」の問題をバーナードの知のシステムから検討している。次に，経営学のなかでもダイナミックに進展する経営戦略論の発展が，最近の競争戦略を含めて，

バーナード理論を基礎パラダイムとして展開していることを明らかにした。最後に，現代組織理論で大きな位置を占める自己組織理論を検討し，そのオートポイエティックな転換の必要性と重要性を示すとともに，バーナード理論がその先駆をなしたことに論及している。

終章「意味と生命の経営学」では，序章，さらに第Ⅰ部から第Ⅳ部で時に明確に，時に朧げに示したバーナードの思想や概念，方法や知識観などをも用いつつ，社会的責任の視野のもとに地球環境問題を論じて，生命の意味を内在化させる経営学の実践的な姿を描こうとした。

以上のような内容からなる本書は，2つの未発表草稿（正確には1つを分割した）を除けば，既に公表されたものばかりで，書き下ろしはない。加筆した一部（第6章，第11章）と2～3本をまとめて書き直した一部（第12章，終章）以外は，書物としての体裁を整えるための微調整をしただけで，元論文の原型をほぼ残している。加筆した章も末尾を加えたにとどまる。未発表草稿も一部加筆・修正した。初出を示せば以下の通りである。各版元には謹んでお礼を申し上げる。

序　章　「意味と生命システム」『経済論叢（京都大学）』第152巻第3号，1993年。
第1章　「人間協働の物語」未発表草稿（1993年執筆）
第2章　「人間協働の展開」未発表草稿（1993年執筆）
第3章　「自由意思と自然」『千里山商学（関西大学大学院）』第26号，1986年。
第4章　「近代科学論を超えて」『大阪商業大学論集』第65号，1983年。
第5章　「組織把握の視点と次元」『甲南経営研究』第43巻第4号，2003年。
第6章　「組織と知識」『大阪商業大学論集』第90号，1991年。
第7章　「協働システムと組織概念」日本経営学会関西部会（和歌山大学）報告原稿，1977年9月17日。
第8章　「組織の境界」河野大機・吉原正彦『経営学パラダイムの探求』文眞堂，2001年。

第 9 章	「組織と管理」『甲南経営研究』第 45 巻第 2 号,2004 年。	
第 10 章	「組織と意思決定」加藤勝康・飯野春樹編『バーナード:現代社会と組織問題』 文眞堂,1986 年。	
第 11 章	「戦略的経営パラダイムの展開」『千里山商学(関西大学大学院)』第 20 号,1984 年。	
第 12 章	「現代組織理論と自己組織パラダイム」『組織科学』Vol.28, No. 2,1994 年。	
	「組織統合の視点とオートポイエーシス」『組織科学』Vol.29, No.4,1996 年。	
終　章	「経営存在と環境の問題」山本安次郎・加藤勝康編『経営学原論』文眞堂,1982 年。	
	「経営の社会的責任」『大阪商業大学論集』第 63 号,1982 年。	
	「組織と意味の展開」『組織科学』Vol.33, No.3,2000 年。	

　この初出一覧から一目瞭然であるが,30 代,40 代に書いた論稿が多い。最も古いのは 1977 年で,およそ 30 年前である。また既に教職に就いていたが,後輩の大学院生に求められるまま,大学院紀要に書いたものも 2 編収めている。それらも 20 年前である。院生用紀要にも手を抜かずに書いたともいえるし,進歩がないともいえる。それにもかかわらず,このように年齢を重ねるまで本に仕立てられなかったのは,基本的には私の怠慢の故であるが,わずかであれ人生における"いたずら"もあっただろう。人はそれぞれ宿命を背負って生きねばならないからだ。そして,おそらく最後のチャンスに本となった。

　年数がかかったわりに,未熟で不完全な研究成果とはいえ,本書が出来上がったのは多くの方々のおかげである。

　まず関西大学商学部での指導教授・中辻卯一先生と,関西大学大学院商学研究科の指導教授・山口吉兵衛先生にお礼を申し上げねばならない。両先生のおおらかな人柄がなければ,私は研究者の道を歩むことができなかっただろう。当時,まだ演習を担当しておられなかった飯野先生のもとでバーナー

ド理論を学ぶことを許していただいた山口先生には，とりわけ，その思いが強い。若気の至りで気がつかなかったが，それは大学におけるタブーであった。また院生という自覚のないまま，授業をさぼって学部以来のクラブ活動にうつつをぬかし，下駄で通った院生研究室では研究もせずに小説を読み散らす私にほとほと手を焼いた先輩院生に，山口先生は「あの君はあれでいいのだ」とかばってくださったという。後に先輩から聞かされた。頭が下がる。

　しかし，「日本バーナード協会」および「現代経営学研究会（通称「修善寺合宿」，現在は「箱根合宿」）に集った方々からの知的刺激がなければ，本書を構成する諸論文は書けなかっただろう。特に三戸公先生の鋭く問題に迫る姿勢から多くを学ばせていただいた。また山本安次郎先生が主宰された山本研究会，その後身の加藤勝康先生を中心にした加藤研究会では，バーナード理論研究を超える経営学の体系性や方法論の重要性に眼を開かされた。いずれの研究会でも，わが国を代表する研究者と交流する機会が与えられ，それが今なお私の知的財産となっている。さらに北野利信先生や佐々木恒男先生の本質を突くバーナード理論批判は，私の研究の励みとなった。そして，褒めて育てる村田晴夫先生には，幅広い知的刺激を受けただけでなく，精神的にもどれだけ救われたことか。

　日置弘一郎氏を世話役に長尾昭哉先生を囲む研究会も私の知的形成に大きな影響を及ぼした。当時，若き社会学者だった徳安彰，高瀬武典，奥山敏雄の諸氏との交流は，私のルーマン理解の基礎となり，本書第12章に繋がっている。

　それにもかかわらず，亡き飯野先生の存在がなければ，本書の刊行はあり得ない。飯野先生は，押しかけ弟子を温かく迎い入れ，まともに論文の書き方も知らなかった私に学問研究の手ほどきをしてくださった。今日，私が研究者の端くれとして生きていけるとしたら，それはすべて飯野先生のおかげである。本書執筆に際して飯野春樹『バーナード研究』（文眞堂，1978年）を読み返してみたが，私が知りたいことのほぼすべてがそこに書かれてあり，改めて恩師の研究に凄味を感じた。飯野先生がなされた研究に比べると

極めて貧弱な成果でしかないが，本書を我が恩師・故飯野春樹博士のご霊前に捧げたい。そして，常に鋭い批判の刃を突きつけてくれる飯野研究室の仲間にもお礼を言わなければならないだろう。特に藤井一弘氏には，本書構成のアドバイスから校正まで，筆舌に尽くしがたいお世話になった。

実は本書刊行に至る小さな種は，最初の職場（大阪商業大学）の同僚で経済学史研究者である井上琢智さんによって蒔かれた。経済学をはじめさまざまな議論をさせていただいたが，それ以外に，教職に就いてなお，研究をこの世界に身を置くための在籍料，つまり税金ぐらいにしか考えていなかった私に，彼は「大学の教師とは研究し，本を書き，それを学生に伝える人だ」と諭すように教えてくれた。30年かかったが，やっとその教えに応えることができた。次の職場（流通科学大学）では，同僚で会計学者の亀井孝文さんに会計学についていろいろ教えていただいただけでなく，さまざまな議論がやはり本書の執筆に役立っている。ここに記して両氏に感謝したい。

なお，このささやかな研究成果が出版に至ったのは，現在勤務している甲南大学（甲南学園）より平成17年度出版助成（伊藤忠兵衛基金出版助成）の交付を得たことが，直接のきっかけである。記して謝意を表したい。

最後になってしまったが，学術書の出版が厳しい状況の中で，出版を快く引き受けてくださった文眞堂社主の前野眞太郎氏をはじめ，編集部の前野弘，前野隆，前野眞司の三氏には深く感謝申し上げる。特に30年近い付き合いのある前野隆さんには無理なお願いをし，本当にお世話になった。せめて本書が文眞堂の営業上，足を引っ張らないことを願うばかりである。

2005年12月21日　　庭本佳和

目　次

まえがき

序　章　意味と生命システム ……………………………… 1
　　　　　──経営環境倫理の確立を求めて──

　Ⅰ　自然の破壊と生命の危機……………………………………… 1
　　　　──経営課題としての地球環境問題──
　Ⅱ　生命システムとしての「人間」と「経営」………………… 4
　　　　──バーナードの自然観・システム論──
　Ⅲ　意味システムとしての「人間」と「経営」………………… 13
　　　　──バーナードの協働論・組織論──
　Ⅳ　意味の行方と身体知・行動知………………………………… 19
　　　　──経営環境倫理の確立に向けて──

第Ⅰ部　バーナードの思想 ……………………………………… 27

第1章　人間協働の物語 ………………………………………… 29
　　　　──バーナードの人間観と協働観──

　Ⅰ　協働の哲学をめぐって ………………………………………… 29
　Ⅱ　バーナードの人間観 …………………………………………… 32
　Ⅲ　バーナードの人間理解と協働観 ……………………………… 39
　Ⅳ　バーナードの社会認識と個人主義の吟味 …………………… 44

第2章　人間協働の展開 ………………………………………… 56
　　　　──バーナードの組織観・管理観──

Ⅰ　人間協働のダイナミズム……………………………………… 56
   Ⅱ　意思決定と価値問題…………………………………………… 59
   Ⅲ　創造的リーダーシップと自由………………………………… 61
   Ⅳ　創造システムとしての組織…………………………………… 65

第 3 章　自由意思と自然 …………………………………………… 73
　　　　──バーナードの自由概念──

   Ⅰ　人間における自由の問題……………………………………… 73
   Ⅱ　「自由」概念の意味するもの ………………………………… 77
   Ⅲ　バーナードの自由概念………………………………………… 92
   Ⅳ　自由意思と自然………………………………………………101

第Ⅱ部　バーナードの方法 ……………………………………113

第 4 章　近代科学知を超えて ……………………………………115
　　　　──バーナードの方法──

   Ⅰ　現代社会の病理と近代科学……………………………………115
   Ⅱ　現代社会科学の方法……………………………………………117
   Ⅲ　バーナードの方法………………………………………………123
　　　　──バーナードの科学観・真理観──
   Ⅳ　近代科学知を超えて……………………………………………133
   付録　暗黙知と行動知………………………………………………137
　　　　──バーナードからポラニーへの手紙──

第 5 章　組織把握の次元と視点 …………………………………143
　　　　──方法的挫折か、未完成か──

   Ⅰ　多様な組織（境界）理解………………………………………143
   Ⅱ　組織把握の次元…………………………………………………148
   Ⅲ　組織把握の視点…………………………………………………165

第6章　組織と知識
　　　　──意味と創造の世界──

Ⅰ　組織現象の解明と知識概念の拡大 …………………………………… 175
Ⅱ　バーナードの知識論 …………………………………………………… 178
Ⅲ　組織的知のダイナミズム ……………………………………………… 188
Ⅳ　組織的知識創造の理論 ………………………………………………… 196
　　　　──野中の知識観の検討──
Ⅴ　意味と創造の世界 ……………………………………………………… 208

第Ⅲ部　バーナード理論の諸問題 …………………………………… 223

第7章　協働システムと組織概念 ………………………………………… 225
　　　　──バーナード理論における概念構成──

Ⅰ　問題の限定と基本的確認 ……………………………………………… 225
Ⅱ　協働システムと組織 …………………………………………………… 226
Ⅲ　バーナード理論における概念的次元 ………………………………… 228
Ⅳ　理念型組織と単位組織 ………………………………………………… 233

第8章　組織の境界 ………………………………………………………… 236
　　　　──組織概念の再検討──

Ⅰ　バーナードの組織概念が提起したもの ……………………………… 236
　　　　──組織の境界問題──
Ⅱ　オートポイエーシス・システムとしての組織 ……………………… 241
　　　　──位相空間的な組織境界──
Ⅲ　管理認識のための組織の境界理解 …………………………………… 247

第9章　組織と管理 ………………………………………………………… 251
　　　　──三次元（有効性・能率・道徳性）統合理論──

Ⅰ　バーナードの管理過程論をめぐって……………………………251
　　　　　　――佐々木恒男の問題提起――
　　　Ⅱ　管理職能と管理過程…………………………………………………255
　　　　　　――Executive Process と Management Process――
　　　Ⅲ　管理過程としての組織経済…………………………………………270
　　　　　　――組織の動的均衡と有効性・能率――
　　　Ⅳ　「思わざる結果」と道徳的創造性…………………………………287

第Ⅳ部　現代経営学とバーナード理論 …………………………301

第10章　組織と意思決定 …………………………………………303
　　　　　　――現代経営学にバーナードが問うもの――

　　　Ⅰ　日常現象としての組織と意思決定…………………………………303
　　　　　　――生活世界の真理――
　　　Ⅱ　組織観の革新と意思決定……………………………………………305
　　　　　　――組織行動の本質過程としての意思決定――
　　　Ⅲ　意思決定過程に働く精神作用………………………………………309
　　　　　　――知のシステムと行動知――
　　　Ⅳ　意思決定論の再構築…………………………………………………315
　　　　　　――現代経営学にバーナードが問うもの――

第11章　戦略経営パラダイムの展開 …………………………324
　　　　　　――戦略論者の経営認識とバーナード理論――

　　　Ⅰ　現代社会と経営戦略論の隆盛………………………………………324
　　　Ⅱ　戦略論のテーゼ，アンチテーゼ，ジンテーゼ……………………326
　　　Ⅲ　戦略経営パラダイムの展開…………………………………………334
　　　Ⅳ　戦略論としてのバーナード理論……………………………………348
　　　　　　――アンゾフの経営認識とバーナード理論――
　　　Ⅴ　戦略経営パラダイムの再展開………………………………………361

――資源(能力)ベース戦略論者の経営認識とバーナード理論――

第12章　現代組織理論の自己組織思考 …………………377
　　――オートポイエーシスとバーナード理論――

　Ⅰ　コンティンジェンシー理論旋風と自己組織思考の台頭…………377
　Ⅱ　自己組織理論とオートポイエーシス……………………………381
　Ⅲ　オートポイエーシス概念の適用をめぐって……………………389
　　　――オートポイエーシス＝循環的自己創造システム――
　Ⅳ　現代組織理論とバーナードの復権………………………………396
　　　――オートポイエーシス論からの照射――

終　章　意味と生命の経営学 …………………………………407
　　――社会的責任と地球環境問題――

　Ⅰ　現代の経営課題とバーナード理論………………………………407
　Ⅱ　環境思想から経営思想へ…………………………………………415
　　　――現代企業と経営理念としての社会的責任――
　Ⅲ　経営思想から経営の論理へ………………………………………428
　Ⅳ　経営戦略としての社会的責任……………………………………440
　　　――環境経営の展開――

索引

序章

意味と生命システム
――経営環境倫理の基本的視角を求めて――

I　自然の破壊と生命の危機
　　――経営課題としての地球環境問題――

　世界を破壊と絶望に導いた第二次世界大戦（1939〜45）の打撃から先進国の経済がようやく立ち直った1950年代に既に，農薬によって自然が破壊され，生命が死に絶える「沈黙の春」[1]が深く進んでいた。特にわが国の場合，疾走した1960年代に，社会が構造的に変化しただけでなく，自然も大きく傷つき，それが誰の眼にも明らかなほど変容した。重化学工業を中心にした高度経済成長が，物質的豊かさのみならず，激しい環境汚染や自然破壊を伴ったことは今日よく知られている。それが経済成長の代価であった。むしろ「水俣病や四日市喘息を発生させるほどの人間破壊，自然破壊が，高度経済成長を可能にした」ともいえる。そのため，わが国は「公害先進国」という汚名を受けねばならなかった。

　1960年代末から世界的に，とりわけ先進国で顕著になった公害・環境問題を受けて，世界の賢人たちで構成されたローマ・クラブは，70年代初頭，「成長の限界」を提言し[2]，名を馳せた。その後の10年は，まさに70年代は「環境の10年」であったといえる。各国の努力もあり，ことにわが国では，公害対策技術開発に積極的に取り組んだことや産業構造が変化（情報化，サービス化，ハイテク化）したこともあって，80年代に入ると公害も表面的には沈静化し，環境問題は過去のものとなったかのような印象を与えてきた[3]。しかし，鎮静したかに見えたのは，あくまで地方的・局所的で，

眼に見える直接的な環境汚染，生産プロセス廃棄物の一部にすぎなかった。物質的な豊かさを演出する大量消費による製品廃棄物や長期にわたって影響を及ぼす眼に見えない間接的汚染は，地球を確実に蝕み，生命を絶滅の淵に追いやっている。地球温暖化現象（熱汚染），オゾン層の破壊，酸性雨や酸性霧などは，その典型に違いない。その意味では，ローマ・クラブの提言から30年余りを経て，環境破壊は地球的規模でますます深刻化し，人類の生存を脅かすまでになっている。無限の広がりをもつかにみえた地球も「われわれ人類が，破壊されやすい空気と土地に依存しながら，手を携えて旅している小さな宇宙船である」[4]と認識され，「成長の限界」が声高かに叫ばれた70年代の危機感が，ようやく現実のものとして迫ってきた。1988年，アメリカ誌『タイム』（1989年1月2日）の年末恒例特集"今年の人"に「危機の地球」が選ばれたのはそれを象徴していよう。

　もっとも，地球環境問題の高まりは，世界政治の動きと切り離せない。1987年に始まった新デタントが，地球環境問題をトロント・サミット（1988）の主要議題に押し上げ，今日の流れをつくりあげたともいえる。それでも，その下地はあった。たとえば，チェルノブイリ原発事故（1986）が国際的な環境汚染をヨーロッパ各国に再認識させた。そのヨーロッパ最大のごみ捨て場と化した北海・バルト海でのアザラシの大量死（1万8千頭，1988〜1989）や，その死体が地中海沿岸に頻繁に打ち上げられるようになったスジイルカ[5]は，汚染が直接に生命を奪っただけに各国に大きな衝撃を与え，環境問題を再びヨーロッパの政治の焦点として浮上させた。

　このような事態は，80年代以降頻発する異常気象も預かっていよう。80年代前半のアフリカ全域の旱魃で注目された異常気象は，日本を含むユーラシア大陸の暖冬と北米の大寒波で幕開けた1988年がとりわけ凄まじい。夏に長雨と低温（日本）の一方で，記録的な高温（中国東南部，シベリア，欧州南部，オセアニア）となり，北極圏でさえ摂氏34度まで上がって，野性動物に大きな被害を出した。米国でも農産物被害はもちろん，1万5千人を超える死者を出す干ばつや熱波に襲われた。逆にアフリカが大雨で再び飢餓に見舞われ，中国も水害が相次ぎ，バングラディシュでは国土の三分の二が

水没してしまった。バングラディシュの場合，ヒマラヤの森林破壊がこの惨事をもたらしている。

異常気象は，90年代に入っても収まらず，21世紀の現在に至っている。たとえば，2002年夏にヨーロッパ（特に中欧と東欧）を襲った大洪水は，歴史上経験のないものであった。近年，北極圏（アイスランド）や南極圏（アルゼンチン）の氷河の後退も深刻である。1990年代後半には氷で覆われていた部分でさえ，岩肌が露出するほどだ。さらに2005年7月18日『日本経済新聞』（朝刊）の一面トップは，「異常気象，世界各地で今年も被害」という見出しの記事であった。

世界の異常気象には太平洋からインド洋に及ぶ広い海域で生じる海水の異常昇温（エルニーニョ），インド洋の東西で温度差が生じる「ダイポールモード現象」も介在するという。太陽活動や火山活動もこれに加わろう。いずれもが，地球温暖化による海水温度の上昇が関係している可能性が高いという。それは台風やハリケーンの発生数と大型化にも影響を及ぼしている。人間の巨大な活動（その結果の環境汚染）が気候変動を引き起こすことは，早くから指摘されていた[6]。しかし，誰の眼にも異常気象が明らかになってはじめて，人類自らの活動が引き起こした大気汚染による温暖化現象，フロンガスによるオゾン層の破壊，酸性雨による湖沼と森林の死滅といった地球環境問題に人々の関心が集まり，国際政治問題化したといえる。

人間の巨大な活動が地球破壊へと導きつつあるとはいえ，それに大きな責任があるのは経営体，とりわけ企業であり，突き詰めれば，資本の論理，支配の論理を内包した経営の論理であった。もちろん，人々の生活の論理（大量消費に立脚する豊かな生活様式）も軽視できない。だが，そのような生活様式を提供したのは，経営体であり，とりわけ企業であった。その結果，河川や湖沼の水質汚濁，豊栄養化ばかりか，海洋の奥深くまで汚染され，それが生命に与えている影響ははかりしれない。窒素，燐酸などの化学肥料を農家に多用させ，危険な農薬を売り込んだのも企業ではないか。山林を破壊し，水脈を汚染しながら，ゴルフ場を経営するのもそうである。また大気汚染の元凶といわれる車（東京の場合，約7割）を生産して撒き散らし，その

かなりを使用するのも企業である。オゾン層を破壊するフロンも同様だ。冷蔵庫やエアコン，スプレーに大量に用いられただけでなく，ハイテク製品の洗浄に不可欠であった。熱汚染，酸性雨をもたらすエネルギーも多くは企業によって消費されている。ハイテク企業の地下水汚染も見逃せない。熱帯雨林の破壊にも企業は手を染めた。東南アジアの森林破壊にわが国企業が深くかかわったことは周知の事実であるが，今，地球の肺ともいわれるアマゾン開発に対する日本企業の関与が問われている。さらに80年代から90年代にかけての外資導入による経済成長の結果，かつての発展途上国にまで及んだ環境破壊の幾許かが先進国企業の公害輸出によってもたらされたとすれば，これらを抜きにして，今日の環境問題は語りえない。

確かに環境問題は一面で自然現象であるが，単なる自然の問題ではなく，すぐれて社会の問題であり，南北問題を含む高度の経済問題であり，典型的な経営問題にほかならず，最終的には哲学や倫理が問われる。著名な経済学者のJ. ロビンソンは，早くから環境問題の「困難な点は，政治的経済的であって，技術的な問題ではない」[7]と断言している。ここに環境問題における社会科学的領域，とりわけ経営的領域が大きく広がっていよう。それに対して，経営学はこれまで不十分な内容でしか応じてこなかった。しかし，今，経営学は自らの論理の中に自然的要因と人間的要因を組み込み，生命性を見据えた基礎理論を構築して，環境問題に原理的に応えることがどうしても必要である。その責任は極めて重いといわねばならない。本序章は，経営学がそのような課題にどのように応え，論理を展開しえるか，また自然と人間の共生をめざす経営学をいかに構築するかを，バーナード理論を手がかりに考察し，併せて本書の全体的方向性を示唆しようとするものである。

Ⅱ　生命システムとしての「人間」と「経営」
　　　　——バーナードの自然観・システム論——

1　「人間」と「経営」の生命性
(1)　経営学と生態学的アプローチ

経営学は，長い間，経営システムの内的ダイナミックスの解明に力を注いできた。F. テイラーの科学的管理法にはじまる伝統的管理論は，その典型である。このクローズド・システム観を脱却し，経営（厳密にいえば経営体。以下も同じ）や組織を環境に開かれたオープン・システムとして理解したのは，バーナードが最初であった[8]。これを基礎にして，彼は組織の生命性を基底に据えて理論展開をはかっているのである。

　バーナード理論の焦点は，何よりも組織の存続にある。もちろん組織外の諸力，つまり物的，生物的，社会的要素や諸力からなる環境が不断に変動するゆえに，組織は絶えず挫折や崩壊の危機にさらされ，短命に終わることが常態であることを，彼とて知らないわけではない。むしろ，よく承知していたからこそ，変化する環境に適応して均衡をはかる組織の生命力の源泉としての内的再調整過程に注目したのである。そこには当然，組織の生成・存続・成長・発展という組織動態への強い関心があった。存続が生み出す組織価値（＝組織道徳）とそれに由来する組織の変わりにくさ（＝組織慣性）やステイタス・システムの病理現象としての組織の硬直性への洞察も深い。組織の活動エネルギーや資源（＝協働意思）をめぐる組織間競争も鋭く認識している。さらに顧客や取引業者を含む組織貢献者の多様性の理解が，環境要素と競争者の多様性を射程にいれさせもしている。これらのいずれもが，近年の組織生態論（ポピュレーション・エコロジー）の理論的関心と重なっており，ここに G. R. キャロルがバーナードを組織生態論的視野で論じる所以もあろう[9]。

　組織を取り巻く環境が組織の存続（生命）を決定するという組織生態論は，確かに生態学的知識を援用する環境重視の組織論である。従来の組織管理研究が生態学的知識を直接に活用してこなかったと慨嘆するマンスフィールドは，この点から組織生態論を高く評価し，これを組み込んで自らの企業戦略論と組織設計論を展開している。もっとも，マンスフィールドの場合，土壌循環を重視して生態循環を描く生態学者・オダムの図解にも論及し，それを下敷きにして「現代産業社会のエコシステム」を描写し論じながら，単なるアナロジカル・アプローチに陥って，生態循環（＝自然環境）と企業に

よるその破壊にまで眼が届いていない[10]。もともと，組織生態論自体が，この限界を宿している。

組織生態論に限らず，経営文献で「適応」や「学習」という言葉が用いられるとき，暗黙のうちに経営を生きた有機体とのアナロジーやメタファーとして語っている。もちろん，経営を社会システム（厳密には社会－技術システム，バーナード流には協働システム）であって，有機体そのものではない。それでも，内部環境の保持，環境との相互作用と適応の必要性，それを実現する情報による調整と統制のメカニズムなど，確かに類似点は多い。この点から「生きものとしての企業」と捉えられたりもした。しかし，それらはどこまでもアナロジーに終わり，生命の証である自然との共生，自然環境への適応の不可欠性を経営の内的論理として展開できていない。ここで，経営を端的に「生命システム」として捉えるのは，生物システムとの類似性，あるいは生物学的解釈による経営思考の深化というにとどまらず，経営の生命性をいま少し原初的なところで直接に表明しようとするからである。何よりも，自然の一部であり，生物でもある人間有機体とその協働が，人間を単なる自然や生物から脱却させた経営の中核をなすという事実は無視しえない。経営の生命性は人間の生命性と重ねて捉えてこそ意味をもつ。

(2) バーナードの自然観・システム論

このような理解を経営の内的論理として展開する基本的枠組みは，バーナードの人間と協働システム（＝経営体）の関係把握に既に示されている。

彼によれば，人間は単なる物体ではなく，何よりも生きものであり，物的にして生物的な有機体である。この人間有機体は，他の人間有機体と関連なしには，存在も機能もできない相互作用的，集合的，社会的存在である。この生物的プロセスを土台にした社会的プロセス，つまり人と人の交流＝人間関係や社会関係が，人間に自我を芽生えさせ，論理的思考を発展させて，人間に内的な心理的活動や精神的活動という特性をもたらした。この心理的・精神的エネルギーのほとばしりが，人間の選択力であり，自由意思であって，その結果が目的にほかならず，活動ないし行動として表出する。ここに

序章　意味と生命システム―経営環境倫理の基本的視角を求めて―　7

人間は物的,生物的,社会的要因とそれを内的に統合する心理的要因からなるシステムとして把握される。

　他方,人間協働を中核にするさまざまな経営現象は,協働システムと名づけられ,「少なくとも一つの明確な目的のために二人以上の人々が協働することによって特殊な体系関係にある物的,生物的,個人的,社会的構成要素の複合体」[11]である。これら諸要素を統合して全体的な協働システムを現出させているものが,「二人以上の人々の意識的に調整された活動ないし諸力のシステム」[12]たる組織にほかならない。したがって,協働システムは,物的,生物的,社会的,個人的要因が組織を中心にそれぞれサブシステムとして結合された全体システムである。これを図示したものが,図・序-1である。

　ここで重要なのは,協働システムに生物的要因ないし生物的システムが組み込まれ,それが生態的自然環境につらなり,対応するものになっていると

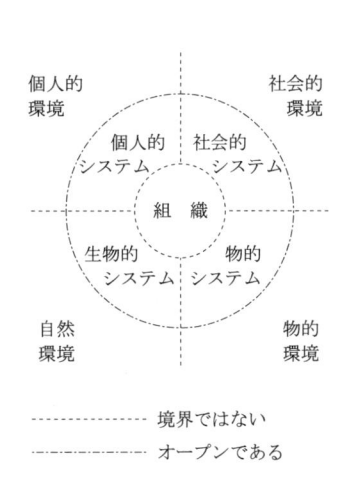

（出所　庭本佳和「自然と人間のための経営学」『大阪商業大学論集』第60号,1981年,190頁）

図・序-1　協働システムの構造と環境

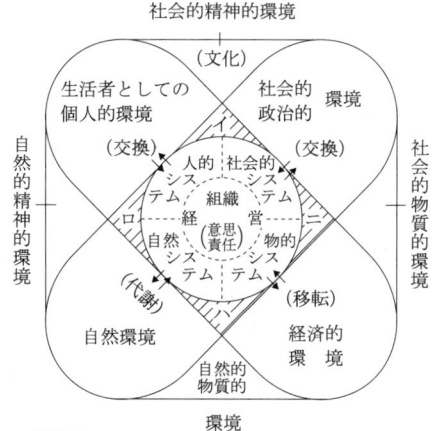

イ．文化・価値情報　　ハ．資源・汚染情報
ロ．地域・生活情報　　ニ．産業情報

（庭本佳和「経営存在と環境問題」山本・加藤編『経営学原論』1982年,357頁）

図・序-2　経営環境の構造

いうことである。協働システムの人間的要因は，当然に人間の生物的要因が基礎となっているが，そこに近代科学が打ち捨てた人間的自然，生きた自然の理解から生命の論理を内包して，生きた環境的自然＝生態的自然を理解する道が切り開かれている[13]。その際，協働システムにおける生物的要因が，人間的自然と環境的自然とを結ぶ媒介項となるはずである。バーナード自身はそのような問題意識がなかったためか，その後の展開では，生物的要因を物的要因に含めて論じているが，少なくとも経営の論理の中に生物的・自然的要因を組み込みうる枠組みを提示したといえよう。これに基づいて経営環境の構造を概念的に展開したものが，図・序-2である。

ところで，経営を人間とともに「生きたシステム」と理解するとき，その「生きている」意味が問われねばならない。これを次に取り上げてみよう。

2 生命システムとエントロピーの法則

「自然とは生命である」と語ったのはゲーテであった。自然と人間を対立的に捉えたにとどまらず，それを人間による自然の支配へと積極的に転化した近代自然観，近代科学観に基礎づけられた技術文明は，地球環境の危機の前にゆきづまっている。そこに，ゲーテの反ニュートン的科学観，自然観を見直させ，時代を再び「生命現象の重視」へと転換させる大きな流れがあろう[14]。しかし，ここで問うのは危うくも豊かな表象としての神秘的な生命力ではない。あくまでも生命の理論的意味である。

それでは「生きている」とは，どういうことなのか。生命現象を直接に研究対象としてきた生物学にしても，生命が物理法則である「エントロピー（物と熱の汚れ――槌田）増大の法則」に逆らっているようにみえることを，長く説明できないでいた。たとえば，ベルグソンが，生命原理が物理法則に従うことを認めつつも，「生命は物質的変化を遅らせることができる」[15]と述べるとき，明らかに物理法則と生命原理を対立的に捉えている。「開放系では平衡点とは別の構造的安定点をもつ」とするプリゴジンの散逸構造論（自己組織化論）[16]が，これを支持するとの誤解もあって，今日までベルグソンの主張は根強く評価されてきた[17]。しかし，プリゴジンは単純に拡散

する散逸構造（開放系）が物理現象に存在することを証明したのであり，それを生命現象とみれば，流水や熱伝導も生命になってしまう[18]。物理学者の一部が「渦巻き」を生命現象と捉えるのはこのためであろう[19]。これらはどこまでも物理現象にすぎず，少なくとも，日常的な生命理解を超えている。

　生命システムを早くに「定常状態にあるオープン・システム（開放定常系）」[20]と捉えたベルタランフィも，プリゴジンの研究を物理学と生物学のいずれにも新たな見方を切り開くものとして注目していた[21]。しかし，ベルタランフィは生命システムが何故定常開放状態を保つのかを，オープン性を強調する以外に明らかにしなかった。オープン・システムが熱力学の第二法則「エントロピーの不可逆的増大」を免れている理由に着目したシュレーディンガーは，それを「生物体は『負のエントロピー』を食べている」と象徴的に説明する。生物体が絶えず増大するエントロピーを負のエントロピーによって相殺するというのである[22]。もっとも，翌年に追記された補注では，「生きている」ことから生じる「余分なエントロピーを処分する」ことに生命の本質を求めたが，必ずしも関心を集めず，エネルギーとの比喩で理解しやすかった「負のエントロピー」概念が今日まで生命を説明するために用いられてきている。

　たとえば，ベルタランフィは生命を説明するに際し，負のエントロピーの導入にこだわり続けた[23]。システム論におけるベルタランフィの占める位置の高さ故に，経営学，組織論もその影響を強く受け，オープン・システムが「余分なエントロピーを処分する」ことによって存続しえることの重大さに気づかなかった。たとえば，著名な組織論者・カッツ＝カーンが「オープン・システムは崩壊しない。それは環境からエネルギーを吸収できるからである。かくしてエントロピーの活動は中和される。生命システムは正のエントロピーよりも負のエントロピーによって特徴づけられる。」[24]と述べるとき，その典型を見ることができよう。この叙述はベルタランフィに大きく影響を受けている。そこに経営学が自然環境を視野に収めた経営環境論の構築に遅れた理由もあったろうし，ひいては公害や環境問題の遠因にもなったに

違いない。

経済学においても，エントロピー概念を導入したボールディングの未消化な段階から[25]，ジョージェスク＝レーゲンに至り，本格的なレベルに達しつつある。彼は「負のエントロピー」という言葉の不適切性を指摘して，これを「低エントロピー」という言葉に置き換えただけでなく[26]，プリゴジン理論を認めつつも，過大評価をしていない。ただ，地球を閉じた定常系と見た点は後述する槌田と異なっている[27]。ともあれ，一部の経営学文献において，このジョージェスク＝レーゲンを下敷きにして，ようやく「生命システム——有機体，組織，社会は，その環境にエントロピー増大という犠牲のもとに，エントロピーを減少させる能力をもつ」と叙述するとともに，「熱力学第二法則とエントロピー概念は，これまで想像された以上に，組織進化および組織−環境相互関係の問題に重要である」[28]との認識をもつまでになった。

もっとも，これらの議論は問題の所在を示したが，環境としての地球のエントロピーの行方を解明していない。地球を閉鎖系と見たからだ。しかし，重力をもつ地球は物質的・物エントロピー的には閉じていても，エネルギー的（＝生命的）・熱エントロピー的には閉じていない（図・序−3）。この点に注目して，土壌循環（微生物）の働きで物エントロピーから転換された熱エントロピーを，地球が水循環と大気対流によって宇宙に捨てる能力を持っていることを明らかにした槌田理論（定常開放系理論）[29]は，ボールディングはおろかジョージェスク＝レーゲンをも超えている[30]。槌田によれば，生命とは循環のある定常開放系であるが，限定された意味であれ，環境としての地球が生きているからこそ，生命システムは生命を維持できるのである。これを明らかにした槌田理論の意義は大きい。生命はこの地球に自己生成あるいは自己創出したことを忘れてはならない。

3　生命の意味と論理

繰り返して言うと，① 水循環と大気対流をもつ定常開放系たる**地球**から② **生命**（微生物による土壌循環から人間に至る**生態的自然**循環）は与えら

れた（正確には自己生成した）。この生態的自然は，さまざまな生命から構成される多様性（要素としての生命の多様性）ゆえに，生命システムとしての安定性を保っているが，これを土台に，しかも，この範囲内に生命システムとしての人間活動からなる ③ **社会**が成立し，その大きな部分を企業をはじめとする ④ **経営（体）**が担っている。そこには ① から ④ に至る生命システムの包括関係（①＞②＞③＞④）（図・序-3）ないしは生命システムの階層構造（図・序-4）がある。したがって，② 生命（生態的自然）は，① 地球の大気組成や水循環や大気対流に影響を及ぼしつつも，これを超えては生きられない。③ 社会もまた ② 生態的自然や ① 地球を超えては生きられず，④ 経営（体）は ③ 社会や ④ 生態的自然，それを含む地球を超えては生きられない。これが生命の論理である。社会の存続は自然環境（＝生態的自然循環）への適応に依存しており，生態的自然への適応を欠くと社会的適応は破れるのである。バーナードが「社会的適応能力は何よりも物的環境への生物的適応に依存する」[31]と述べるとき，このことをよく承知していたものと思われる。

　地球に自己生成した生命は，生命の包括関係ないし階層関係を自己に内在化させている。それは，いわば「生命の暗黙知」だ。地球を含めた生態的自然のこの循環が「生命の論理」だとすれば，生きている地球，生態的自然に

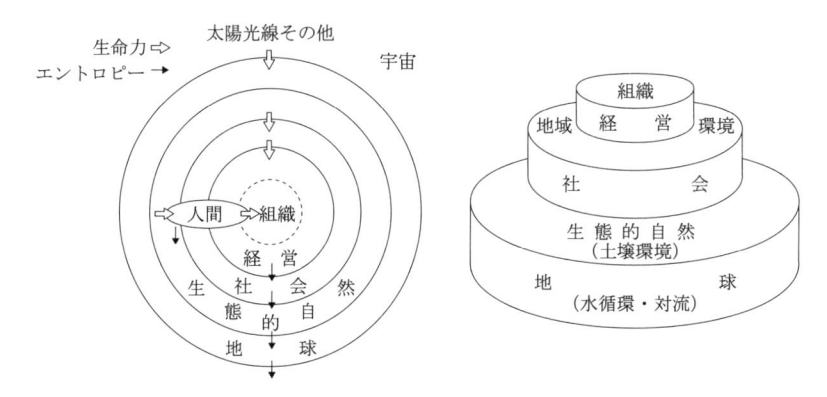

図・序-3　生命システムの包括関係　　　図・序-4　生命システムの階層構造

対する要素としての生命の関係が，当該生命の「意味」である。したがって，生命の「意味」とは，生命の論理を生命自らが内在化したものにほかならない。ここに創出した意味は，「生きる」世界を切り開いた当該生命の生命性を反映するとともに，「生きとし生けるものを産み出す」世界を反映することになる。この点を理解する場合，古代ギリシア語には「生命」を表す二つの言葉があったことが示唆に富むだろう。

ケレーニイによれば，一つが「ビオス（bios）」であり，「生物学（biology）」や「生命」を意味する結合辞（bio-）は，これに由来する。いま一つは「ゾーエー（zoê）」であり，「生きとし生けるものを産み出す自然」を意味した。前者が要素としての生命体の「有限な生命」，つまり「形ある生命」を意味するのに対して，後者は生命体を産み出す「破壊されざる生命」，つまり「生命の働き」，「無限の生命」を意味し，これを象徴したのがディオニソス（本書第3章を参照）だった[32]。地球とその生態的自然における生命とは，この「働きとしての生命」にほかならない。そして，この「要素としての生命体の有限な生命を産む力」を産むのが，「有限な生命を産む力」を宿した「有限な生命」である。ここまでくれば，「構成素（components）が構成素を産み出す産出プロセスのネットワークとして有機的に構成（単位体として規定）されたシステム」[33]と定義されたオートポイエーシス・システムとの距離は，もうわずかである。地球も，生態的自然も，そして要素としての当該生命も，意味に基礎を置くオートポイエーシス・システム（第8章，第12章を参照）に違いない。

もっとも，単なる生命（要素としての生命）を超えてしまった社会的存在である人間の生命性は，生命の論理を自己の生命の意味として，社会の文化や経営理念（次節で述べる過剰の意味）のなかに組み込みえるか否かにかかっている。

Ⅲ 意味システムとしての「人間」と「経営」
──バーナードの協働論・組織論──

1 人間協働と意味の過剰

　地球に自己生成（ないし自己創出）してきた生命は，既にみたように「循環ある定常開放系」である。その活動エネルギーを地球環境と生態的自然から受け取り（＝「生きる」と結びつきやすい），それを消費して発生したエントロピー（汚れ）を生態的自然に捨てるという循環（＝生かされる）によって，定常状態を保つ（＝生きている）自己生成（ないし自己創出）するシステム（オートポイエーシス・システム）だとすれば，生命は，その生誕以来，自然から略奪し，自然を汚し続けてきた。その意味では，生命はもともと「略奪・廃棄システム」であり，略奪者にして汚染源者だった。もっとも，略奪・廃棄が生態的循環の範囲にとどまっている限り，そのこと自体が生態的循環を構成する一要素となり，環境的自然との共生を破ることはない。したがって，生きている地球，生態的自然に対する生命の関係（＝生命の包括関係）としての「意味＝生かされる」は，略奪・廃棄・自己創出システムである生命の生存を志向する「意味＝生きる」でもありえた。自然の厳しさが，生命に略奪を容易にさせず，廃棄も生態的自然循環内にとどめていたため，生命を一つの「意味」，つまり「生かされる＝生きる」のもとに統一させていたのである。上述の表現に従えば，「生きる」世界を切り開いた当該生命の生命性を反映する意味は，「生きとし生けるものを産み出す」世界をも反映していた。この「意味」に導かれて，生命は自律的であった。あるいは，生命とは自己に内在する意味（生命の暗黙知）を通して生存をはかるシステムだと言い換えることもできる。ここに注目すれば，生命は，より一般的・抽象的には，「意味システム」なのである。

　もっとも，自然の厳しさとは，生命の非力さ，生命の不自由さの裏返しにほかならない。生命が自己創出性をもち，生存を志向する限り，略奪の困難さが，逆に，これを克服する強さと自由の獲得に向けて，あるいは，より大

きな自律性を求めて生命を進化させる力として働いたとしても不思議ではない。とりわけ人間は，協働によって，これを大きく前進させた。ホワイトヘッドが指摘するように，まさに「生命とは自由への努力（a bid for freedom）」[34]なのである。だが，ここに生命における，特に人間の生における「意味の分裂」の危機もはらむことになる。

ところで，人間に略奪の自由を高めさせる協働を可能にしたものは，人間の社会的存在性である。直立歩行による手の使用と，それがもたらした脳の発達という生物的特性が，おそらくは人間を社会的存在に導いたであろう。その社会的・集合的存在性がまた脳や精神の発達という人間の生物的特性を促したものと思われる。ともあれ，人間の出現とともに社会は成立し，社会とともに人間は存在してきた。社会と人間は同時的存在なのである。あるいは社会生活を始めたとき，ヒトは人間になったともいえる。ここに協働が生成する基盤もある。バーナードが「群居性が協働を求める」[35]と述べるとき，人間協働の可能性をわずかに説明していよう。

人間が相互に理解し協働できるのは，言葉を介してであるが，言葉生成の基礎には人々の間に一定程度の感覚ないし感性の共有，共通の体験があったに違いない。この共通の感覚は，人間の集合的存在性，群居性の賜物であるが，それが危険の接近，獲物のありかを示す共通のシグナル（たとえば，音声による合図，表情や身振りなどの身体表現），さらに共通のシンボル＝言葉を生み出したであろう。ここに人間は他の生命にない過剰を生み出す道具を手に入れた。具体的なモノのシンボル化によって誕生した言葉も，抽象的なコトを説明する概念を開発し，ストックし，使用される過程で磨かれてゆく。この高度に発達した言葉を駆使して，他者と交わり，論じ，説得する長い歴史の過程で，人間に意識が芽生え，論理や思考が鍛えられ[36]，論理的・抽象的思考＝科学・技術が発達していった。それが人間の「知」であり，過剰がもたらした「意味の豊穣」である。

さて，言葉を介したコミュニケーション＝情報的相互接触，つまり話すことは，人間協働の最も普遍的で始原的な形態，潜在的基盤である[37]。人々の共通の知的理解（ものの見方や考え方）や共通の精神的理解，一定の態度

や感情，そして規範や行動パターンなども，ここに生まれた。いわゆる文化である。この累積と上述した科学・技術を含めた人間活動の総体が文化を形成してゆく。これら文化は，人間協働の産物であると同時に人間協働の拡大に寄与したことはいうまでもない。

　人間は協働によって，略奪の大きな自由，生きる自由を得た。それが単なる生存水準＝生きる意味を超えるとき，「意味の過剰」を生み出してゆく。それは，一方で，「生かされる」と「生きる」の乖離を引き起こす「意味の分裂」，即ち「生かされる＝生きる」という「共生の論理」と「生かされる≠生きる」という「支配の論理」との分裂をもたらし，他方で，「意味の豊穣」をもたらした。人間の精神生活を豊かにした文学や芸術，美術・工芸などは，意味の豊穣の典型であろう。哲学や科学・技術もその産物だ。それは「意味の創造」でもある。しかし，「意味の豊穣」はいま一つの「意味の消費」ないし「意味の浪費」とでもいうべき過大な消費現象をつくり出した。文化による欲望の捏造現象にほかならない。ガルブレイスの依存効果（いわゆるコマーシャル効果）が有名であるが，バーナードもまたこの事情を半世紀以上も前に「生存水準以上にある人々のあいだでも物財愛着の気風が強制的に養成されてきた」[38]と述べ，物欲が教え込まれてつくられたものであることに気づいていた。それが略奪を強め，自然の濫用や破壊をもたらしたことはいうまでもない。

　それでも協働による生産が，生命の論理と直接ぶつかる自然を相手の農林漁業が主たるものであるとき，自己の歴史と文化に生命の意味＝生態的意味を記憶にとどめやすく，略奪は自然の回復可能な程度に抑制されていた。貨幣と貨幣経済の浸透が，自然観を神秘的で複雑な自然観から単純で合理的な自然観へ変容させる契機になったとはいえ，昭和30年代半ば（1960）まで，わが国の生態的自然は比較的保たれていた。高度成長期に伝統的な生活文化が崩壊して，はじめて，わが国の農山村の自然，とりわけ里山の自然破壊が一気に進んだことは，このことをよく物語っている。それは，伝統文化において，辛うじて記憶され統一を保っていた生命の意味の分裂である。それを「意味のくるい」あるいは「包括的な意味の忘却」といってもよいかもしれ

ない。だが、この意味の過剰がもたらす意味の分裂は、人間協働が支配の論理（＝破壊の論理）に立つ科学観に導かれた科学・技術と結びついた大規模工業経営（＝大量生産システム）として成立したとき、本格的に始まった。無機質な工業の論理は、人にも経営にも包括的な生命の意味を忘却させやすいからである。

　この点からいえば、近年の情報通信技術の発展も見逃せないだろう。それは、情報技術が経営システムを一段と合理化し、時間的にも空間的にも人々の協働を著しく拡大したからだけではない。情報通信技術（＝ネットワーク）が生み出した独特の情報環境は、意味の豊穣さがもたらす意味の創造を秘めつつも、意味の消費、意味の浪費に転換させる圧力が絶えず働くからである。テクノストレス[39]はその一例であるが、情報社会、ネットワーク社会は、潜在的に意味が汚染され、人間に感性的・身体的歪みをもたらす危険を常にはらんでいる。まさに意味システムとしての「人間」と「経営」の意味が問われねばならない。

2　意味システムとしての「人間」と「経営」

(1)　意味システムとしての「人間」

　これまで論述してきたように、生命システムは、「生きる」ことから生成した意味を通して、生存をはかる「意味システム」であった。そこでは生命の意味は「生かされる＝生きる」として統一され、生命の論理のもとに生きていた。生命システムとしての人間は、その社会的存在性ゆえの言葉を獲得することによって、協働を可能にさせ、生命の意味を膨らます。言葉による意味の過剰である。意味の過剰は、「生かされる＝生きる」と「生かされる≠生きる」とに意味を分裂させた。ここに人間と人間協働がつくりだした経営は、「生かされつつ生きる」という生命の包括的意味を忘却して「生きる＝略奪」だけに専念し、ひたすら意味の過剰を追い求めることになる。それは、他者（生命システムとしての生態的自然や地球）を顧みることなく、どこまでも自己の世界を築こうとする社会や経営の姿であり、生命の一面である。厳しくても大きく豊かな地球の生態的自然は、寛容にもそれを許して

きた。そのおかげで，人間は，そして社会や経営は，廃棄の難しさを長く知らずにすんだ。そこでは当然「生かされる＝生きる」が意識されることはない。社会の文化や経営の理念が「捨てる」意味を忘れていたのはそのためである。

　しかし，この意味の過剰は，意味の豊穣(意味の消費と創造)の源泉でもある。生活に必要な物財の消費には限りがあっても，意味の消費としての欲望は果てしない。意味の消費が支配の論理に導かれた略奪の自由と結びつくとき，際限のない意味の浪費に陥って，自然の濫用，自然の破壊を招きやすいのは，ここに原因がある。この意味の消費と表裏一体であり，時には意味の消費を促すものが，意味の創造である。それは言葉がもたらした意識の産物であり，芸術や科学・技術として結実する意味の豊穣のいま一つの側面である。人間が遊びを好み，ゲームに熱中する姿は，一面では意味の消費であるが，それは意味の創造にも繋がっている。遊びが意味を豊かにするからだ。それは，意味の消費なくして意味を創造し得ない人間の矛盾した存在を示している。

　意味の消費であれ，意味の創造であれ，今や人間は意味の過剰なしに，その意味さえもちえなくなってしまった。人間が意味的存在だといわれるとき，一般的には，意味の過剰の部分の「意味」に基づいて理解されている。それは個人的意味を含みつつ，それを超えた人間の相互作用としての社会的意味(文化，価値，規範)として形成されている。したがって，協働によって生存をはるかに超えて略奪（＝生産）を可能にした人間は，この過剰の部分の意味（＝価値，コード）を通して，環境を捉え（＝自己領域を区切り），体験（＝行動）を解釈し（＝意味づけ），行為してきた（環境を形成してきた）。その限りでは，過剰の意味が解釈システムとして働いている。しかし，人間は生命の意味と過剰の意味を統一する意味的存在なのである。それを人間は知のどこかに残していよう。

(2)　意味システムとしての「経営」

　このように，意味とは端的に解釈システムであり，ルーマンに従えば，

「体験処理の形式」[40)]であった。人々の行為がほぼ一定の、あるいは共通の意味から導かれるとき、人々の相互接触や相互作用は協働となり、一般的には、組織が成立する。人々の ① **コミュニケーション**を通した ② **共通目的**の認識と受容は、協働する共通の意味の認識にほかならず、それが ③ **協働意思**を引き出す。この三要素がバランスよく結びつくことに条件づけられて、「二人以上の人々の意識的に（意味的に――庭本）調整された活動ないし諸力のシステム」と定義づけられる（公式）組織が成立することを、バーナードは明らかにした。「システム」「調整」「協働」という言葉のなかに「目的」が含意されているというバーナードの指摘に留意すれば、組織はまさに「目的システム」であり、「意味システム」でもある。ただ、共通目的も協働意思も固定したものではなく、絶えず変動することには注意を要するだろう。

　もっとも、バーナードの場合、意味的に「調整された活動システム」である（公式）組織そのものが意味を担っているかどうかは微妙だ。社会的意味を独特に内在化した意味を背負って経営（協働システム）に参加した個人は、経営の個人的および他の要因ではあり得ても、組織の直接的構成要素ではないからである。具体的な人間はどこまでも組織の環境にすぎず、人間の活動、心理的エネルギーだけが組織を構成する。しかし、組織が存続し、ひいては経営が存続すると、組織にまつわって人々の相互作用である非公式組織が生成し、そこでの濃密なコミュニケーションによって、個人的意味を超える意味が相互主観的に形成されてくる。それが社会の意味（文化）とは異なった組織の意味であり、独特な雰囲気をもたらして組織に個性を与えもする。非公式組織が、一般的には組織価値や組織文化といわれる組織の意味を創造し、支える基盤なのである。それは、コミュニケーションを促進し、人格的全体感を保持させ、組織凝集力を高めるだけではない。組織の意味が解釈枠組みとなって、共通目的に対する共通の信念や意味を与え、組織行為を方向づけている。したがって、公式組織と非公式組織がワンセットで組織と理解されれば、あるいは価値を帯びた組織と見れば、組織とは確かに「意味システム」にほかならず、それを中核に含むという点で、経営システム（協働システム）も「意味システム」たりえよう。

経営活動や組織行為を理解する鍵は，当然，その「意味」にある。「経営の意味」は，「社会の意味」から生まれ，とりわけ「経済の論理」「市場の論理」を多く取り込んでいる。経営（体）が経済環境や市場に即応しようとするのは，そのためだ。しかし，それが独特の経営の意味，偏狭な組織の意味と結びついて余りにも強力に働くとき，社会の意味からも大きく逸脱して，その存続を危うくする。いわば，意味の硬直性がもたらした組織の硬直性であり，経営の硬直性である。まして，生命の意味を置き忘れた経営は，反社会的行為どころか，反自然的行為によって，生命の意味を踏みにじってきた。もともと人間協働が生命の意味を超える過剰を産み出し，これがまた経営協働の基盤であったことを思えば，経営の意味に生命の意味が自生することは難しい。それどころか，意味の過剰は，意味の過剰の産物である非生命的な科学知，技術知によって支えられてきた。したがって，経営の意味に生命の意味を回復させようとすれば，当然，従来の公式的・組織的知や科学的知を超えるものが求められる。バーナードの知識論・道徳論（ないし自由論）はそれに対する一つの手がかりとなるだろう。

IV 意味の行方と身体知・行動知[41]
──経営環境倫理の確立に向けて──

1 意味の再構築と身体知・行動知

生命とは「略奪・廃棄システム」であるが，システム内では「略奪＝廃棄」が貫徹していなければ生命を保てないことを，エントロピーの法則は明らかにした。科学・技術と結びついた協働の拡大によって，生命は，特に人間は，一時的にせよ，略奪の自由を大きくする「支配の論理＝生命の過剰」（＝よく生きる）を行使することができた。だが，地球内に自己生成した生命の廃棄は，「生命の論理＝共生の論理」に従うべきことを宿命づけられている。この両論理の分裂（＝意味の分裂）は，生命システム内にいずれ「略奪≠廃棄」をもたらし，生命を死に至らせよう。人間とて例外ではない。それを明らかにしたのが，かつての公害であり，今日の地球環境問題である。

生命の危機は，生命の意味の過剰がもたらした「思わざる結果」だったのである。ここに時代が「意味の混迷」に陥る理由もあろう。それは「よく生きる」ことが必ずしも「生きる」ことに繋がらなかったという意味の過剰の自信喪失であり，生命の意味に対する戸惑いである。人間は，今，自らの生を扱いかねている。そこに「自然にかえれ」という声もわき上がるのである。

　もっとも，長く「生かされつつ生きてきた」生命，とりわけ人間が，よく生きることを可能にした意味の過剰を経験した後では，自然回帰の叫びも「太古の自然にかえれ」という主張ではないだろう。厳しい自然は，ユートピア的自然ではないからだ。

　確かに，「自然にかえれ」という要請は，生命の意味を ①「生かされる＝生きる」から，意味の過剰が可能にした ②「生かされる≠生きる」を経て，再び ③「生かされる＝生きる」に再転換することを求めてはいる。だが，① と ③ が同じであるはずもない。ホワイトヘッドの顰みにならっていえば，① は「生きること (to live)」，② は「よく生きること (to live well)，③ は「よりよく生きること (to live better)」とでも表現するのが適切だろう[42]。それぞれを，生命の ① 生存，② 成長，③ 発展の段階と言い換えてもよいのかもしれない。「よりよく生きる」には，共生の論理を内在化した生命の意味「生かされる＝生きる」に導かれながらも，意味の過剰，ことに意味の創造を内包した「意味の発展」を伴っている。それは，意味の過剰の新たな方向づけであり，決して意味の過剰の放棄ではない。過剰の最良部分たる知を生命の意味に向けるのである。その努力は，略奪の自由が生み出した生命の自由，生命の主体性の最高の発揮なのである。

　もちろん，生命の意味と過剰の意味を統一する知の構築は容易ではないが，身体的基盤の上に展開されるバーナードの行動知（本書第 4，6 章を参照）が，生命の論理を含む知の枠組みを提供していよう。行動を通して得られる知識であると同時に行動するための知識，行動知は，生命の意味に導かれ，生命の論理に従う感覚や知覚の上に築かれた身体知にほかならない。スポーツや音楽演奏では日常的にみられるが，それは「視点」などの認識能力にも現れる。その多くは言語化できない暗黙知ゆえに，抽象度も低く，一般

的には知識と認められることもない。しかし，身体知（生物的技能）は人間が生きるための基礎的技能であるだけでなく，言語知・科学知を含めたあらゆる知識獲得を基礎づけている。当然に，行動知や身体知は，言語知や科学知に比べて広く深い。生命の危機に直面して，自然に接している人々や現場をもつ人々の認識能力が，しばしば科学知で武装した専門家の認識能力を超えるのは，このためである[43]。このことは，暴走しやすい過剰の意味を生命の意味に秩序づけるには，自然や生活の現場をもち，それらに絶えず接することの重要性を示している。

2 経営環境倫理の確立に向けて

これを経営のレベルでいま少し論じてみよう。第Ⅱ節で明らかにしたように，生命システムとしての「経営」は，自己の生の基盤であると同時に自己の生を超える「生きている地球」「生態的自然」「社会」を射程に入れて行為することが求められている。しかし，日常的に激しい競争にさらされ，これに破れては生き残ることができない経営にとって，自己からはるかに遠いところにある生命の意味を常日頃から自覚し，経営の意味として，あるいは経営倫理として確立することは，難しい。ここに生命の意味を経営の意味に組み込む道筋が必要となる。

経営の生命性を直接支えている組織行為は，参加者個人の感覚的・身体的な行為から成り立っている。バーナードの組織概念によれば，管理者，従業員，株主，債権者のみならず，取引業者，さらに顧客も組織貢献者である。これに地域住民，地域社会を加えることは，さほど無理でもないだろう。これら組織貢献者の行為は，感覚的・身体的であるからこそ，生命の意味を内包しやすい。経営の反自然的行為，反生命的行為は，そこを生活の場としている地域住民が何よりも嫌う。反自然的商品（製品・サービス）を提供される顧客は，購買を躊躇し，時に拒否するだろう。従業員も公害企業への就業を好まない。地球環境問題が浮上した今日，環境問題に無関心な企業は，優秀な人材を集めにくくなっている。いずれも地域の反応であり，組織貢献者の反応である。少なくとも，地域や現場に視点を据え，地域とともに生きよ

うとする経営ならば，このことに気づいている。地域こそが経営の意味システム，解釈システムを磨く場なのだ。例えば，1989年12月に先陣を切って脱フロン宣言をしたのが，トヨタでも松下でもなく，あるいは半導体大手メーカーだった日本電気（NEC）でも，日立でも，東芝でもなく，長野県諏訪市に本拠地を置き，その地の自然と歴史に育まれたセイコー・エプソンであったことは，これを象徴していよう。

フロンが人体に無害といわれていたこともあって，セイコー・エプソンは半導体製造の洗浄工程にフロンを積極的に取り入れた企業の一つで，当時，日本全体の2％近くの大量のフロンを使っていた。逆に，従業員の健康に留意してフロンを積極的に導入する企業だったからこそ，脱フロン第1号宣言が可能だったともいえるが，もちろん，それは地球環境問題へのささやかな貢献でしかない。それどころか，単に企業イメージを高めるための宣伝活動だったと見ることもできる。それでも，先陣を切るか，それとも追随者になるかは，微妙な違いであるが，決定的な違いである。

トヨタも松下も日立も地域（豊田市，門真市，日立市など）とともに生きてきたにしても，むしろ企業城下町の城主として地域に君臨してきたというのが実態であろう。かつて，水俣病を引き起こしたチッソがそうであったように，地域を支配する企業は，概して地域の自然環境＝生活環境に鈍感である。小回りのきく中堅企業と異なって，組織肥大で動きが鈍くなりやすいということもあるが，大企業は地域の政治力のみならず，時に国家権力をも動かして，環境をコントロールできるからだ。そこでは，地域が経営（組織）の意味（価値）変革の契機の場，学習の場となりにくい。そこに，支配力をもつ大企業がしばしば社会問題を引き起こし，解決を遅らしてきた理由もあろう[44]。

環境問題に限らず，経営が先見性を行使せねばならない問題には，経営の意味（価値）変革を必要とすることが多い。この点を考える場合，先見性の行使を価値評価の問題だと捉えたバーナードの主張は，実に洞察深いものがある。また先見性の行使にあたって，「将来の事態に弾力的に適応できるように，**現在の活動を規制する**（強調は筆者）」[45]ことを強調する彼の「弾力性

の原則」は，とりわけ環境問題に有効であろう。

　バーナードも指摘するように，先見性は不確実な将来の利益のために，現在の一定の損失を要する。たとえば，保険には掛け金を必要とし，弾力性の保持には費用がかさむ。しかし，先見性を行使する限界は，金銭的な犠牲という経済的な点から明らかになることが多いにしても，根源的には経済的な問題ではない。それは，今したくないことをすぐ行わなければならないだけでなく，現在したいと思うことを差し控えることを必要とするからである。ここにバーナードは，半世紀以上も前の1936年に，先見性の問題とは「将来の諸価値と対比した現在の，個人的ならびに社会的な評価の問題であり，われわれの最も重要な多くの問題に関して，次の世代のための諸価値と比較した現代の世代の諸価値についてのきわめて複雑な評価の問題である。狭い技術の問題を別にすれば，先見は基本的には道徳的な問題であり，あるいは少なくとも心理的な問題であって，技術的あるいは経済的問題ではない」[46]と言い切っている。

　確かに生命の意味を問う環境問題は，次世代に対する現世代の責任をいかに捉えるかという問題，経営の意味の問題にほかならない。このことは，地球環境問題の高まりの中で，近年，環境倫理学においてようやく理解され[47]，社会的コンテクストに埋め込まれつつある。だが，地域支配力をもつゆえに，鋭い地域感受性，現場感受性が育ちにくい大企業は，心して自制しない限り，これに応答することがかなり難しい。

　翻って，「地域に生きる」企業は，地域の自然に育まれた歴史とともに生きてきた人びとを隣人にもつことによって鍛えられ，その感性を磨かれるに違いない。地域は無機質な履歴のない空間ではないからだ。そこには，自然と交流した地域の記憶が刻みつけられ，社会価値として蓄積されている。その記憶を活用するのである。現世代が過去の歴史を踏まえるからこそ，次世代の価値を見通し尊重することができる。

　このように自己から遠いものへの責任を確立することが，自己に近いものに対する感覚を磨くことから実現するとすれば，生命の意味を組み込んだ経営の意味は，「地域に生きる経営倫理」から生まれるはずである。ここで

「地域に生きる」とは,「地域に根ざして生きる」ことであって,「地域の自然と歴史に生かされる」ことを主体的に「経営の意味」として選びとることにほかならない。多様な地域の自然と歴史に生かされているという自覚をもって行動する経営や組織は,生きている地球に生かされていると想像することも容易であろう。大企業であれ,中小企業であれ,そこに生命の意味を組み込んだ経営環境倫理を確立する道も開けるに違いない。

【付記】
　本章として収録した元論文「意味と生命システム」は,『経済論叢(京都大学)』第152巻第3号(1993年)に掲載されたものである。

1) Rachel Carson, *Silent Spring*, Houghton Mifflin Company, 1962. 青木一訳『沈黙の春』新潮社,1987年(旧訳名は『生と死の妙薬』1967年)。身のまわりの小さな生き物が消えた現実の静まりを従属意識的な手がかりとして,生命の息吹の喪失を鋭く抉り出したレーチェル・カーソンの著書『沈黙の春』は,単に農薬の使用に対する警告書にとどまらない。個人的な,あるいは人格的な自然との交流・接触から,自らの身体ないし内的自然に響きあう些細な事柄に注目して知を探究して組み立てる彼女の方法自体が,環境問題を引き起こした科学の本質を問うている。
2) D. H. メドウズ・D. K. メドウズ・J. ランダーズ・W. W. ベアランズ／大来佐武郎監訳『成長の限界』ダイヤモンド社,1972年。
3) 庭本佳和「経営存在と環境の問題」山本安次郎・加藤勝康編『経営学原論』文眞堂(1982)で,既に地球的規模の生態の危機を指摘したが,経営学では一般的ではなかった。
4) Barbara Ward and Rene Dubos, *Only one Earth*, Penguin Books, 1972, p.31
5) 『日本経済新聞』1994年3月14日(朝刊)。
6) 早くから教養書でも気候変動に人間活動が無視できないと指摘している。たとえば,半谷高久・安倍喜也『社会地球科学』(紀ノ國屋新書)1966年,第2章。土屋巌『自然改造』(日経新書)1975年。大後美保『気候と文明』日本放送出版協会,1976年,第12章。髙橋浩一『気候が変わる』(中公新書)1980年,153-162頁。
7) J. Robinson & J. Eatwell, *An Introduction to Modern Econmics*, McGraw-Hill, 1973. 宇沢弘文『ロビンソン 現代経済学』岩波書店,1976年,396頁。
8) バーナードは「なおクローズド・システム観を引きずっている」という見方(F. E. Emery & E. L. Trist, "Socio-technical Systems," in Emery ed., *System Thinking*, Penguine Books, 1969, p.282.)や「バーナードにおいては当然ながらオープン・システムの概念はまだあらわれていない」という理解(植村省三『組織の理論と日本的経営』文眞堂,1982年,10頁)もある。だが,バーナードが組織の内的ダイナミックスを詳述しているとはいえ,理論全体をこのように捉えることは無理であろう。アメリカでも最近では,バーナードが環境に開かれたオープン・システム的組織観に立っていると理解されるようになってきた(R. Edward Freeman, *Strategic Management*, Pitman, 1984, p.37, p.50. W. D. Scott, "Symbols and Organzations" in O. E. Williamson ed., *Organization Theory*, Oxford University Press, 1990, p.44.)。もっとも,バーナードのシステム理解は,単純なオープン・システム観を超えているように思われる。これについては本書第12章を参照して頂きたい。

9) G. R. Carrol, "On Organizational Ecology of Chester I.Barnard", in O. E. Williamson ed., *Organization Theory*, Oxford University Press, 1990, pp.57-71.
10) Roger Mansfield, *Company Strategy and Organizational Design*, St.Martin's Press, 1986, pp.35-48. 特に組織環境を生態循環になぞらえて理解する「自動車製造における主要製品と消費のサイクル」(p.90)を参照されたい。
11) Chester I. Barnard, *The Functions of the Executive*, Harvard University Press, 1938, p.65. 山本安次郎・田杉 競・飯野春樹訳『経営者の役割』ダイヤモンド社, 1968年, 67頁。訳書に原書頁があるので, 以下は原書の頁数のみ示す。
12) *Ibid.*, p.73.
13) 環境的自然を, 人格, 感情, 意思といった人間的自然から切り離して, 等質的・量的空間(=物的空間=死んだ自然)と捉える近代自然観と異なって, バーナードは, 人間の主体的努力=協働を評価しつつも, 「自然もまた仕事をする」と述べたアダム・スミスと同じような自然認識をもっていた (Adam Smith, *An Inquiry into the Nature and Causes of the Wealth of Nations (Modern Library, Renewed)*, Random House, 1965, p.344. 大内兵衛・松川七郎訳『諸国民の富 第1巻』岩波書店, 1969年, 565頁。W. B. Wolf and Haruki Iino eds., *Philosophy for Managers : selected papers of Chester I. Barnard*, Bunshindo, 1986, p.10. 飯野春樹監訳『バーナード 経営者の哲学』文眞堂, 1986年, 14-15頁。
14) このような風潮に対し, やや観点は異なるが, 「生命の偶像支配」という批判が, I. イリイチによって投げかけられている (I. イリイチ『生きる思想』藤原書店, 1991年, 270-298頁)。
15) ベルグソン/真方敬道訳『創造的進化』岩波文庫, 291-292頁。
16) G. ニコリス=I. プリゴジーヌ/小畑陽之助・相沢洋二訳『散逸構造』岩波書店, 1980年, 40頁。彼の著作は, その他にも, みすず書房から多数が翻訳・出版されている。
17) 渡辺 慧『生命と自由』岩波新書, 1980年, 45-46頁, 102頁。
18) 槌田 敦『エントロピーとエコロジー』ダイヤモンド社, 1986年, 60-70頁。
19) 渡辺 慧, 前掲書, 97頁。
20) Ludwig von Bertlanffy, *General System*, Penguine Books, 1968 (ドイツ語原論文は1940年), p.128. 長野 敬・太田邦昌訳『一般システム論』みすず書房, 1973年, 118-119頁。
21) フォン・ベルタランフィ/長野 敬・飯島 衛訳『生命』みすず書房, 1973年, 134頁。
22) E. シュレーディンガー/岡 小天・鎮目恭夫訳『生命とは何か』岩波新書, 1951年 (原書は1940年) 第6章, 特に129頁。
23) Bertlanffy, *op.cit.* (原論文は1956年), p.40. 前掲訳書, 37-38頁。
24) D. Katz & L. Kahn, *The Social Psychology of Organization*, Wiley, 1978, p.23.
25) K. E. Boulding, *Beyond Economics*, 1970 (原論文は1966), pp.275-287. 公文俊平訳『経済学を超えて』学習研究社, 1975 (1980), 430-448頁。
26) N. Georgescu=Roegen, *The Entropy Law and the Economic Process*, Harvard University Press, 1971 (1976), p.193. 高橋正立・神里 公・他訳『エントロピーの法則と経済過程』みすず書房, 1993年, 257-258頁。槌田もこの点の適切性を評価している(前掲書, 52頁)。
27) ジョージェスク=レーゲン/小出厚之助・室田 武・鹿島真吾編訳『経済学の神話』東洋経済新報社, 1981年, 34頁, 165頁。
28) De Greene, *The Adaptive Organization*, Wiley, 1982, p.5, p.14.
29) 槌田 敦『石油と原子力に未来はあるか』亜紀書房 (1978) 以来の一連の著作。これに対して, 地球を「孤立した系」と捉え, ボルツマンの法則に基づいて「地球はいずれ熱死 (ないし冷死)する」と見たのが, 『サイバネティックス』で有名なN. ウィーナーである (N. ウィーナー/池原止戈夫訳『人間機械論』みすず書房, 1954年, 29頁, 32頁)。

30) 室田 武「エントロピーの七つのポイント」『エントロピー読本』日本評論社，1984 年，64 頁．
31) William B. Wolf and Haruki Iino eds., *op.cit.*, p.101. 前掲訳書，146 頁，*cf* 注 13)．
32) K. ケレーニイ／岡田素之訳『ディオニューソス』白水社，1993 年，15-20 頁．
33) H. R. Maturana & F. J. Varela, *Autopoiesis and Cognition,* D. Reidel Publishing Company, 1980, pp.78-79. 河本英夫訳『オートポイエーシス』国文社，1991 年，70-71 頁．
34) A. N. ホワイトヘッド／平林康之訳『過程と実在』みすず書房，1981 年，154 頁．
35) C. I. Barnard, *The Functions,* p.52.
36) バーナードは次のように指摘している．「幼児の頃より，他の人間から隔離されていた人間は，論理的思考過程を発達させることができないともいわれている」(W. B. Wolf and Haruki Iino eds., *Philosophy,* pp.12-13. 前掲訳書，18 頁)．
37) C. I. Barnard, *The Functions,* p.46.
38) *Ibid.,* p.143.
39) 庭本佳和「OA 化の進展とテクノストレス」『大阪商業大学論集』第 87 号，1990 年．
40) N. ルーマン「社会学の基礎概念としての意味」，J. ハーバマス・N. ルーマン／佐藤嘉一・山口節朗・藤沢賢一郎訳『ハーバマス＝ルーマン論争　批判理論と社会システム理論　上』木鐸社，1984 年，29-124 頁．
41) バーナードの知識論については，以下を参照されたい．庭本佳和「近代科学論を超えて」『大阪商業大学論集』第 66 号，1983 年（本書第 4 章所収）．「組織と意思決定」加藤勝康・飯野春樹編『バーナード 現代社会と組織問題』第 11 章（本書第 10 章所収）．「組織と知識」『大阪商業大学論集』第 90 号，1991 年（本書第 6 章所収）．
42) A. N. Whitehead, *The Function of Reason,* Beacon Press, 1958, pp.4-8. 藤川吉美・市井三郎訳『理性の機能・象徴作用』松籟社，1981 年，8-12 頁．
43) 柳田耕一「チェルノブイリと水俣」『朝日ジャーナル』1989 年 1 月 20 日号，44 頁．
44) 1997 年にハイブリッド車を世界に先駆けて販売し，今日では環境経営先進企業の一つに数えられるトヨタも，1970 年代半ばの排ガス規制法の制定には日産とともに強く反対した．トヨタに限らず，多くの巨大企業は環境問題に鈍感だった歴史をもっている．
45) W. B. Wolf and Haruki Iino eds., *op.cit.,* p.48, p.62. 前掲訳書，69 頁，90-91 頁．
46) *Ibid.,* p.52. 同上訳書，76-77 頁．
47) 加藤はハンス・ヨーナスを下敷きに，これを論じている（加藤尚武『環境倫理学のすすめ』丸善，1991 年）．これについては庭本佳和「自由意思と自然」『千里山商学』第 26 号（1986）（本書第 3 章に所収）も参照されたい．

第Ⅰ部

バーナードの思想

第1章

人間協働の物語
―― バーナードの人間観と協働観 ――

I 協働の哲学をめぐって

　人間の歴史は，一般に「対立と争いが刻みつけられた物語」といえるのかもしれない。歴史書をひもとくまでもなく，私達の眼の届く範囲だけでも，人間世界に争いは絶えない。ベルリンの壁が撤去され（1989），ソビエト連邦の崩壊（1992）とともに東西両陣営の冷戦が終わりを告げても，民族対立・宗教間対立に根ざした地域紛争，武力衝突はいっそう激化している。日米欧，さらに中韓を加えた経済大国間，巨大企業間の争いも激しさを増してきた。眼をもう少し小さなところに転じても，会社内での権力争い，派閥争い，報復人事などの利害対立が，私達を取り巻く日常である。それは研究・教育の場でさえ例外ではない。資源（研究費）やポストを争って，教員人事が進められない大学もある。お互いの対立のなかで，人々はそのエネルギーの多くを消耗している。それが会社の倒産や業績悪化の隠れた原因であることも少なくない。大型合併や企業統合が，当初の期待に反してなかなかうまくいかないのも，この人間エネルギーの浪費に遠因がある。

　それにもかかわらず，歴史をもっと注意深く読んでみたり，現代の諸現象を素直な眼で眺めてみれば，その逆も見えてこよう。この点を鋭く捉えたバーナードは，人間世界の見逃してはならない側面とは，「人びとの間の利害の調和と協働である」[1)]と言う。対立のもつ劇的な衝撃性が，地味で，あまりおもしろみのない協働の存在を覆い隠しはするが，ここ数世紀の富の増大が協働の存在の証左だというのである。いずれにしても，この相反する対

立と協働が社会を構成してきたことは，社会史のまぎれもない事実であろう。

　利害対立に焦点を合わせると，これを克服する一つの方法は，支配－被支配による解決である。極端な場合には，戦争・破壊によって解決され，殺戮によって終わる。他方，近代社会のより穏やかで合理的な支配方法が，「規則による支配」である。この合理性に注目して「支配の社会学」[2]を打ち立てたのが，M. ウェーバーにほかならない。彼は近代社会を構成する組織原理として，その内部に独自の「支配関係」（＝規則による支配関係）をもつ非人格的な官僚制組織論を展開した。ウェーバーの官僚制組織論は，利害対立を前提にしつつ，これを超克する極めてすぐれた組織論である。

　もしウェーバーを「対立の組織論者」とすれば，利害対立を認めながらも，それを含んで成り立つ「人びとの創造的な協働」に注目して「公式組織の社会学」の樹立をめざしたバーナードは，「和解の組織論者」といえるかもしれない。両者はいずれも，自らの思想の中に人間の生の多様性と独自性を認めているが，ウェーバーが事実と価値とを分離し，価値自由な目的合理性（＝目的に対する手段の合理性）から理論を構築したのに対し，バーナードは実践性の観点から価値と事実の分離を否定し，非合理性を認めて人間的合理性をより深く理解した点で異なる。これが両者の組織理解を分けたといってもよい。

　もっとも，基本的にはウェーバーの組織理解に立つ C. ペローは，対立や権威的調整を無視し，共通目標や自発的服従，道徳的教導によってつくられた合意と調和を強調して，むしろ権力の行使を正当化し，神聖化するものだ，とバーナード理論を激しく批判している[3]。彼は，バーナードを，露骨な経営イデオロギーとしての「協働の哲学」の完成者と見ているからだ。ペローのバーナード理解には誤解も多いが，バーナードが「協働の哲学者」であり，「和解の組織論者」であったことは否定できないであろう。だが，吟味すべきは，一部の論者，とりわけ渡瀬が指摘するように，バーナード理論が単に「人為的な GEM（ゲマインシャフト＝人間共同体──筆者），信じ込まされた "Communion" のなかで『協働』することに満足がある，こうい

う理想的な創造的な人間たれと訓示している」[4]にすぎないものかどうかである。

　もちろん，バーナード理論が哲学＝訓示に終わらない組織論や管理論を展開していることは，批判者もよく承知している。しかし，バーナードが「協働システムの目的は個人満足である」というとき，そこに功利主義的個人主義の貫徹を見て，「バーナード理論には哲学と別の次元にオペレーション論ないしモティベーション論の次元がある」というのである。確かにサイモンは，組織均衡理論を中心にバーナード＝サイモン理論を展開し，それを誘因－貢献バランスによる交換理論，モティベーション論として捉えた。バーナードの組織均衡論が交換問題にとどまらないという意味では，サイモンのこのようなバーナード理解には，もともと限界があるが（これについては別の機会に論じた[5]），ペローの「誘因－貢献理論はバーナードの協働理論には似つかわしくない」[6]との批判も，このようなバーナード理解に立っている。

　ここから「功利主義的人間にうったえて，その『協働人』へのメタモルフォーシス（変身——筆者）を要求するわけである。事実認識としては，クラップ（S. Crupp）のいうように『誘因と貢献の均衡は妥協にもとづく"Community of interest"で，労使のコンフリクトがかくされている』のだが，協働の哲学を信じるバーナードとしては，ひたすら，うったえざるをえない。このように解釈したうえで，われわれは，バーナードは（飯野の）『組織論的管理論』になると思う。ということは，『哲学』と『技術』（オペレーション）の，いわば中間になければならぬ『社会科学』が欠落しているということである」[7]，「バーナードが協働の『哲学』を主張することは自由である。そして，かかる内容を，かれが，またわが国の少なからざる学者が『組織論』と称することも自由である。しかし，バーナードは組織の科学を志向して，統合論を主張しながら，最後になって，つまり結論としては，『理論』としては何もいってはいない，ということは知っておかねばならない」[8]という渡瀬の激しいバーナード批判が生まれるのであろう。

　このようなバーナード批判は，基本的に，功利主義的人間観，消極的協働

観，ゲゼルシャフト（利益共同体）的組織理解ないし権威的組織調整（組織観）がワンセットであり，協働的人間観，積極的協働観，ゲマインシャフト（生活共同体）的組織理解ないし受容的組織調整（組織観）もまたワンセットであるという認識に立って展開されている。「功利主義は生きている」[9]という渡瀬の指摘も，おそらく，バーナードは協働的人間観を装いつつ，事実は功利的人間観に依拠しながら，積極的協働を主張しており，人間観と協働観の間で分裂しているではないか，との批判であろう。また組織論が人間論の関数だとすれば，人間観と組織観も分裂している，ないし人間観に相応する組織論が欠落しているという批判に違いない。つまりバーナードの主張は，「協動的人間観→積極的（自発的）協働観→ソフトなゲマインシャフト的組織観」でなければならないのに，「協働人を装った功利主義的人間観→積極的（自発的）協働観→ソフトなゲマインシャフト的組織観」となっているという批判にほかならない。

　この批判は「人間は本質において功利主義的個人主義の存在であるのは普遍的事実だ」という揺るぎのない自信に支えられており，そこにバーナードに対して「事実を視る目が曇る」とか「社会科学が欠落している」という辛辣な批判の言辞が飛び出すのであろう。これについては本書全体で答えるとして，とりあえず，バーナード理論が理論の名に値しない，つまり社会科学（ないし組織論）が欠落した協働の哲学に憧れた信念の告白にすぎないのか，あるいは哲学的信念を超えて人間協働の物語を描いているのかを，本章ではその人間観，協働観，社会観をたどる中から，そして次章ではその組織観，管理観をたどる中から明らかにすることにしよう。その場合も，バーナードの人間観が「協働人を装った功利主義的個人主義」に立脚した人間観であるのか否かがポイントである。まずは人間論の吟味から始めることにしたい。

II　バーナードの人間観

1　理論（組織論）前提としての人間観

　「バーナード理論には社会科学が欠落している」という批判にもかかわら

ず，バーナード自身は「協働の科学」，「組織の科学」を構想し，それを打ち立てることによって，協働の哲学と具体的協働論（協働技術論＝オペレーション論）をつなぐ論理（科学的説明）を展開しようとした。それはまさに，「欠落している」と指摘された社会科学の構築を意図するものにほかならない。もっとも，意図が必ず実現するとは限らない。実現しないことも多く，バーナードとて例外だとは言い切れない。しかし，バーナードの主観的意図がどうであれ，少なくとも，バーナード理論が内包する客観的道筋はそのような展開になっている。バーナードの人間論はそのための礎なのである。

経営学や組織研究をはじめとする社会科学は，社会現象を把握し，説明し，時には予測し，さらに実践的規範の提示さえも行う科学である。したがって，その研究対象である社会現象の中核をなすものが人間行動であるとき，およそあらゆる社会科学は，意識すると否とにかかわらず，何らかの人間観に立脚してその理論を展開せざるをえない。

たとえば，経済学は人間とは経済的利己心によって導かれるとするアダム・スミス以来の経済人仮説をもとに体系化された一般抽象論であった。これが功利主義的個人ともいわれる人間観であり，社会諸科学に深く貫かれている。経営学の父とも仰がれるF. テイラーの科学的管理論も，暗黙のうちにその流れをくむ工学的・合理的人間を想定していた。その批判者として現れたメーヨーやレスリスバーガーらの人間関係論は，感情を重視した非合理的な社会人仮説を主張しているし，H. サイモンはバーナードの影響のもとに，制約された合理性をもつ経営人（または管理人 administrative man）打ち出し，理論をつくりあげている。

もっとも，それら諸研究における人間観は，人間の一面的特徴を捉え，人間行動の一部を明らかにしたにすぎない。ところが，人間存在は動的な全体的存在であるので，部分的人間観に依拠する研究は，部分的には有効であっても，全体的な現実妥当性を損なうことになる。ここに，バーナードが「非経済的属性をわずかしかもたない」経済人仮説を第二義的地位に退けた理由や，テイラーの人間観を「生物的ロボットだ」[10]と不満を表明した理由もあった。また非公式組織を重視するバーナードの『経営者の役割』を，レス

リスバーガーが人間関係領域の研究と見なしていたにもかかわらず[11]，そして今なお人間関係論の系譜で捉える論者が少なくないにもかかわらず[12]，バーナード自身は決してその関係を認めなかった理由もここにあろう。

　もちろん，バーナードは，社会現象，とりわけ協働現象や組織現象を研究する場合，人間をどのように見て，どのように扱うかが，いかに重要であるかをはっきり意識していた。もとより彼は，経営学（主に経営管理論や経営組織論）において，理論前提である人間観を明示的に論じた最初の人であり，次のように述べている。「組織の研究，あるいは組織との関連における人々の行動の研究をすすめようとすれば，どうしても『個人とは何か』，『人間とは何を意味するのか』，『人間はどの程度まで選択力や自由意思をもつのか』というような，すぐ出てくる2，3の問題に直面せざるをえないことがわかる。」，「組織の性格や機能について広範囲な研究をする場合，………まず第一に，とくに人，すなわち『個人』や『人間』，および関連する事項についての立場，理解，公準を明らかにしなければならぬということである。このような予備的考察をしておかないと，その後の考察の上で不必要なあいまいさが残ったり，予期しない誤解が生じてもまったくやむをえないといわねばなるまい」[13]。

　上述のバーナードの言葉からもわかるように，彼は人間を哲学的に，科学的に，あるいは心理学的に考察しようとしたのではない。あくまでも組織論，管理論の理論的前提としての人間を考察しようとしたのである。そこでバーナードは，協働し行為する人間存在のドロドロした現実に分析視角を据え，現実の生活世界に生き抜く人間（＝行為主体的人間）の感性に触れながら，それを内側から全体的に捉え，自らの人間観と理論を構成しようとしている。

2　バーナードの人間（個人 individual）規定

　人間が一個の物体であることは否定できないが，単なる人体は人間ではない。それは何よりも生き物であり，物的にして生物的な有機体なのである。有機的身体をもつ人間は生命サイクルの中で，一定の範囲内とはいえ，環境

適応力，内的均衡維持能力を発揮して継続性をはかるとともに，過去の経験を活かして適応の性格を変える能力さえ備えている。この生物的プロセスが，人間の創造性の基礎であり，次の社会的プロセスの土台である。同時に，人間の生物的身体的特性（有限な存在性）が，バーチャル・リアリティやバーチャル・コミュニティの限界をつくりだすことを見逃してはならない。

　人間は他の人間との関連なしには，存在も機能もできない相互作用的存在である。その相互作用は，経験や適応性を各自が相互に持ち合わせていて，文化を形成しているのが特徴であろう。つまり人間の相互作用は，意図と意味に対する一連の応答であり，「社会関係」と呼ばれている。他者の受容が社会現象，文化現象を生じさせるのだ。この意味において，人間は社会的存在であり，集合的に存在する。当然，人間は他の人間との応答的相互作用に，つまり社会的に制約されるが，そのことによって一層独特な，別々の個体ともなる。言語現象それ自体が，人間の社会的・集合的性質を示しているが，自我の発達や論理的思考の発達には，人と人の交流が必要なことを，バーナードはよく承知していた。ここにも人間の集合的性質がよく現れているが，彼は人間の社会的要因をとりわけ重視した。テイラーの人間観に対して「社会的存在として扱われていない」というバーナードの不満は，この観点からの批判にほかならない。

　このような考察を経て，バーナードは人間を，特に一人の人間である個人として「過去および現在の物的，生物的，社会的要因である無数の力や素材を具現する，単一の，独特な，独立の，孤立した全体」[14]と定義する。定義中の「孤立した個人」という表現に目を奪われて，これを社会の上に超越してそびえ立つ「孤立した個人」と理解すれば，誤りである。バーナードの人間観はどこまでも歴史的に，そして社会的に規定されており，他者との交わりを通して「単一の，独特な，独立の，孤立した全体」になることを見落としてはならない。同時に，「単一の，独特な，独立の，孤立した全体」という表現で，彼の人間規定による個人は，決して社会や全体に埋没しない存在であることも表明している。

3 バーナードの人格（パーソン person）規定

バーナードは，以上のような人間規定に加えて，人間を人間（パーソン person）たらしめる特性をもつ人格的（パーソナル personal）存在として理解した。その特性とは「(a) 活動ないし行動，その背後にある，(b) 心理的要因，加うるに，(c) 一定の選択力，その結果としての，(d) 目的である」[15] という。この人格規定が自由（意思）論的立場を反映していることは間違いないだろう。これに比べて，物的，生物的，社会的要因の統合物とされた人間規定（個人規定）は，それぞれの要因に制約された決定論的立場をより強く反映していよう。それでも一般には，バーナードの人間論は，対立する自由論と決定論の双方を巧みに受け入れた統合論だと理解されている。このような解釈に一石を投じたのが「人格規定は人間規定に含まれるのではないか」（三戸　公）という疑問であった。(a)(b) は生物的要因に，(c)(d) は社会的要因に含まれるのではないかという疑問なのである[16]。

従来のバーナード研究では，人間規定の上に人格規定をただ重ねて理解するだけで，両者の関係を論理的に問うことはなかった。その意味では，興味深い問題提起である。しかも，その疑問の延長上には，統合論と見られてきたバーナード理論も結局のところ「自由論が決定論に吸収されるのではないか」という主張もはらんでいる。少なくとも，そこには「並列的・複眼的把握ではあっても，統合論ではありえない」という認識が潜んでいるであろう。その行き着く先は，「人間理解の不徹底」，そしておそらく人格規定が人間規定に解消された結果の自律性の喪失＝決定論の支配となって，「バーナードの組織論は体制順応的な性格をもつ」（鈴木辰治）[17] という批判である。これら疑問・批判を考慮しつつ，バーナードの人格規定を解釈してみよう。

人間が一個の物体を超えた生命であり，しかも動物である以上，活動的存在であるという指摘に不思議はない。活動こそが人間を特徴づけるものであろう。活動の容易に観察される側面が行動だとすれば，行動が人間の自律性の基礎である。もっとも，個人の行動が心理的要因の結果である限り，環境適応力や内的均衡維持能力といった生命維持活動にとどまるものではないだ

ろう。「過去の経験を活かして適応の性格を変える能力」にしても，同じである。それは人格特性を支えるものに違いないが，高等な動物にも備わっており，人間固有の心理的・精神的結果だとは必ずしもいえないからだ。人間の心理特性として働く高度の経験能力と意識的精神作用たる動機づけは，生物的要因が社会的要因と結合してはじめて発達してくるものであり，生物的要因以上のものである。人間はこれを駆使して，環境への単なる「反応」や「順応」を超え，環境に働きかける「適応」行動を実現してきた。したがって，心理的・精神的要因およびその結果の主体的行動は，人間規定の生物的要因に解消されはしない。

また生物的プロセスを土台にした社会的プロセス，つまり人と人の交流＝人間関係や社会関係が，人間に自我を芽生えさせ，論理的思考を発達させて，心理的活動や精神的活動をもたらしたことは否定できないが，逆にそれら活動を社会関係や社会的要因に還元できる論理的必然性もない。バーナードが「心理的要因」という言葉で「個人の経歴を決定し，さらに現在の環境との関連から個人の現状を決定している物的，生物的，社会的要因の結合物，合成物，残基」[18]を意味するのは，そのためである。心理的要因は，物的，生物的，社会的要因の結合物に昇華していると同時に，それら諸要因に還元できない合成物，残基，つまり別のものなのだ。心理的要因と社会的要因とは無関係ではないが，質ないし次元が異なるといってもよい。

自我意識や論理的思考の上に成り立つ心理的，精神的エネルギーのほとばしりが，選択力であり，自由意思にほかならない。それが自己の行為に向けて噴出して活動を引き出すのである。もちろん，バーナードは人間に無限の選択力や自由意思を認めはしなかった。個人は一定の選択力を発揮して目的を設定するが，そこには物的，生物的，社会的要因に由来する限界がある。彼は次のように述べている。「選択力には限界がある。個人が物的，生物的，社会的要因の結合した一つの活動領域である限り，これは当然のことである。均等な機会が多い場合には，人間の選択力が麻痺するという理由からも自由意思は限られている。これは経験によって明らかなところである。たとえば，ボートで睡眠中に漂い出し，大洋のまっただ中で目をさまし，どちら

へ行こうと勝手だとしても，ただちに方向を決めかねるであろう。選択には可能性の限定が必要である。してはいけない理由を見出すことが，なすべきことを決定する一つの共通の方法である。後でわかるように，意思決定の過程は主として選択の幅を狭める技術である」[19]。この意思決定過程の選択の幅を狭め，限定するものが「目的」にほかならない。

　人間の自由意思を含む人格規定によって，バーナードは自律的人間観を打ち立てた。リースマンも「自律型の人間とは自由をもつことのできるような性格の人間だ」[20]と強調しているが，自律的人間とは自由意思を行使して選択力を発揮する（つまり意思決定する）と同時に，それに対する責任的な人間でもある。『経営者の役割』を人間論で始めたバーナードが，管理責任論で閉じた理由もここにあった。このようにバーナードの人格規定は，人間規定の生物的，社会的要因を基礎にしつつも，そこに還元され得ないものを含んで展開されている。もちろん，両者の関係はなお慎重な吟味と留保が必要であるが，敢えて言えば，人間定義の「単一の，独特な，独立の，孤立した全体」を実現するものが，おそらく人格規定に相違なく，人格規定を予想させるものとなっている。その意味では人間定義の段階で既に自由論と決定論を巧みに取り入れて統合しているが，人格規定をもってはじめてバーナードの人間観は完成するといえるだろう。そこにバーナードが「人格的特性こそ，この書物の基本的公準なのである」[21]と強調した理由もある。

4　個人人格と組織人格

　バーナードはさらに人間を二つの側面から捉えようとする。一つは，純粋に機能的な側面からの人間把握である。たとえば，特定の協働システムの参加者は，協働の局面をみるとき人々の努力は非人格化され，社会化されている。管理者とか従業員とかいう場合，個人を全体としてではなく，個人のこの側面に焦点をあてたもので，組織人格といえる。

　いま一つは，特定の協働システムの非参加者はもちろん，特定協働システムの参加者であっても組織外の個人は，人間存在全体として扱われ，社会価値を独特に内在化して個人人格化している。「過去および現在の物的，生物

的，社会的要因である無数の力や素材を具現する，単一の，独特な，独立した，孤立した全体」と定義され，「選択力を発揮して設定した目的に向けて行動する心理的・精神的存在」と人格規定された個人にほかならない。この個人が人格的自由を放棄して組織目的の観点から調整されるとき，個人の活動や諸力は「調整された活動」となり，組織を構成する。その意味では，組織人格とは組織の代理者としての個人の側面だともいえる。

　もっとも，個人のこの二つの側面は，別々に現れるのではなく，同時に存在する異なった，そして時に対立する側面であることには注意せねばならない。組織との軋轢や葛藤に悩む個人の姿がそこに浮かび上がる。この人間理解が，組織のダイナミズムを説き明かす鍵なのである。

Ⅲ　バーナードの人間理解と協働観

1　人間の社会的・歴史的存在性と協働の生成

　既に述べたように，人間の歴史と世界をつくりあげてきたものが，「人々の間の協働だ」とバーナードは見たが，その協働の成立にも論及している。まず，人間は自由意思によって目的をもつが，その目的の認識が人間を構成する物的，生物的，社会的要因に由来する制約を明確にする。これを克服するために成立するのが協働だというのが，バーナードの基本的な説明の道筋だった。しかし，彼はこのように「人はなぜ協働するのか」を説明しても，「人はなぜ協働できるのか」を必ずしも明示的に示していない。これを彼の動態的な人間理解から探り，その協働観を明らかにしてみよう。

　バーナードによれば，個人は「過去および現在の物的，生物的，社会的要因である無数の力や素材を具現する，単一の，独特な，独立の，孤立した全体」であった。「孤立した」という表現にもかかわらず，「社会から孤立した」という意味でもなければ，「社会の上に超越した」という意味でもないことは，既に指摘した。バーナードが「単一の，独特な，独立の，孤立した全体」という表現で説明しようとしたものは，あくまで社会に埋没しない「確立した個性（自我）をもつ人間」であって，社会との関係で「はじめに

個人ありき」を主張したものではない。そのことは「人間は決して自分自身に起源をもつものではなく，各人は無数の世代にわたる人種と社会の発現である」[22]と述べていることから，はっきりしている。逆に，「はじめに社会ありき」と考えていないことも，「社会なしの個人を理解するより，個人なしの社会を理解することはもっと難しいが，史実の示すところによれば，社会は個人から成り立っており，個人は社会なしには存在しない」[23]との叙述が示している。これがバーナードの人間理解であった。したがって，個人は社会的個人であり，「歴史と文化の相続人」（ベラー）[24]にほかならない。

　社会は人間の存在を前提にし，人間の集合的性質がもたらす交流によってはじめて成り立つとすれば，人間も当初より社会的存在として生成したはずである。社会と人間はまさに同時的存在なのである。あるいは社会生活を始めたとき，ヒトは人間になったともいえる。ここに協働現象が生成する基盤がある。その意味では，バーナードが「群居性が協働を求める」[25]と説明するとき，人間の協働可能性をわずかに説明している。

　序章でも述べたように，人間が相互に理解ができるのは言葉を介してであるが，その基礎には一定程度の感覚ないし感性の共有があったに違いない。この共通な感覚は，人間の集合性，群居性，共同性の賜物であるが，それが言葉を生み出した。バーナードが主張するように，言葉を介したコミュニケーション，つまり話すことに，人間協働の最も普遍的で，複雑で，始原的な形態があるとすれば[26]，言葉が社会的用法に従わなければならない以上，協働はそのはじまりからヴィトゲンシュタインのいう「言語ゲーム」[27]という性質を帯びている。社会的接触によるルール（言語ゲームのルール）の習得と，それを駆使した人々の交流が，人間に論理的思考と協働可能性を生み出した。したがって，協働は人間による学習の産物でもある。

2　動態的な人間理解と動機づけ要因

　上述したように，人間の社会的・集合的性質が人間協働の潜在的基盤であるとき，協働を顕在化し，現実化するには，功利主義的個人主義に立つ経済的利己心だけでは難しい。協働の根源性からみても，人間の社会的・集合的

性質に響き合うものが必要だからである。

　バーナードがメーヨーと文化人類学者・マリノフスキーの交流を評価する理由も，ここにあるだろう[28]。人類学者は現実の生の資料で仕事をする重要性を，組織論者をはじめとする社会科学者に示した。バーナードもまた，人間の集合的行動を理解するには，個人の具体的行動の把握にかかっていると見て，集合的社会での現実的な人間観の構築をめざし，抽象的で一面的な「経済人仮説＝功利主義的個人」からの脱却をはかっている。彼は主著に先立つ論文（1938）で人間を動態化させる動機づけ要因に目を向け，以下の5つを論じている[29]。

① 優越心（love of distinction）

　バーナードによれば，集合的社会（とりわけ共同体）において人間を最も動態化させるものは，「優越心」である。それをより好ましい形で表現すると，誇りであり，名誉の希求であり，虚栄心を含めた認知欲求にほかならない。個人として認めて欲しくない人はほとんどなく，文明活動の多くが優越心をエネルギー源にして展開されているという彼の指摘は鋭い。創造性はここから生まれる。協働が優越心を一身に担う「人の論理的能力や科学的能力のおもなはけ口であり，またその能力のおもな源泉である」[30]とすれば，人間協働と優越心の関係も深い。また「単なる統計単位でしかないことに人は耐えがたい」[31]との指摘は，文化人類学者・ギアーツの「人間性の概念は統計的幻影以上のもの」[32]という理解とも一致していよう。個人を個人として認めることが礼節の基礎なのだ。この点は共同体（コミュニティ）の在り方と深く関わっており，情報ネットワーク化によるバーチャル・コミュニティの進展と限界をもたらす理由ともなっている。

② 嫉妬心（jealousy）

　この優越心と関連し，そこから芽生えてくるものが「嫉妬心」である。人間協働の現実では極めて重要なもので，これが組織生活のあらゆる局面でもつ分裂効果は絶大である。政治，産業，労働における多くの難題の根底に横たわり，分裂や対立の根幹となっているものに，それとわかる言葉でめったに表現されることはないが，この嫉妬の情がある。これは，より好ましい形

であられると，対抗，模倣，競争となる感情であり，人間生活を豊かにする創造性の基礎となってきた。しかし，悪くあらわれると，不服従，サボタージュ，管轄争い，有害な策略，筋違いの議論などをもたらすのである。

③ 差異的寛大（differencial generousty）

第3は人間の好みとか愛着傾向である。バーナードはカーバーに倣って「差異的寛大」ないし「差別的寛大」と説明し，通常は不注意にも「私欲」とか「利己心」と呼ばれているとした。なるほど，人々の努力の強さは，主として他の人々への愛着から生じるのであって，自分自身の物質的幸福における利害から生じることは滅多にない。たとえば，他から切り離された自己意識に立つ人々（功利主義的個人主義者）が，「自分が見出した相手は，自分に最大の幸福を与えてくれるような，望みうる最良の相手だった」と，一見，功利主義的言語表現を用いつつ，プラグマティックな考えを超えた「歴史の共有」に気づいたとき，はじめて結婚生活の意味を語り得たさまを，ベラーたちはインタビューを通して明らかにしている[33]。バーナードが指摘する「人間の愛着傾向」は，共に時間を分かち合った集合性，共同性を如実に示しているであろう。

④ 経済的利己心（economic self interest）

「経済的利己心」は4番目の動態化要因である。確かに，主著『経営者の役割』の序文でも，バーナードは「私は組織のなかでいかに行動すれば有効であるかを前から知っていたけれども，経済理論と経済的関心——必要欠くべからざるものであるが——を第二義的地位にしりぞけてはじめて，組織およびそこにおける人間行動というものを理解しはじめた」と語っている。しかし，経済的利己心が不当に強調されすぎているとしつつも，彼が「経済的利己心の存在よりもその不足が，社会的観点からは，個人の主要な欠陥である」「社会の主要問題の一つは，活性力としての経済的利己心を育成することにある」[34]と述べていることを忘れてはならない。もちろん，このようなバーナードの逆説的指摘は，経済的利己心の不足を嘆くと同時に，現実の人間行動が必ずしも経済的利己心によって導かれていないことへの痛烈な皮肉でもあろう。

⑤ 惰性 (inertia)

　最後に，バーナードは「惰性」を人間の特徴としてあげる。それは，進んで行動したり，考えたり，働いたりしたくないという気持ちであるが，習性となった惰性は，新しい方向へ転換しようとする人間努力を強く抑制し，硬直化の原因の一つとなる。それは，時に文化的慣性となって現れ，協働や組織の変革を考える場合，見逃せない人間の性質である。しかも，この惰性ゆえに，人々は既に獲得したものを失わないように，途方もなく，時に悲劇的な努力をしても，手の届くもっと大きな利益には努力を払わないという事態を招いている。惰性のこの奇妙な性質から，個人は生産者としてよりも消費者として，より一層強く経済的思考に刺激されることになる。消費という現在利益には経済的思考を働かすことができても，惰性が影響して将来利益には経済的思考を働かせにくいのだ。未来を想像する力が欠如しているからであるが，バーナードは，それを上述のように「経済的利己心の不足」と指摘したに違いない。

　以上のような人間の動態的理解，動機づけ要因への考察は，主著『経営者の役割』でより洗練されて展開されているが，繰り返し述べるように，人間の集合性，群居性，共同性を見据えてはじめてなされうる。動的全体として捉えられたバーナードの「全人仮説」ないし「協働的人間観」は，決して「功利主義的人間にうったえて（協働の哲学を注入して――筆者），協働人へのメタモルフォーシス（変身――筆者）を要求する」（渡瀬）のではない。社会的・集合的存在であり，潜在的に協働人である個人を結集するには，功利主義哲学では限界があるため，バーナードは協働の哲学を打ち立てようとしたのであって，その逆ではないのである。そもそも，バーナードの「協働システムの目的は個人の満足である」という言葉を，「功利主義的個人主義のエレメンタリズム」と捉えて，功利主義的個人の貫徹と見るところに無理がある。両者のどこに論理的繋がりがあるのだろうか[35]。

　もし人間が功利主義的哲学一色に染まっており，現実の人間行動もその通りであれば，むしろ事は簡単であろう。組織論も管理論ももう少しすっきりしたものになるに違いない。少なくとも，経済学と同じ程度にはなったはず

である。そうでなかったからこそ，バーナードは経済的利己心を「個人的努力を動機づける一つの要因である」が，「多くの人々には完全に欠けており，備わっているとしても，たいがいはほどほどにしか，発達していない」と嘆かざるを得なかった。このことを銘記しておかなければならない。

IV　バーナードの社会認識と個人主義の吟味

　これまでの論述から，功利主義的側面は人間の一面を説明するものであっても，「人間は本質において功利主義的個人主義の存在である」（渡瀬）というのが必ずしも普遍的でないことが，明らかになったであろう。それにもかかわらず，個人主義の理解は功利的個人主義に深く根ざしており，人々の意識に抜きがたく残っている。個人が人間協働ないし組織の構成要素の源泉である活動や行為を提供するのであるから，人間協働論，組織論の展開にあたって，個人主義の吟味は欠かせない。

　その個人，つまり人間は社会から孤立したり，社会を超越できない社会的で集合的な存在であり，歴史的で文化的な存在である。そうであれば，そのような個人を生み出す社会もまた協働や組織の構成要素を支える要件である。当然，どのように社会を認識するかは，協働論や組織論の展開にとって大きく影響する。なぜ人間が組織においても価値や文化を形成し得るのかなどは，その社会認識とも関係している。以下ではバーナードの社会観，個人主義理解の吟味を通して，協働の意味をもう少し深く探ってみたい。

1　バーナードの社会認識
(1)　社会・共同体と非公式組織の同型的把握

　バーナードは，「社会（society）」を，それぞれの違いがあるにしても，基本的には人々のコミュニケーション的相互作用からなるという点で，「共同体（community）」，「非公式組織（informal organization）」とほぼ同義だと理解した[36]。彼によれば，「社会」は，何らかの意味で協同で生活していることが識別可能な「人々の集団」に力点がある。「共同体」は，集団

ではなく，集団に属す人々の間の関係の一般性を表現するもので，共同生活と，コミュニケーションによる相互依存性が強調される。この属性によって共同体は社会になるのである。「非公式組織」は，社会集団を構成する人々の具体的行動の相互依存性に焦点を合わせ，それが社会の機能的側面における規則性(regularity)にかかわっている。　たとえば，集団が社会であるのは，非公式組織が集団を共同体に仕立てあげるからであって，非公式組織とその結果の共同体，人工物，文化，公式組織ゆえに，社会は存在する。そのため，それぞれの社会は非公式組織を内包するともいえるだろう。

　人間の群居性が協働の基盤であったように，非公式組織もそこから生まれる。それは，家族間の親近感はもとより，地理的空間の近さから協働に入った人々の間の相互接触がもたらす親近性から発展してきた。社会成員間の相互作用が，総体としての非公式組織を構成するのである。

　人々の相互作用は，身体的接触，肉体的な協働行為，口頭コミュニケーションなどを介した一連の応答から成り立っている。とりわけ，相互作用の中心をなすコミュニケーションは，共通のシンボル＝言語と，事物をシンボル化した概念を開発しストックして，それを使用しつつ，行動パターンやコミュニケーションの慣習的方法や様式を生み出してきた。それだけではない。コミュニケーションを介した相互接触は，共通の知的理解（ものごとの

公式組織（国家）

社　　会

共　同　体
（共同の生活）

非　公　式　組　織
（文　化）

集　　団

群

群　　居

図1-1　社会の諸類型

見方,考え方)や共通の道徳的ないし精神的理解,つまり一定の態度や感情,そして規範などもつくりだす。これらの相互作用は,一般に無意識であり,触知しえず,漠然としていて捉え難い。そのため,非公式組織の存在はその結果によって知られることになる。バーナードは,習俗,習慣,共有の嫌悪感,固執される信念,因習,道徳準則,制度,言語,そして美術と建築,民謡と民俗,文学,祭礼と儀式名のようなある種の具体的証拠,それに公式組織を挙げ,非公式組織から生じるこれら結果が通常「文化」と呼ばれるという。非公式組織が道徳,倫理,価値,規範といった眼に見えない文化を生むといえるし,それが非公式組織だともいえる。

このようにバーナードの社会観は,非公式組織観と同一の形式で打ち立てられている。もちろん一般的には,社会を非公式組織とはいわない。非公式組織はあくまで企業や大学などのミクロ・レベルでの公式組織にまつわる人々の相互接触や相互作用として理解されるが,それが社会や共同体と同質の相互作用であると指摘したことは重要である。このような見方の核心は,社会であれ,非公式組織であれ,人々の相互接触や相互作用から生まれた知的理解や精神的理解,つまり道徳,倫理,価値,規範といった「ものごとの見方や考え方」を規定する文化を形成すると理解した点であろう。これによって,バーナードは早くも1930年代に,近年の組織文化論の基礎を確立したといってもよい[37]。いま一つは,あまりに当然のことで述べるまでもないが,社会的・集合的存在である人間が,人々の相互作用から生み出された社会や共同体の歴史と文化を共有する歴史的・文化的存在であることを,改めて認識させたことだろう。社会に根を下ろし,共同体の文化を共有する個人は,そのような価値や文化を背景に個性を発揮する。それだからこそ,ミクロ・レベルの非公式組織においても,社会的・文化的存在として価値や文化を形成できるのだ。そのような個人を捉えて,ベラーたちは「倫理的個人主義」[38]と呼んでいる。

(2) 対立的なアメリカ社会観とバーナード理論

ところが近代とは,人間の行為から,このような社会や共同体の価値を払

拭し，そこから脱却することであった。経済的利己心によって導かれる「経済人仮説」はその典型である。それでもなお，経済学を確立したアダム・スミスにあっては，「経済的利己心」と両輪だと考えた「同感（＝人々の共感：sympathy）の論理」を強調して，他者への配慮がなされている[39]。少なくとも，人間が社会的・共同体的存在であることをはっきり認めていた。しかし，経済学が古典経済学から近代経済学へ脱皮する過程で，「同感の論理」は削ぎ落とされ，「経済人仮説」も「ホモ・エコノミックス」へと純化されてゆく。それは，個人が社会や共同体から切り離された絶対的地位をもつと主張する「功利的個人主義」の貫徹と表裏一体であった。そのような個人主義は，もともと学問上の単なる方法的個人主義にすぎなかったが，今や「あるべき社会の基本原則として，規範的意味を帯びる」[40]とさえ指摘されている。アメリカ社会はことのほかその色彩が強い。ベラーたちもまたそのように見て，（功利的）個人主義がアメリカ社会に「癌的な増殖を遂げているのではないか」[41]という懸念を表明している。

　それにもかかわらず，W. G. スコットとD. K. ハートは，個人の価値が優先されるべきアメリカで，巨大な近代組織の合理性ゆえに，組織価値や組織規範が優先され個人が窒息させられていると警鐘を鳴らした。彼らは「組織の価値は，個人の価値に先行するだろう。個人は今や組織のためにつくられるのであって，組織が個人のためにつくられたのではない」と述べ，そのようなアメリカを「オーガニゼーショナル・アメリカ（Organizational America）」と表現した。彼らは，このような「組織的アメリカ」への流れをつくった一人として，現代組織論の創始者・バーナードを見ている[42]。バーナードに対するこのような見方は，『組織的アメリカ』(1979) の13年後に刊行された『C. I. バーナードと管理国家の守護神』(1992) においても，基本的に変わっていない。この点は次章でも触れるとして，近代組織への絶対的信頼と，その組織の健全さを保ち強めるための「技術的合理性」，「管理性（Stewardship）」，「実用性」への従属を求める組織規範に埋め尽くされようとしている「組織的アメリカ」は，遠からず「全体主義的アメリカ（Totalitarian America）」を招くと，未来を暗く見通してみせた。そこに

は1世紀前,官僚制組織の合理性を指摘して,その合理性ゆえに官僚制組織が社会を覆い尽くしてしまうと悲観したウェーバーと同じ意識が流れていよう。しかし,合理的な組織の激流に為す術もなく立ちすくんだドイツ人のウェーバーに対し,この流れに逆って,大転換を試みたスコットとハートはさすがにアメリカ的である。

「組織価値が支配するアメリカ」からの脱出・転換は,当然,個人価値,個人主義の復権ということになるだろう。スコットとハートが示したその道筋とバーナード解釈(=バーナード批判)は,はなはだ疑問に満ちたものだが(この点は後述する),ここでの問題は彼らが復権させようとしている個人主義にある。その吟味が,「個人主義が蔓延するアメリカ」と懸念するベラーたちと,個人主義が抑圧された「組織的アメリカ」を憂えるスコットとハートとの,一見,矛盾するかのような溝を埋めるに違いない。

2　バーナードの個人主義の吟味

バーナード理論は,一般的には,個人主義的色彩の強い理論だと見られている。義務教育を終えた青少年時代から,自学自習かつ独立独行で生きてきたバーナード自身が,実際,強烈な個人主義者であった。理論の構築にあたっても,協働の進化がそれに包摂される個人主義の性格と性質に大いに依存しているから,個人的発展を促進し,集合主義ないし集団主義(collectivism)以上に個人主義(individualism)を強調している[43]。少なくとも,集合主義ないし集団主義と個人主義とのバランスをとることが,バーナードの基本的命題であった。それでもスコットたちから,バーナードは個人を抑圧する「組織的アメリカ」への流れをつくった一人であり,「管理国家の守護神」と見なされている。

(1)　功利的個人主義と組織的アメリカ

それでは,スコットとハートが復活を願う個人主義とはどのようなものなのか。彼らによれば,個人規範の価値とは,① 生来の人間性 (innate human nature),② 個人性 (individuality),③ 不可欠性 (indispensability)，④ 共同体（community），⑤ 自発性（spontaneity），⑥ ボランタリズム（voluntarism）などである[44]。ここから，彼らが「個人主義」という表現で，生来的に発展する全体的価値をもち，自律的かつ合理的で，共同体的価値を担う不可欠な存在であって，自発的で創造的な個人の企業心によって，社会福祉に貢献してきた人間をイメージしているであろうことは容易に想像がつく。もっとも，「個人主義」という言葉は多義であり，その中には，互いに矛盾するような主張と自らを崩壊させるような種さえ含んでいる。スコットとハートの場合も例外ではない。たとえば，① 生来の人間性に発する絶対的価値は，共同体的価値の束縛からの離脱によってもたらされたのであり，「個人は社会に先行する」という思想に基づいている。これは ③ 所属集団における不可欠性や ④ 共同体とは結びつきにくい。①，② と ⑤，⑥ が結びついて近代的個人主義が生まれたが，① と ⑤ が強調されると功利的個人主義となり，① と ② が結びつくと表現的個人主義になるに違いない[45]。

スコットとハートが，「わが国の伝統の中心には，個人こそがいかなる集団的全体（collectivity）よりも自らの利益をうまく決定できるという前提があった」と述べるとき[46]，その前提から功利的個人主義が出現してきたことは，彼らが強調した ⑤ 自発性を説明する次の言葉と重ね合わせると，よくわかる。「個人の自発性が，その概念基底をあらかじめ詳細になされないうちに，何か不思議な方法で，しかも適切な時期に，社会全体の利益，とりわけ特定組織の利益になるかもしれないと考えられるようになった。自発的で，創造的で，企業心に富む個人は，あらゆる分野，農業であれ，工業であれ，はては政治であれ，みごとな働きをなし，その結果，ものごとをよりうまくやる方法や，より多くの仕事や商品やサービスがつくり出され，社会福祉の改善がもたらされてきた」[47]。これは，「個人の利益追求が社会的利益を実現する」という功利的個人主義の図式そのものではないか。

この図式は「組織成員は，共通の目的（社会的福祉ないし全体の利益）をもつならば，そして目的が達成されるとき全員の状態が良くなるならば，彼らが合理的で利己的な個人である限り，目的の達成（社会的福祉の向上）をめざして行為する」という命題に置き換えられるだろう。だが M. オルソン

は，スコットやハートとは逆に「個人を行為させる強制もしくは他の工夫がない場合，合理的で利己的な個人は，その共通のあるいは集団的利益の達成をめざして行為しないだろう」[48]と指摘する。いわゆる集合財・公共財とフリーライダーの問題であるが，バーナードも組織の成立・存続に不可欠な協働意思（協働意欲）に関して「現代社会における多数の人々はつねにマイナスの側にいる」とみていた。だからこそ，指導権，もしくはリーダーシップが必要となるのだ。

要するに功利的個人主義者は，何よりも手段の合理性を追求する。その結果，自らが憂えた「組織的アメリカ」が出現し，共同体を脆いものにしていることを，スコットとハートは見失っているようだ。

(2) 表現的個人主義と功利的個人主義

またスコットとハートが，「アメリカの輝ける星は，個人であった」[49]と語って，W. ホイットマンの詩を掲げるとき，表現的個人主義を示している[50]。確かに，ホイットマンは富の獲得や出世を人生の成功とは見なかった。その意味では，功利的個人主義を抜け出ている。彼はまた民主主義を信じ，アメリカ的独立精神・フロンティア精神の擁護者でもあった[51]。しかし，彼にとってそのような精神はどこまでも，豊かな体験と個人に備わった独特の直観や感情を核に，自己を実現し，個性を表現（自己表現）できる人生を願うために欠かせないものであったのである。

ホイットマンのような芸術的人間でなくても，豊かさが実現した今日の成熟社会では，出世競争に明け暮れた功利的個人でさえ，壮年期には（競争に破れれば特に）自己の欲求や感情の発露として趣味に生き，消費としての文化サービスを要求することは多い。リースマンが早くに指摘しているが，これも個人性の発揮という点では個人主義に違いなく，ベラーたちは「表現的個人主義」と名づけた。近年，わが国で注目を集めた「柔らかな個人主義」（山崎正和）[52]は，この日本版であり[53]，それぞれ多様な趣味によって，積極的に「個人」として生きる新しい姿勢が，若者にまで広がりつつあると指摘されている[54]。

功利的個人主義と対抗するかのように現れた表現的個人主義は，個人を組織に取り込みにくくすることは否定できない。たとえば，それが消費者として現れると，その気ままな性格や好みのライフスタイルは，消費をうつろいやすくし，企業を慌てさせている。それは，社会や経済を動かす主導権が消費者によって掌握された事態（しばしば消費者主権と表現される）といってもよく，広い意味での情報化現象を出現させた。この点が「積極的に『個人』として生きる新しい姿勢」と評価されたのだろう。しかも，好みのライフスタイルの類似性は，外見的共通感覚を芽生えさせ，時にはそのライフスタイルを通して，人々の結びつきさえ見られるようになった。コンピュータ・ネットワーク上でこの種の結びつきが実現するとき，バーチャル・コミュニティを実感させるのであろう。一見，共同体とも見まがうこのような結びつきも，私生活の余暇と消費スタイルに限定されており，個人を断片的に含むにすぎないため，ベラーたちによって「ライフスタイルの飛び地」[55]と呼ばれている。これは個人の生活価値（個人道徳）の一端を表して，組織価値に一定の衝撃を与えようが，「飛び地」の住民は相互依存的でもないし，歴史や文化を共有しておらず，組織価値に対抗し，それを変革する能動的強さをもっていない。

　もちろん，表現的個人主義者もしばしば「自由」や「価値（観）」を口にする。しかし，その「自由」とは，「他者の干渉を受けないこと」であり，「独りっきりになる自由」であって，その内実を欠いており，他者と協力の絆を創り出すことは難しい。「価値（観）」もまた同様だ。それは個人的好みであって，他者との相違や対立を解きほぐす共感も，その前提となる価値観の一致もないことを，ベラーたちは明らかにしている。

　そもそも，自己の欲望や感情を何よりも優先する表現的個人主義は，「個人が社会に優先する」という思想において，そしてそれを実現する手段の合理性を重視する点において，功利的個人主義の源泉と変わらない。その意味では，功利的個人主義や表現的個人主義によって，スコットとハートが願う共同体的価値や個人の不可欠性を，組織規範の価値に注入し，これを動かすことは不可能である。功利的であれ，表現的であれ，自己追求的な個人の単

なる集合体が社会や共同体ではないからだ。

  (3) バーナード理論と道徳的（倫理的）個人主義

　社会や共同体は，人々の相互接触＝相互作用が生み出した価値で満ちており，個人のアイデンティティを育て，自己を認識させる場であった。だからこそ，個人は共同体的価値を身に帯びつつ，他者との交わりの中から自己を確立してゆけるのである。確立した個人の強さがまた，共同体を強くする。人間をこのように社会的・集合的に理解し，文化的・価値的存在だと捉えてはじめて，組織レベルで価値や文化が形成されるだけでなく，そこに共同体的価値を持ち込むことも可能となろう。それがバーナードの人間理解であり，個人主義であった。これを功利的個人主義や表現的個人主義と区別して，「道徳的個人主義」（デュルケームの表現）と呼んでおこう。ベラーたちの「倫理的個人主義」である。

　もちろん，バーナードの主張の中にも，この3つの個人主義を含むような叙述はある。それを捉えて，「バーナードのいう個人主義も功利主義だ」（渡瀬）という批判も現れるのだろうが，道徳的個人主義が基本である。敢えて三者の関係を示せば，社会や共同体の価値を背負った道徳的個人主義を分厚い基底にして，次に表現的個人主義が，最後に功利的個人主義が薄く表面を覆うかのように積み重なっているというところだろうか（図1-2）。協働はこの上に成立していると思われる。

　さて，バーナードが社会や共同体と同一の形式で非公式組織を理解したとはいえ，両者の価値は質的に同じではない。組織貢献者間の濃密なコミュニケーションが，そこに醸し出す価値や文化を独特なものにすることは，容易に想像がつく。それが組織に個性と独自性を与えると同時に，社会や共同体の文化や価値（バーナード流に表現すると，社会道徳）との違いともなり，時には大きな乖離ともなって，組織を中核とする経営体の反社会的行動をもたらしてきた。組織規範や組織価値が問われる所以である。しかし，個人は公式組織を構成する組織人格的存在だけに終わらない。とりわけ，非公式組織においては全人格的に存在して，固い組織価値の殻の内側には社会価値や

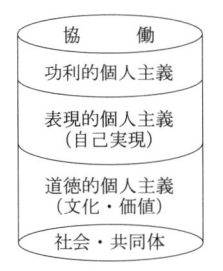

第1章 人間協働の物語―バーナードの人間観と協働観― 53

```
     協    働
  功利的個人主義
  表現的個人主義
   （自己実現）
  道徳的個人主義
   （文化・価値）
   社会・共同体
```

図1-2　バーナードの個人主義

それを基礎にしながらも独特に内在化した個人価値をたぎらせている。問題が生じれば，これが噴出して，組織価値を直撃し，その変革へと誘うのである。バーナードが「公式組織の基底にあって最もすみやかに不誠実を感得する非公式組織」[56]と説明したのは，まさにこのことであった。バーナードにあっては，協働や組織は，共同体的価値や社会価値を背負った人間が，組織規範や組織価値に従いつつ，それと対峙するところに成立することを忘れてはならない[57]。ここに至れば，もう「人間協働のダイナミズム」「組織のダイナミズム」の問題に踏み込んでいる。これについての本格的な展開は次章に譲ることにしよう。

1) William B. Wolf and Haruki Iino eds., *Philosophy for Managers : selected papers of Chester I. Barnard*, Bunshindo, 1986, p.75. 飯野春樹監訳『バーナード 経営者の哲学』文眞堂，1986年，109頁。
2) マックス・ウェーバー／世羅晃志郎訳『支配の社会学Ⅰ・Ⅱ』創文社，1960年，1962年。
3) C. ペロー／佐藤慶幸監訳『現代組織論批判』早稲田大学出版部，1978年，106-132頁。
4) 渡瀬 浩『日本の組織』晃洋書房，1989年，229頁。
5) 庭本佳和「動態的組織観の展開」大橋昭一・奥田幸助・井上昭一編『現代の経営と管理』ミネルヴァ書房，1992年，第4章。
6) C. ペロー，前掲訳書，119頁。
7) 渡瀬 浩，前掲書，229-230頁。
8) 同上書，239頁の脚註63）。
9) 同上書，228-230頁。
10) William B.Wolf and Haruki Iino eds., *op.cit.,* p.113. 前掲訳書，163頁。
11) F. J. Roethlisberger, "Human Relations," (1948) in *Man-in-Organization*, Oxford University Press, 1968, p.80.
12) E. M. Rogers & R. A. Rogers, Communication in Organizations, The Free Press, 1976, p.30.

54　第Ⅰ部　バーナードの思想

13) Chester I. Barnard, *The Functions of the Executive*, Harvard University Press, 1938, pp.8-9. 山本安次郎・田杉　競・飯野春樹訳『経営者の役割』ダイヤモンド社, 1968 年, 8-9 頁。
14) *Ibid.*, p.12. 同上訳書, 13 頁。
15) *Ibid.*, p.13. 同上訳書, 13 頁。
16) 三戸　公『人間の学としての経営学』産業能率大学出版部, 1977 年, 126-129 頁。
17) 鈴木辰治『現代企業の経営と倫理』文眞堂, 1992 年, 25-26 頁。
18) Chester I. Barnard, *The Functions*, p.13. 前掲訳書, 14 頁。
19) *Ibid.*, p.14. 同上訳書, 14 頁。
20) デビィッド・リースマン/加藤秀俊訳『孤独な群衆』みすず書房, 1964 年, 46-47 頁。
21) Chester I. Barnard, *The Functions*, p.14. 前掲訳書, 15 頁。
22) William B. Wolf and　Haruki Iino eds., *op.cit.*, p.12.　前掲訳書, 18 頁。
23) *Ibid.*, p.75. 同上訳書, 110 頁。
24) R. N. ベラー・R. マドセン・S. M. ティプトン・W. H. サリヴァン・A. スウィドラー/島薗進・中村圭志訳『心の習慣』みすず書房, 1991 年, 186 頁。
25) Chester I. Barnard, *The Functions*, p.52. 前掲訳書, 54 頁。
26) *Ibid.*, p.46. 同上訳書, 48 頁。
27) ウィトゲンシュタイン/藤本　隆訳『哲学探究（ウィトゲンシュタイン全集　第 8 巻）』大修館, 1976 年。藤井はバーナードのリーダーシップも言語ゲームの観点から論じている（藤井一弘「『管理責任の性質』再訪——リーダーシップは言語ゲームか——」『星陵論苑』第 8 号, 1987 年 12 月）。
28) W. B. Wolf and Haruki Iino eds., *op.cit.*, p.114. 前掲訳書, 165-166 頁。
29) *Ibid.*, pp.14-17. 同上訳書, 18-24 頁。
30) Chester I. Barnard, *The Functions*, p.119. 前掲訳書, 125 頁。
31) William B. Wolf and　Haruki Iino eds., *op.cit.*, pp.15.　前掲訳書, 21 頁。
32) C. ギアーツ/吉田禎吾・柳川啓一・中牧弘允・板橋作美訳『文化の解釈学Ⅰ』岩波書店, 1987 年, 88 頁。
33) R. N. ベラー・その他, 前掲訳書, 127 頁。
34) William B. Wolf and Haruki Iino eds., *op.cit.*, p.17, p.16. 前掲訳書, 24 頁, 22 頁。
35) 渡瀬が「バーナードのいう個人主義も功利主義だ」（渡瀬, 前掲書, 215 頁）と主張する論拠として挙げた『経営者の役割』(p.139) で,「誘因の経済」を説明するにあたって, 確かにバーナードは「自己保存, 自己満足というような利己的動機は支配的な力をもっているから, 一般的に組織は, これら動機を満足させうるときにのみ, もしそれができなければ, こんどはこれらの動機を変更させうるときのみ, 存続しうるのである」と述べている。もちろんバーナードは, 人間の功利的側面を全面的に否定したわけではないし, 特に「誘因の経済」は組織と個人の交換に焦点を合わせて論じているからなおさらである。それでも「自己満足」は孤立した個人の存在を最優先して得られる欲望に基づいた自己利益の最大化を意味しない。そもそも誘因自体が, 人間の集合的性質を前提にして, 実に広く捉えられている。だからこそ, 動機の変更や誘因の創造が可能なのだ。バーナードの個人主義は, 功利的個人主義を含みつつも, それを超えている。これについては第Ⅳ節で触れたい。
36) C. I. Barnard, *Organization and Management*, Harvard University Press, 1948, pp.143-145. 飯野春樹監訳『組織と管理』文眞堂, 1990 年, 145-146 頁。以下の叙述はこれによっている。ただ, バーナードは主著執筆後, F.テンニースの著作 (Ferdinand Tönnies, *Gemeinschaft und Gezelschaft*, 1887. 杉之原寿一訳『ゲマインシャフトとゲゼルシャフト　上・下』岩波文庫, 1957 年) や R. M. マッキーヴァーの著作 (R. M. MacIver, *Community*, 1917. 中　久郎・

松本通晴監訳『コミュニティ』ミネルヴァ書房，1975年）を読んでおり，ここでの説明は，これも反映していると思われる（*Ibid.*,p.146. 同上訳書，173頁）。もっとも，主著 *The Functions* (1938) で既に「大きな国民社会，地方社会と総称される非公式組織の複合体」(p.96) という説明が見られる。

37) 次の文献を参照のこと。
・T. J. Peters and R. H. Watermann, Jr., *In Search of Excellence*, 1981. p.97. 大前研一訳『エクセレント・カンパニー』講談社，174頁。
・E. Heinen, "Entschdungsorientierte Betriebswirtschaftlehre und Unternehmungskultur," *Zeitschrift fur Betriebswirtschaft*, Jg. 55, Nr.10, Oktober, 1985, S.984.
38) R. N. ベラー・その他，前掲訳書，日本語版への序文，193頁。
39) アダム・スミス／米林富男訳『道徳情操論（上）』未來社，1969年，77-113頁。
40) 佐和隆光『経済学の世界　アメリカと日本』東洋経済新報社，1979年，87頁。
41) R. N. ベラー・その他，前掲訳書，はじめに (iv 頁)。
42) W. G. Scott and D. K. Hart, *Organizational America*, Houghton Mifflin Company, 1979, p.60, p.131, p.151. pp.217-218, epilogue. 寺谷弘壬監訳『経営哲学の大転換』日本ブリタニカ，1981年，86頁，173頁，197頁，275-276頁，エピローグ。
43) William B. Wolf and Haruki Iino eds., *op.cit.*, pp.18-27. 前掲訳書，26-38頁。
44) W. G. Scott and D. K. Hart, *op.cit.*, chapter3. 同上訳書，第3章。
45) スコットたちは，個人性 (individuality) の見事な定義として，D.リースマンの「内部志向型の人間 (Inner-directed man)」をあげている (*ibid.*, p.62. 前掲訳書，89頁)。しかしリースマンは，個人性の表現である自律性が内部志向型と同じだとか，同調性を他人志向型だけの特徴だとは考えていない。リースマン自身は，他人志向状況の中から発展してくる自律的人間の可能性を求めて，仕事，遊び，趣味を含めた才能などを考察している。これはベラーたちのいう表現的個人主義のライフスタイルに近い (R. N. ベラー・その他，前掲訳書，57頁)。
46) W. G. Scott and D. K. Hart, *op.cit.*, p.32. 前掲訳書，53頁。
47) *Ibid.*, pp.70-71. 前掲訳書，99頁。
48) マンサー・オルソン／依田　博・森脇俊雅訳『集合行為論』ミネルヴァ書房，1983 (1996) 年，2頁。
49) W. G. Scott and D. K. Hart, *op.cit.*, p.33. 前掲訳書，53頁。
50) R. N. ベラー・その他，前掲訳書，39頁。
51) 次の文献にも，その点はよく現れている。W. ホイットマン／杉本　審訳『ホイットマン自選日記』岩波文庫，（上）1967年，（下）1968年。
52) 山崎正和『柔らかな個人主義の誕生』中央経済社，1984年。
53) R. N. ベラー・その他，前掲訳書，199頁（訳者［島薗進・中村　志］あとがき）。
54) 山崎正和「『柔らかな個人主義』の誕生」『朝日新聞』1983年4月7日（夕刊）。
55) R. N. ベラー・その他，前掲訳書，85頁。
56) Chester I. Barnard, *The Functions*, pp.281-282. 前掲訳書，294頁。
57) 近年，個人が組織に埋没した結果，企業不祥事が続出する事態もあってか，最近，このようなバーナードの人間観が注目され，一般紙上にも「米国の経営学者，チェスター・バーナードは，会社などで働く人間は，『個人人格』と『組織人格』を併せ持つと説いた。会社という組織の論理に埋没しがちな日々の中で，社会への視線をどう保ち続けるか」（『日本経済新聞』2005年7月4日朝刊）という形で取り上げられるようになった。なお，1986年11月7・8日に京都大学で開催された「バーナード生誕百周年記念行事」が地方紙（『京都新聞』）に掲載された記事や書評を除けば，これが全国紙の一般記事の中でバーナードが登場した初めてのものだと思われる。

第2章
人間協働の展開
―― バーナードの組織観・管理観 ――

I 人間協働のダイナミズム

　これまでの章で既に述べたように，人間の集合性，群居性が，人間の利害対立の根源であると同時に，人間協働の潜在的基盤でもあった。この群居性（＝人間の時間的・空間的同時存在性）が，体験の共有化をもたらし，共通の感覚を芽生えさせたことは，容易に想像がつく。そこに，共通のシグナルが生まれ，シンボルが発展していったものと思われる。特に具体的な「もの」がシンボル化され，さらに抽象的な「こと」が概念化されたとき，明確に言語が成立したであろう。この言語を介した人間相互のコミュニケーション，つまり話すことが，人間協働の原初的形態である。もちろん，一般的には話すこと（＝会話）を協働や組織とはいわないが，社会や共同体，非公式組織を形成する人々のコミュニケーション的相互作用を，原初的協働ないし潜在的協働と呼んでおこう。これが単なる会話を超えて，共通目的の達成をめざし，制約を克服するために積極的に人々が力を合わせるとき，いわゆる協働が成立する。もちろん，協働の成立は潜在的協働が顕在化したというにとどまらない質の違いをもたらす。むしろ両者は決定的断層をもつといってよい。たとえば，自律的で，自己組織的な社会や共同体と比べるとき，協働は，とりわけ，その具体的な形をとった組織は主体的である。この点については本書第8章および第12章で論及するが，自律的な行為主体性が組織の特徴だ。それでも，このような協働現象を生成させる潜在的基盤があればこそ，断層を飛び越えて協働が可能になることを忘れてはならない。これを，

バーナードは「非公式組織が公式組織を創造する」[1]と説明した。人々の相互接触からなる潜在的な原初的協働が積極的協働の発生条件を創造するのである。

ところで，協働は社会における大きな力であり，社会を大いに発展させるが，社会そのものではない。社会は，潜在的原初的協働ではあっても，あくまで協働を生み出す基盤である。協働の崩壊は社会を混乱させるが，そこから新たな協働が生成するのはそのためだ。ここに，同一形式で理解されつつも，公式組織にまつわってはじめて成立する非公式組織とは異なった社会の強靭さが潜んでいる。そして，この協働が，よりハッキリした形を取るときには，「組織」，または非公式組織と区別して「公式組織」と呼ばれるが，それと物的，生物的，社会的要因を含んで成り立つ「具体的な協働の場」である「協働システム」と混同されることが多い。組織は「二人以上の人々の協働」であり，正確には「二人以上の人々の意識的に調整された活動ないし諸力のシステム」と定義される。協働システムと組織の区別と関連については，本書第7章で言及することにしよう。また協働は，ないし組織は，より抽象的な意味では，個人主義と対比して「集合主義」または「全体主義」（collectivisum）と呼ばれることになる[2]。

社会（潜在的，原初的協働）と協働の区別と関連からすれば，バーナードが「公式組織がカバーできる範囲は，おおよそ非公式組織の一次的統一が存在する範囲に限定される」[3]と述べるのは当然であろう。国民社会や地方社会には，それを基盤にした公式組織のネットワークが張りめぐらされているが，国民社会を基盤にした支配的公式組織が国家ないし政府にほかならない。それは社会的協働の最高の表現でもあるが，それを頂点に中間的な地方行政組織，企業組織，大学組織，宗教組織，さらに短期間の小さな協働からなる組織まで，社会はさまざまな組織を生み出し，それによって支えられてきた。したがって，人間協働の物語は，とりわけ人間協働の展開の物語は，組織観，さらに組織の維持・発展をはかる管理観を抜きには語りえない。人間協働のダイナミズムは，組織のダイナミズムであり，管理のダイナミズムだからである。そして組織のダイナミズムも管理のダイナミズムも，個人と

組織の関係の中から生まれてくる。

　さて,協働は,個人が自由意思を発揮するゆえに目的をもつが,目的の認識が明らかにした物的,生物的,社会的要因に由来する制約を克服して目的達成をめざすとき,成立するというものであった。単純な協働の場合,個人目的と協働目的は往々にして似ているが,両者は異なる。組織成立の必要条件の一つにあげられる共通目的にしても,たとえ個人目的と一致するような場合でも,それは組織目的であって,個人目的でないことにバーナードは注意を喚起している[3]。彼が,人間を個人人格と組織人格から把握したのも,これに対応しているが,同時的存在である両人格が時に対立し葛藤するところに,人間協働の,そして組織のダイナミズムが生まれるというのがバーナードの理解であった。価値変革という観点から,この点にもう少し触れてみよう。

　組織は,自律的な行為主体である個々の人間の相互作用的な行為を構成要素にするとはいえ,その行為は調整されているのであって,個々の人間を超えた集合的ないし統一的な行為主体である。そのダイナミズムは,個人価値の変革ではなく,組織規範や組織価値の変革によって生じる。もとより,その変革の契機は,個人と組織の対立や葛藤,つまり個人人格と組織人格の対立や葛藤である。それでは組織変革はやはり個人価値の変革に還元されてしまうのか。いや,そうではない。個人価値が変化しただけでは組織価値は変わらない。そもそも,両者の対立・葛藤は,組織の規範や価値が個人価値に還元されない全体性をもっているからこそ生まれる。このことを見逃してはならない。問題はあくまで組織価値の変革なのであり,強いて挙げれば,そこに至る個人の組織人格としての役割である。結論的にいえば,組織は個人価値や社会価値を取り込んで新たな組織価値を創造し,個人価値や社会価値に影響を及ぼすことによって変わるのである。

　組織価値の創造と変革には,社会的存在としての個人の自由理解と社会認識に大きく依存する。そこで人間協働のダイナミズム,組織のダイナミズムを,組織価値の変革に深く関わる創造的リーダーシップと自由概念の視角から捉えてみたい。だが,その前に「意思決定と価値」に論及することが必要

であろう。H. A. サイモンが確立したといわれる経営意思決定論では，価値的意思決定が十分に論じられていないからだ。次節では，まずここに踏み込んでみよう。

Ⅱ　意思決定と価値問題

　簡単にいえば，組織は「コミュニケーションによって調整された活動システム」であったが，組織を動態化させるコミュニケーションの重視は，必然的に意思決定にゆきつく。組織的コミュニケーションと組織的意思決定は表裏一体のものだからだ。組織の意思決定は，最終的には一人の個人によってなされようとも，情報処理的決定を含む多くの補助的意思決定によって支えられた合成的決定である。とりわけ，実行的な意思決定には，その色彩が強い。そのような組織的意思決定を中心的に，あるいは補助的に行うのが，コミュニケーション・センターとしての管理者の役割である。組織変革は，このような組織的意思決定によってはかられる。

　意思決定が「協働システムの諸要素を総合して絶えず具体的システムにまとめる組織行為の本質的過程」[4]だと捉えたのはバーナードが最初であった。しかし，この観点から本格的に論を展開し，経営意思決定論を確立したのは，1978年に経済学部門でノーベル賞を受賞したH. A. サイモンにほかならない。彼の『経営意思決定の新しい科学』(1960) は，経営学や組織論のみならず，広く経営情報論研究一般にも大きな影響を及ぼしたことは周知の事実である。

　サイモンは，その研究の出発点から自らの方法を意識し，明示した点で，アメリカの経営学者では珍しい一人であろう。彼は論理実証主義者として研究を開始した[5]。そのため，バーナードの衣鉢を継いだといわれているにもかかわらず，バーナードの非論理的な方法や価値理念的な組織観には批判の眼差しを送り，その継承に苦慮している[6]。後年になって，サイモンも直観や判断への理解を深め，この批判の眼差しを和らげてはいるが，事実（論理）と価値（非論理）を区別し，価値的側面を排除した方法に対する自信に

揺らぎはなかった[7]。確かに，組織革新論[8]などは見事な組織動態論の展開であり，見るべき内容をもっている。それにもかかわらず，これまで本書でさほどサイモンに触れることがなかったのは，この方法のゆえである。価値的側面を排除する彼の方法は，バーナード理論における管理責任論や道徳的あるいは創造的リーダーシップ論を排除したにとどまらない影響を，その理論に及ぼした。

　それはまず，理論を基礎づける人間観に現れている。サイモンもまた，バーナードと同様に，孤立して合理的意思決定を行い得るとした「経済人仮説」に激しい批判を浴びせかける。そこから導き出されたのが，合理性をめざそうにも「制約された合理性」しかもたず，「満足基準」によって行為するほかない「経営人（administrative man）仮説」であった[9]。これはよく考えられた説得的な人間仮説には違いないが，どこまでも修正された経済人仮説にすぎない。その結果，意思決定する場合にも，価値的側面は所与として，事実的側面，つまり手段の合理性だけを追求することになってしまう。たとえば，個人が組織に参加するか否かの個人人格的決定は，独自の価値前提（個人価値）から意思決定がなされたにしても，組織の価値前提を受け入れて参加した個人は，その後，組織においては組織影響力を受け入れるのみで，個人価値を発揮することはあり得ない。少なくとも，経営人仮説のもとでは，個人人格と組織人格の狭間で引き裂かれ，苦悩する人間の姿は見失われるであろう。そこに生まれる軋轢が組織ダイナミズムを生み出すとしたら，この人間観は人間協働の展開に大きな制約を与えるといわざるを得ない。

　さらに価値を排除する方法は，サイモン理論の中心をなす経営意思決定論の有効性にも影をさしている。たとえば，価値前提たる目的決定を受けて展開される，一見，事実的で論理的な意思決定過程でさえ，いたるところで社会慣例や制度などの価値や文化に深く影響されているからだ。まして社会が激しく変動し，多様な価値が対立を引き起こす状況の中では，価値を選びとり，決定し，あるいは新たな組織価値の創造なくして，組織の変革も変動もあり得ず，ひいては組織の発展もあり得ない。管理者は，とりわけ上位の管

理者には，絶えず価値創造や価値決定が求められている。これを回避した経営意思決定論は，当然その有効性は限られていよう。管理者の意思決定では，価値は所与の前提ではなく，むしろ意思決定の対象そのものである。

社会であれ，組織であれ，規範や価値は人々の相互作用の中から自然に生成することもあるが，社会レベルで主張や価値が対立するとき，法解釈と社会状況に照らして，裁判所が一つの判断ないし基準を示し，それを生み出すこともある。多くの場合，人々は社会的文脈からその意味を理解でき，そして受け入れ，やがて社会的規範や社会価値の一部として溶け込ませてゆく。例外的処理や妥協を含めて，いわば裁判官による社会規範や社会価値の決定であり，時に創造である。一般的には，この司法過程や司法機能を三権分立から理解するため見えにくくなっているが，バーナードによれば，これは紛れもなく，道徳的創造性（価値創造性）の一面にほかならず，高度に専門化した管理過程であり，管理機能である。そして「管理の見地からみた司法過程は，道徳準則の遵守を確保するために，目的の変更，または再規定，あるいは新しい特定化を道徳的に正当づける過程」[10]であれば，それはまさしく戦略的な経営機能と軌を一にしている。所与の目的達成をめざして人々を結集させ，その協働意思を確保するだけがリーダーシップの役割ではない。むしろ対立を克服する従来の組織価値を超える全体性（意味）を創造するところに，リーダーシップの本質もある。それを創造的リーダーシップと呼んでおこう。バーナードの道徳的リーダーシップであるが，これが組織ダイナミズムをもたらす決定的要因である。

Ⅲ 創造的リーダーシップと自由

創造的リーダーシップを担って，非公式組織に支えられた組織価値（組織文化，バーナード的表現では組織道徳）を形成する契機となる人がリーダーであることはいうまでもない。このリーダーは，通常，組織上の職位と重なっているが，常に管理者，トップ経営者とは限らない。そのことは，職位の権威以外にリーダーシップの権威があることをバーナードが主張していた

ことでも明らかだ。しかし、バーナードは「全体としての創造職能がリーダーシップの本質である。それは管理責任の最高のテストである」[11]として、管理者に、特に価値対立が深刻化する上位管理者に創造的リーダーシップを厳しく求めたことも事実である。だが、スコットはこのような理解と鋭く対立する。

組織価値の転換は、スコットとハートからみれば、個人価値の注入によってはかられようが、それを彼らは経営エリート（significant people）でも、非エリート（insignificant people）でもなく、中間の専門管理者（professional people）に託した。経営エリートが排除されるのは、社会的に保守的だからである。経営エリートは敬意と裏腹の歪められた情報から誤った現実認識に陥りやすいこともあるが、出世第一主義が保守性をもたらすのだとスコットとハートはいう。出世第一主義に立つ経営エリートを、組織価値の体現者と断定し、彼らをめぐる道徳的葛藤にしても組織規範の所与の価値体系内で解決されると主張して、バーナードの道徳的創造職能を実に簡単に葬り去ってしまう[12]。しかし、これはいささか乱暴なバーナード理論解釈である。

確かに、経営エリートは既存の組織価値との一体感は強いであろうが、バーナードが強調した道徳的創造性は、スコットとハートが解釈したような所与の価値体系内での準則間の対立を解決する能力ではなく、既存の価値体系を超えて組織道徳（組織価値）を構想する力であった。バーナードはそれを複雑な道徳的葛藤（価値対立）に直面する経営エリートに厳しく求めたが、あらゆるレベルの管理者に要請していることを指摘しておかねばならない。邦訳タイトルが『経営者の役割』であるにもかかわらず、彼の主著名 *The Functions of the Executive* が既に内容を示しているように、そこでは管理職能一般が説明され、道徳的創造性が強調されていることからでも、それは明らかだ。個々の現場の「個人的知識」[13]を重視したのも、このためであろう。非エリートを含めた現場の個人的知識を受け入れた中間の鋭敏な専門管理者（ミドル・マネジメント）と、一部の優れた経営エリートが結びついて、組織価値は変革され、革新が担われてゆく。組織価値の創造と変革

の契機は，トップの経営エリートだけが担っているのでも，スコットやハートが期待した中間の専門管理者だけが担っているのでもない。道徳的創造職能は，経営エリートないしトップ経営者に最も必要であろうが，少なくともバーナードは，下位の管理者を含めて，すべての管理者を対象にこれを説いていることを見逃してはならない。

　ところで，創造的リーダーシップは自由理解と深く関係する。スコットのバーナード批判，経営エリート批判の根源もここにあり，バーナードの自由観に鋭く切り込んでゆく。いま少し，スコットのいうところに耳を傾けてみよう[14]。

　アメリカの独立原則は自由と秩序だ。自由が個人の市民的知性と道徳的発展の前提であるとすれば，秩序は権利の平等性と市民的平等主義を保証する正当性によって支えられた共同体の基礎であり，両者の相互作用と緊張のうちに，体制価値は保持されてきた。だが，第31代大統領のフーバー(1929～1933)は，一方で自らの個人主義の信念から連邦政府の役割を限定しつつも，他方で破壊的な競争や野放しの個人的利益の追求を排除して，この二つの価値を歩み寄らせた。スコットによれば，バーナードの協働理念や個人主義の理解，そして自由観は，このフーバーの政治哲学（進歩的保守主義）と同じ立場にあって，その基底をなす彼の経営統治の哲学にはマキャベリズムが流れているという。また，「自由の最も一般的条件は秩序である」というバーナードの見解は，「自由は奴隷」というオーウェリアンのダブルトークとも近く，「秩序づけられた自由」を人々に提供するのが，バーナードの選択した経営エリートのリーダーシップだと見た。つまりバーナード理論では自由（liberty）より正当性，対立より協働，自由（freedom）より秩序，個人より共同体を評価し，経営エリートだけが自由をもつという主張である。さらに，バーナードの自由論をトレードオフ理論とも見た。経済的自由を得るために政治的自由を犠牲にするなどは，この例である。また従業員に仕事を与え，それによって消費者としての自由な選択を行使する機会を提供する代わりに，経営体での自由を放棄させ，権威への服従を求める，とスコットが見なすバーナード理論は，トレードオフ理論の典型ということに

なってしまう。

　自由は適切に管理しなければ，組織目的の統一を破壊し，組織に害をなすと考えるバーナードの自由は，常に管理や組織に対して条件的であり，道具的であり，従属的でしかない，というのがスコットの結論であった。スコットによるこのようなバーナードの自由理解は，前章で検討した彼の個人主義理解にも通じる多くの問題をはらんでいる。一つだけ取り上げるとすれば，「自由の最も一般的条件は秩序である」というバーナードの主張を，スコットはストレートに「秩序づけられた自由」へとつないで理解した点であろう。この二つは論理的に必ずしも繋がらない。この点を明らかにしよう。

　最も古い意味において，自由は奴隷でないという身分に由来する。「自由身分の」を表現するギリシア語は「民族に属する」という意味をもつ。したがって，自由はギリシアにおいて，まず民族のノモス（法や習慣）とともに生きるという意味での「ノモスとしての自由」として発生した。それは，社会的・集合的存在であり，歴史的・文化的存在である人間にとって，自然な自由理解であった。その後，アテネを中心にして，「欲するがままに行う」ことも放縦ではなく，自由（ピュシスとしての自由）と理解されるように至ったが，「ノモスとしての自由」との均衡が保たれているとき，「ピシュスとしての自由」も花開き，アテネの繁栄をもたらしたことを歴史は伝えている。つまり，自由は慣習，法，文化，共同体価値，社会価値に内在し，それとともに生きるとき，感じるものといえる。自由は，一見，拘束とも思える何らかの基準がなければ，たちまち恐怖となり，「われわれは自由であるように罰せられる」と感じる重荷になってしまうのである。

　この問題を，理性に基づいて自由を謳歌した古代ギリシア人の非理性的側面に焦点を合わせて解きあかしたのが，ドッズである[15]。一世紀以上も，各自が自分で自由に運命を決定しなければならなかった古代ギリシア人は，最終的には占星術によってその自由の恐怖の重荷から逃れようとしたという。ドイツ文学者の西尾が，「講義は聞きっぱなしで，試験はない。成績表もないし，卒業制度もない」ドイツ型の大学や「学問の自由」に触れて，「本当に学問好きの青年でなければ，突き放されたような完全な自由には耐

えられないだろう。ある意味ではこれは天才のための制度である」16)と述べているのも，同じ認識からだ。

　天才はともかく，そのような自由は経営エリートにも耐え難い。バーナードが「最高指揮官の立場にいて，最も自由を享受しているように見える人たちが，自分たちのために意思決定してくれる規則，規範，規定，組織を絶えず創り出そうと努めている」17)と語るとき，まさに規範や価値がこの基準であり，「自由の一般的条件」とした秩序であった。その点は，経営エリートであれ，従業員であれ，変わらない。このようなバーナードの自由理解は決して特別なものではないだろう。最近でも，W. E. クリードと R. E. マイルズが，A. エツィオーニや N. グラノベターを下敷きにしながら，「個人の自由と市場の自由は，信頼を含む共同体規範に根ざす社会秩序なしには存在しない」18)と述べている。したがって，「自由の最も一般的条件は秩序である」というバーナードの言明と，スコットが下位者に押しつけたと批判する「管理された自由」，「秩序づけられた自由」という言明とでは，いささか意味内容，そして次元が異なっている。

　もとより，創造的リーダーシップとは，基準や秩序である規範や価値を創り変える力であり，自由の最高の発揮である。それは，一見，基準や秩序のない全く自由な行いのようであるが，決してそうではない。創造的リーダーシップとは従来の規範や価値に立ち，その価値に拘束されながら，それを超える新たな価値を創り出す力なのだ。

IV　創造システムとしての組織

1　解釈システムとしての組織

　「コミュニケーションを通して調整された活動」からなる組織が「コミュニケーションを通して調整された活動」を生む連続的作動に入って，人々の相互作用（非公式組織）が独特の雰囲気や感覚，共通の理解，信念，態度，そして規範や規則といった組織価値を生み出すようになると，公式組織と非公式組織がワンセットで捉えられた制度化された（価値を帯びた）組織が出

現する。その意味では，組織は価値システムだともいえる。それが組織に個性を与え，一般的には，伝統，社風，学風などと語られてきた。「伝統を守れ」とか，「学風を汚すな」と叫ばれるとき，組織は目的達成の単なる道具以上の存在だ。このように組織価値が自らの人格的価値に重なり，自己の存在基盤にまで浸透すれば，個人も人格的全体感が得られ，組織参加時の誘因と貢献の交換的意識を超えて，組織への所属自体に価値を見いだすようになる。これが個人に対する組織の同化能力であるが，そのような組織の凝集力は極めて高い。J. S. ブラウンらが「チェスター・バーナード (1938) は，経営組織を多様性から文化的均質性を作り出す機構 (mechanizum) と見た（要するに，バーナードにとって，企業は国民的融合ポットだった）」[19] と指摘する組織の一面である。もちろん，バーナードの組織理解が単なる融合ポットに終わらないことは後述する。

ところで組織凝集性は，組織価値が組織目的に共通の意味を与えることによっても，強化される。組織の拡大は，一般的には，多種多様な組織貢献者を含むことになり，組織目的の一義的理解を困難にするが，人々が共有する（と思われている）組織価値に基づいて組織目的が解釈されるとき，共通の理解や一致が得られやすいからだ。少なくとも，個人が共通理解に立っているという信念や確信を生みやすい。また，共通価値に基づいた理解は，コミュニケーションを容易にし，自律的に意味を確定し，意思決定を促して，大規模組織が陥りやすい組織硬直性を防ぎ，コミュニケーション・コストを著しく押し下げるだろう。

それにもかかわらず，組織価値ないし組織文化は，組織硬直性の別の一面を生み出す。「非公式組織はすべての社会組織にとって基本であり，その力が強く，意図的な変化に対するその慣性と抵抗は明らかであり，………それが社会的，政治的計画化にもつ意味を，決して見逃してはならないだろう。社会的，政治的計画者が直面する最大の困難は，非公式組織のもつ触知し得ず，計り難く，漠然とした力と慣性である」[20] とバーナードが指摘した側面である。

文化や価値が変化に対して慣性力や抵抗体として働くのは，それが世界を

認識し，解釈し，意味づける人々の無意識・無自覚な認識構造であり，解釈枠組みだからである。もともと文化や価値は，世代を超えて継承される独特の思考様式や行動様式であり，それを基礎に社会や組織は継続性，一貫性を保ってきた。変わりにくさこそが，文化の身上である。これが認識構造や解釈枠組みとして働くとき，無意識に情報をふるい分けたり，変化への抵抗体となることは免れ難い。価値システムとしての組織は，このような事態を含めて，解釈システムなのである。

　解釈枠組みとして働く組織価値は，それ自体が顧客を含めた人々の相互接触（＝情報的相互作用）から生まれた情報の凝集体である。たとえ，コミュニケーション密度の高い経営者，管理者，従業員を中心に形成されたとしても，組織価値はある一定時点の環境適合性をもっている。同時に時代的制約を逃れられない。時代が進み，環境が変化するとき，社会価値や個人価値とのズレが生じるのも自然の成り行きだろう。環境変化の兆候や情報をキャッチし損なう（解釈し損なう）のは，このためである。とりわけ，組織の環境観に大きな影響力をもっているトップ・マネジメント層は，組織価値との一体感が強いだけでなく，自らの過去の成功体験をその解釈システムの奥深く組み込んでおり，そのズレは大きくなりやすい。それが戦略革新や組織革新を妨げ，事業革新や事業機会を見逃すことになる。バブル経済崩壊以降，1990年代を通して，何度も噴出した金融スキャンダルでは，それが一層深刻な事態を招いた。「当社の常識が社会の常識からズレていたということです」と悲痛な声で弁明したトップの姿が，このことをよく物語っていよう。その意味では，組織の硬直性をもたらすものは，それが内包する組織価値の硬直性なのだ。

2　組織発展のダイナミズム

　もちろん，発展する組織は，硬直性を克服するダイナミズムを内包する創造システムである。それは組織価値の変革のダイナミズムであるが，バーナード的に説明すれば，権威によって調整される階層組織（scalar organization）のみならず，組織貢献者として顧客や提携先を含み，同意や協定に

よって調整される側生組織（lateral organization）で，組織価値と社会価値や個人の生活価値とぶつかり交差する中から生まれてくる。もし，組織が空間的に国内を超えて広がると，その価値交差の場に国際的な価値（国際的な地域の社会価値や個人の生活価値）も入ってくるだろう。社会価値の広範性と強靱性に比べると，組織にまつわってはじめて生成する組織価値は偏狭で脆弱である。組織価値の変革にとって，ここに一つのポイントがある。組織の文化や価値の偏狭性が組織凝集性と組織硬直性を生むとしたら，その脆弱性が組織文化や価値の変革可能性の基盤なのだ。これは，組織文化の変革を盛んに主張しながら，組織文化論が見過ごした点だろう。そのため，変わりにくい文化をなぜ変革できるのかをうまく説明できなかった。社会価値に比べた組織価値の脆弱性は，変わりにくさが身上である文化の変革を主張するなら見逃し得ない側面である。それでも，組織変革のダイナミズムは自動的に，あるいは自然に沸き上がってくるのではない。

　組織の草創期には，思い込みも含めて，組織目的と個人目的は一致しているか，少なくとも乖離は小さいに違いない。そうでなければ，資源の獲得に失敗して，組織は生存点に達するまでに消滅してしまう。しかし，組織が存続し，成長を始めると，迂回生産その他から，両者の乖離は大きくなるのが普通である。もちろん，個人の価値意識がこの乖離を容認するほどのものであれば，組織人格と個人人格の同時的存在である個人の人格的分裂や葛藤も，ある程度抑えられていよう。だが，個人からみて，この乖離が絶え難くなったとき，個人と組織は明確に対立し，両者の危機が生じる。自らを組織価値に合わせて同化するのも一つの解決方法であるが，社会的存在である個人は，自らの価値意識の中に社会価値や共同体価値を組み込んでおり，時にはそれを背景に組織価値の変革を迫る強さももっている。もとより，組織に内包された価値や文化の同化能力も高く，個人が飲み込まれ，組織価値と一体となってしまうことも多い。それは，凝集性と表裏一体となった硬直性を組織にもたらす。そのような組織は，社会感覚も鈍くなり，反社会的行動に走りやすい。

　社会や組織貢献者である顧客を含む個人との決定的対立は，社会を基盤に

し，しかも個人の行為をエネルギー源にしている組織の危機である。これを乗り切るためには，組織は社会価値や個人価値を受け入れ，それらと両立する従来の価値を超えた「全体性（意味）」を創造しなければならない。それは，従来の組織価値を見直し，かつ吸収しながら知的に飛躍し，新たな組織価値を創造するのであり，共存在が可能な次元にシフトすることが必要である（図2-1）。換言すれば，既存の組織価値に立脚しながら，新たな価値を創造するのであり，当然，意味のシフトを伴っている。偉大な伝統＝すぐれた組織価値であればあるほど，社会価値や個人価値を吸収して，自らを反転させる種子を内包しており，組織の保持と変革の基盤を提供していよう。その契機は，組織規範や組織価値に従いつつも，その固い殻の内側に社会価値や共同体価値，さらにはそれらを独特に内在化させた個人価値をたぎらせている自律的個人が握っている。

　組織価値は人々に共有されていると信じられているが，実はその理解と受容には濃淡があり，必ずしも一枚岩ではない。組織の中核的メンバーと周辺的メンバー，新人と古参では，当然，受容度も理解度も違う。もともと個人は異なった経歴と経験をもっており，組織価値の理解にしても，独特な個人価値を基礎に解釈するから，継続的に貢献してきた中核的な組織メンバー間でも微妙なズレがある（日常的には価値の共有を意識していないし，ズレにも気づいていないことが多い）。組織が困難な問題や矛盾に直面した場合，

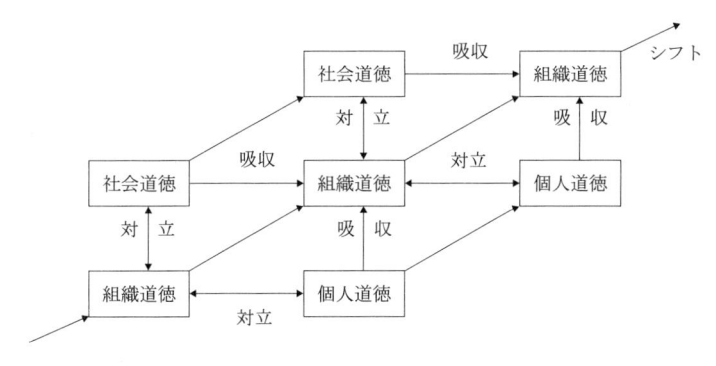

図2-1　組織価値の変革プロセス

これが組織価値の裂け目となって，社会価値や個人価値との衝突を認識する手がかりになる。自らに内包した社会価値が，社会感覚にほかならず，社会価値や他者の生活価値の変化を環境変化と認識する武器なのだ。
　これを日常的に磨いている鋭敏な個人は，組織と社会や個人との対立をいち早く捉えるであろう。組織価値の固い殻を破り，自らの身に帯びている社会価値や個人価値を噴出させて社会意識と連動し，組織を揺さぶるのである。それが経営者，経営エリートであれば問題はない。少なくとも，やりやすい。そうでなければ，組織的軋轢を引き起こしながら，変革を経営者に迫り，その承認を得て（オーソライズされて），あるいは経営者がそれを受けて，対立を高次のレベルで統合する「新たな組織価値」，つまり従来の組織価値を超える「全体性」を創造しない限り，組織の衰退や崩壊は免れ難い。
　どのような組織成員であれ，既存の組織価値に対峙する個人のこのような衝動は，既存の価値を基盤にするさまざまな組織成員の行為と連結しながら，新たな組織価値の創造に捧げられている。その意味では，その衝動は過去と未来の組織の伝統に連なる組織行為にほかならない。それはまた，既存の組織価値が無限に妥当すると錯覚した組織に，身体知・行動知に根ざした現場の知によって，その有限性を自覚させるプロセスでもあった。旧来の組織価値に染まり切った人々は，自らそれを想像し創出する力がなくても，示されれば，自らの文化基盤である社会価値や共同体価値から，そして何よりも従来の組織価値からでも理解することはできる。それが人々を再び新たな組織価値のもとに結集させるのである。
　このように，組織発展のダイナミズムは，その内包する組織価値変革のダイナミズムである。その契機は，個人と組織の対立であった。もっとも，バーナードの場合，組織構成員ないし組織貢献者とは，経営者や管理者，従業員だけでなく，ある観点からは株主や債権者，さらには取引業者や提携相手，さらには顧客も含まれているから，従業員のみが，個人人格と組織人格の分裂にさいなまれて十分協働意思を提供できなかったり，激しく組織と対立し，時には組織を離れる（退職する）個人ではない。組織価値との一体感が強い経営者や管理者でさえ，個人人格と組織人格の葛藤の渦の中にいる。

また配当や株価に不満を感じる株主（投資家）は，株を売却し，それで株価を押し下げることもあろうし，不信や不満を感じる債権者は債権回収に走り，取引業者は取引を停止し，提携相手は提携を解消し，顧客は商品（製品・サービス）の購入をやめるであろう。これも組織と個人の対立の一面であり，組織価値の変革を要請するシグナルである。一般的には市場の評価といわれるものであるが，それを組織貢献者の協働意思として，内的に捉える視点を提供したのがバーナードにほかならない。そこには内的視点がもたらした意味の余剰（隠された意味＝内部化された外部）がある（この点は本書第5章および12章でも言及）。組織における潜在的対立可能性が顕在化してくるとき，それが混沌を生み，新たな意味として浮上してくる。いってみれば，秩序が変動の契機を内包しているのだ。

ここで「株主だけという個人はいない」ということにも留意されるべきだろう。株主も社会人（市民）であり，消費者であり，他社の管理者や従業員であるかもしれない。管理者や従業員も同様に社会人（市民）であり，消費者であり，他社の株主なのである。ここに組織には絶えず社会意識（外部）が流れ込み，時に流動化する。組織は，単に社会を構成するという以上に，社会的ネットワークの結節点として，むしろ社会を内包している。極論すれば，「組織は社会」なのである。それを鮮明に示しているのが非公式組織で

組織能力 ↓↑	環境認識システム	戦略（知識）創造システム	戦略実行システム
組織価値 ↓↑	道徳（価値）システム		
組織構造 ↓↑	目的(意思決定)システム	コミュニケーション・システム	責任(権威)システム
組織過程 ↓↑	調整された活動（連結）システム		
組織成立 ↓↑	共通目的	コミュニケーション	協働(貢献)システム
→組織源泉 ↓↑	人間＝社会的価値を独特に内在化した人間		
組織環境	自然と文化（社会価値）		

図2-2　組織の重層的・動態的理解（庭本〔1995年〕21）)

あろうが，組織は二重に「外部を内部化」しているのである。

　もちろん，組織変革のプロセスにおいて，株主や顧客の行為と直接連結する経営者，管理者，従業員の役割が大きいが，それを組織人格として担うのであり，その行為はどこまでも組織の構成要素である。その限りでは，組織変革の変革主体はあくまでも組織それ自体であることを確認し，本章を終えることにしたい。なお図2-2は，本章における組織の重層的・動態的主張を示したものである。

1) Chester I. Barnard, *The Functions of the Executive*, Harvard University Press, 1938, p.120. 山本安次郎・田杉 競・飯野春樹訳『経営者の役割』ダイヤモンド社，1968年。
2) William B. Wolf and Haruki Iino eds., *Philosophy for Managers : selected papers of Chester I. Barnard*, Bunshindo, 1986, p.30. 飯野春樹監訳『バーナード 経営者の哲学』文眞堂，1986年，43頁。
3) C. I. Barnard, *The Functions*, p.32, pp.88-89. 前掲訳書，33頁，92頁。
4) *Ibid.*, p.187. 同上訳書，195頁。
5) H. A. Simon, *Administrative Behavior* (second edition), Macmillan, 1957, pp.248-253. 松田武彦・高柳 暁・二村敏子訳『経営行動』ダイヤモンド社，1965年，322-330頁。
6) *Ibid.*, p.51, p.190. 同上訳書，76頁，255頁。
7) H. A. Simon, "Making Management Decisions : the Role of Instituition and Emotion," *Academy of Management EXECUTIVE*, Feburuary, 1987, pp.57-64.
8) J. G. March and H. A. Simonn, Organizations, Wiley, 1958.
9) H. A. Simon, *Administrative Behavior* (second edition), Macmillan, 1957, p.39.
10) C. I. Barnard, *The Functions*, p.280. 前掲訳書，281頁。
11) *Ibid.*, p.281. 同上訳書，294頁。
12) W. G. Scott and D. K. Hart, *Organizational America*, Houghton Mifflin Company, 1979, pp.215-218. 寺谷弘壬監訳『経営哲学の大転換』日本ブリタニカ，1981年，272-275頁。
13) William B. Wolf and Haruki Iino eds., *Philosophy*, p.134. 前掲訳書，194-195頁。
14) W. G. Scott, *Chester I. Barnard and the Guardians of the Managerial State*, University Press Kansas, 1992, pp.17-19, pp.157-160, pp.166-168.
15) R. E. ドッズ『ギリシア人と非理性』みすず書房，1972年 (1986)，第8章「自由の恐怖」。自由の歴史とバーナードの自由観については，庭本佳和「自由意思と自然――バーナードの自由概念――」『千里山商学』第26号，1986年 (本書第3章に所収)。
16) 西尾幹二『自由の悲劇』講談社新書，1990年，154頁。
17) C. I. Barnard, *Organization and Management*, Harvard University Press, 1948, p.192. 飯野春樹監訳『組織と管理』文眞堂，192頁。
18) W. E. D. Creed & R. E. Miles, "Trust in Organizations," in R. M. Kramer and T. R. Tyler eds., *Trust in Organizations*, Sage Publications, 1996, p.18.
19) John Seely Brown and Paul Duguid, "Knowledge and Organization : A Social-Practice Perspective," in *Organization Science*, Vol.12, No.2, March-April 2001, p.201.
20) C. I. Barnard, *Organization and Management*, pp.148. 前掲訳書，149頁。
21) 庭本佳和「現代経営学とバーナードの復権」『経営学の巨人』文眞堂，1995年，71頁。

第3章

自由意思と自然
―― バーナードの自由概念 ――

I 人間における自由の問題

1 「自由」の混迷

「世界史とは自由の意識の進歩を意味する」[1]と主張したのはヘーゲルである。その真実はともあれ，一般的にも世界の歴史が自由拡大の歴史であったと広く信じられている。確かに，わが国のここ半世紀の短い歴史をたどってみても，ヘーゲルの言葉は実感できる。たとえば，自由を抑圧した暗い十五年戦争（満州事変勃発から太平洋戦争終了まで）を経て，陰惨な加害体験と悲惨な被害体験の中から，国民が戦後つかみとったものが，自由（基本的人権の尊重），民主（国民主権主義），平和（平和主義）を柱にする日本国憲法であった。平和が自由の条件であり，民主が自由の発露であることを思えば，まことに自由の理念は重いといわねばならない。今，私たちは自由のまっただ中にいる。

世界でも指折りの自由で平等で豊かな社会。まわりに自由が溢れ，自らもその自由を行使しつつ，なお何かしら満たされぬ思いにかられ，自由をつかみ損ねている不自由感，時には息苦しささえ覚える重圧感を，私たちはどのように解したらいいのだろうか。"のびやかさ"を自由の一側面だとすれば，豊かさの実現に貢献した効率のよい管理社会の中で，少なくとも私たちは子供から大人に至るまで"のびやかさ"を確実に失い，心身ともに病んでいる。ひょっとすると，私達は自由について何か重大な思い違いをしてきたのだろうか。自由の無限性を高らかに謳い，私達の自由理解を押し拡げてきた

近代自由概念は，人間の自由を捉え切っていないのかもしれない。

　人間の自由と解放を基礎づけ，それと深くかかわる自然もまた病んでいる。自然の破壊と汚染が，近代自由概念の先端を走る個人の自由，経済的自由，企業の自由にその一端があるとすれば，何と皮肉なことではないか。自由の発揮が自由を妨げているのである。自然の破壊や環境汚染が資本の論理や生活の論理（大量生産の上に立つ生活様式）との繋がりからだけでなく，ようやく私たちの抱く自然観や自由観との関連で問われるようになってきた。

　たとえば，環境汚染をもたらした経済成長は決してハプニングではなく，社会によって選択されたものであるが，この選択を支えたものの一つが，勝手気ままに振る舞う素朴な自由概念であったと A. ラーキンは指摘している[2]。スチュワートもまた環境の質と経済的自由，つまり個人の自由との対立がこの問題を特徴づけると見る[3]。近代社会において，自由は確かに称賛語であるが，「もし人間が物的なレベルで生存し得ないならば，選択の自由を行使することは不可能である」とより深刻な認識に立つのが，キャラハンである。人間の自由が身体を離れてあり得ない以上，当然の指摘であるが，続けて「もし，ある人の自由が他の人の自由を犠牲にして不当に達成されるならば，自由の総利益は最大にならない」と強調している[4]。この議論はどこか社会的・市民的自由概念を展開したミルの自由論を思わせよう。

　バーリンによって「自由主義のチャンピオン」[5]と尊称されるミルの自由論の核心は，個人の心身の絶対的主権性，それに基づく個人の自由領域の確定とともに，自由を制限する原則を示した点にある。ミルによれば，他人や社会に害が及ぶ場合，個人の自由は制限されねばならない[6]。もちろん，バーリンも指摘するように，自分にだけ影響する行為と他人に影響を及ぼす行為とを区別することは困難である[7]。さらにラファエルは，ミルの原則を現代のテクノロジーと環境汚染に則して検討した後，厳密に解釈されるとその原則がぐらつくことを明らかにして，「ミルの原則は自由の適切な制限を判断する普遍的尺度ではない」と結論づけている。ただ，ラファエルも自由を制限するミル以上の尺度を誰も示し得なかったということと，その弱点に

もかかわらず，ミルの原則が今後も有効であるとつけ加えることも忘れてはいない[8]。ミルが経済の停止状態の予想を比較的明るく描き得たのも[9]，このような彼自身の自由論に預かっていたものと思われる。

ともあれ，人間の生存を脅かすほどの自然破壊，環境汚染を前に，環境哲学においても今や「制約された自由」「有限の自由」が主流になりつつある。しかし，それは決して自由の否定にまでは進まない。「これらのより小さな個人の自由（制限された自由——庭本）が自由のより本質的経験への道を切り開くというのが正しく真実である。………短期的な制約が結局はすべての人々にとって，より大きな自由に導くことができる」[10]との認識からである。わが国でも，より直接的な哲学的な自由論の立場から自然を見据えて，「自由の制限」が論じられるようになってきた[11]。

2 経営学における自由論

ところで，経営学の分野で「有限の選択力」あるいは「制約された自由意思論」を前提に，その理論を展開したのが，C. I. バーナードである[12]。近代科学を凌ぐその方法[13]と自然観[14]とも相まって，彼の自由論と責任論[15]は，「自然と人間のための経営学」の展開可能性を秘めているように思われる。しかし，これを真っ向から否定したのが，佐々木恒男[16]であった。

佐々木はバーナードの自由意思論が線型性，合理性，自由意思を要素とするデカルト的方法に立つと激しく批判する。要約による誤りを避けるため，佐々木自身の言葉でこれを追ってみよう。

「伝統理論に固有の線型思考性を根底において支えているもの，それは自由で創造的な主体としての人間の存在という仮説である。したがって，伝統理論に対する認識論的な批判は，最終的には，自由意思論に対する方法的批判を必要とすることになる」（230頁）。「制約された自由も自由意思論の一種であって，自由意思そのものを否定するものでは決してない。制約された自由意思論も，やはり伝統理論の線型思考性を支える強固な基盤であることに変わりはない。絶対的な自由であれ，制約された自由であれ，われわれが自由意思論に立つ限りは，人間は自然と区別され，自由意思論は決定論と対

比され，人間科学は自然科学と区別される。個人あるいは組織に生起するさまざまな変化は，人間の自由で創造的で，意識的な結果とみなされる。そこには，人間の意思を超越した必然の理論が展開される余地はない。さまざまな人間事象，そこに生起するさまざまな変化を，行為主体である人間の自由な意思を超えた必然の所産として捉えるには，自由意思論を放棄し，システムと構造主義の立場に立って，それらを捉える以外に方法はない」（230-231頁）。「われわれがより客観的な経営学の理論を求めようとするなら，方法的にバーナード理論を克服し，自由意思論をも超克し得るような，新しい方法的基盤を確立することに努力しなければならなくなる。構造主義哲学の経営学への適用が，客観的必然の論理としての経営学の理論を構築するには大いに貢献するものと期待される」（233頁）。このように方法的基礎から批判した佐々木の見解は，おそらく，最も厳しいバーナード批判の一つだろう。

　もっとも，佐々木もスフェに従って，「自由意思論の批判は困難だ」という。「なぜなら，自由意思論を批判することは，**人間の自由で自律的な存在を否定するかのようであり**，それは決定論，運命論，物質主義，非人間主義，悲観主義などと混同され，誤解され，非難されるからである」（230頁）。とすれば，佐々木も「人間の自由で自律的存在」を否定していないことになる。確かに，あることを認めることと，それを理論的前提たる基本仮説に据えることとは，別の次元の問題である。そこで佐々木は「人間の自由で自律的な存在」を認めつつ，「自由で創造的な行為主体としての人間存在という仮説」を否定するという敢えて困難な道を選んだ。なぜなら「自由意思論の立場に立つ限り，人間は自然と区別され，………必然の論理が展開される余地がない」からである。自由意思論とか自由概念は，「個人主義」と同じぐらい吟味を要するが，佐々木の主張が近代自由観と近代自然観の相即的な関係の指摘だとすれば，問題の本質を鋭くついている。言及はないにしても，そこには自由意思論を放棄しない限り，結局，理論は人間の恣意的な自然支配の構造を組み込まざるを得ないという危機的認識が潜んでいるのかもしれない。

　佐々木の主張をこのように積極的に受けとめれば，それは経営学からなし

た「人間と自由と自然」をめぐる豊かな問題提起であろう。もっとも，佐々木自身は自由意思論を否定し，説得的な論理を示さないまま，客観的必然の論理の立場に立つと言明することによって，この難問をすり抜けてしまった。しかし，「人間が自由で自律的な存在」であることを認めるのであれば，自由概念の吟味と革新なくして，人間と自由をめぐる現実は何も変わらない。すでに述べたように，自由を享受しながら，不自由さをかこつ状況からしても，問われるべきは「自由」概念である。その考察を通して，佐々木が批判するバーナードの自由論も検討したい。伝統理論を特徴づける線型性，合理性を含みつつも，基本的にはそこから遠く離れるバーナード理論にあって[17]，その自由概念が線型性，合理性とワンセットとされるデカルト的自由と重なり合うのだろうか。まず次節で「自由概念」の簡潔な考察から始めよう。

Ⅱ 「自由」概念の意味するもの

1 「自由」概念の歴史的変遷

価値語あるいは称賛語としての宿命からか，「自由」という言葉は，人々が自己の都合に合わせて多用する傾向もあって，実に多義である。バーリンによれば，思想史で用いられてきた自由の意味は二百以上に及ぶという[18]。それらの用法の吟味から始めるのも一つの方法であろうが[19]，ここでは仲手川に拠りつつ[20]，「自由概念」の歴史的変遷の中にその意味を探ってみたい。

(1) ギリシア・ローマの自由

最も古い意味において，自由は「奴隷でない」という身分に由来する。もっとも，「自由身分の」あるいは「自由人」を表現するギリシア語「エレウテロス (eleuthelos)」をさらにたどれば，「民族に属する」という意味をもつ。これが奴隷との対比では「自由身分の」から「自由な」へと語義を発展させ，他民族との対比では「自己の民族に属する」が意味された。自由を

表す古い英語 freo がもともと「自己の」を示すのは，ここに逆上ることができる。ただ，「身分的自由概念が，………国家の存在と結びつき，政治的意義をもつにいたったのは，ギリシア語『エレウテロス』が最初」（33頁）だった。したがって，自由（エレウテリア eleutheria）とは所属するポリスの精神の下に生きることを示す概念にほかならない。つまり「民族が自己の法・習慣（ノモス）に従って生活を営んでいる状態を奪われないとき，自由」（54頁）なのであって，単なる民族の独立ではない。その意味では，「ノモスとしての自由」といえる。そして，「ノモスがポリスの意志によって，意識的に定立されたものである」（50頁）ならば，それは後述する「理性的自由」や「道徳的自由」と重なり合うところはあるだろう。

仲手川は，この「ノモスとしての自由」を巧みに内から自由を支える自由の気風である「習俗としての自由」（110頁）に論を繋ぎ，近代自由概念が置き去りにした「自由が周囲の人やものと対話できるような，同質の交わりの場にありたいという衝動」からなる「存在空間としての自由」（165頁）へと展開している。このような自由は，とりわけポリス的自由は，私たちに馴染み深い「〜からの自由」でもなければ，「〜への自由」でもなく，「〜の中における自由」（66頁）だという。やや趣は異なるが，早くに三木清が次のように述べている。「何物か『からの自由』が要求されるのは，個人にせよ，民族の如きものにせよ，それが本来自由であると考えられるからである。従って自由はそのもの自身に『おける自由』を意味することになる。自由の根本的意味はそこにある。単に消極的に何物かからの自由をのみでなく，またいはば積極的に何物か『〜への自由』を考えるにしても，それが可能であるのは，自己自身における自由によってでなければならぬ」[21]。ここでも，自由は「からの自由」や「への自由」だけでは捉え難いという認識が重要である。

今日，自由への有力な見方である，束縛されない「解き放たれた自由」，「欲するままを行う自由」もまたギリシアの自由である。当初，これは放縦として斥けられていたが，「ヨーロッパ哲学と科学の始まり」[22]ともいわれた先進的なイオニアの自然思想とその上に立つ個人主義がギリシア本土に流

入するに及んで、次第に影響をもちはじめた。イオニアの哲学者にとって、自然（ピュシス）とは事物に内在して、そのあるがままの行動様式をとらせる力を意味していたのである[23]。もっとも、ギリシアにおいて「欲するままの自由」は、ポリスの支配から脱却し、逆にその支配者になってはじめて得られるものである。ここにポリスを支配した僭主は、（ノモスとしての）自由の敵であるとともに、新たな（欲するがままの）自由の生成者となった。

　もちろん、「欲するままを行うこと」が放縦ではなく、自由（エレウテリア）とされるに至ったのは、ギリシアの一般的規範概念が法・習慣（ノモス）から自然（ピュシス）に移ったことと無縁ではない[24]。その意味では「欲するままを行う自由」を本能を尊重する「ピュシスとしての自由」といってもよいであろう。この自由は傲慢にして放縦に流れる危険性をはらみつつも、「いっさいの枠を破って自己を上昇させようとする衝動に根ざして」（87頁）、創造性や革新の原動力になっていることを忘れてはならない。ここで、「アテネが最高に自由を享受し、最大の業績を生んだのは………二つの自由が活力を孕んで対峙しつつ、おおむね均衡が保っていたあいだだけ存在したのではあるまいか」（88頁）との仲手川の指摘は、私たちに貴重な示唆を与えてくれる。

　ところで、ギリシアにおいて、「ノモスとしての自由」と「ピュシスとしての自由」の均衡が破れ、後者が民主制の定着とともに広まった「平等意識」と結びつくなかで、私利と恣意に走る自由に転化し、ポリスの崩壊をたどったことは、プラトンやアリストテレスの著作がよく示している[25]。古代ローマ人は、これを「軽薄なギリシア小僧の自由」と嘲笑した。

　共和制ローマを基礎づける柱は「父祖の習慣」とそこに由来する極めて大きな権威であった。したがって、ローマの自由は権威と両立で捉えられる。なぜなら、権力が強制的に「いうことをきかせる原理」とすれば、権威は自発的に「いうことをきく原理」であり、権威への服従は支配されることと異なるからである。その権威の一つが法にほかならない。当然、「法の前の平等」もローマの特徴で、ギリシアのような平等と放縦は厳しく斥けられた

(176-177頁)。このようなローマの自由観は，当初，弾圧したキリスト教の自由観と結びつく素地をもっている。そこに，後年，ローマがキリスト教を受け入れた所以があろう。

(2) 中世の自由から近代自由概念へ

中世の自由は，キリスト教の自由を抜きにしては語り得ない。その核心は，キリスト教の下での罪からの開放であり，贖罪論・救済論的自由を説いた「パウロにおける自由」に典型的に示されている。人間の自由は，自由の主である神への従属によってのみ得られるのである。当然，キリスト教の自由は，無制限な自由ではない。「権利主張の自由」ではなく，「権利放棄の自由」を説きつつ，「自己からの自由」を求めて自由の内面化をはかった点に，パウロの自由，したがってキリスト教の自由の特徴がある[26]。

「意思の自由」もまたキリスト教神学に始まる。人祖アダムの意思の選択の結果として背負わされているのが原罪であるならば，確かにキリスト教はその原点において自由意思の問題を内在せざるを得ない。原義的にはアリストテレスに遡り得るとはいえ[27]，やはり『自由意思論』を著したアウグスティヌスが最初の論者である[28]。彼は原罪故にその自由の喪失を力説して，ペラギウスとの論争を引き起こしたが，恩寵であれ人間の自由意思は認めている。この立場は中世を通じて徐々に強められ，近代初頭のエラスムスとルターの論争へと繋がってゆく。

キリスト教における自由意思の問題は，結局，神の摂理ないし予知（心的必然性）と人間の自由（自律性）をいかに調和して理解するかの問題に帰着しよう。ルターが神の律法を実行する自由意思の能力を低く評価したに対し[29]，そこに人間性に内在する神性を見て，積極的に評価し，道徳的責任性の立場を築こうとしたのがエラスムスであった[30]。最小限の自由意思とはいえ，それがアウグスティヌスのように恩寵によってではなく，人間自身の責任性において立てられたことは銘記してよい。

この論争が近代自由思想に与えた影響は大きい。たとえば，17世紀のパスカルは，自由意思を「未決定の自由」と捉えつつも，なお滅びに向かうル

ターの奴隷的意思説に彩られているし,コギト(我思う,ゆえに我あり)で知られるデカルトにして「われわれの意志に自由があり,われわれが多くのことに,意のままに,同意することも同意しないこともできる」と未決定の自由,つまり無差別の自由に立ちつつ,それを最も低いレベルの自由と位置づけ,神の明証的な認識に従うことこそ真の自由であると説いている[31]。もっとも,後に未決定への評価を緩め,「人間が意志によって,即ち,自由に行為し,かようにして或る特別の意味では,自分の行為の創造者であり,またこの行為によって,称賛に値することこそ,人間における最高の完全性なのである」,「我々のうちにあるこの自由および未決定については,それ以上明証かつ完全に捉えるものがないほど,我々には意識されている」と述べて,自由と同一視するに至った[32]。神学論争を避けるためとはいえ[33],結果的にはその叙述は神的根拠を薄め,人間の自律性を高めるものとなっている。

ところで,「未決定としての自由」が直ちに人間の恣意的な自然支配へと向かうわけではない。「意思の自由」の概念には,いま一つの意味が含まれている。「理性に従う自由」がそれであり,もともとは「理性による感性の支配」を意味していた。長く無神論者と見なされ,自由の否定論者として知られるスピノザも「自由の人すなわち理性の指図によってのみ生活する人」,「精神はすべての者を必然的として認識する限り,感情に対してより大なる能力を有し,あるいは感情から働きかけられることがより少ない」[34]と述べて,理性による感情の支配を人間の自由と認めている。デカルト的な「未決定の自由」が近代的に選択の自由を意味するようになるとき,「理性に従う自由」がフランシス・ベーコンの「知は力なり」[35]という主張を介して「自然のメカニズムを解明し,支配する知性の力」へと容易に転化していったであろう[36]。

(3) 近代自由概念の確立

意思の自由を意味する二つの自由が重なって理解されると,「自由な自然支配」の基盤を提供するが,近代自由思想を完成の域にまで高めたカントが

その触媒になったように思われる。確かに，若きカントは未決定の自由，無差別の自由，つまり自律の否定論者であった。しかし，ルソーを通して道徳的自由，自律的自由を学んでカントは，「自由な意思と道徳法則に従う意思とは同一である」[37]，「人間は自由の自律ゆえに神聖な道徳法則の主体である」[38]と述べるまでに至った。「道徳に従う意思」は「理性に従う意思」に通じ，その道徳法則は行為主体が定立する故に，自己立法的であり，自律的である。ここには二つの自由概念が巧みに受け入れられている[39]。ただ，カントの自由はあくまで精神的・道徳的自由であり，放縦に流れる恣意的な自由に対する強力な歯止めがかかっていた。この歯止めがはずれて，自己を絶対視する歪んだエゴイズムが無限の「活動の自由」の観念と結びつくとき，「恣意的な自然支配の自由」が完成する。これを理解するには，近代自由観のいま一つの側面に光を当てねばなるまい。

　周知のように，中世においては，個人や団体に与えられた特権や免除，そして外部権力が介入できない自律的空間領域（自由都市）などが，自由現象として理解された。特権も空間的に規定されることが多く，自由都市もまた特権であった。したがって，中世の自由とは「特定の団体や人」の「特定のしてよい」ことに限定された例外的自由にすぎない。しかし，自由を強制力のないことと捉える経済学者のハイエクは，「自由は特定のしてはならないことと両立するが」，「特定のしてもよいことは自由ではない」[40]という。個別的自由は自由が欠ける場合に現れると見るからである。ここに，中世的自由と対立的に理解される近代自由観の特質がある。つまり，自由の発展は，この中世的制限を取り払い，人間を解き放すことに始まる。それが近代の自由にほかならない。ルネッサンスがその端緒となったが，それは既にキリスト教に内在していた。「神が創りたもうた自然は秩序正しいはずだ」と信じたガリレオ，デカルト，ニュートンなどが近代科学（自然科学）を切り開いたことが，それを示している。おかげで，人間は神を持ち出さなくても科学を武器に自然を説明し，利用できるようになった。これを「自然を支配する神の位置に人間が座った」と言い換えてもよい。これが近代社会の「自由な自然支配」という考え方のもとになっていくが，なお放縦に流れる自由に対

して精神的歯止めがかかっていた。この歯止めをはずしたのが，近代個人主義の原風景を描いたホッブスであった。

　ホッブスの自由観の根底にあるのは，「自然権としての自由」である。それは，「自由とは運動の外的障害のないこと」[41]という主張に現れている。端的には「欲するままに行う権利としての自由」である。しかし，その自由は可能性にすぎず，その実現を求めて「万人の万人による戦い」が繰り広げられ，「絶えざる恐怖と暴力による死の危険」にさらされている。ホッブスによれば，この危険を脱出するには，「権利としての自由」の一部を放棄し，契約国家の下で安全を確保して，現実の自由を求めるほかない。そこでは，法によって拘束されるが，法が不問に付したあらゆる行為を行う自由をもつことになる。経済行為もその一つであり，「人間と共同体から切り離された利己的個人」による無限の経済的自由という思想的基盤を提供しよう。仲手川はこれを「存在空間」を欠いた孤立した個人の衝動からなる「活動空間としての自由」と特徴づけている（164-165 頁）。

(4) 近代自由概念の落とし穴

　この活動ないし行動の自由としての近代自由観を，所有権（プロパティ）から基礎づけたのがロックである。確かに，バーナードも「慣習と法による占有権と所有権」が極めて重要な社会的発明だと認めてはいる[42]。しかし，自由論とその根底で深く結びついているロックのプロパティ論はいささか注意を要するだろう。彼は次のように述べている。「**自由**とは，他人による制限および暴力からの自由であることであるが，それは法のないところではあり得ない。自由とは，普通言われているように，**自分各人の欲するところをなす自由**ではない。………法の許す範囲で，自分の一身，行動，財産および全所有を処分し，このようにして，自分の思うままに振る舞う自由であり，その点で，他人の思惟に服するのではなくて，自由に自分自身の意志に従うことである」[43]。ロックは法を自由を拡大するものとみたが，それを基礎づけるものはどこまでも所有権である。ただ，その所有権は，たとえば土地の場合，「自分の労働によって，それを，いわば共有のものより自分自身に囲

い込む」[44]ことによって得られるのである。つまり，ロックの自由は，人や共同体といった外部と切断された自己の支配する自由，資本の自由であり，結局，地力を収奪し，自然破壊に至る経済的自由へと連なってゆく[45]。それは，近代自由観のネガティブな側面である。

このようにみると，ロックは，その人間観，基本思想，政治理論において，ホッブスとは断絶的隔たりをもっているが，「閉ざされた自由」[46]という点では連続的である。この両者の思想は修正を施されつつ，ヒュームを通して定着し，ベンサムの功利主義哲学に吸収され，ミルを経て今日にまで至っている。もっとも，ロックは，意思の自由ではなく人間的自由・人格的自由を問題にしたにしても，道徳に考察を開くために，自由意思や精神的内面的自由を論じていた。これを除外し，市民的自由・社会的自由に限定して展開したのがミルである[47]。問題を適切に論じるための処置であろうが，ミルの意図がどうであれ，以後，意思の自由・内面的自由とは分裂し，そこから切り離された市民的自由・外面的自由を主軸に「権利としての自由論」，「解放としての自由論」が展開されてきた。今，私たちの周囲に溢れる自由とは，このような意味での自由にほかならない。

しかし，自由と解放は同じではない。自由の理念を解放と規定すれば，無内容になってしまう。少なくとも，道徳的責任という思想に導くことはない[48]。シモネによれば，イリッチは自由概念は権利概念と対立すると指摘している[49]。対立に至らずとも，権利思想は自由の外枠にとどまり，その内実まで築き得ない。ここに近代自由論の一つの落とし穴がある。と同時に，道徳的基盤のない「活動空間拡大の自由」観が権利思想と結びつくとき，その無限追求性はますます補強されてしまう。「最大多数の最大幸福」が「工業的製品の最大の消費」へと容易に変質する社会であってみれば[50]，そのような自由思想がどのような結果をもたらすか，今では誰の眼にも明らかになっている。長く見逃されてきた自由論のいま一つの落とし穴である。

2　三つの自由と全体構造

自由概念の歴史的変遷を一瞥しただけでも，自由の一元的理解がいかに困

難であるかを直ちに理解できる。さまざまな自由概念が提出されること自体が，自由現象の多元性を物語っているだろう。ここでは縦に流れる時間軸とは角度を変えて，三つの横断的類型化のうちに自由現象を捉え直してみたい。自然的自由，社会的・市民的自由，精神的・内面的自由がそれである。

(1) 自然的自由

これは身体を有する人間の自然あるいは本性に由来する自由の問題である。身体を持つ人間は，その始まり（生誕）と終わり（死）を自然性に貫かれており，青少年をして「人間は死に向かって生きている」[51]と実感させるものがある。つまり生死は自然から離れてあり得ず，その意味で，人間は自然の一部であり，自然の子といえる。したがって，身体は人間の不自由さの根源に違いないが，この免れ得ぬ不自由の中間にあって生の拡充をめざし，自然本性的に自由を求めるのである。もとより，生ある身体もまた不自由さをかこつ。その不自由な身体がなければ自由を得られないところに，自然的自由の本質が隠されている。それゆえ，自然的自由は，身体からの自由ではなく，身体を自由にすることのうちに得られよう。当然，それは身体に宿るさまざまな欲望を実現の方向に延ばす努力を含んでいる[52]。これが既にみ

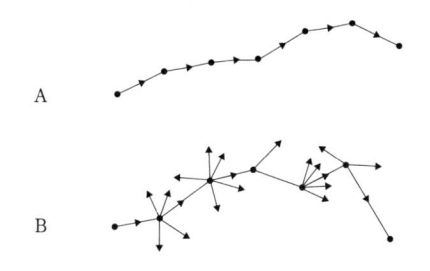

決定論的世界（A）では，一つの原因に一つの結果が対応する。
　非決定論的世界（B）では，一つの原因に対して，常にいくつかの結果が可能性として対応する。
　従って，どちらの方向へ進むかは，偶然に左右される。

図3-1　決定論的世界と非決定論的世界（茂木和行［1985］213頁）

た「欲するままを行う自由」であり,「ピュシスとしての自由」にほかならない。

ところで,このような自由は行為の自由を得てはじめて意味をもつ。行為の自由は,一般的に物理的決定論と対立的に理解されるが,「一定範囲の基本的動作,すなわち身体に対する物理的拘束がない限り,いつでもそのような基本動作(その範囲には個人差がある)を,することともしないこともできる,という自由」[53]である。物理的決定論を科学的決定論,あるいは因果的決定論と言い換えてもよい。「先行状態が後続状態を決定する」ということである。ここに自由(意思論)と決定論の両立可能性がさまざまに模索されてきた[54]。その際,多くの論者が「予言破り」によって自由を実証しようとする。もっとも,予言破りは必ずしも自由の必要条件でもなければ[55],実験的証明でもない。それにもかかわらず,人間の一定範囲内での動作の自由は,基本的な人間関係や習慣,制度の前提として生活様式に深く組み込まれており,これを否定することは難しい[56]。さらに決定論を代表するといわれる自然科学でさえ,現代では「決定論的経路の処々に,非決定論的な自由な選択を許すような分岐点が存在するという世界像」[57]を描き始めた(図3-1)。この上に自由を再構築しようとする動きも見られる。

ともあれ,自然的自由は生ある人間の本性に根ざした自由であり,行為の自由,動作の自由を含んでいる。それが「欲するままを行う自由」,「ピュシスとしての自由」として創造性を発揮しつつ,欲望の実現をめざして科学・技術を開発・蓄積し,人類の繁栄をもたらしたのである。人間は自然に従いつつ,自然からの一定の自由を得たといえる。文明とは自然的自由の産物にほかならない。

(2) 社会的自由

ホッブスやロックも自然権に基づいた自由(自然的自由)を主張したが,彼らが求めた自由はあくまでも現実社会における活動の自由,すなわち,社会的自由であった。人間は当初より自然の子にして社会の子なのであるから,それは当然であろう。たとえば,バーナードは人間の社会性を次のよう

に説明している。「人間生活の集合的性質は，物質的生産と消費，あるいは政治的必要のいずれかが示すより以上に根深いものである。人間は決して自分自身に起源をもつものではなく，各人は無数の世代にわたる人種と社会の発現であることは生物学的，心理学的にいっても正しいことである」[58]。したがって，自然的自由も社会関係の中ではじめて獲得される。

社会的自由は大きく政治的自由と市民的自由に分かれよう。政治的自由は古くギリシアのポリス的自由に遡り得るが，元来，支配者の横暴に対する制限から生じ[59]，専制から遠い国家構造の在り方に実現すると考えられてきた[60]。立法・司法・行政の三権分立はそれを支える一つの制度的工夫であり，参政権，請願権，裁判権などがそれぞれ政治的自由を構成している。もっとも，ギリシアのポリス的自由は単なる権利にとどまらず，「ノモスとしての自由」としての精神的・内面的自由と結びついていたことには注意せねばならない。

市民的自由もまた「精神的自由」と「人身の自由」に大別される。前者は「思想・良心の自由」，「信教の自由」，「集会・結社・表現の自由」などであり，ヒューム，とりわけミルがその理論化には大きな役割を果たした。後者は罪刑法定主義によって支えられている。この市民的自由を経済思想的に捉えれば，「私有財産の不可侵」となる。ここから「所有の自由」，「営業の自由」などの経済的自由が少しずつ意味的変質を伴いながら派生し，極端な形では「レッセフェール」として主張された。この素朴な意味での経済的自由や個人の自由の観念が，自然破壊の遠因になったことは既に指摘した通りである。

だが，このような私的自由（private freedom）を根拠に公的自由が要求され正当化されるとき，公的自由（public liberty）は打撃を受けるという。それは，公的自由の範囲と私的自由の範囲が必ずしも一致しないからだ。個人的自由の働きは決定的に重要であるにしても，自由社会を特徴づけるのは公的自由であることを，M. ポラニーは，政治的粛清が激しかった「旧ソ連スターリン体制下の私的自由の範囲は，ビクトリア朝のイギリスよりもはるかに広かったが，公的自由は比較にならないほど狭かった」ことを

例に引きつつ明らかにしている[61]。「全体主義は私的自由を破壊せず，公的自由のあらゆる正当化を否定する」という彼の指摘は，「戦時中でも私は自由だった」ことを根拠に，知識人の一部が戦時体制化の自由を主張するわが国でも，傾聴に値する。

ところで，社会的自由を構成する政治的自由や市民的自由の教義は，多くの場合，「権利としての自由」として確立している。しかし，それを真に生かすには権利を超えた自由な精神が必要であり，M. ポラニーはそれを「公的自由 (public liberty) の行使を具体化させるアート (art)」[62]と捉えた。政治的自由の適用の知識とでもいうべき公的自由行使のアートは，それを生み出した伝統の中にあり，むしろ「ノモスとしての自由」と多く重なるであろう。自由行使のアートは，当然，詳しくは語り得ず，容易に伝え得ず，体得するほかない暗黙知である。これを伴わないまま「権利としての自由」を主張するところに，自由の混迷も生じるに違いない。さらに，自由が経済力を背景としてしか保証されにくい現代的状況も，その混迷を増幅させている。

(3) 精神的・内面的自由

精神的自由は，今日，社会的・市民的自由に大きな位置を占めている。ただ，その場合，あくまで権利として保障される器であって，中身ではない。もともと，精神的・内面的自由は，社会的・政治的行動の自由から転回を遂げて形成されてきた。ギリシアのポリス国家末期に生きたソクラテスは，「魂への配慮」を主張して，自由の内面化をはかっている[63]。その際，恣意と私利に走る「欲するままの自由（ピュシスとしての自由）」に対して，克己，自制，智としての徳が強調され，内面化への装置となった[64]。そこには幾分「ノモスとしての自由」への回帰という側面をもっていたであろう。ソクラテスはどこまでもポリスの子である。その自由はやはりポリスの政治に向けられており，単に内面的自由にとどまるものではなかった。これを，プラトンを経て，独立した自由への可能性を開いたのはアリストテレスである。彼は，「責任的」と極めて近い意味で「自由意思的（ヘクーシオン）」を用いて自由論を展開し，無作為の責任をも論じている[65]。ここに，責任と

セットで理解される自由意思論の原型が見いだされる。それは，バーナードの主著『経営者の役割』の前扉を飾る自由観であり，後で触れたい。

精神的自由が「欲するままの自由」と対立的に出現した以上，制限的性格をもつことは当然である。それは，「欲するままの自由」を制限することを通して得られる心の自由，すなわち，欲望や感情からの自由だからである。奴隷の哲学者・エピクテートスが自己の権内にない肉体，財産，評判，公職などに思い煩わず，自己の権内にある欲望や感情からの離脱を求めて「欲望の奴隷にならないのだ」と語るとき[66]，この精神的自由の一端が示されている。

この精神的自由はキリスト教的自由と多く重なり合う。もっとも，精神的自由は，自由の所有者たる神の恩寵を超えて人間の思考や理性に究極的な拠り所を求め，知的・意思的に振る舞うとき，典型的に現れる。近代自由意思論を完成の域にまで高めたカントは，この精神的・内面的自由論者を代表するだろう。

ところで，東洋的自由は，インド的「解脱の思想」といい，中国の「無為自然」といい，精神的自由が主流をなしている[67]。わが国の「自由自在」もこの流れを汲む自由観念であり，厳しい自己抑制を伴うこともあって，エリート層に限定的に理解された。これに対し，大衆が理解する自由とは，欲するままに行動する「自由勝手」である。自由自在が非政治的とすれば，これはむしろ反政治的観念で，明治以前のわが国では，自由が社会的，政治的正当性をもつことはついになかった。ここに，西欧文明の社会的自由に直面した明治期日本の混乱もうなずける[68]。しかも，この三つの自由は概念が欧米以上に有機的に繋がって理解されておらず，今日の混迷する自由状況の理由ともなっている。

(4) 自由の全体構造
　　——freedom と liberty——

自由概念の多義性は自由現象の複雑さの反映であり，上述の3つの自由は典型的類型化であろうとも，自由を余すところなく説明しているというもの

ではない。分類基準が異なれば，別の類型化が可能であろう。

さて，三つの自由概念，とりわけ意思の自由を含む精神的・内面的自由と社会的・外面的自由との論理構造の違いを意識的に理解して整理したのは，ミルが最初であった。それ以後現在に至るまで，二つの自由論は交わることがほとんどなかった。しかし，人間が自由であるというのは，分離・分割し難い生きた現実である[69]。「私は，内的自我・外的自我だけでなく全体の自我が，一切の行動に必要な身体と共に自由でありたいと願うものである」[70]と悲痛な叫び声があがるのも，この故にほかならない。そのためには，論理構造の異なる自由概念をバラバラに理解することなく，有機的な繋がりの中で自由の全体構造において捉えることが必要となる。

たとえば，人間的自然はその本性に根ざす生の拡充をめざして自由を求める。これが人格のもつ自由な精神を衝き動かし，思考と理性によって叩き上げられるとき，精神的自由ないし倫理的自由に昇華するだろう。活動の自由を重視したロックであったけれど，この自由を freedom と呼び，「各人が自分の欲するところをなす自由（A liberty for man to do what he lists)」と注意深く区別している[71]。

自然的自由を liberty，より高次の人格的自由を freedom という使い分けは，ロックに限らない。リードによれば，liberty は身体のある状態を指し，「より低次の自由」を意味する。freedom は精神のある状態を指し，「より高次の自由」を意味する。もっとも，クランストンは両者に相違があるとしても，リードが示唆するようなものではなく，相互に転用可能だという[72]。確かにバーリンを例にあげずとも[73]，両者を同じ意味に使う論者は多い。liberty はラテン語系からの借用であろうが，語源的には freedom と同じ「自己の」を意味する以上，相互転用しても不思議ではない。それでも両語を使い分けることによって，自由の異なった側面を照射しようとしたことを，ここでは重視したい。

自由を論じた M. ポラニーの liberty と freedom の使い方は，なかなか微妙だ。彼は公的自由には public liberty を用い，私的自由には private freedom を用いているが，これも絶対ではない。公的自由，私的自由を論

じた同じ箇所に,「人間的自由」ないし「人格的自由」(personal liberty) という表現もある[74]。また政治的自由を political liberty とも political freedom とも表現している[75]。あるいは「学問の自由 (freedom) の研究は, 自由 (liberty) の問題の決定的なポイントが何かを示すのに役立とう」[76]と述べており, liberty と freedom を厳密に区別しているとは受け取れない。それでも彼の著作を仔細に見てゆくと, 束縛のない個人の行為の自由[77]とそれに基礎をおく自由 (学問の自由：academic freedom, 政治的自由：political freedom など) を freedom といい, それを支える制度的・文化的基盤 (政治的自由：political liberty, 公的自由：public liberty) とそれによって保障される人間的自由 (人格的自由：pesonal liberty) を論じるときには liberty を用いて, 無意識のうちにか, 使い分けているように思われる。ポラニーの場合, freedom は自然的自由, ピュシスとしての自由に重なり, liberty は社会的・市民的自由および精神的・内面的自由, あるいはノモスとしての自由に重なるのではあるまいか。いずれにしても, ポラニーもまた自由をさまざまな側面から捉えようとしていたことは間違いない。

　ともあれ, 自然的自由から昇華した精神的・人格的自由, 道徳的自由を基礎にしてはじめて, 人と人の関係における社会的自由, 市民的自由が成立するのであり, それがヨーロッパの伝統に立つ正当な自由観だといえる。ただ, ギリシアの「ノモスとしての自由」は, この二つが混在し, 未分化のまま展開されていた。

　政治的自由や市民的自由, さらに経済的自由などの社会的自由は, 自然的自由, 特に基本的動作の自由を前提にしており, これを認めることなしには意味をなさない[78]。したがって, 三つの自由は, 図3-2にみるように, 互いにせめぎ合って緊張しつつも, 他を前提にして均衡的に循環する「循環的緊張」関係にある。ここに自由の全体構造が浮かび上がるであろう。おそらくミル自身は, この様な自由の循環的全体構造をよく承知しつつ, 論理構造の異なる社会的自由を切り取って考察したに違いない。政治経済学者として, それは必要なことだったと思われる。しかし, ミルに続く後継者たちは

このような前提的意識を薄めていった。それは経済学の科学化の動きと歩みを共にしている。精神的・道徳的自由を介した均衡的循環から精神的自由・内面的自由が抜け落ち，図3-3のように，自然的自由（特に放縦，恣意性）と社会的自由・権利としての自由の間のピストン運動へと自由の変質が生じる過程で，経済的自由が強化されていったことを忘れてはならない。ここに近代的自由概念が「恣意的に自然を支配する自由」と化していったのである。

　それでも，長いキリスト教文化の伝統をもつ欧米においては，文化の深層に精神的自由を支える分厚い道徳的基盤を蓄積しており，これが見えない形で自由意識に作用してきたことは否定できない。それが責任意識とセットで理解される自由であり，権利としての社会的自由を行使する際のチェック機能を果たす文化的基盤ともなってきた。もとより文化の移植は極めて困難である。明治以降，わが国が「自由」を理解するとき，制度化された権利としての自由の導入に終わらざるを得なかったのも，そのためである。責任意識が希薄なまま，権利としての自由が「自由勝手」意識と結びついて生まれる自由現象がどのようなものとなるかは，容易に想像できる。そこに，わが国が世界に先駆けて公害先進国になり，自然破壊が一層鋭く現れた理由の一つもあるだろう。今，私達が自由の再構築を迫られているとき，思い起こさねばならないのは，自由のこの全体構造である。

図3-2　自由の全体構造（Ⅰ）　　　　図3-3　近代自由の成立

Ⅲ　バーナードの自由概念

　経営学の領域で，正面から自由を論じたのはバーナードであり，ドラッ

カーであった。フォレットもまた自由を重視した経営学者だといえるだろう[79]。フォレット，バーナード，ドラッカーの研究者である三戸公が，わが国経営学界における自由論のチャンピオンであるのは，蓋し当然である[80]。とりわけ，ドラッカーの自由概念については詳しい。フォレットの自由観の特異性にも触れている[81]。バーナードの自由論への言及もある[82]。しかし，三戸はドラッカーの場合ほどには自由を正面に据えてバーナードを論じてはいない。したがって，その点からでも，ここでバーナードの自由概念を取り上げるのは多少の意味があるであろう。

1 バーナードの人間論と自由概念

バーナードの自由概念は，その理論の革命的意義を支えている卓越した人間論と深く結びついており，これを抜きにしては語り得ない。およそあらゆる社会科学は何らかの人間仮説を前提にするとはいえ，バーナードほどに「人間とは何か」を問うた人は少ないであろう。そのバーナードの前に大きく立ちふさがっていたのが，アダム・スミス以来の「経済人仮説」であった。これと対峙し，これを超えるところからバーナード理論は始まったのである。

彼は次のように述べている。「組織に関する混乱の原因としてとりあげたいのは，過去150年にわたる経済思想の発展過程と，初期の経済理論の形成において余りにも安易になされた人間行動の経済的側面の誇張とである。社会的行為からわれわれが＜経済的＞と呼ぶ側面を引き出すことは有用であるとしても，アダム・スミスやその後継者達によって有効に構成され，かなり発達した諸理論は特定の社会過程——その中で経済的要因は単なる一側面にすぎない——に対する関心を抑え，経済的関心のみを強調しすぎている。………私は組織でいかに行動すれば有効であるかを知っていたけれど，ずっと後に経済理論と経済的関心——必要欠くべからざるものであるが——を第二義的地位に退けてようやく，組織およびそこにおける人間行動を理解し始めたのである」[83]。

それでも，「利己心」が「同感の論理」とともに強調されたアダム・スミ

スにあっては，自由概念が独自の意味を有し，その理論の中心的論点の一つであり得た。極論すれば，この自由概念なしにすませるまでに変質した現代経済学[84]が，バーナードの限定的継承者である H. サイモンの「満足原理」の意味を，1978年度のノーベル経済学賞受賞時点でなお十分に捉えていなかったといわれるとき[85]，それは当然といえば当然である。バーナードにはさらに届くまい。

　バーナード理論が従来の「経済人仮説」と異なった人間観の上に築かれていることをいち早く見抜いたのは，E. メーヨーである[86]。わが国では三戸公によってその特異性が説かれた。三戸は，バーナードの人間観を人間存在全体を視野に入れた「全人仮説（三戸の造語）」と捉えて注目し，「この書（バーナード『経営者の役割』）は，経済人の曙に立ってものされたアダム・スミスの『国富論』になぞらえるべき地位を，後代にいたって獲得するかもしれない」[87]，「人間の社会的行為のほとんどが組織化・官僚制化せられてきた時代になって，組織の何たるかの本格的研究が始まったのである。1938年に出された C. I. バーナードの『経営者の役割』はその金字塔的著作であり，『国富論』に比すべき業績といっていい」[88]とさえ言い切っている。そのバーナードの人間論を，これまでの諸章と重複するが，ここに必要な限り触れておこう。

　バーナードによれば，身体をもった人間は個別的な物体であるが，単なる物体はではなく，何よりも「生き物」であり，生物的存在である。ここには，その始まり（誕生）と終わり（死）に典型的に見られるように，自然性が貫いており，決定論が支配することは免れ難い。しかしながら，生物的存在としての人体は，生物的に決まった範囲であるが，内外の絶えざる変化に適応し，内的均衡を維持する能力，したがって，継続性をもっている。しかも，経験能力，即ち学習能力があり，行動によって認識される[89]。これが人間の自然的自由の源泉である。

　人間有機体は，他の人間有機体との関連なしには，存在も機能もできない相互作用的存在である。その相互作用は適応行動の意図と意味に対する一連の応答であり，「社会的要因」と呼ばれている。この意味において，人間は

社会的存在であり，集合的存在である。当然，人間は社会的に制約され，決定論的側面をもっているが，ここに社会的自由の問題も生まれる。自由と制約は表裏一体の関係にあり，制約を引きずりつつ，これを克服するところにしか自由はありえないからである。

ところで，一人一人の人間，つまり個人は特殊な歴史的性格をもつ独特なものであり，バーナードは個人を「過去および現在の物的，生物的，社会的要因である無数の力や物を具体化する，単一の，独特の，孤立した全体」[90]と把握する。もっとも，これを「孤立した個人」と理解しては誤りである。バーナードの個人はあくまで協働行為に立つ集合的存在である。バーナードが「アメリカ市民の根本的自由とは，人と人が互いに結びつく自由（freedom of association）である。それは自発的協働を含んでいる」と述べていることに注意しなくてはならない。この点は法によってもカバーされているアメリカン・ライフの最も重要な側面であるが，彼は「これと関連して，（憲法の）権利章典の中で私が想起できるのは，集会の自由である」と述べていること，さらに「宗教的自由は人と人が交わり結びつく自由（freedom of association：結社の自由）を意味する」[91]と強調をしていることを重ね合わせれば，これは前節の「活動としての自由」のみならず，「人間が周囲の人やものと対話できるような衝動」からなる「存在空間としての自由」にも通じよう。あるいは「個人が共同の生の中にあって自発的に他者に関与して生きる間柄的自由」[92]といっていいかもしれない。少なくとも，孤立した利己的自己に立つ「閉じられた自由」ではないであろう。

続いて，バーナードは人間を人間たらしめている人間特性＝人格特性の考察に移る。バーナードによれば，人間は(a)心理的要因と(b)一定の選択力が結果する(c)目的に導かれた(d)活動ないし行動からなる人格特性を備えている[93]。確かに個人の行動は心理的要因の結果であるが，集合的活動の場合，優越心や嫉妬心が極めて大きな位置を占めている[94]。この心理的要因に動機づけられて，個人は一定の選択力を発揮し，目的を設定する。これが環境に規定されながらも，その環境に働きかける人間の自由意思論的な側面である。ここに自然的自由は人格的に実現された精神的自由・内面的自由に統合

され,選択の自由を基礎づけるのである。これが人と人が交わり結びついた間柄的自由,社会的自由の中に発現してゆくことはいうまでもない。

人間の自由意思を含むこの人格規定によって,バーナードは自律的人間観を打ち立て[95],「行動の基礎としての道徳的責任」への道を切り開いたが,もとより彼は無限の自由を認めたのではない。彼は次のようにいう。「選択力には一定の限界がある。………個人が物的,生物的,社会的要因の結合した一つの活動領域である限り,これは当然のことである。均等な機会が多い場合には,人間の選択力は麻痺するという理由からも自由意思は限られている。これは経験によって明らかなところである。たとえば,ボートで睡眠中に漂いだし,大洋の霧のまっただ中で目をさまし,どちらに行こうと勝手だとしても,直ちに方向を決めかねるであろう。選択には可能性の限定が必要である。してはいけない理由を見出すことが,なすべきことを決定する一つの共通の方法である。後でわかるように,意思決定の過程は主として選択の幅を狭める技術である」[96]。確かに,バーナードはその人間仮説に決定論と自由論の世界を巧みに受け入れた。しかし,自由は容易に重荷になることを,バーナードはこの叙述において既に示している。これが次の問題である。

2 自由の暗転

これまで,自由は人間にとって一つの価値とみなされ,一般に称賛語として語られてきた。しかしながら,ウートンやハイエクの考察を通してバーナードが「人々は自由を欲しているのか,またどの程度自由を欲しているのか,さらにどの程度の自由を人々は行使し得るのか」[97]と問うとき,一転してフロムの「自由からの逃走」[98]を思わせるような,自由の暗い側面に突き当たる。

バーナードによれば,上述の問いは「自由と安全」,「自由と平等」の問題よりも奥深いものであり,その根本には「自由への欲求に対する責任の忌避」の問題が横たわっている。たとえば,管理者の意思決定の起因は,「(a)上位者からの権威あるコミュニケーション,(b)部下からの意思決定の要請,

(c)当該管理者のイニシアチブ」であるが,「最も自由な(c)を管理者は避ける傾向がある」とバーナードが主著『経営者の役割』で指摘するとき[99],既にこの問題が彼の頭によぎっていたのであろう。

この問題を,理性に基づいて自由を謳歌するギリシア人の非理性的側面に焦点を合わせて解きあかしたのが,ドッズである[100]。

ギリシア人の理性主義が最高の高揚をみせた紀元前三世紀半ばから終わり頃は,アレキサンダー大王の征服によって空間的視野の拡大と同時に精神的視野が広くなったときである。地域的制限の撤廃,移動の自由と並んで時間的制限の撤廃,言い換えれば,時代を飛び越え,過去の人間経験から最適なものを意のままに選んで吸収・利用する精神の新しい自由があったという。伝統に仕えるのではなく,伝統を意識的に使いこなし始めたのである。この理性主義の高揚と浸透にもかかわらず,占星術に代表される反理性主義が下から上に拡がり,ついに勝利を得たといわれる。その原因を,ある論者はオリエントの影響と捉え,別の論者は政治的自由の喪失だと指摘する。だが,ドッズはそれらが決定的要因ではないという。ドッズの言葉に聞いてみよう。

「直接の原因の背後に,何かもっと深くて,ほとんど気づかれていない原因があるのではないか。一世紀間か,それとも,もっと長い間,個人は自分の知的自由に真っ向から対面してきたが,今や個人は,前途の恐ろしさに背を向けて逃避する。日ごと,責任の重みにおびえるよりも,占星術によって厳しく決定される『運命』の方が,まだましなのである」,「人々が星占いの運命決定論を受け入れた背後には,他の理由と並んで,自由への恐怖があった。すなわち,開いた社会の成員は,各自が,自分で自由に運命を選択しなければならないという重荷を背負っているが,この重荷を,無意識のうちにまぬがれようとする気持ちのことである」[101]。

古代のギリシア人が占星術によって自由の恐怖と重荷から免れようとしたのだとすれば,現代人はどのようにこれと向かい合うのであろうか。

現代人もまた自由の中の不安定に由来する無力感と孤独感に直面しているが,フロムはこれに打ち勝つ二つの道を提示した。一つは,「積極的自由」

に進むことによって，自発的に自らを世界と結びつける道である。しかし，この意味をフロムはこれ以上説明していない。これについては後で触れよう。いま一つは，自由放棄への後退であり，自由からの逃走である。後者のメカニズムを担っているのが，権威主義，破壊性，機械的画一主義性にほかならない[102]。

フロムのこの説明に，多くのバーナード研究者は，バーナードの説明との近似性を見るであろう。AT&Tという巨大組織において，個と全体（組織）の狭間で悩んだバーナードもまた，フロムの『自由からの逃走』(1941)に先立つ1934年の論文で「完全に無気力に陥るという危険，または，私自身を巨大な機械のほとんど意識のない，無意味な歯車か，あるいはまた破壊活動のなかで自分の個人的人格を主張しようと決心したアナキストか，どちらか一方に扱おうとする危険にさらされていた」[103]と書いているからである。しかし，バーナード自身は，苦しみながらも自由の重荷と責任を引き受け，自らが成長することによって，この危機を脱したのだという。それだけに，「責任ほど，個人の能力の範囲内で個人を発展させるものはない」[104]との思いは彼の実感に違いない。バーナードは，いわばフロムの「積極的自由」の道を通ったのだといえる。

バーナードは，自らの体験から自由の重荷が容易に厳しい強制に転化するとともに，そこに倦怠，欲求不満，絶えざる不安が渦巻いていることを，よく承知していた。選択をするにあたっての意識的熟慮はたちまち重荷になり，地獄と化す。人々が自由の大敵である反応的服従に逃げ込むのは，このためである。たとえば，「命令する高い立場にいて，最も自由であるように思える人たちさえもが，自分たちに代わって意思決定してくれる規則，規範，規定，組織を絶えずつくり出そうとしている」とバーナードはいう。たとえ責任から解放されなくても，統制の誤りがなくならなくても，少なくとも行為の自由から解放されるからである[105]。ここにバーナードが「自由の最も一般的条件は秩序である」と述べるのがよく理解できる。彼が指摘するように，自然に秩序がなければ，確かに自然に適応し，自然とともに生きることは難しい[106]。生命を育てる知恵や技能は，自然の摂理ともいわれる自

然の秩序に沿って蓄積されるのであり，これを失えば，人間は自然に対する自由を喪失してしまう。したがって，このようなバーナードの自由観からすれば，「意思決定行動というものは必然的に自由意思による自然支配の現れであると，当たり前のように想定することは慎むべきである」[107]と強調するのは当然であった。この自然条件や自然観をはじめ，歴史的伝統や規範といった秩序に則して自由が成立するとき，人々は余裕をもってそれを受けとめられるに違いない。

このようにみてくれば，「～への自由」，つまり積極的自由とは，道徳準則や規範などからなる秩序の崩壊に直面して，ドッズ流にいえば，伝統的規範からの脱却によって空白となった精神状況の中に，新たな道徳準則や規範を求める旅立ちの自由にほかならない。道徳的創造とは，その意味で，最高の「積極的自由」だといえよう。

3　道徳的創造としての自由

サイモンと異なってバーナードが価値の問題，道徳の問題，責任の問題に踏み込んだのは，行為理論としての実践性もさることながら，制約されたとはいえ，人間の自由意思に立脚して理論構築したことの当然の帰結であった。逆に意思の自由を前提にしない限り，責任の問題は生じないといえる。バーナードが「自由と安全」や「自由と平等」の問題以上に，「自由と責任」を凝視するのは，そのためである。

すでにみたように，自由は，一見，拘束とも思える何らかの基準がなければ，たちまち恐怖ともなり，「われわれは自由であるように罰せられている」[108]と感じるような重荷へと暗転する。バーナードはこのような基準を主著では「道徳」と呼んで，「個人における人格的諸力，すなわち個人に内在する一般的，安定的な性向であって，このような性向と一致しない直接的で特殊な欲望，衝動，あるいは関心は，これを禁止し，統制し，時に修正し，それと一致するものは，これを強化する傾向をもつものである」[109]と定義した。人々はこの道徳に則して，ものを見，理解し，行為する。最近の経営学・組織論では，組織文化論として語られている領域である。もし，人々が

このときに自由を感じているとすれば、この自由とはいわゆる倫理的自由である。そして道徳が個人道徳を超えた組織道徳、社会道徳として受け入れられるとき、その自由は「ノモスとしての自由」、「習俗としての自由」といえるだろう

　もっとも、バーナードはこれを責任として捉えた。彼によれば、責任とは「反対の行動をしたいという強い衝動があっても、その個人の行動を規制する特定の私的道徳準則の力」であり、「各自に内在する道徳性がどんなものであれ、それが行動に影響を与えるような個人の資質だ」[110]という。つまり、責任とは道徳性を遵守する力であるが、バーナードがこの責任を中心に理論を構築したことは、つとに知られている。飯野はこれを「責任優先説」として特徴づけ、広めた[111]。その際、バーナードの叙述に従って、責任を権限との関係でのみ把握した点にやや問題が残る。確かに、バーナードは、「権限－責任均等」だとする従来の経営理論に対する批判と反論のために、「責任は権限より大きい」[112]という形で論を進めているが、権限との関係よりむしろ「自由と責任」の対概念で捉えていることの方が重要である。(バーナードの) 責任概念が (伝統的) 権限概念より大きいのは、あくまでその結果であることを忘れてはならないだろう。

　ところで、バーナードは責任という言葉で語りつつ、自由が大きく二つからなることを理解していたものと思われる。一つは上述の「秩序の下にある自由」、「ノモスとしての自由」、即ち「道徳性を遵守して責任を果たす中から生まれる倫理的自由」であり、主著『経営者の役割』第1部の前扉を飾るアリストテレスの「あらゆるものは一つの目的に対してともに秩序づけられている。その仕組みは一つの家族のようなもので、成員は自由であっても、でたらめに行動する自由はきわめて少なく、すべての、あるいはたいていの行動が彼らにとってあらかじめ定められている」という言葉に典型的に示されている。

　いま一つは、秩序ないし基準である道徳準則の創造、即ち「道徳的創造としての自由」である。これを視点の決定、あるいは「意味の創造としての自由」と言い換えることもできる。とりわけ、創造行為は創造的破壊をもたら

す「ピュシスとしての自由」の一面をなしており，未来を切り開く自由の最高の発揮である。「全体としての創造職能がリーダーシップの本質である。それは管理責任の最高のテストである」[113)]とのバーナードの主張は，この了解なくしてはあり得ない。主著の後ろ扉を飾る次のプラトンの言葉が控えめにそれを伝えているように思われる。「人間は何ひとつ立法を行えない。人間の事柄はほとんどすべてを偶然が司っている。このことは，船乗り，水先案内人，および医者や将軍の技術（art）にもいえるだろう。けれども，それと同じように正しいといえることが，いま一つある。それは何か。神は万物を統治し，神と協力して偶然と機会（chance and opportunity）が，人間の行う事柄を支配する。だが，それほど極端でない，技術はあってもよいという第三の見方もある。嵐の場合，水先案内人の技術に助けてもらった方が確かにずっと有利に違いない」[114)]。

　管理者の技術，とりわけ道徳的創造職能は，自己立法という形をとっているが，経験的知識を駆使して嵐の中で方向を定める，このような意味でのアートである。それは自由の最高の発揮に違いないが，無から有を生み出すのではない。バーナードの道徳的創造性は，科学的創造が過去の科学的蓄積を踏まえてなされるように，過去の組織的知識・社会的知識を踏まえ，その上で時にそれを否定しながら，アートとでもいうべき個人的知識をぎりぎりまで駆使して行動知的飛躍の上に展開されることを忘れてはならないだろう。

　いずれにしても，限定されたとはいえ，自由意思に基づいた道徳性の創造・受容・遵守のうちに，バーナードは自由の全体状況を見たのである。「自由たるべく定めている」人間とは，「責任を引き受けるべく」運命づけられているという認識[115)]が，そこにはあったであろう。

Ⅳ　自由意思と自然

1　自然と歴史全体に対する責任

　自由と責任との交換的用法はバーナードに顕著であるが，自然と人間をめ

ぐる問題を自由を媒介にして考えるとすれば、バーナード理論の枠組みでは自然に対する責任、歴史に対する責任という観念を、自己立法的に、あるいは道徳的創造としての自由を発揮して、いかに私的、組織的、社会的道徳準則の中に組み込むかという問題に尽きるであろう。もちろん、それを環境倫理の確立といってもかまわない。① 未来世代、② 人間以外の動物、③ その他の自然、などがその構成要素をなすとされている[116]。① は歴史に対する責任であり、② と ③ は自然に対する責任である。

「自然に対する人間の責任」を直接に論じたのは、パスモアである。彼の所説は環境哲学や環境倫理学の文献に多く引用されているが、「隣人を害するな」という西欧の伝統的な教えで、環境・エネルギー問題に十分対処できるという態度は[117]、自然破壊に則してラファエルが批判したミルを一歩も出ていない。したがって、パスモアの自由概念・責任概念でこの問題を扱うには限界がある。

これに対し、伝統的倫理の観念を相互性に基づいた「他人の義務の裏返し」[118]とみるヨーナスは、時間軸を重視し、未来に向けて責任概念の拡大をはかっている[119]。自然破壊や環境汚染、またエネルギーの枯渇などは、未来世代に対する現在世代の責任という性質をもっているが、「未来への責任」を含むヨーナスの主張は、これに対する一つの展望を切り開いた。もっとも、ヨーナスも、自然の目的論的体系性を論証しようとしていることもあって、「『人間中心主義』が超えられているかどうか疑わしい」という批判を浴びている[120]。

「自由と責任」の問題を考える場合、シェリング、フィヒテ、ニーチェ、ハイデガーの流れを保って、歴史的社会的現実における倫理的実践論を展開するシュルツもまた見逃し難い。「自由は秩序空間に実現する」[121]と考えるシュルツは、フィヒテにならって、自由を自己反省の可能性とも解している[122]。とりわけ、反省行動が未来を見据える歴史化の動向と現実の責任化の動向との統合の中に展開されているのは、注目に値する。彼は次のように述べている。「反省行為とは何よりもまず私自身によって果たされる自由の了解作用であり、自己活動性を前提とする。このようなものであるから、そ

れは予め与えられた構造に適応している状態を理解する行為とは対照をなす。こういう反省行為において決定的なのは，ひとが現に立っている状況への関わりが維持されるということである。原理的に言えば，反省行為と歴史化とは相互に結びついているのである」[123]。

いま一つ，自由の限界づけの構想に関しても，シュルツはフィヒテに拠って，「際限のない自由というものは，無限的なものの中で空中に消失する」[124]とし，「われわれの自由は**有限な自由**である。この自由は人間の力と無力さを同時に証しており，それゆえにわれわれは，幾重もの媒介を受けることのない純粋にして無時間的な自由という考え方から出発することはできない」[125]と強調する。この拘束された自由という観念の上に責任概念も展開されているが，未来に向けた歴史的責任がなお「他者に対する責任」にとどまっていることには気をつけねばならない[126]。

自然と歴史全体に対する責任を一貫して問い続けたとなれば，ニーチェである。ニーチェも生きた西欧近代が，自然と人間の歴史に＜理性＞なる刻印を打ち込んだ。ニーチェ的にいえば，光溢れる美しい形態をつくりあげるとともに，時には生命の自然の創造性を抑圧するアポロ的原理が全盛の時代である。岩倉使節団をはじめ，新島襄，中江兆民，森鷗外などの明治の俊英達が，この原理の明るい側面に触れたとすれば，ニーチェや西欧のすぐれた知識人はその暗い側面を見つめた[127]。放浪者ないしニヒリストの影を引きずりつつ，ニーチェが「神は死んだ」と言い放つとき，キリスト教倫理とその延長上の近代科学を基礎づける合理主義的思考，即ち理性の神格化への批判が含まれている。

ニーチェからみれば，科学は自然支配を目的にした概念や証言で満ち満ちている。そこで捉えられた自然とは，「概念の網」をかぶせた「枷をはめられた自然」[128]にすぎない。確かに，そのことによって，人間は自然から自由になり，さらに進んで自然を自由にするまでに至った。だが，それは同時に人間的生の基底である人間的自然や自然の摂理を抑圧するという結果を招かざるを得なかった。言い換えれば，生命が息吹く創造性とともに性的放縦，衝動と情念の世界のディオニソス的原理の圧殺である。ここに人間も病み，

自然も病む。現代に典型的に現れる病理現象を既に敏感に嗅ぎとっていたニーチェは，生の根源で蠢くディオニソス的領域を「自由なる自然」[129]として承認することで，この危機を脱出しようとした。彼は次のように述べている。「ディオニソス的なものの魔力のもとでは，人間と人間とのあいだのつながりがふたたび結びあわされるだけではない。疎外され，敵視され，あるいは圧殺されてきた自然も，その家出息子である人間とふたたび和解の宴を祝うのである。大地は進んでその贈り物を差し出し，岩山や砂漠の猛獣もなごやかに近寄ってくる。………今や奴隷は自由人となる。………歌と踊りによって，人間はより高い共同体の一員であることを表明する」[130]。

もとより，人間と人間の関係，人間と自然の関係は，アポロ的原理と対立的に理解されるディオニソス的原理の回復，承認ですむものではない。この両者をいかにバランスさせるかが，「大いなる自然」[131]における重要問題として残る。二つの原理の統合である。ニーチェによれば，それは「論理的に洞察するだけでなく，直接的な確実さで直観」[132]しなければならないという。ニーチェのこの方法は，協働の拡大と個人の発展のバランスを行為的直観たる行動知で捉えようとしたバーナードの方法でもあった。ここでバランスさせるべき対立関係は「ディオニソスとアポロのそれでなく，ディオニソスとアポロのあるべき関係とあるべきでない関係との対立」という指摘は興味深い。即ち「野蛮であったディオニソスはアポロと出会うことによって自然と人間との，また人間相互の和解の神になったのであり，またアポロはディオニソスの挑戦を受けることによって，スパルタ的形式ではなく，美となったのである。したがって，ギリシア化したディオニソスと美的浄化を司るギリシアのアポロを一方のペアとするならば，他方のペアはアジア的・動物的ディオニソスと単なる理性へと野蛮化したアポロからなっている」[133]。この叙述は，私たちが自由論を展開するにあたって多大な示唆を与えてくれる。

ところで，「大いなる自然」において，人間は「我思う (ego cogito)」の精神（対象知）を「小さき理性」としてはべらしつつ，「大いなる理性」の身体（知）をも駆使した「全体知」によって，自然の代理者として行為す

ることになる¹³⁴⁾。そこには，海や魚や鳥たちと固有の関係を通して生きてきた老人が，「魚の放射能許容量はどのくらいなのか」¹³⁵⁾と，魚の立場から問い尋ねるのと同じ発想が流れているであろう。エリート主義をただよわせるニーチェであったけれど，ディオニソス的リアリティを具現する民衆知を絶えず求めていた¹³⁶⁾。その上に立ってはじめて，人間はデカルト的「自然の主人にして所有者」ではなく，「真に大いなる人間」になり，「歴史に対する大いなる責任」を担い得るのである¹³⁷⁾。これに触れるゆとりはもうない。ただ最後に，人間と自然の破壊を前に，最近，ニーチェに着目して社会科学の再生をはかる動きが出てきたことを指摘しておきたい¹³⁸⁾。

2 新しい自由観の確立

自由を抜きに人間を語ることは難しい。しかも，混迷する自由状況は，人間行動を理解しようとする経営学にも，無視し得ないものとして迫ってくる。まして，人間と自由と自然をめぐる問題，即ち「自由意思と自然」という問題が，バーナードとからめて提出されるようになってきた。本章はこれを豊かな問題提起と受けとめ，展開してきたものである。ここに，結論的にまとめてみよう。

さて，歴史の中に自由論をたどるとき，自由の全体構造を形づくる大きく二つの自由が浮かび上がってくる。一つは「ピュシスとしての自由」であり，いま一つは「ノモスとしての自由」である。前者は自然的自由，本性的自由といってもよく，ニーチェのディオニソス的原理によって貫かれている。後者は精神的・内面的自由と活動の自由としての社会的自由の一部を含んでいるであろう。まさに権利として保障された政治的自由，市民的自由からなる社会的自由の行使は，ノモスとしての自由を獲得する精神プロセスと重なっている。それはまた，ニーチェのアポロ的原理が働く自由である。

「ピュシスとしての自由」を構成しているものが，人間の本性に根ざした自由の発揮である①**のびやかさ，創造性**であるとともに，好き勝手な自由の追求に流れる②**放縦と恣意性**である。①は革新や発展をもたらす自由の最良部分とはいえ，②を前提にして，あるいはそれを内包して，しかもそ

れとの対抗的緊張の中ではじめて活性化する。②は未決定の自由，無差別の自由の源泉だといえる。

「ノモスとしての自由」は，③ **理性と支配**だけでなく，人々との ④ **交流・共感と自己反省**（＝自省）から構成されている。③は理性に従いつつ自然を支配する活動の自由に転化しやすい。④は，人間が社会的・集合的存在であることを前提にして，他者との交流の中に共感を覚えるバーナードの freedom of association で，文化の中に蓄積された「習俗としての自由」でもあろう。これは，模倣行動や学習を通して身につける行動知や暗黙知であり，これを体得することが組織を含めた社会システムのメンバーになるということである。多くの人々は，このときはじめて自由に振る舞い，そして自由を感じることができるのだ。④はいま一つ，共感の中でなされる自己反省，即ちシュルツが重視した自由の了解作用としての反省行為であり，理性がその基礎となっている。この③と④の対立的緊張のうちに「ノモスとしての自由」もまた活性化するだろう。

ところで，「ピュシスとしての自由」と「ノモスとしての自由」とは，内部に互いに前提にし合わねばならない対立的緊張をはらみながらも，それら自体も対立的緊張の中にバランスしなければならない。そして，①や④を引きづりつつ，②の未決定の自由と③の理性に従う自由が強く結びついて現れるとき，自由意思は「自然支配に走る自由」，即ち佐々木のいうデカルト的自由，近代的自由が成立するのではあるまいか。「権利としての自由」として制度的に保障された状況の中で，この自由を追いかけたところに，人も病み自然も病む自由の混迷があったであろう。

逆に②と③を引きづりつつも，①ののびやかさと④の交流が強く結びついて形成される自由意思は，人と人，人と自然が交わり，共感し合う中で反省的に問題を見出し，それをのびやかさをベースにした創造性を発揮することによって乗り越えてゆく自由だろう。それがバーナードの道徳的創造・受容・遵守としての自由であった。この自由は，自然を支配する自由ではなくて，自然とともに生きた歴史的文化＝伝統を基礎に，未来に向けた自然との共生を組み込み得る自由に違いない。それはまた第Ⅱ節で論じた自然的自

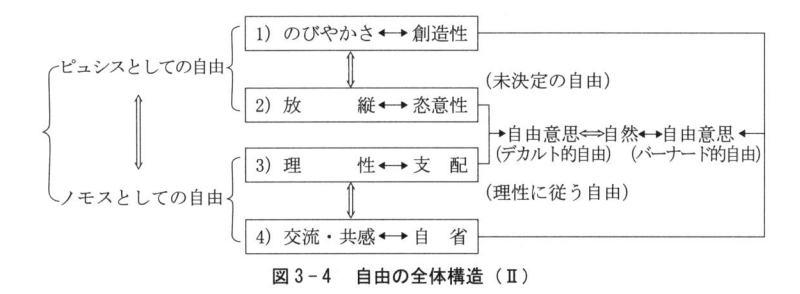

```
                  ┌─ 1) のびやかさ ⟷ 創造性 ──────────┐
   ┌ピュシスとしての自由┤         ⇅              │(未決定の自由)
   │               └─ 2) 放   縦 ⟷ 恣意性       │
 ──┤                  ⇅                      ├→ 自由意思⇔自然⟵自由意思
   │               ┌─ 3) 理   性 ⟷ 支  配      │  (デカルト的自由) (バーナード的自由)
   └ノモスとしての自由┤         ⇅              │(理性に従う自由)
                  └─ 4) 交流・共感 ⟷ 自  省 ─────┘
```

図3-4　自由の全体構造（Ⅱ）

由，精神的自由，社会的自由がバランスよく結合した新しい自由観の確立でもある。以上の説明を図示すれば，図3-4のようになるであろう。

【付記】
　本章は，「自由意思と自然」『千里山商学』(関西大学大学院)第26号 (1986年) を所収。

1) G. W. F. ヘーゲル／武市健人訳『歴史哲学（上）』岩波文庫，1971年，79頁。
2) Andrew Larkin, "The Ethical Problem of Economic Growth VS Environmenntal Degradation," in K.S.Shrader-Frechett ed., *Environmental Ethic*, The Boxwood Press, 1981, pp.211-213.
3) Richard B.Stewart, "Pradoxes of Liberty, Integrity and Frataernity: The Collective Nature of Environmental Quality and Judical Review of Administrative Action," in K. S. Shrader-Frechett ed., *op.cit.*, p.138.
4) Daniel Callahan, "Ethics and Population Limitation," in K.S.Shrader-Frechett ed., *op.cit.*, p.256.
5) Isaiah Berlin, *Four Essays on Liberty*, Oxford University Press, 1969, p.127, p.173. 小川晃一・小池銈・福田歓一・生松敬三訳『自由論』みすず書房，1971年，311頁，394頁。
6) John Stuart Mill, *On Liberty*, Penguin Books, 1859 (1984), pp.68-71. 塩尻公明・木村健康訳『自由論』岩波文庫，1971年，24-30頁。
7) Isaiah Berlin, *op.cit.*, p.155. 前掲訳書，360頁。
8) D. D. Raphael, "Liberty and Authority," in A. Phillips Griffiths ed., *Of Liberty*, Cambridge University Press, 1983, pp.5-15.
9) J. S. Mill, *The Principle of Political Economy with some of the applications to Social Pilosophy*, 1909 (1923), p.746. 末永茂喜訳『経済学原理（四）』岩波文庫，1961年 (1975) 101-110頁。
10) K. S. Shrader-Frechett ed., *op.cit.*, p.45.
11) 三浦和夫「哲学的自由と社会的自由」日本哲学会編『哲学』No.28，1978年，1-20頁。有福孝岳「支配の基礎とその逆説――支配・自由・責任――」『新岩波哲学講座10　行為 他我 自由』岩波書店，1985年，274-307頁。
12) Chester I. Barnard, *The Functions of the Executive*, Harvard University Press, 1938.

山本安次郎・田杉 競・飯野春樹訳『経営者の役割』ダイヤモンド社,1968年。訳書に原書頁数があるので,以下では原書頁のみ掲載する。

13) 庭本佳和「近代科学論を超えて——バーナードの方法——」『大阪商業大学論集』第66号 (1982),本書第4章に所収。
14) 庭本佳和「自然と人間のための経営学——バーナードの自然観——」『大阪商業大学論集』第60号 (1981)。
15) 庭本佳和「経営の社会的責任」『大阪商業大学論集』第63号 (1982)。
16) 佐々木恒男『現代フランス経営学研究』文眞堂,第8章。以下では頁数は本文に掲載。
17) たとえば,上記13)に掲げた庭本佳和「近代科学論を超えて」を参照のこと。
18) Isaiah Berlin, *op.cit.*, p.121. 前掲訳書,360頁。
19) M.クランストン／小松茂夫訳『自由——哲学的分析——』岩波新書,1976年。
20) 仲手川良雄『歴史の中の自由』中公新書,1986年。頁数は本文にあげる。
21) 三木 清「自由と民主主義」『三木清全集 第7巻』岩波書店,1967年,462-463頁。
22) J. B. ピュアリ／森島恒雄訳『思想の自由の歴史』岩波新書,1951年 (1969)。次の文献も参考にした。B.ファリントン／出隆訳『ギリシア人の科学（上）』岩波新書,1955年。
23) R. G. コリングウッド／平林康之・大沼忠弘訳『自然の観念』みすず書房,1974年,69頁。
24) F.ハイニマン／広川洋一・玉井 治・矢内光一訳『ノモスとピュシス』みすず書房,1983年,特に第3章。
25) プラトン『ソクラテスの弁明』ほか『プラトン全集 第1巻』岩波書店,1986年。
26) 次の文献を参考にした。宮内久光「キリスト教と自由」聖心女子大学キリスト教文化研究会編『キリスト教と文明の風土』春秋社,1979年。中山 愈「キリスト教思想における自由」河野 真編『人間と自由』以文社,1984年。松永晋一「使徒パウロにおける自由の概念」『理想』No.619,1984年。
27) アリストテレス／高田三郎訳『ニコマコス倫理学（上）』岩波文庫,1971年 (1986),100頁。
28) 以下の論述は次の文献に多くを負っている。記して謝意を表する。金子晴勇『近代自由思想の源流——16世紀自由意志学説の研究——』創文社,1987年。
29) マルティン・ルター／石原謙一訳『キリスト教の自由・聖書への序』岩波文庫,1955年。
30) エラスムス／山内 宣訳『評論・自由意志』聖文社,1977年。
31) デカルト／三木 清訳『省察』岩波文庫,1944年。
32) デカルト／桂 寿一訳『哲学原理』岩波文庫,1964年 (1978),61頁。
33) 金子晴勇,前掲書,442-443頁。
34) スピノザ／畠中尚志訳『エチカ（下）』岩波文庫,1978年,79頁。
35) ベーコン／桂 寿一訳『ノヴム・オルガヌム』岩波文庫,70頁,106頁。
36) 須田 朗「価値と自由」『新岩波哲学講座10 行為 他我 自我』岩波書店,1985年,188-190頁。
37) カント／篠田英雄訳『純粋理性批判（下）』岩波文庫,1962年 (1986),95頁。
38) カント／波多野精一・他訳『実践理性批判』岩波文庫,1979年。
39) 須田 朗「価値と自由」前掲書,205頁。
40) F. A. ハイエク『自由の条件・（ハイエク全集6)』春秋社,1986年,33頁。
41) ホッブス／水田 洋訳『リバイアサン（一）』岩波文庫,1954年 (1986),208頁。
42) William B. Wolf and Haruki Iino eds., *Philosophy for Managers : selected papers of Chester I. Barnard*, Bunshindo, 1986, p.80. 飯野春樹監訳『バーナード 経営者の哲学』文眞堂,1986年,116-117頁。
43) ロック／鵜飼信成訳『市民政府論』岩波文庫,1968年 (1986),60頁。所有権に基づくロック

の自由を簡単にいえば、「これは私の物だ。自由に処分できる」という自由である。ねじれて理解すれば、この延長上に極端な場合「これは私の体だ。私の自由にして何が悪い」と、援助交際（売春）に走る少女の自由の根拠にされてしまう。少女のこの論理に大人がなかなか反論できないのは、同じように自由を理解しているからだろう。

44) 同上訳書、37頁。
45) 椎名重明『農学の思想——マルクスとリービッヒ——』東大出版会、1976年、113-124頁。
46) 仲手川良雄、前掲書、188頁。
47) J. S. Mill, *op.cit.*, p.59. 前掲訳書、9頁。
48) ワルター・シュルツ／藤田健治監訳『変貌した世界の哲学4』二玄社、1980年、128頁。
49) ドミニック・シモネ／辻由美子訳『エコロジー』白水社、1980年、65頁。
50) イヴァン・イリッチ／岩内亮一訳『自由の奪回』祐学社、1979年、25頁。
51) 庭本佳和の16歳の時の日記より
52) 山田　晶「肉体と自由」『理想』No.492、1974年、38頁。
53) 丹治信春「行為の自由と決定論」『新岩波哲学講座10 行為 他我 自我』岩波書店、1985年、162頁。
54) M. クランストン、前掲訳書、123-182頁に詳しい。
55) 坂本百大『人間機械論の哲学』勁草書房、1980年、196-197頁。
56) 丹治信春、前掲稿、172-173頁。
57) 品川嘉也「力学における決定論と意識の自由について」『哲学研究』（京都哲学会）第47巻第4分冊、1982年、499頁。
58) William B. Wolf and Haruki Iino eds., *op.cit.*, p.12. 前掲訳書、18頁。
59) 最も古い具体例としては「マグナ・カルタ（大憲章）」（1215）をあげることができる。封建階級の特権を確保しようとしたものであるが、その底には自由権思想が流れていた。
60) ヒュームは1752年に「自由と専制」を論じ、「専制的政体（君主政体）と自由政体（民主政体）が早晩、同質なものに近づくであろう」と見通していた。ヒューム／小松茂夫訳『市民の国について（下）』岩波文庫、1982年、207-210頁。
61) M. Polanyi, *The Logic of Liberty*, University of Chicago Press, 1951 (1980), p.158.
62) M. Polanyi, *Personal Knowledge*, University of Chicago Press, 1958 (1962), p.54. 長尾史郎訳『個人的知識』ハーベスト社、1985年、50頁。
63) プラトン、前掲訳書。
64) クセノフォーン／佐々木理訳『ソクラテースの思い出』岩波文庫、1953年（1986）、55頁、152頁、213頁。
65) アリストテレス、前掲訳書、100-101頁。もっとも、この訳書ではヘクーシオンは「随意的」と訳されている。
66) エピクテートス／鹿野治助訳「語録」、「要録」『世界の名著13』中央公論社、1968年、276-282頁、318-321頁、385-408頁。エピクテートスその人を知るには次も参考になる。鹿野治助『エピクテートス』岩波新書、1977年。
67) 次の文献を参考にした。
　　・岩崎充胤「解脱の思想と人間的自由」『唯物論10』汐文社、1978年、77-98頁。
　　・河野　真編、前掲書、特に第2篇「東洋における自由の問題」
68) ・日本文化会議編『日本人は自由か』紀伊国屋書店、1976年、1-72頁。特に5頁、14頁。
　　・山田　洸「近代日本の自由観の展開」『唯物論10』汐文社、1978年、59-68頁。
　　次の文献も興味深い。
　　・柳　父章『翻訳語成立事情』岩波新書、1982年、173-192頁。

・鈴木修二『日本漢語と中国』中公新書, 1981 年, 137-167 頁。
69) 仲手川良雄「閉ざされた自由から開かれた自由へ」『中央公論』1981 年 10 月号, 179 頁。
70) アイビィン・ヒル編／岡本幸治監訳『経済的自由と倫理』創元社, 1982 年, 19 頁。
71) 永岡 薫「ロック『道徳哲学』における『自由』論とキリスト教」『思想』No.723, 1984 年 9 月号, 37 頁。
72) M. クランストン, 前掲訳書, 48-50 頁。
73) I. Berlin, op.cit., p121. 前掲訳書, 303 頁。
74) M. Polanyi, The Logic of Liberty, p.158.
75) M. Polanyi, Personal Knowledge, p.54. 前掲訳書, 50 頁。
76) M. Polanyi, The Logic of Liberty, p.47.
77) たとえば、次の箇所を参照。M. Polanyi, Personal Knowledge, p.309. 前掲訳書, 292 頁。
78) 丹治信春, 前掲稿, 162 頁。
79) アーウィックが編集したフォレットの書名は『自由と調整』である (M. P. Follet, Freedom and Co-ordination : Lecture in Business Organization, ed by L. H. Urwick, 1949.)。
80) 『個別資本論序説』(森山書店, 1968 年) で早くに批判経営学者として名をなした三戸は、マルクス＝エンゲルスの研究者であり、ウェーバーの研究者でもある。自由論もそれらの研究を加えて組み立てられている (『ドラッカー——自由について——』未來社, 1971 年, 特に第 1 章「自由論」。『官僚制』未來社, 1973 年,「序にかえて——自由について——」。『自由と必然』文眞堂, 1979 年)。経営学とはほとんど無縁の一般雑誌『世界』(岩波書店) にはじめてバーナード、ドラッカーの名が登場したのが「自由の再検討」という特集号 (1985 年 1 月号) で、やはり三戸によって書かれた。なお、一般雑誌に最初にバーナードの名が掲載されたのは、廃刊になった『展望』(筑摩書房, 1973 年 10 月号) の西部 邁「虚構としての『経済人』」であろう。
81) 三戸 公・榎本世彦『フォレット』同文館, 1985 年, 196-197 頁。
82) 三戸 公「人間, その行動」『立教経済学』第 26 巻第 4 号, 1973 年, 26-34 頁。
83) C. I. Barnard, The Functions, pp.x-xi. 前掲訳書,
84) 間宮陽介「経済学における自由の問題」『理想』No.623, 1985 年, 147 頁。
85) 塩沢由典「『計算量』の理論と『合理性』の限界」『理想』No.623, 1985 年, 87 頁。
86) 三戸 公『アメリカ経営思想批判』未來社, 1966 年, 311 頁。
87) 三戸 公「人間, その行動」『立教経済学』第 26 巻第 4 号, 1973 年, 4 頁。
88) 三戸 公「バーナードの意義」加藤勝康・飯野春樹編『バーナード——現代社会と組織問題——』文眞堂, 1986 年, 305 頁。
89) C. I. Barnard, The Functions, pp.10-11.
90) Ibid., p.12.
91) C. I. Barnard (Panelist), "Basic Elements of a Free Dynamic Society – Part I ," Harvard Business Review, Vol.XXIX, No.6, 1951, p.65.
92) 金子晴勇, 前掲書, 22 頁。
93) C. I. Barnard, The Functions, p.13.
94) William B. Wolf and Haruki Iino eds., op.cit., pp.14-17. 前掲訳書, 20-24 頁。
95) リースマンも「自律型の人間とは自由をもつことの出来るような性格を持った人間だ」と定義している (D. リースマン／加藤秀俊訳『孤独な群衆』みすず書房, 1964 年, 233 頁。
96) C. I. Barnard, The Functions, p.14.
97) C. I. Barnard, Organization and Management, Harvard University Press, 1948, pp.191.
98) エーリッヒ・フロム／日高六郎訳『自由からの逃走』東京創元社, 1951 年 (1981)。

99) C. I. Barnard, *The Functions,* pp.190-191.
100) E. R. ドッズ／岩田靖夫・水野一訳『ギリシア人と非理性』みすず書房, 1972 年 (1986), 特に第 8 章。
101) E. R. ドッズ, 前掲訳書, 298 頁, 304-305 頁。
102) エーリッヒ・フロム, 同上訳書, 第 5 章。
103) William B. Wolf and Haruki Iino eds., *op.cit.,* p.11. 前掲訳書, 16 頁。
104) *Ibid.,* p.22. 前掲訳書, 30 頁。
105) C. I. Barnard, *Organization and Management,* p.192.
106) *Ibid.,* pp.192-193.
107) C. I. Barnard, "The Significance of Behavior in Social Action," Note 1, p.8. これは未発表のタイプ草稿である。小泉良夫訳「意思決定行為と意思決定過程に関するノート(1)」『北見大学論集』第 5 号, 1981 年, 108 頁。
108) 藤本隆志「自由と因果」『理想』No.492, 1974 年, 75 頁。
109) C. I. Barnard, *The Functions,* p.261.
110) *Ibid.,* p.263, p.267.
111) 飯野春樹『バーナード研究』文眞堂, 1978 年, 第 8 章, 第 9 章。
112) William B. Wolf and Haruki Iino eds., *op.cit.,* pp.151-153. 前掲訳書, 218-221 頁。
113) C. I. Barnard, *The Functions,* p.281.
114) *Ibid.,* p.297. この部分の訳は訳書にまったく依っていない。特に chance and oppotunity を訳書のように「チャンスと機会」ではなく,「偶然と機会」と訳した。英語から日本語化した「チャンス」には,「機会」だけを意味し, 英語がもつ「偶然」という意味がない。そのため「チャンスと機会」では理解できないからである。
115) 有福孝岳「支配の基礎とその逆説」『新岩波哲学講座 10 行為　他我　自由』岩波書店, 1985 年, 302 頁。
116) R. Elliot and A. Gare eds., *Environmental Philosophy,* The Pensylvania State University Press, 1983, p.x.
117) J. パスモア／間瀬啓充訳『自然に対する人間の責任』岩波書店, 1979 年, 326 頁。
118) Hans Jonas, *Das Prinzip Verantvortung,* Insel, 1979, S.84.
119) *Ebd.,* S.170.
120) 青木隆嘉「現代のエートス・実践・幸福」『新岩波哲学講座 10 行為　他我　自由』岩波書店, 1985 年, 230 頁。
121) ワルター・シュルツ／藤田健治監訳『変貌した世界の哲学 4——責任化の動向——』二玄社, 1980 年, 20 頁。
122) 同上書, 34 頁。
123) ワルター・シュルツ／藤田健治監訳『変貌した世界の哲学 3——歴史化の動向——』二玄社, 1979 年, 209-210 頁。
124) ワルター・シュルツ／藤田健治監訳『変貌した世界の哲学 4』132 頁。
125) 同上書, 135 頁。
126) 同上書, 136 頁。
127) 氷上英廣『ニーチェの顔』岩波新書, 1976 年, 197 頁。
128) カウルバッハ／小島威彦訳『カントとニーチェの自然解釈』明星大学出版部, 1982 年, 11-18 頁。
129) 同上書, 19-27 頁。
130) ニーチェ／秋山英夫訳『悲劇の誕生』岩波文庫, 1966 年, 35 頁。

131) カウルバッハ，前掲訳書，28-42頁。
132) ニーチェ，前掲訳書では「頭で理解するだけでなく，直接，具体的に確信できるようになれば……」（29頁）だが，三島憲一『ニーチェ』岩波新書（1987）の引用文（165頁）では「直接的な確実さで直観しえたならば……」となっている。原書にあたっていない不明を恥じねばならないが，三島が「直観」と訳したのが Anschauuung のようなので，これに従った。
133) 三島憲一，前掲書，86-87頁。 ニーチェ，前掲訳書，29-55頁。
134) ニーチェ／氷上英廣訳『ツァラトゥストラはこう言った（上）』岩波文庫，1967年（1972），51頁。身体を大きな理性とするニーチェの知識観はバーナードの知のシステムと類似している［本章脚注 13）を参照のこと］。
135) 高木仁三郎「＜民衆的な知＞に根ざした科学批判を！」『朝日ジャーナル』Vol.27, No.37, 1985年9月13日号，13頁。
136) ニーチェ，前掲『悲劇の誕生』，44頁。
137) 青木隆嘉，前掲稿，234頁。
138) 山之内靖「社会科学のために——ニーチェ的テーマを契機として——」『思想』No.729, 1985年，1-29頁。本章の展開にあたっても参考になった。

第Ⅱ部
バーナードの方法

第4章
近代科学知を超えて
——バーナードの方法——

I 現代社会の病理と近代科学

　「現代をどう捉えるか」という哲学的問いかけに答えることは，浅学非才な一経営学徒には荷が重い。しかし，現代社会が豊かさの影にさまざまな問題を抱え，科学の在り方がそれと深くかかわっていることは理解できる。経営学とて無縁ではないだろう。
　確かに，現代社会は物質的に豊かになった。先進国に限れば，国民の大多数に飢えと貧困はない。もっとも，地球上に貧しい国はまだまだ存在し，ここに南北問題が発生する。またエネルギー危機にはじまるインフレ，失業の増大は，先進国間で貿易摩擦（北北問題）を引き起し，1980年代には，わが国が台風の目になった。経営的には，経営の国際化，日本企業の海外進出の問題であり，あるいはまた日本市場の開放が要請された。
　しかし，大量生産・大量輸送・大量消費に基礎をおく物質的豊かさは，公害・環境汚染の別名にほかならず，都会を中心に生活環境が著しく悪化した。単に公害病だけでなく，自然を無視し，あるいは喪失した生活と文化は広く子供一般の心身を蝕み始めている。そこには「地域の崩壊」まで見られよう。そのことは，人々の社会的不適応とも無縁ではないだろう。これは「経営と自然の乖離」の結果，発生した問題であり，経営の社会的責任が問われてもいる[1]。
　現代社会の病理はこれだけにとどまらない。豊かさを実現した大量生産システムは，大規模経営組織，官僚制組織を要請するが，そのような組織の下

で，人々は「個人と組織の対立・葛藤」に思い悩まねばならない。強力な官僚制支配を前にして，一つの解決法が会社人間に徹することであり，もちろん行き過ぎれば，ワーカホリックに陥る。大規模官僚制組織の残酷さがここにある。転勤族や単身赴任もそれに伴う現象だが，いずれも家庭に及ぼす影響は甚大である。さらに，このような組織社会は，階層社会であり，その人材振り分け原理として学歴が機能するため，洋の東西を問わず，体制を問わず，必然的に学歴競争を引き起こす。登校拒否，集団的いじめ，校内暴力などの教育荒廃はその結果にほかならない。それは時に家庭内暴力などの家庭荒廃の遠因ともなっているだろう。

さて，組織社会は同時に管理社会であり，情報社会でもある。管理や社会的締めつけが厳しく，しかも情報過多な環境のもとでは，人々は精神のバランスを保ち難く，ノイローゼ，精神病質からくる異常行動に走りやすい。また自由の抑圧は未熟な大人を排出させ，離婚の原因，家庭破壊の原因ともなっている。地域の共同体的伝統ばかりか，核家族化による家庭文化の喪失が，このような事態の一因であろう。核家族にしても，人為的，産業的，あるいは経営的に生み出されたとしたら，このようなことにも経営は無縁ではあり得ない。それどころか，多くの情報を発信し，時にそれを汚染しているのも経営である。ここには，「経営と社会・文化との乖離」が横たわっており，経営の社会的責任のいま一つの側面である。

ところで，さまざまな病理を吹き出している現代社会は，近代科学およびその前提となった近代合理主義の直接的な産物にほかならない。近代科学それ自体が，比較的単純なヨーロッパ的，キリスト教的世界観の上に花開いた。ここに，今日の自然支配，自然破壊，環境汚染に至る近代科学の原罪も潜んでいる[2]。

ガリレオ，ニュートン，デカルトなどの努力によって魔法から脱却した近代科学は，17世紀の単なる自然認識の方法から，18世紀の「神の世俗化」および「自然の神格化」[3]を経て応用性を高め，産業革命へと結晶する。その過程で，ニュートン的時空概念，普遍主義，原子論，定量化などの近代科学の特性が社会に定着していった[4]。これに対し，ゲーテは「ニュートン理

論は，制約された一つの事例だけを基盤として築かれたものである。………自然現象の多くが，ある仮説にひどく歪められている」[5]と激しく反発するが，主流にはなることはできなかった。他方，複雑な現象を分析し，簡単なもので普遍的に説明する近代科学は，技術の基盤ともなり，産業と結びつきながら，輝かしい成果をあげて現代社会を築き上げてきたのである。

　社会現象を対象とする社会科学もまた近代科学＝自然科学，とりわけ古典物理学をモデルにして自らを発展させてきた。もし，単純な現象の存在，というよりは単純な「ものの見方」が近代科学を発展させたとすれば，社会科学もそれを受け継いでいよう。公害や環境問題に端を発して，近代科学がイデオロギー的[6]にも，方法的にも，その限界が指摘されるとき，当然，社会科学とてそれと無関係ではあり得ない。しかも，現代社会の病理現象は科学の無力を嘲笑うかのように猛威をふるい，人々を苦しめている。これを捉え，解明するためにも，社会科学は，わけても経営学は近代科学の論理を乗り越えて展開できないのだろうか。本章はそのささやかな模索である。まず次節で現代社会科学，とりわけ経済学が依拠する方法の吟味から始めることにしたい。

II　現代社会科学の方法

1　経済学と実証主義

(1)　経済学の発展と近代科学の方法

　社会科学の帝王と自他ともに認める経済学は，合理的な経済人と神の手になる調和を想定したアダム・スミスによって大きく礎を築かれた。もちろん，神の手は一般的には「競争市場」が想定されているが，スミスに限定すれば，市場は今日的なメカニカルな機構ではなく，モラルの働く場であった。しかし，リカード，マルサスを経るにつれて，モラル・サイエンスの色を薄めて法則性を高め，J. S. ミルに至って古典派経済学は完成される。その間，近代科学（古典物理学）的方法の移入が常に強く意識されていた。たとえば，経済人仮説，方法的個人主義は原子論，要素還元思考の社会科学版

であるし，競争市場は近代科学の対象論理を可能にするものであった[7]。マルクス経済学もこの点は変わらない。

　近代科学的方法のいま一つの特徴である数量化は，ジェヴォンズやワルラス以降の新古典派に典型的に現れる。ジェヴォンズは「経済学は，もしそれが一個の学問であるならば，数学的科学でなければならない」[8]と述べて，数学的演繹への熱狂を示し，近代科学への自己同一をはかっている[9]。この方向は均衡理論（ミクロ理論）に結実した。新古典派のもう一つの流れは，マーシャル，ピグーなどのイギリス経済学の正統派であり，その鬼子としてケインズ経済学（マクロ理論）が生まれた。第二次世界大戦後，このケインズ経済学はアメリカのサミュエルソンらの手によって，巧みにミクロ均衡論に接合される。それが，一見，物理学にも似た華麗な理論展開をみせる「新古典派総合」の経済学にほかならない。

(2) 経済学と実証主義

　近代科学をモデルにして努力する経済学に対し，科学哲学者ポパーは，「社会科学の中で経済学のみが成功している」と賛辞を惜しまない[10]。このようなポパーの経済学観は，自然科学と社会科学の方法的一元性を強く主張する彼にあってみれば，当然のことであろう。その場合も，経済学の要素還元主義や数量化に近代科学の延長を見ているのではない。何よりも，本質主義，歴史主義を脱した「仮説−演繹−検証」という実証主義的方法に，ポパーは経済学の科学性を認めるのである。事実，現代経済学の代表者の一人であるサミュエルソンは，早くからポパー流の反証可能性を意識して論を立てていた[11]。それ以後，新古典派経済学は，論理実証主義ないし反証主義[12]に依拠してその科学性を主張することになる。

　たとえば，フリードマンも「実証的経済学の課題は事態のいかなる変化の結果についても正しい予測をするのに使用できる一般命題を提供することである。………実証主義的経済学はいかなる自然科学とも正確に同じ意味で『客観的』科学であるか，あり得る」[13]と強調してやまない。この命題ないし仮説の妥当性は予測と経験との比較（検証）によって確かめられるが，論

理実証主義であれ，批判合理主義（反証主義）であれ，命題発見の帰納的方法は認めない。この点では，同じ近代科学を志向するといっても，本質主義，帰納法論理に依るミルらの古典派と「仮説－演繹－検証」ルールに立つ新古典派総合＝実証主義的経済学とは，科学性において大きな隔たりがある。

(3) 新古典派（実証的）経済学への批判

　近代科学の衣をまとい，華麗な理論を展開して隆盛を誇っていた新古典派経済学も，1960年代末から70年代にかけて，経済学内部からの激しい批判にさらされた。いわゆるラジカル・エコノミストの動きである。環境問題をはじめとする諸問題が経済学に重くのしかかったが，アメリカでは特にベトナム戦争が経済学に及ぼした影響が深刻であった[14]。そこに経済学のイデオロギー性も暴露される。それが第一の批判にほかならない。第二の批判は，経済人仮説をはじめ経済学の諸仮定が非現実だというものである[15]。だが，これに対するフリードマンの「仮説はその仮定の現実性によってテストされ得るか」[16]との反論は，今なお一定の説得力をもっているだろう。第三は経済学が依拠した方法への批判である。

　第三の方法的批判は，まず要素還元思考，数量化への疑念として現れた。これは第二の批判ともかかわるが，現代社会の文脈の中では合意が得にくいものである。これに代わる方法を構造主義に求める傾向にあるが[17]，どの程度成功するかは今後を待たねばならない。次に経済学が科学性を根拠づけられた「仮説－演繹」ルールにおける検証の困難さをあげることができる。既に多くの人が指摘するように，社会現象の実験は不可能に近く，仮説の経験データによる反証は難しい。したがって，厳密な意味での科学性は，社会科学では成り立ち難いであろう。そもそも，そのような必要性があるのかに遡って問い返さねばならない。「『論理』のリアリティーはデータによってではなく，その時代と社会に生きた人間の直観によって確かめられるべき筋合いのもの」[18]だからである。

　ここまでくれば，検証のレベルを超えて，近代科学の論理，即ち「分析の

論理」,「対象の論理」そのものに迫ってゆかねばならない。これを超克するところに,本章の地平も開ける。経営学者サイモンの経済学批判が,そのような意味での批判であるのか,次にこれを追ってみたい。

2 サイモンの経済学批判とその限界

(1) サイモン理論の発展と経済学批判

経済学が,1960年代末に至って,ようやく自らの理論の諸前提の非現実さに気づき,反省期に入ったことを思えば,経営学は実に早くからそれを認識していた。たとえば,バーナードは「人間とは何か」という問いを正面に据えて論を展開し,1930年代末には経済人仮説を優に超える人間観(全人仮説)を打ち立てていた(本書第1章参照)。バーナードの部分的継承者でもあるH. A. サイモンも,そのような問題意識を受け継いでいたであろう。彼の理論の発展とともに,サイモンの経済学批判も鮮明になっていった。

(i)「制約された合理性」

サイモンは既に『経営行動』(1947)において,完全な合理性との対比で「合理性の限界」を強調し,現実の人間は知識が不十分で,予測が困難であり,行動範囲も限られていることを明らかにしていた[19]。ただ,当時は「経営人 (administrative man)」がようやく古典的な「経済人 (economic man)」に肩を並べた段階であり[20],10年後の第二版の序文で「経済人のモデルは『経営人』のモデルよりも,はるかに完全に,そして形式的に発展していた。したがって,合理性の限界は,本書では,大部分それ以外の範疇として定義され,選択過程の積極的特徴づけは実に不十分である」[21]と反省している。

(ii)「経営人モデル」と「満足解」

しかし,1955年の論文「合理的選択の行動モデル」では,サイモンは「経済人」概念の徹底的修正を要求し,実際の情報収集機会と計算能力に見合う合理的行動に置き換えようとする[22]。まず彼は,合理性の古典概念は厳しすぎると見る。そこで,①代替案(利得)の満足・不満足による選択,②意思決定過程に情報収集段階を導入,③代替案の部分的順序づけ,とい

う考え方に立って，本質的単純化を行った[23]。さらに要求水準は変化するという補足ルールを追加すれば，一意的な解も得られよう。最後に，完全な合理性を仮定すると，企業組織の内部構造問題は消滅してしまうが，「『経済人』とか『経営人』を限られた知識と能力をもって選択する有機体に置き換えれば，この自己矛盾も解消し，理論の輪郭が浮かび上がり始める」[24]と結論づけている。

1955年論文の内容は，『経営行動』第二版の序文（1957）を経て，J. G. マーチとの共著『組織』（1958）では，「経済人－完全な合理性－最適解」との対比で「経営人－制約された合理性－満足解」へと一層精緻化された[25]。このようなサイモンの主張は，経済学へも多大の影響を及ぼし，アロー，ウィリアムソンなどの組織の経済学[26]の展開への引き金になったことは否定できない。しかし，厳しくみれば，経営人は経済人の修正にすぎず，そこに，サイモンの方法の限界を暗示しているようである。

(2) サイモンの方法とその限界

サイモンは，その研究の出発点で自らの方法を意識し，明示した点で，アメリカ経営学の中では珍しい一人であろう。まず，彼は論理実証主義者として研究を開始した。初期の『経営行動』（1947）では，論理実証主義の記述的理論観の下に価値と事実は区別され，価値的側面は排除されている。

さて，1950年代半ばの「制約された合理性」，「満足原理」の完成は，意思決定論，情報論への関心を高め[27]，特に認知的側面に彼の研究を向かわせた。1960年代のヒューリスティックな意思決定の論理の探究が，それである[28]。ここからサイモンは，「科学的発見は論理をもつのではないか」という思いに至り，「発見より検証の重視は科学哲学の現実を歪曲するように思える」[29]として，「科学的発見の論理」の構築にとりかかった。それが成功したかどうかはともかく，そのような意識は1976年論文「実質合理性から手続き合理性へ」[30]にも繋がっていよう。以下でこれを検討する。

サイモンは，状況決定主義における合理性概念と自らの経済行動主義のとる合理性概念とが異なるという（129頁）。前者は「実質的合理性」であり，

「行動がそれが所与の条件や制約によって課された限界の中で，所与の目標の達成に最適なとき，実質的に合理的である」（130頁）と定義される。後者は「手続的合理性」であり，「適切な熟慮の結果ならば，行動は手続的に合理的である。合理性はそれを生み出すプロセスに依存する」（131頁）のである。したがって，実質合理性が形式論理的であるのに対して，手続き合理性は問題状況の中で研究されることになる（132頁）。手続き合理性は，経験重視の合理性にほかならない。ノーベル賞受賞記念講演で，「完全な合理性理論はテストできるのか」と反問し，バーナードの経験的洞察（empirical scurutiny）を高く評価するのもそのためであろう[31]。

　サイモンによれば，意思決定プロセスが人間の頭の中にある以上（146頁），問題状況の一部は意思決定者の頭の中にある（147頁）。しかも意思決定の依拠する知識や計算は絶えず変化するため，小さな範囲の前提から人間行動を記述するのは誤りである（146頁）。ここに状況決定主義＝実質的合理性から経済行動主義＝手続き合理性への移行が要請される。しかし，その移行は当然に「厳格な公理体系の中での演繹的推論重視から思考の複雑なアルゴリズムの詳細な経験的研究の強調へという科学的様式の基本的移行」を伴わざるを得ない（147頁）。

　それでは，サイモンは自らの理論にどのような科学イメージを思い描いているのだろうか。次の引用文がそれを余すところなく伝えていよう。「経営者の決定プロセスの経験的研究から浮かび上がる認知プロセスの理論は，運動の法則や古典的な効用理論の公理がきれいで，エレガントであるという意味で，きれいでエレガントだろうと想定する理由はない。もし私達が自然科学と似せて描くべきであるならば，手続き合理性の理論を古典的機械論とか古典経済学よりも分子生物学になぞらえたいと思う」（145頁）。同様のことをノーベル賞受賞記念講演でも，ややトーンを落としつつ，繰り返し述べている[32]。

　以上のようなサイモンの主張は，一見，近代科学の論理の転換を迫り，それを超えようとしているかのように見える。だが，そうではない。彼が意図したものがむしろ近代科学の実質的精緻化にあることは，1976年論文「実

質合理性から手続き合理性へ」でも明らかである。経済学ならびにその依拠する方法を批判し，探究の論理を求めたのも，そのためであった。決して近代科学の対象の論理まで否定してはいない。彼が古典物理学を拒否してめざしたものが分子生物学であったことは，極めて象徴的であろう。それは，客観性を絶対的真理への道とする，広い意味での機械論だからである[33]。バーナードの経験的洞察を高く評価しながら，その方法に思い至らなかったのもこれと無関係ではあるまい。そもそも，対象的に捉えた経営現象の論理的分析にこそ，サイモンの関心があったのである。その意味では，サイモン理論は近代科学の延長上にあるといえる。

III　バーナードの方法
──バーナードの科学観・真理観──

1　経営学とバーナード理論

前節でみたように，社会科学の帝王と謳われた経済学とは実は「物理学帝国主義」[34]に平伏す属国にすぎず，経済学に一定の衝撃を与えたサイモン理論にしてもそれを超えるものではなかった。一般には，サイモンの師とされるバーナードも同じ運命をたどるのだろうか。この点を，バーナードの方法から探ってみたい。

ところで，バーナードが経営学史上に占める位置は極めて大きい。それまでのアメリカ経営学は，一応バーナード理論に結節し，その後の発展が方向づけられた[35]。ただ，サイモンがバーナード理論に大きく影響を受け，またそれを広めるのに貢献したこともあって，わが国へはバーナード＝サイモン理論として紹介され[36]，広く普及した[37]。今日なおバーナードとサイモンは連続的に捉えられることは多い。しかし，バーナードの価値的側面や道徳の理論が高く評価され，研究が進むに及んで[38]，バーナード研究者の間には，バーナードとサイモンの相違が強く意識されるようになっている。たとえば，北野利信は早くから「サイモンが行ったのはあくまで組織のいわば死体解剖にすぎない」として，両者の方法的違いを認識していた。北野によ

れば,バーナードの精神的後継者はセルズニックということになる[39]。

　このような研究動向を十分に踏まえながら,佐々木恒男は「個別科学としての経営学にあっては,サイモン理論とバーナード理論は峻別されねばならないし,峻別すること自体に意味もあるが,方法的にみるならば,それら二つの理論は,程度の差はあっても,いずれも伝統的な線型思考性をもっている」と,両者の方法的連続性を強く主張してバーナードを手厳しく批判する。両者がともに線型性,合理性,自由意思を要素とするデカルト的方法に立っているとの認識からである。「われわれが自由意思論に立つ限りは,人間は自然と区別され,自由意思論は決定論と対比され,人間科学は自然科学と区別される。………そこには,人間の意思を超越した必然の理論が展開される余地はない」。かくして「われわれが客観的な経営理論を求めようとするなら,方法的にはバーナード理論を克服し,自由意思論をも超克し得るような,新しい方法的基礎を確立することに努力しなければならなくなる。構造主義哲学の経営学への適用が,客観的必然の論理としての経営学の理論を構築するのに,大いに貢献するものと期待される」と展望している[40]。もっとも,佐々木も,構造主義的経営学の具体的展開はしていない。

　この佐々木のバーナード批判をも考慮しつつ,以下でバーナードの方法を検討し,本章の課題に答える道を探ってみたい。

2　バーナードの方法

(1) 日常現象と非論理的精神過程の重視

　バーナードが主著『経営者の役割』(1938) 執筆に至る契機となった論文「日常の心理」(1936)[41]は,またバーナード理論を貫く論理,バーナードの方法ないし科学観を探る上で欠かせない資料の一つである。この「日常の心理」に彼の科学観が表明されていると最初に指摘 (1974) したのは,バーナード理論を方法的に検討した加藤勝康である[42]。「思弁的であり分析的であり対象論理的な『科学』に対比せられるべき新しい論理の主張である」という加藤の把握は,単なるバーナード理論研究を超えた広さと深さがあるだろう。

第4章 近代科学知を超えて——バーナードの方法——

　バーナードは「日常の心理」の冒頭で，われわれが生活し，働くことに関係する日常現象は科学的方法とは別個に研究されるべきことを強調する。H_2O のような物理的，化学的特性ではなく，飲み水ともなる生きた水こそ重要なのだという彼の主張の中に，科学への不信を見ることはたやすい。

　バーナードによれば，日常現象の中で用いられる精神過程は，「論理的過程」と「非論理的過程」との相互作用から成り立っている。論理的過程とは「言葉や記号によって表される意識的思考，即ち推理（reason）」であり，科学といわれるものにほかならない。他方，非論理的過程は「言葉で表せない，あるいは推理として表現できない過程であって，判断，決定，または行為によって知られるにすぎないもの」を意味する（302頁）。

　非論理的過程の場合より推理ないし理性の方が高次の知性だという一般的信念のため，論理的過程が強調される傾向にある。しかし，論理的推理はその過程の中に誤りやすい局面をもつだけでなく（304頁），証明できない公理，自明の理，仮定といった仮構の中にも誤謬が潜み込みやすい（314頁）。また，論理的思考は複雑な現象を単純化して抽象し，演繹的に結論を導き出すが，これを具体的な現実と見まちがいやすいとバーナードは指摘している（250頁）。A. N. ホワイトヘッドのいう「取り違えた具体性の誤り」[43]である。もっとも，論理的過程のこのような誤りよりも，それが非論理的過程を軽視する風潮を招いた弊害の方がはるかに重大である。非論理的な「『心理』のない『頭脳』は無益な不均衡」だからである。

　非論理的過程は，いわゆる直観，インスピレーションであって，感覚とか常識とも呼ばれる。日常的行為だけでなく，科学的作業においても必要な精神過程である。これは意思決定における目的が複雑であればあるほど，情報の質が悪いほど，時間的制約が強いほど必要となる（307-311頁）。日常的行為の世界とはまさにそのようなドロドロとした世界にほかならない。ここに論理的過程と並んで，あるいはそれ以上に非論理的精神過程が重要視される所以もある。それは当然に主著を貫く方法でもあろう。

　この論文の最後で，バーナードは精神過程における反作用の問題，つまり「発表（アナウンスメント）効果」と「予言破り」に触れて，社会現象の複

雑さを指摘している（317-319頁）。

(2) 知の階層性と行動知

「日常の心理」で論理的精神過程とともに非論理的精神過程の重要性を強調したバーナードは、その翌年の未発表草稿「人間関係のあいまいな諸側面に関する覚書」(1937)[44]で両者の関連を論じ、「知の階層性」とでもいうべきものを明らかにしている。

バーナードによれば、実務家は話すことと為すこととの間には矛盾が多い。自らの行為によって拒絶されるような信念を表明しさえする。むしろ、自己矛盾こそが有名な実務家の特徴でもある。何故か。自らが実務家として行為するバーナードは、これが言語上の制約からくることを見破った。このことは余り理解されていないが、「(1)知覚したことの多くは言葉になおせない。(2)気づくよりはるかに多くを感じる。(3)事象の大部分は私たちの理解や感覚を超えている」（2頁）からである。したがって、全体情況から感じた一部を意識し、そのまた一部しか言語化できないのである。当然に言語、知覚、感覚は包括関係ないし階層関係にある（7頁）。

バーナードはこれらのことをゴルフの選手と観客とを例にしてわかりやすく説明している（4-6頁）が、ここで注意すべきは「選手は他の人に比べれば、自分が気づかない情況のより多くを抽象化する」（7頁）という点である。たとえ、その行為が理解できなくても、動き方はわかる。心ではなく、体がその内的な活動のすべてを感じとったのであり、その中には重力感や平衡感なども含んでいる（5-6頁）。感覚のこの部分を身体知と名づけておきたい[45]。これを含んだものが行動知（behavioral knowledge）[46]である。無意識的な側面であるが、人間は意識しなかったことを後で思い出す能力や、いつの間にか模倣する能力をもっている（8頁）。身体知を含めた知の包括関係は図4-1のようになる。

ところで、実務家の求める真実とはあくまで具体的行為での真実であるが（11頁）、そのうちの「常にある部分、通常はかなりの部分が、そして恐らくは知られざる部分が、いかなる方法でも説明されず、残りの全体からとり

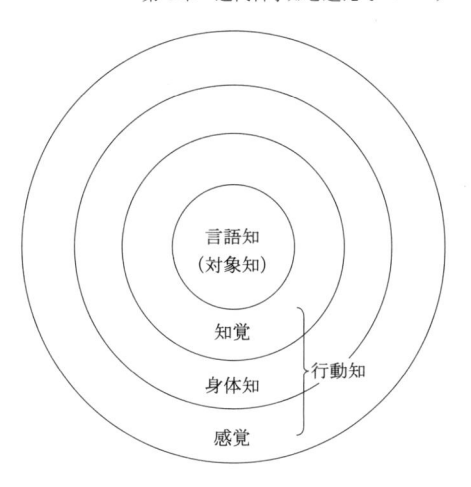

第4章　近代科学知を超えて―バーナードの方法―　127

```
        言語知
       (対象知)

         知覚
                 ┐
         身体知   ├ 行動知
                 ┘
         感覚
```

図4-1　知の包括関係

出され」たものが，一般的な意味での真実にほかならない（6頁）。慣用的表現では，これが抽象化である。しかも，「極めて不完全な抽象――言語表現できるもの――を単に意識的に知覚したものよりも"高次"の抽象と呼び，非常に複雑で包括的であるにもかかわらず，全体の大きな部分への"単なる"感覚を"低次"の抽象と呼ぶならわしになっている」。しかし，高次の言語的抽象が「真実であっても，真実全体の一部にすぎない」（7頁）ことは，これまでの説明から容易に理解できよう。図4-1を抽象的次元を入れて立体化すると，図4-2になる。

図4-2を使って説明すると，全体情況は前意識的な感覚によって把握される。直観的に習熟した行為者はこのかなりの部分を無意識のうちに捉えることができる。それが内知，行動知にほかならない。一般に直観と呼ばれ，言語化は極めて難しい。その言語化される部分が知識として認識される。バーナードはこのように知の階層性を明らかにした。どのような知に主としてかかわるかというところに，実務家（行為者）と研究者（思索家）の違いもある。

実務家は「今や絶好のチャンスだという直観に満ち」（11頁），「論理的過程でなく，決定にかかわる感覚によって識別される漠然とした抽象の中にい

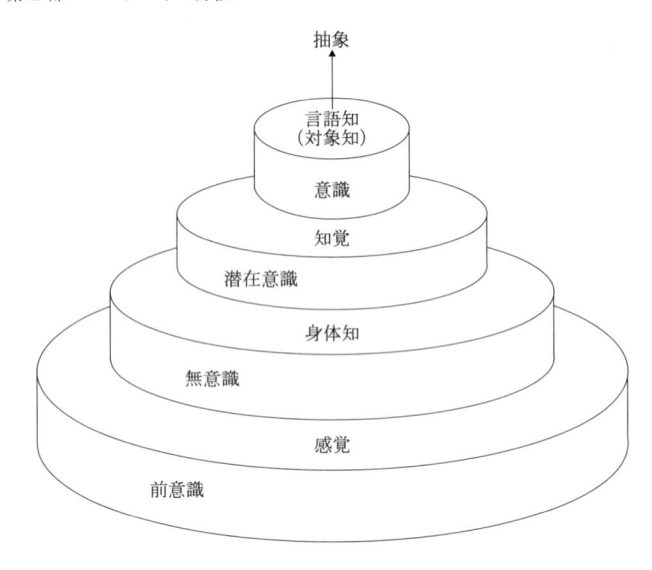

図の階層（上から下へ）:
- 抽象 ↑
- 言語知（対象知）
- 意識
- 知覚
- 潜在意識
- 身体知
- 無意識
- 感覚
- 前意識

図4-2　知の階層性

る」（12頁）のである。研究者は時間的余裕をもって抽象的な真理にかかわる。いずれも抽象を扱っていることは間違いない。ところが，実務家は抽象を扱っていることを認めたがらず，研究者は抽象を扱っていることを忘れがちである（14-15頁）。全体情況を真に抽象するためには，この両者，つまり感覚と思考は重ね合わせられねばならない。アイデアをもたない技術は機能しないのである。また，感覚に根ざした経験が思考にとっても必要であることを，バーナードは十分理解していた。したがって，バーナードにとって「理解」とは，近代科学の対象的・客観的理解を超えて，無意識的で，身体内的で，行動的理解をも統合する「行為主体的理解」にほかならず，人格的・内的相互作用システムによって吸収・消化されるのである（19頁）。そのようなバーナードの方法は，主体－客体という近代科学の二分法を抜け出したところに立っていよう。

(3) 行為主体的理解とバーナード理論

　行為的直観によって会得されるバーナードの行動知は，M. ポラニーの

第4章　近代科学知を超えて―バーナードの方法―　129

「暗黙知」に近いものと思われる。ポラニーもまた科学の対象的客観主義に反対した。対象的客観主義は，特に生物学，心理学，社会学に悪い影響を及ぼすという。経営学もその悪影響を受ける一つに違いない。バーナードも指摘するように，マネジメント・スキル＝行動知は，単なる語り得る知識を超えているからである。たとえば，自転車乗りや水泳を説明することは大変難しいけれど，私たちにはわかっている。このように非言語的に知ることを，ポラニーは「暗黙知」[47]と呼んだ。バーナードの行動知はこの暗黙知にほかならない。

　ポラニーによれば，「知ること」の基本構造は，焦点意識（問題），従属意識（手がかり），これを結びつける人間の存在からなる。たとえば，アルキメデスは「王冠測定」という問題を焦点的に考えている最中に，自ら入浴した風呂の水位の上昇を従属的に意識し，二つを繋ぎ合わせて，「アルキメデスの原理」を発見した。この知の三極構造，身体の道具的使用，対象への潜入を含め，それはすべてバーナードの方法でもある。このような知を最初に捉えたのはポラニーだとされるが[48]，バーナードの方が早いだろう。ただ，ポラニーの方が，知の創造ないし発見の論理をうまく説明しているとはいえる。ポラニーの暗黙知の構造を，ゲルウィックによって図式化されたものが図4-3である。

　さて，バーナードは，暗黙知でもあるこの行動知を駆って，行為する経営者としての自らが形成していた協働的現実，具体的組織現象を捉えようとした。彼の認識対象は，彼自身も投げ込まれ行為する組織であるが，それはどこまでも彼の永年の経験から感得した「組織感」にほかならない。それは行為的直観であって，言語化し難い部分である。これをぎりぎりまで追いつめ表現したものが，主著『経営者の役割』（1938）であった。彼にとって経験的実在である組織（組織感）にしても，どれほど苦労して組織観として説明しようとしているかは一読すれば明らかである[49]。システム概念をとりいれたのも，コープランドから「広すぎる」[50]と批判された組織概念にしても，その結果であった。人間観が対象論理によっているサイモンの「経営人」と異なるのも当然であろう。「全人仮説」は「経済人」を修正したよう

130　第Ⅱ部　バーナードの方法

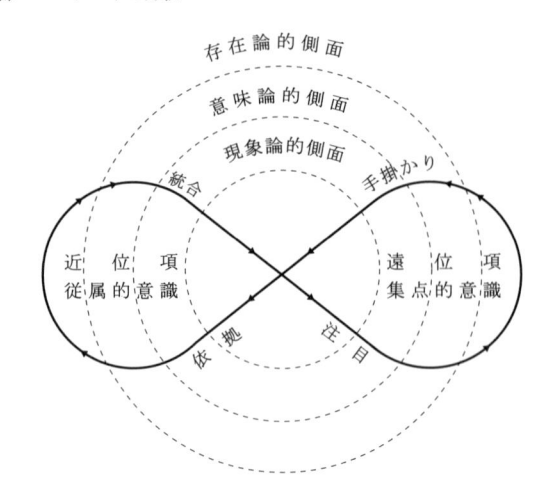

図4-3　暗黙知の図式（ゲルウィックより）

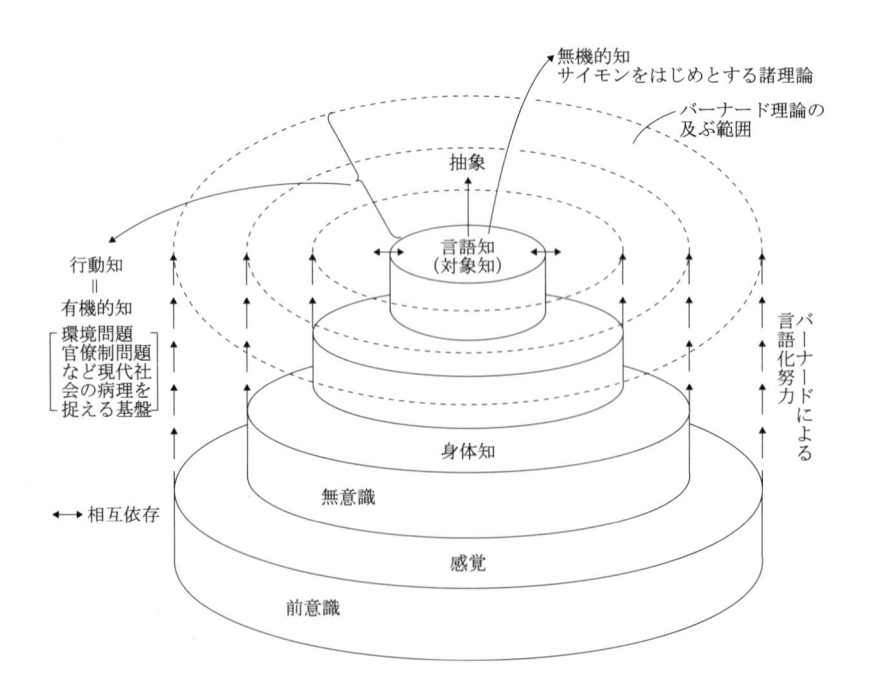

図4-4　行動知とバーナード理論

なものではないからである[51]。さらに，権威受容理論，責任中心思考，道徳の理論，リーダーシップ論などからなるバーナード理論とサイモン理論の内容の違い，広さの違い，深さの違いは，科学観を抜きにしては語り得ない。バーナード理論は行為主体的理解をもってはじめて展開し得たのである（図4-4）。それは確かに全体を意識した方法論には違いないが，理論の成立点に人間の存在を前提にしていることによって，個人主義をも受け入れる基盤を残している。

3 バーナード革命の意味するもの

バーナード理論は，行為主体即認識主体であり，人間が理論の成立点に立つことによって，デカルト流の認識論的二元論とは対極に位置している。広い意味では，デカルトから流れる近代科学の方法の延長線上に立つサイモンと，バーナードの科学観はまったく異なっており，方法的にもバーナード＝サイモン理論は成り立ち難い。それでは「個別科学としての経営学にあっては，サイモン理論とバーナード理論は峻別されねばならない」が，「方法的にみるならば，それら二つの理論は程度の差」と見る佐々木のバーナード批判をどのように解せばいいのだろうか。

佐々木が批判する線型性，合理性は近代科学の基本要素であり，確かに理論の中を貫いている。しかし，デカルト流の物心二元論の上に築かれた近代科学は，方法的には，一元論であり，決定論であって，理論の中に自由の入り込む余地はない[52]。自由意思はあくまで理論の外に立つ人間のものであった。これが実存主義的な人間至上主義と結びつくとき，客観性の名において，恣意的な自然支配となったことは容易に想像がつく。

しかし，バーナード理論に線型性，合理性はどのように結びつくのだろうか。佐々木はこれを自明としているためか，どこにも論証していない。これだけ厳しいバーナード批判を行うからには，せめて論証しなければならないだろうが，少なくとも，これまでの私たちの理解からすれば，佐々木のバーナード批判はいささか無理な主張のように思われる。いま一つ，バーナードが組織現象を行為主体的（バーナード流には参加的観察，一般的には内部観

察）に把握し，彼の理論がその成立点に人間の存在を想定した以上，理論の中に佐々木が批判した自由意思の問題はついてまわる。だが，それによってバーナード理論がデカルト流の方法的枠組みを超えていることを忘れてはならない。また，バーナードが，「意思決定行動というものは，当然，自由意思による自然支配の表れであると，当たり前のように想定することは慎むべきである」[53]と述べているのも重要であろう。さらに，バーナードが意識すると否とにかかわらず，彼の方法自体が人間と自然の対立を克服する可能性をもっているのである。

さて，佐々木やスフェが依拠するレヴィ＝ストロースは，『野生の思考』[54]で，近代科学に縁のない未開人も文明人と同じ社会構造をもち，同じ自然認識をもつことを論証した。それは，絶対的立場をとっていたヨーロッパ文明および近代科学を相対化させたという意味では，近代科学の方法の転換を迫るものであった。人間を客体として扱う立場は，人間中心の実存主義が近代科学と結びつく中から生まれる人間の横暴への一定の批判的位置も築き得たであろう。レヴィ＝ストロースは，時間を超えた人間理性（超合理性）を構造の中に見出すことによって，それを果たそうとした。しかし，そのような立場は容易に古典的合理性に転化し得るように思える。構造に普遍性を見るという立場に注目すれば，少なくとも，バーナード理論と近代科学の距離よりも構造主義と近代科学の間の方が近いのではあるまいか。また，アンリ・ルフェーブルの「構造主義は現状維持のイデオロギー」[55]との批判は，構造主義の一面を鋭くついている。佐々木の「官僚制論」にその匂いを嗅ぐのは私だけだろうか。そこからは変革の論理，行動の理論は生まれにくいだろう。ここに至れば，それはもう経営学観，科学観の違いというほかない。

私たちの立場に立つ限り，佐々木のバーナード批判は必ずしも的を射ていない。それどころか，むしろ近代科学の対象的客観主義を超克するバーナードの行為主体的な理論展開が評価されるべきである。近年，経営学におけるバーナード理論の影響の大きさからか，「バーナード革命」[56]とまで言われるようになっているが，それはこの科学的転換，方法的転回において捉えられねばならない。それによって，バーナード理論は形式論理に陥らない豊か

な内容をもつことができたのである。バーナード理論の革命的意義はこれを押さえてこそ最もよく理解できるであろう。

IV 近代科学知を超えて

　近代科学は自然や人間をまるで地球の外からでも眺めるかのように，対象的に分析しようとしてきた。それは，古典物理学において特に著しい。社会科学もそれに追随してきた。しかし，近代科学は，輝かしい成果と共に，環境問題をはじめとするさまざまな現代社会の病理の遠因ともなった。ここに経営学は近代科学の方法に代わる道を模索せざるを得ない。本章ではバーナードの行為理論のうちにその可能性を見出そうとした。
　バーナードはまず主体である自分の存在を認識し，そこから日常現象における真実を求めて，人間，人間関係，協働，組織，管理の全体を観察記述しようとした。それを社会，自然へと広げてゆくこともできよう。その場合，バーナードはどこまでも自らの経験そのものを観察し，解釈することから論を立てる。極めて抽象的に見えるバーナードの諸命題が納得ゆくのも，このような日常的経験を基礎にしているためである。経験の洞察という意味では，バーナード理論は経験主義に立っている。そのことは，当然，近代科学の絶対主義を排除して，相対主義をとらせよう。また，論理分析的な言語知のみならず，感覚に基づく非言語知，暗黙知＝行動知をも重んじるという点では，方法的多元主義であろう。しかし，何より重要なのは，それらを統一して貫くバーナードの能動的精神である。
　バーナードの個人主観的にすぎない人格知が，多くの人々の感覚に適合し，普遍理論たらしめている方法にもっと早く思い致すべきであった。一見，素朴なその方法が近代科学の方法を超える道であったことに，今，ようやく気がついたのである。これまで十分な方法的自覚のないまま，私たちは官僚制をはじめとする現代社会の病理を克服すべく，バーナード理論を適用してきた。そのことが誤りであったというのではない。だが，近代科学を超える方法的自覚をもってこそ，それも一層有効であったはずである。本章は

そのための予備的考察である。

【付記】

　本章として収録した元論文(「近代科学論を超えて」『大阪商業大学論集』第65号, 1983年)や,これを基礎とした研究会報告は,反発や批判(この点は本章付録の注1を参照)こそされたが,当時それほど関心を集めなかった。しかし20年を経て,「組織の中にも意識の階層があり,それに相応して知の階層がある。この知見は庭本佳和に負うところが大きい」「庭本は,バーナードの詳細な分析を通して,知の階層性の視点に到達した。この研究は組織における『知』の研究の先駆をなすものである」(村田晴夫「組織における意識の問題」河野大機・吉原正彦編『経営学パラダイムの探究』文眞堂, 2001年, 84頁, 88頁)と評価されるようになった。まさに隔世の感がある。この間,とりわけ1990年代に,暗黙知を基礎にした野中郁次郎の組織的知識創造論が大きく展開したことも影響しているだろう。これによって組織における知の研究は進展し,少なくとも,ポラニーの暗黙知概念(言葉だけかもしれないが)は広く普及した。この点は本書第6章で論じたい。

1) 庭本佳和「経営存在と環境の問題」山本安次郎・加藤勝康編『経営学原論』文眞堂, 1982年。同「経営の社会的責任」『大阪商業大学論集』第63号 (1982)。本書終章に一部を所収。
2) L. ホワイト／青木靖三訳『機械と神——生態学的危機の歴史的根源——』みすず書房, 1972年。
3) バジル・ウィリー／三田博雄・松本　啓・森松健介訳『十八世紀の自然思想』みすず書房, 1975年。
4) ニュートンの自然観とニュートン力学的自然観は異なる(村上陽一郎『ニュートンの社会思想上の影響』渡辺正雄編『ニュートンの光と影』共立出版, 1982年, 254-276頁)。
5) 高橋義人編訳『ゲーテ　自然と象徴——自然科学論集——』富山書房, 1982年, 320頁。
6) 自然科学の客観性も神話にすぎないことが既に多くの論者によって明らかにされている。
7) 玉野井芳郎『生命系のエコノミー』新評論, 1982年, 123-124頁。
8) W. S. ジェボンズ／寺尾琢磨改訳『経済学の理論』日本経済評論社, 1981年, 2頁。
9) 井上琢智「ジェヴォンズ経済学とニュートン」『大阪商業大学論集』第62号, 1981年, 71-92頁。
10) K. R. Popper, *The Poverty of Historicism*, 1957 (Routledge paperback, 1961), pp.1-2. 久野収・市井三郎訳『歴史主義の貧困』中央公論社, 1961年 (1972), 16頁。
11) P. A. サミュエルソン／佐藤隆三訳『経済分析の基礎』勁草書房, 1967年。原書は1947年。
12) 論理実証主義とその批判者であるポパーの違いは,検証にある。論理実証主義が検証可能性,帰納主義をとるのに対し,ポパーは反証可能性,演繹主義に立つからである。しかし,ポパーをその点だけに押し込めるべきではない。彼にとって反証可能性は相互主観的批判 (inter-subjective criticism) のためにこそ重要だからである。この意味で,ポパーの主張を批判合理主義というのは言い得て妙である。
13) Milton Friedman, *Essay in Positive Economics*, The University of Chicago Press, 1953, p.4. 佐藤隆三・長谷川啓之訳『実証的経済学の方法と展開』富士書房, 1977年, 4頁。
14) 宇沢弘文『近代経済学の再検討』岩波新書, 1977年, 30-38頁。
15) 西部　邁「虚構としての『経済人』」『展望』(筑摩書房) 第178号, 1973年10月号。
16) M. Friedman, *op.cit.*, pp.14-30. 前掲訳書, 14-31頁。
17) 西部　邁『ソシオ・エコノミックス』中央公論社, 1975年, 3-9頁。
18) 佐和隆光『経済学とは何だろうか』岩波書店, 1982年, 188頁。
19) H. A. Simon, *Administrative Behavior*, Macmillan, 1947 (2ed., 1957), pp.80-84. 松田武

彦・高柳　暁・二村敏子訳『経営行動』ダイヤモンド社，1965年，103-108頁。
20) *Ibid.*, p.39. 同上訳書，48頁。
21) *Ibid.*, pp.XXIV-XXV. 同上訳書，22頁。
22) H. A. Simon, "A Behavioral Model Rational Chioce," *Quarterly Journal of Economics,* 69, 1955, p.99.
23) *Ibid.*, pp.103-110.
24) *Ibid.*, p.104.
25) J. G. March and H. A. Simon, *Organizations,* Wiley, 1958, Chapter 6. 土屋守章訳『オーガニゼーションズ』ダイヤモンド社，1977年，第6章。
26) K. J. Arrow, *The Limits of Organization,* Norton, 1974. 村上泰亮訳『組織の限界』岩波書店，1976年。O. E. Williamson, *Market and Hierachies,* Macmillan, 1975. 浅沼萬里・岩崎晃訳『市場と企業』日本評論社，1980年。
27) H. A. Simon, *The New Science of Management Decision,* Prentice-Hall,1960.
28) H. A. Simon, "The Logic of Heuristic Decision Making," in Rescher ed., *The Logic Decision and Action,* University of Pittsburgh Press, 1967. 上述の *The New Science of Management Decision*（1960）の中に既にヒューリスティックな方法がみられる。
29) H. A. Simon, *Model of Discovery,* Reidel, 1977, p.xvi. 本書ではポパーの反証主義を意識し，肯定しているようにみえるところもある。
30) H. A. Simon, "From Substantive to Procedual Rationality," in S. J. Latsis ed., *Method and Appraisal in Economics,* Cambridge University Press, 1976. 頁数は本文にあげる。
31) H.A.Simon, "Rational Decision Making in Business Organization," in *American Economic Review,* Vol.69, No.4, 1979, pp.499-500.
32) *Ibid.*, pp.510-511.
33) J. モノー／渡辺　格・村上光彦訳『偶然と必然』みすず書房，1972年，特に23-24頁。次の文献も参照。渡辺　慧『生命と自由』岩波新書，1980年，第3章。坂本正義「分子生物学者の生命観――ジャック・モノーの思想を中心にして――」『思想』No.694，1982年4号，29-41頁。本書の序章-Ⅱ節も参照。
34) 朝永振一郎『物理学とは何だろうか（下）』岩波新書，1979年，214頁。桑原武夫の命名。
35) K. R. Andrews, "Introduction to the 30th Anniversary Edition," in C. I. Barnard, *The Functions of the Executive,* Harvard University Press, 1968. 山本安次郎・田杉　競・飯野春樹訳『経営者の役割』ダイヤモンド社，1968年。以下では原書頁を本文に掲載。
36) 馬場敬治『経営学と人間の問題』有斐閣，1954年。
37) 占部都美『近代管理学の展開』有斐閣，1966年。
38) 飯野春樹『バーナード研究』文眞堂，1978年。
39) 北野利信「リーダーシップ」山本安次郎・田杉　競編『バーナードの経営理論』ダイヤモンド社，1972年，267-268頁。
40) 佐々木恒男『現代フランス経営学研究』文眞堂，1981年，225-233頁。本書は1章と8章の主張が対立しているように思われる。
41) C. I. Barnard, "Mind of Everyday Affair," 1936, in *The Functions of the Executive,* pp.301-322. 頁数は本文にあげる。
42) 加藤勝康「バーナード理解のための基本的視角」『経済学（東北大学）』第35巻第3号，1974年。
43) A. N. ホワイトヘッド／上田泰治・村上至孝訳『科学と近代世界』白水社，1981年，77頁。
44) C. I. Barnard, "Note on Some Obscure Aspects of Human Relations," 1937. これは3

章からなるタイプ草稿である。Ⅰ章でバーナードの科学論，それに基づいたⅡ章では社会論，協働論，組織論，Ⅲ章では人間関係論が展開されている。本章では主としてⅠ章を扱う。頁数は本文に記している（このタイプ草稿は，William B. Wolf and Haruki Iino eds., *Philosophy for Managers : selected papers of Chester I. Barnard,* Bunshindo 1986. 飯野春樹監訳『バーナード 経営者の哲学』文眞堂，1986年，に収められている。本文にあげた頁数はタイプ草稿のままである）。

45)「身体知」という表現は，哲学などで既に用いられているかもしれないが，不勉強で確認していない。少なくとも経営学文献では見たことがなかった（本章として所収した原論文発表の1983年当時）。野中が知識創造の理論でバーナードに論究する際，1986年拙稿（本書第10章に所収）に触れながら用いて以降，経営文献にも散見されるようになった。もっとも，身体知という言葉はバーナード自身のものではない。1983年論文で私が命名した。これが野中を経て経営学に普及したものと思われる。

46)「行動知」という言葉そのものは，前掲主著（291頁）ではじめて用いられたようである。

47) M. Polanyi, *The Tacit Dimension*, Rouledge & Kegan, 1963 (Reprinted, Doubleday & Company, 1983). 佐藤敬三訳『暗黙知の次元』紀伊国屋書店，1980年。ポラニーの暗黙知の理解に次の文献も役立った。栗本慎一郎「マイクル・ポランニー——深層知の理論——」『現代思想』青土社，1980年12月号。R. ゲルウィック／長尾史郎訳『マイケル・ポラニーの世界』多賀出版，1982年。図4-3は106頁。

48)『朝日新聞』1981年6月10日（朝刊）。

49) 庭本佳和「協働と組織の理論」飯野春樹編『バーナード 経営者の役割』有斐閣新書，1979年。

50) M. Copeland, "The Job of an Executive," *Harvard Business Review,* Vol.18, No.12, 1940.

51) 三戸 公「人間 その行動」『経済学研究（立教大学）』第26巻第4号，1973年。

52) もっとも，それも幻想にすぎない。品川嘉也「力学における決定論と意識の自由について」『哲学研究』（京都哲学会）第47巻第4冊，1982年11月。

53) C. I. Barnard, "The Significance of Behavior in Social Action," Note 1, p.8. これは未発表のタイプ草稿である。小泉良夫訳「意思決定行為と意思決定過程に関するノート(1)」『北見大学論集』第5号，1981年，108頁。

54) クロード・レヴィ＝ストロース／大橋保夫訳『野生の思考』みすず書房，1976年。

55) アンリ・ルフェーブル／西川長夫・中村新吾訳『構造主義をこえて』福村出版，1977年，87頁。

56) 飯野春樹『バーナード研究』文眞堂，1978年，40頁。

付録
暗黙知と行動知
──バーナードからポラニーへの手紙──

　以下は，C. I. バーナードから M. ポラニーへ送られた手紙を庭本が翻訳し，短い解説をつけ，「暗黙知と行動知」と題して日本バーナード協会編『NEWSLETTER』No.11（October 30. 1988）に掲載されたものである。興味深い資料なので，第4章の付録としてここに収録する。

　近年，マイケル・ポラニーの哲学が注目され，その著作が次々と翻訳され始めている。目に止める人も多いであろう。もっとも，私がポラニーを知ったのは「心もすっかりディジタル化？」という軽い新聞記事からである。「人間は科学的な『知』のほかに，もう一つの『知』をもっている，と最初にとらえたのはハンガリー生まれの物理学者，科学哲学者であるマイケル・ポラニーだ。たとえば，水泳や自転車乗りをどうして身につけたか，考えてみる。練習を重ねていくうちに，ある瞬間にうまくなる，というのがふつうだ。これまで『非合理的直観』とさげすまれていた力を，ポラニーは『内なる知』となづけた」（『朝日新聞』1981年6月10日）という文章にひきつけられた。これはバーナードの行動知ではないのか。当時，既に翻訳が出ていた『暗黙知の次元』（佐藤敬三訳，紀伊国屋書店，1980年：原書は The Tacit Dimension なので『暗黙の次元』とするべきかもしれない）を急ぎ購読し，知識の三極構造，身体の道具的使用，対象への潜入などすべてがバーナードの方法だと感じた。それを指摘したのが，庭本佳和「近代科学論を超えて──バーナードの方法──」（『大阪商業大学論集』第66号，1983年6月）（本書第4章所収）である。これはバーナードとポラニーを直接に論じたものではなかったが，ポラニーを知ることによって，多少とも内容豊

かになったと思う。

　ただ当時は，経営学者一般にはもちろんのこと，バーナード研究者にもポラニーは全く知られておらず，その指摘への反響は全然なかった。というより，研究会[1]などで報告したときは「語り得ない暗黙知をどうして説明できるのか」と激しい反発を受けた[2]。しかし，『個人的知識』をはじめ，1985年以降のポラニーの著作の驚異的な翻訳スピードとその特異な内容から広く知られるようになったためか，バーナードの行動知とポラニーの暗黙知の類似性に着目する人が現れ始めている。たとえば，大滝精一「『暗黙知』の世界——C. I. バーナードの"日常の心理"をめぐって——」(『経済学（東北大学）』Vol.48, No.4, 1987年）や三井泉「人間協働の新たな理解にむけて——バーナードは近代科学を超えられるか——」（飯野春樹編『人間協働』文眞堂，1988年）などである。また，戦略論，組織論一般の論者の中にもポラニーへの言及が見られるようになってきた（野中，加護野）。

　それでも私は何かもやもやする。バーナードの行動知とポラニーの暗黙知の関係を明らかにできるように，もう少し深いところで論じたいと思いつつ，できないでいるからであろう。たまたま，バーナード生誕百周年大会（1986年11月7, 8日）のため来日されていたW. B. ウォルフ教授に，大会に先立つ研究会で，そのような私の気持ちをぶつける機会を得た。「バーナードの行動知（behavioral knowledge）は，科学哲学者マイケル・ポラニーの暗黙知（tacit knowledge）と似た構造をもっていると思うがどうだろう？」という私の問いかけに，必ずしも満足のゆく答えは返ってこなかったけれど，その折，バーナードからポラニーへの手紙の存在を教えていただいただけではなく，大会後，ご親切にも飯野教授を通して，手紙のコピーを頂戴することもできた。ウォルフ・飯野両教授にお礼を申し上げねばならない。

　ところで，『個人的知識』の謝辞から，ポラニーはシカゴ大学を二度訪れ，最初は1950年であったこと，その費用がロックフェラー財団をはじめとする助成金で賄われたことがわかる[3]。バーナードは1948年から1952年までロックフェラー財団の理事長であった。バーナードは，申請書類を通してで

もポラニーの名前を承知していたであろう[4]。まして学問好きで，非論理的な精神過程や行動知を重視していたバーナードである。案の定，彼はポラニーの暗黙知（たとえば自転車に乗るこつ）に関心を示した。その関心の深さは，手紙にもよく現れている。これを読んで，少なくとも私は，前掲拙稿での指摘に大きな誤りはなかったと胸を撫で下ろすことができた。だが，これからである。

1) 1983年8月1日〜3日，伊豆・修善寺で開催された現代経営学研究会。報告者と報告テーマは，北野利信「バーナードの挫折」，村田晴夫「管理の哲学——バーナードにおける方法と意味——」，庭本佳和「近代科学論を超えて——バーナードの方法——」。この時の研究会の内容については，谷口照三が論文で触れている（「バーナード組織理論における概念構成の基礎」『経済経営論集（桃山学院大学）』第25巻第2・3号，1983年）。
2) 研究会の場以外にも，谷口照三（前掲論文）や高橋公夫（「バーナード理論の実践的意義に関する一考察」『経済系（関東学院大学）』第142集，1985年）から激しい批判を浴びた。
3) M. Polanyi, *Personal Knowledge: Towards a Post-Critical Philosophy*, The University of Chicago Press, 1958, p.ix. 長尾史郎訳『個人的知識：脱批判哲学をめざして』ハーベスト社，1985年，iv-v頁。
4) バーナードは『組織と管理』(C. I. Barnard, *Organizaition and Management*, 1948) の序文でM. ポラニーの41年論文 ("The Growth of Thought in Society," *Economica*, 1941) を参照文献にあげている。1947年6月12日付け序文から判断して，バーナードはポラニーの研究助成申請以前から彼の論文を読み，その業績を知っていたと思われる。

＊　＊　＊　＊　＊　＊　＊　＊　＊　＊　＊　＊　＊　＊　＊　＊　＊

1956年3月24日

拝啓　ポラニー教授殿

　以下は「技能（SKILLS）」と題した，あなたのシカゴ大学の講義IVについての若干のコメントです。コメントはたいしたものではありませんが，いささか関心をひくかもしれません。

　自転車に乗る**こつ**（art）についてあなたが述べておられることに，私は興味を覚えました。それはアシュビーがその著書『頭脳の設計』で指摘しているコメント（35頁と36頁）を思い出させます。最初のうち，私はアシュビーをなかなか理解できず，私には正しいと思われるあなたの説明と，それは矛盾すると思いました。子どもの頃，曲乗りを含めて，私は大いに自転車に乗ったものでしたし，後年，バミューダでもそうでした。

特に私がおもしろかったのは，ピアニストの「タッチ」に触れながら，あなたの主題を説明しておられるところです。若い頃から，私はあまりパッとしないピアノ弾きでしたが，そのうえ，働きに出なければならなかったので，15才からはピアノの調律の仕事を覚えました。標準的テキストに結論が，ピアニストの技能の不完全な分析に基づいて誤って引き出されているという趣旨のあなたのご主張に，私は全く同意します。このことはバローとホローによって満足いくように論証されていると，あなたは述べておられます。私は彼らの論文を存じませんが，鍵盤を押し下げれば，非音楽的な音（ドンという音）が鳴ることぐらいは承知しております。ハンマーに伝えられたスピードはそのままなのに，これをどのようにして変え得るのか私には全然わかりません。しかし，「タッチ」と呼ばれるものには，確かに，その他多くの要因が含まれています。そして，それらはジーンズやウッドのような人々には考慮されなかったでしょうし，バロンやホローによってもカバーし切れなかったのではないかと思います。

　私が言及しようとするのは，ダンパー（消音器）によって弦に伝えられる音です。簡単にできることですが，ピアノからハンマー部分を取りはずしますと，鍵盤とダンパーの機構が残ります。そのダンパーとは鍵盤の先端にのっている，または，のっているかのような小さな鉄片にくっついているフェルトのダンパーです。ハンマーの部分を取りはずしたままで鍵盤を扱えば，ダンパーの落下によって，もちろん，長くは続かない音が出ます。どれだけの音（大きい音）が出るかは，いかにすばやく鍵盤をはなすかにかかっています。もし，極めて静かにはなすと，実際，音は出ません。もし，すばやくはなすならば，ダンパーは重力による拘束なしに落下します。実際，ピアノ演奏において，誰もがこの効果を識別できるかどうか怪しいのですが，それが全体的な結果に何らかの効果をもつこと，そして，これが鍵盤をどれぐらいすばやくはなすかによって変わるであろうことは，疑い得ません。

　タッチという考え方にとってもっと重要なのは，連続音の分離度ではないかと思います。極端な場合，音の重なる大変なレガートがあり，いま一つの極端には，音のはっきりと切り離された，はなはだしいスタッカートがあり

付録　暗黙知と行動知—バーナードからポラニーへの手紙—　141

ます。これら両極端のいずれもがよく用いられますし，それぞれの鍵盤テクニックに即して説明されます。しかし，両極端の中間には，わずかのレガートとか少しばかりのスタッカートもあり得，演奏上の微妙な違いは，タッチの差として説明されるでしょう。

　最後に，「タッチ」のもう一つの側面は，一定の大きさの連続音といったようなものを弾く能力です。あなたが恐らくご存じのように，ハンマー（この場合のハンマーはフェルトの大きな楕円の「ボール」）の惰性の違いを，さまざまな筋肉とそれぞれの反射弓をもつ別々の指を使って考慮する能力が，熟達したピアニストの魅力の才芸の一つであります。ほとんどの場合，彼らは私の述べていることについて，全く自覚していないと思いますが，その能力は「タッチ」という概念の下に含まれているに違いありません。

　私の最後のコメントは，「いわくいいがたきもの（the UNSPECIFIABLES）」にかかわります。若い頃，私はおよそ4，5時間もかかるクラシック・ピアノ曲のかなりのレパートリーを記憶していたものでしたが，後には，仕事に忙殺されることもあって，私のピアノ演奏は自由な即興演奏，つまり正式なものではなく，多くの映画やワーグナーのオペラについているメロドラマのようなものに退化してしまいました。いわば，雰囲気で変化を自由に表現するのです。15年ばかり前，大学に録音装置を販売していた私の若い友人が，私にスタジオに来て，私の即興演奏を何曲か録音させるようにと言ってきました。このスタジオはボストンにありました。私は妻と親しい友人とともに出かけましたが，これが居合わせた全聴衆だったのです。スタジオは防音されており，ピアノは完全に調律されたスタインウェイでした。私はピアノの前にすわり，私の友人が録音装置を用意しているものと思って，12分か15分ほど即席に弾きました。やっと手を止めて，「さあ，用意がよければ始めようか」と声をかけました。ところが彼は，私の演奏をはじめからずっと録音し続けていたのでした。録音は再生されましたが，私が興味を覚えたのは付随旋律や音の移行の多くが，明らかに演奏中の私には少しも自覚なしになされていたということでした。

　私はその後，同じ現象がはっきりと見られる二，三の他の録音を経験しま

した。文字通り，私は自分がどうしていたのかわかりませんでした。よしんばわかったとしても，そうすることができたかどうか疑問です。その結果はそうであるはずだと私が想像したより，ずっとよかったです。だからといって，私がいい音楽をやったという意味にはとらないで下さい。

敬具
チェスター・I. バーナード

英国マンチェスター大学
M. ポラニー教授殿

第5章

組織把握の次元と視点
―― 方法的挫折か，未完成か ――

I 多様な組織（境界）理解

　現代社会において，まったく組織と関わりをもたない人はいない。一般的には組織を離れた自由業だと思われている弁護士や公認会計士でも，多くは大きな弁護士事務所や監査法人に勤めているし，独立しても，人を雇って事務所（つまり組織）を構え，弁護士協会や公認会計士協会に所属しているのが普通である。もっと独立性の高そうな，むしろ創作過程においては孤独でさえある芸術家（小説家，画家，音楽家など）も，その発表は組織を介すのが一般的である。孤独を愛する芸術家といえども，組織を離れては生きられない。

　私達が組織を生かし，組織とともにしか生きられないとしたら，誰もが組織体験をもっている。まさに組織は，私達の生きる場であり，日常的に実感する経験的実在なのだ。程度の差はあれ，私達は，組織を生み出し生かすスキルや知識（協働するスキルや知識），時に組織を生きられる場にするスキルや知識からなる「知恵」を身につけている。その意味では，私達は経験的には，あるいは実践知的には組織を十分に捉えているといえるだろう。しかし，組織と共に生きていることが，組織を理論的に説明できることを必ずしも意味しない。「組織とは何か」と尋ねられたら，即答できる人が少ないのはそのためだ。「組織とは何か」に答えることは，組織研究をする専門家にもかなり難しい。

　組織を，理論的レベル（科学的論議の水準）で，本格的に定義した最初の

人は，C. I. バーナードだろう。彼は，組織を「二人以上の人々の意識的に調整された活動ないし諸力のシステム（a system of consciously coördinated activities or forces of two or more persons）」[1]と定義した。制度経済学者のG. K. ガルブレイスに「最も有名な組織定義」[2]といわせた組織概念および組織観は，バーナード理論理解の鍵であると同時に「つまずきの石」でもある。組織の構成要素（component）は「調整された活動」であって，人も集団も組織定義から排除されているからだ。確かに，組織を「人の集団」とか「職務の体系」と捉える一般的組織理解に立てば，バーナードの組織定義は実に分かりにくい。基本的にはバーナードの組織理解と同じ地平に立つルーマンも，バーナードの組織定義はあまり受け入れられていないという[3]。だが，組織を「調整された活動」と捉えることによって，バーナードは経営者・管理者や従業員のみならず，原材料・部品を供給する取引業者，資本を提供する投資家，あるいは銀行などの債権者，さらには商品（製品・サービス）を購入する得意先や顧客を組織貢献者に含ませる道を切り開いた。ひょっとすると，事は逆であったかもしれない。この点は後述する。

もっとも，人も集団も含まない組織概念の抽象性に加えて，組織貢献者のこの広さが，バーナードの組織定義の理解を難しくさせ，多くの人々を混乱させていることは否めない。そこには，自明と思われていた「組織の境界」理解を揺るがすバーナードの組織概念に対する違和感も含まれていよう。

たとえば，バーナードの『経営者の役割』（1938）が出版された当時に書評を試みたコープランドは，「顧客を含むバーナードの組織概念は広すぎる」と見て，「ある種の混乱だ」と手厳しく批判した[4]。バーナード理論を継承したとされるサイモンも，その著『経営行動』（1947）で，「管理についてのあらゆる理論のなかで，顧客が組織活動の一部だと考えねばならないと主張したのは，『経営者の役割』を著したバーナードがおそらく最初の人だろう。この点についての彼の見解は，管理に関する著者たちの間で，明らかにいまだ広く承認されていない」[5]と指摘している。それは今日でもあまり変わらない。

わが国においても、バーナードの組織概念に対しては、従来から「組織境界があいまいだ」(川端)、「本質的に組織境界をもたない」(三戸)、「過度の抽象であり、組織の境界問題が弱点」(中條) と激しい批判にさらされてきた[6]。

組織の境界問題がバーナード組織概念の弱点かどうかはともかく、バーナードの行為的直観（内的視点）から捉えた組織は組織（敢えていえば内部）しかない。その意味に限定して極論すれば、概念構成としての組織は「境界をもたない」ともいえる。しかし、バーナード批判者の視点は観察者（外的視点）からの批判であろう。観察者の視点（外部観察）からすれば、バーナードの定義でも組織に境界は存在する。内的視点からの記述の不徹底さとも、読者に理解させるためとも受け取れるが、「人間は組織に外的なもの」との記述や「環境」という言葉が用いられることからしても、境界認識がないはずがない。ただ、その境界は絶えず変動するだけである。もとより、このような理解もまた強弁であり、「『絶えず変動する』ようなものを敢えて境界と言い張る意味があるのだろうか」[7]と厳しい批判を浴びている。この批判には本章全体で答えることにして、組織境界を揺るがせ捉え難くする現象が、近年、顕著になってきていることを、まずは見ておこう。

本書第8章でも述べているが、個人と組織の流動化は激しい。急進展する情報化、グローバル化が、わが国の社会システムや経営システムに衝撃を与えているからだ。それらを列挙してみよう。いずれも「組織と市場の相互浸透」とか「組織の市場化」、あるいは「市場主義」と呼ばれる動きであり、従来の組織境界理解を揺るがせている。

第一にM＆Aや企業分割、事業統合（経営統合）の動きである。A社のX事業がB社に買収された場合、A社の組織境界もB社の組織境界も一気に変わってしまう。それだけではない。今日、X事業に携わっていたA社員は、自覚的な転職でないだけに、A社員としての意識や気分が抜けない明日からB社員だという事態が生じることになる。

第二に、ジョイントベンチャー、戦略提携、OEM、アウトソーシング、バーチャル・コーポレーションの急増も組織境界を決めるのを難しくしてい

よう。

　第三に，雇用形態の多様化である。転職が一般化しつつあることもさることながら，派遣社員，契約社員，パートタイマー，アルバイターやフリーターなどの非正社員の比率は増大しており，従来の組織境界理解を流動化させる。たとえば，その身分が派遣会社に所属し，そこから派遣されてくる社員を活用する当該企業の組織境界は，どこに定めるのだろうか。派遣社員の仕事の遂行は，派遣先企業の組織活動を構成すると同時に派遣元企業の事業活動を構成しているからだ。それは管理業務にも及びはじめている。パートや派遣社員が店長や管理職を勤めるのも珍しくなくなったが，今や派遣社長さえ現れている。

　第四に，情報化の動きがこれに輪をかけている。情報システムが個別経営組織を超えて広がる今日，組織の境界把握はますます困難になってきた。1980年代にアップルゲイト達が指摘した事態である[8]。

　第五に顧客の位置づけが変わってきたことだ。トフラーは早くも20年前に，「生産プロセスに参加する消費者（労働の代替者，開発提案者）」である「プロシューマー（prosumer）」[9]の登場を見通したが，近年，生産により積極的に貢献するコンデューサー（conducer）と呼ぶ方が適切な一群の人々が現れるようになった。

　以上の5点をバーナードの体験とその理論との関係から触れておこう。

　バーナード自身が合併会社の社長を経験しているから，第一の事態をよく承知しており，それが彼の道徳的創造（価値創造）の主張につながったものと思われる。第二については，提携を側生組織の例として挙げており，彼の組織定義はこれを説明するものとなっている。また，バーナードのコミュニケーション重視の姿勢は，今日の事態を想定したものではないにしても，当時の情報ネットワーク（電話網）が契機になっているものと思われ，第四に関連するだろう。ただ第四と第五は関連した現象だ。

　プロシューマーにしてもコンデューサーにしても，顧客を組織貢献者と認識せざるを得ない最近の事情を示しているが，そもそもネットビジネスの中には獲得した顧客（顧客活動）を前提にしないと，事業活動ができないものも

少なくない。仲介（紹介）ビジネスや電話サービス事業はその典型であろう。ニュージャージー・ベル電話会社の社長を20年間勤めたバーナードは次のように述べている。「電話サービスそのものさえが，集合的な社会的条件に依存しているので，ある個人にサービスを売ることは，他の多くの人たちもまた電話に加入していなければ，一般的にいって不可能であった」[10]。この認識こそが，「顧客を含む組織概念は広すぎる」との批判や「組織の境界があいまいだ」との指摘にもかかわらず，自らの組織概念に固執し，「活動の提供という点では，従業員であれ，顧客であれ，同じだ」と反論を試みた理由でもあった[11]。組織を「調整された活動ないし活動の連結」と捉えたのは，従来の組織境界を超えて組織現象を把握する概念的工夫にほかならない。

　組織をこのように理解すれば，組織間に典型的に現れるネットワーク現象やバーチャルコーポレーションも組織現象として把握する道が開かれる。それが経営者・管理者であったバーナードの問題意識の一つであり，これをも含めて組織定義がなされている。少なくとも，理論的枠組みとしては，これを扱えるものとなっている。しかし，これにも中條は「このような認識が出てくるのか不思議である」と述べて，境界を揺るがす近年の組織現象は組織境界のない「バーナードの組織概念では解けない」と批判している。これに詳しく触れる余裕はないが，バーナード理論理解の相違というほかない。理論や概念の批判は，それが生み出される固有な問題設定との関係でなされるべきであろう。

　ところで，バーナード理論の解釈の違いにとどまらず，多くの人が同じような組織体験をもちながら，組織理解が異なり，多様な組織理解が生まれるのはなぜだろう。この点はそれほど論じられてこなかった。以下では組織把握の次元と視点に焦点を合わせて，この理由を探ってみよう。それは組織をめぐる議論を整理するのにも役立つに違いない。

II　組織把握の次元

　「組織とは何か」を説明する場合に限らないが，自己の現象把握の次元（レベル）を明らかにせずに語ることが少なくない。それは「組織と市場」が語られる場合にも見られる。「組織とは何か」を企業に限定して「組織はなぜ存在するのか」という観点から説明し，1991年度ノーベル賞（経済学）に輝いた R. H. コースも，その例外ではない。

　コースは，市場と企業を理解するとき，経済学の前提と現実世界の乖離の認識から出発する。コースは企業は組織だという。また典型的な経済理論における市場モデルでは，全知全能の経済人による取引が想定されており，そこには時間の要素もなければ，市場利用費用の発生も考慮にない。だが，現実の市場（制度としての市場）には，「市場利用のコスト」や「市場取引コスト」がかかる。後に「取引コスト」と知られるようになったものだ。コースは次のように述べている。「取引費用の存在に対するもっとも重要な適応は，企業の発生だろう。………市場を通じて取引を実行するための費用にくらべて，それが少ない費用ですむときは，市場でなされていた取引を組織化するために企業が生れる」[12]と。取引コストから企業の生成を説明する主張は，ウィリアムソンなどの後継者を得て，「取引コストの経済学」として展開され，今日，大きな影響力をもつに至った[13]。しかし，その論理展開では，市場から組織が生れ，その逆はあり得ない。まず「市場ありき」の発想である。この主張は，組織的観点から無視できない問題をはらんでいる。

　コースに従えば，組織と市場は連続したものとなり，その違いは程度の問題に過ぎなくなって，両者の質的違いは見失われてしまうだろう[14]。極端な場合，企業は単なる生産関数に過ぎないような典型的な（教科書的な）市場モデルならともかく，取引コストを生む時間軸を認め，不確実性が伴うような現実（経験的実在）に近い市場を前提にするときは，企業もその次元に合わせて考察せねばならない。そうであれば，市場から組織が生れるというのは一般的，経験的事実ではないはずだ。歴史的には，むしろ逆であろう。

社会的集合的人間は,その社会性集合性ゆえに協働を実現し,組織を生成させた。この協働が生存水準を超える生産を可能にし,余剰を交換に回して取引を始めた。その交換の場の市から概念化されたものが,市場である。原始共同体以来のイエとしての組織(経営体としてのイエ)であれ,現代の企業組織であれ,財やサービスを生産し販売する(交換する)主体的活動が組織にほかならない。市場は,生産も販売もしない交換の場,自律調整(自然調整)機構なのである。

それどころか,市場の「自律性」を支えているものが,市場外の政府を含めた制度や文化であることには注意を要する[15]。経営体の一つであり,組織と言ってもいい政府介入による社会秩序と個々の経営主体(組織を含む)に合理的精神,そしてその結果の他者に対する信頼がなければ,市場は全く機能しない。それが私達の日常的思惟概念に捉えられた組織と市場の関係である。

コースの主張が成り立つのは,せいぜいのところ資本家だけが企業構成員であったり,単なる生産関数にすぎない企業を想定する典型的なミクロ経済学の市場の場合だろう。そこでは,市場と組織は連続的に捉えられる。だが,両者は極めて抽象度の高い概念構成だということを忘れてはならず,その市場には取引コストがかからない。少なくとも,コースは概念構成における市場と企業の関係を前提に,制度としての市場と企業を語っている。このようなことは,私達が組織を語る場合にも,しばしば陥る。以下では経験的実在の次元,制度の次元,概念構成の次元から組織を捉えてみよう。もう四半世紀近く前に,このような観点から論じたことがあるが[16],別の角度から論じ直してみたい。

1 経験的実在としての組織

社会的集合的存在である人間は,その集合的,社会的存在ゆえの共通体験を基礎にシグナルのみならずシンボルを生み出した。コミュニケーションの大きな部分を司る言葉の誕生である。言葉を介したコミュニケーション(会話)は,協働の始原的形態であるとともに協働の潜在的基盤である。このコ

ミュニケーションの中から共通目的が認識され，受容されると，人々の協働意思（精神的・心理的エネルギー）が生じ，それが個人を超えた全体としての協働となって，組織が生成する。原始共同体における組織から現代の企業組織に至るまで，組織現象は確かに私達が日常体験する身近な経験的実在であった。

　ところが組織は，バーナードも指摘するように，触知し得ない非人格的な社会関係で，「思考や注意，言葉，外見，身振り，動作で知られる行為」にほかならず，特に思考や注意は他の行為から推論されるにすぎない[17]。また彼は「組織は空間的にはまったく漠然としたものであるという印象を多くの管理者はもっているであろう。『どこにも存在しない』というのが，その共通の感じである。電気通信の手段が大いに発達した結果，その漠然さは増大した」[18]とも述べている。この言説から70年後の情報ネットワークの発達した今日，その「掴みどころのない」感覚はさらに深まっている。ここに組織把握の困難もあるし，組織現象を個人の行為ないし個人の行為の組み合わせに還元させる方法的個人主義が強く主張される理由もあるだろう。

　確かに，人間の具体的な行為（進行行為：action，完了行為：act）は，組織の直接的な素材に違いない。行為は，バーナードが組織場における活動や諸力の証拠と見たもので，一般的に，その容易に観察される側面が行動（behavior）と呼ばれている。しかし，単なる人々の行為が組織ではない。組織が個人の行為に解消できない存在であることは，わが国の戦争責任（＝侵略責任）が，当時の個人（戦犯者）の責任を超えて国家責任・国家賠償が求められ，時に世代を超えて責任が問われるのを見てもわかる。たとえ，人々の行為が相互に作用し合っても，それは単に相互作用であり，コミュニケーション的相互作用を含めて，社会の一部を構成するにすぎない（図5-1）。それが組織となるには，コミュニケーションを通して形成され，認識され，受容された共通目的によって，協働意思に由来する人間活動（精神的・心理的エネルギー）が方向づけられ，秩序づけれらることが必要である。

　バーナードの場合，組織成立条件として，共通目的を形成し，協働意思を

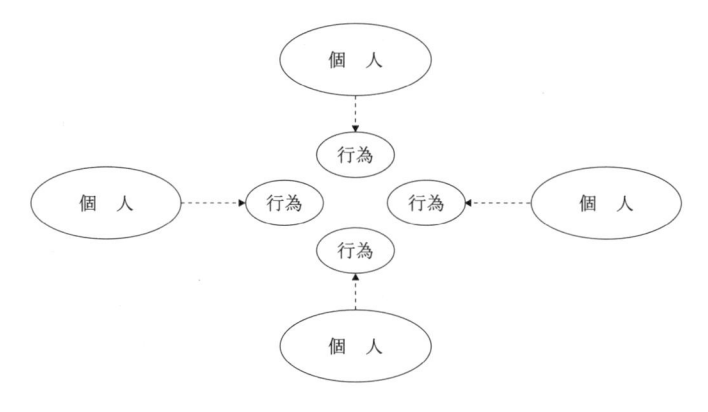

第5章　組織把握の次元と視点—方法的挫折か,未完成か—　　151

図5-1　相互作用と未組織

形成するコミュニケーションが重視されているが,共通目的（組織目的）に組織の能動的主体性を表明する「調整」の根拠がおかれている[19]。その意味では,共通目的は客観的実在であるが,これを支えるものが,共通目的の仮構性（フィクション性）であるという逆説的なバーナードの説明にはいささか注意を要するだろう[20]。仮構としての共通目的を客観的実在として機能させるのが管理職能であり,リーダーシップの役割だ。次のような彼の言葉がこれを余すことなく語っている。「協働システムの基礎として役立ちうる客観的目的は,それが組織のきめられた目的であると貢献者（もしくは潜在的貢献者）によって信じ込まれている目的である。共通の目的が本当に存在するという信念を植えつけることが基本的な管理職能である」（主著87頁）。ここで大切なのは,個人目的を超えた組織目的（共通目的）の存在性に対する個人の信念であり,信じ込まれているという事実である。ここに,個人目的が経験的事実であるのと同様に,共通目的もまた経験的事実,経験的存在となり,客観的目的として機能（＝個人行為を調整）して,社会的集合的実体としての組織（＝経験的実在である組織）を生み出すのである。

　もとより共通目的は組織貢献者ないしは行為者の個人的解釈によって成立するため,その理解にはズレや時にははなはだしい差異が生じているはずだ。共通目的の存在に対する信念といえども個人に帰属するものだからであ

る。それでも，行為者が誰にでも共通の組織目的だと暗黙のうちに前提とし，信じて行為しているのはなぜなのか。そのような信念は一体どこから生じるのか。結論から言えば，そのような信念もまた，個人の解釈枠組に「組織イメージ」として当初より作り込まれているからである。

社会的集合的存在である人間の歴史は，人類の生誕から現代に至るまで，協働の歴史であり，組織の歴史だといえる。人々の組織体験は，社会価値となって，文化の中に積み上がっている。私達は，そのような文化のもとで誕生し成長する過程で，社会価値を独特に内在化した個人価値の中に共通目的の存在性の信念を内包する組織イメージを織り込み，形成してきた。この組織イメージを基礎に行為するとき，単なる相互作用を超えた組織行為となり，組織体験となって，さらなる組織イメージを形成することになる。独特に内在化するとはいえ，先人によって経験され解釈されてきた同じ文化や共通の社会価値を基盤とするため，個人価値に内包する組織イメージは重なる部分が多いであろう。日常的な組織実践で齟齬がなければ，互いの組織イメージのズレや差異を認識することなく，人々は自己の解釈が他者にも共有された社会的なものだという信念を強め，ますます強固な前提となってゆく。思い込みも含めて，経験的事実化した共通理解部分が皆が当然視するルールであり，制度にほかならず[21]，それが「組織行為か否か」，「組織構成員か否か」の判別基準として働く。そればかりか，個人はこれに従うことで自らの行為を組織行為たらしめようとするのである。

このように，私達が日常的に体験する経験的実在としての組織は，「組織イメージ」という心の中にある各人の観念に支えられてはじめて現出することを見逃してはならないだろう（図5-2）。管理職能やリーダーシップはこのイメージ形成を促進し，組織現象として顕在化するのを助けるだけである。

経験的実在としての組織が社会価値とそれを独特に内在化した個人価値に大きく依存しているとすれば，多様な組織理解が生じるのもまた自然の成り行きだといえる。組織境界理解もその一つであるが，異なった文化空間のもとに形成された組織イメージは，当然，異なってくるからだ。

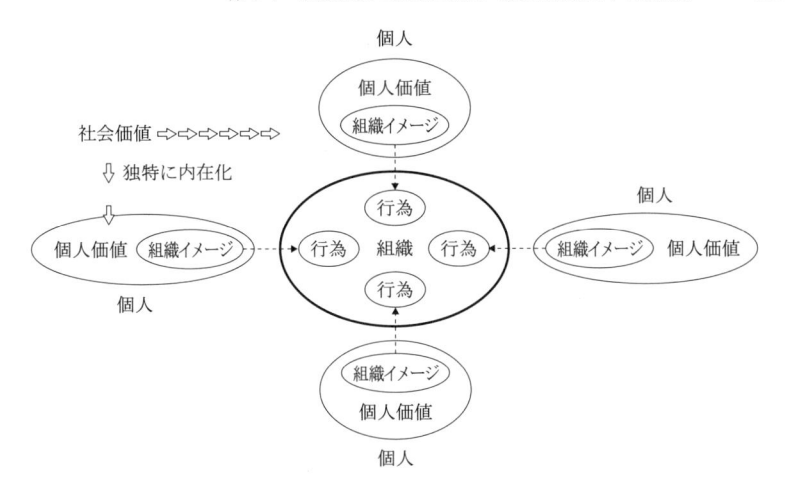

第5章　組織把握の次元と視点—方法的挫折か，未完成か—　　153

```
                            個人
                        ┌─────────┐
                        │ 個人価値 │
                        │組織イメージ│
                        └─────────┘
社会価値 ⇨⇨⇨⇨              │
    ⇩ 独特に内在化          ▼
┌─────────────┐      ╭───────────╮      ┌─────────────┐
│       │組織 │      │   行為    │      │      │個人 │
│個人価値│イメ │─→  │行為 組織 行為│ ←─│組織イメージ│個人価値│
│       │ージ │      │   行為    │      │             │
└─────────────┘      ╰───────────╯      └─────────────┘
    個人                  ▲                    個人
                        ┌─────────┐
                        │組織イメージ│
                        │ 個人価値 │
                        └─────────┘
                            個人
```

図5-2　組織イメージと経験的実在としての組織

　たとえば，会社制度を生み出した欧米では，一航海ごとに出資と人を募り，会社を清算して利益を配分した気風を今に残しており，投資家（株主）は重要な企業の構成メンバーである。その会社制度を既にできあがった状態で欧米から導入した日本では，事業に直接かかわる活動（管理・実行活動）だけを組織と受けとめられやすかった。さらに高度成長期に定着した終身雇用や年功制の影響もあって，経営者・管理者と従業員だけが企業組織の構成員と意識されており，株主は一般に企業組織の構成員とは見なされていない。同じことは大学組織でもいえる。大学が学生の組合から始まった歴史をもつヨーロッパでは，学生は当然に大学組織の構成員であるが，近代に入って大学制度を導入した日本的組織イメージでは専任教職員だけが構成員であり，一般的には非常勤講師も学生も排除されている。これが日本における経験的実在としての組織であろう。日本人組織研究者の多くは，自らの日本的組織イメージを基礎に，主に日本における経験的実在としての組織を研究対象にしており，欧米でも異端といえるバーナードの組織観に違和感をもつのは当然のことだ。もっとも，わが国でも株主代表訴訟では，株主が企業の立場から訴え，経営者は企業外部者という立場になってしまう。これは，欧米

的企業観に立脚した法制度としての組織理解と，わが国における経験的実在としての組織理解との乖離ともいえるが，私達の社会価値に内属する組織イメージを浮かび上がらせてくれる。

　人々の組織イメージの多様性は，文化の違いだけでなく，株主，経営者，管理者，従業員などといった組織的役割の違いからも生じる。もともと，社会的価値を独特に内在化した個人価値に基づいた組織イメージは，共通の組織現象を現出させる基盤であると同時に多様な組織理解の基盤ともなる。解釈枠組として働く互いの個人価値が，ひいては組織イメージが微妙にズレているからだ。組織経験の違いは，このズレを大きくする。一般的に経営者・管理者と従業員だけが組織構成員だと理解されている日本企業の場合でも，経営者と従業員が同じ組織イメージを持ち続けているとは限らない。従業員からすれば，会社は文字通り経営者・管理者と従業員からなるだろう。社内昇進していくことの多いわが国では，この意識は経営者・管理者でも持続してはいる。しかし，経営者ともなれば，時に形式にすぎなくとも，会社の正式な機関である株主総会とそのメンバーを無視することは難しい。近年の株主を重視せざるを得ない状況にあっては，その傾向はますます強くなった。外見上，取引企業である系列会社やグループ会社も視野に入っているはずだ。経営者・管理者人事がその視野のもとに展開されるとき，事実上は取引企業も構成員，少なくとも準構成員（自社の準組織領域）として扱っている。おそらく，日本企業でも，従業員の組織イメージと経営者の組織イメージは，その実質においてかなり違うであろう。もちろん経営者間でも違う。それを端的に示したのがバーナードだった。

　永年の組織体験，管理体験をもつバーナードの組織感は，取引業者や債権者どころか，顧客を組織構成員と捉えた。それが彼の組織イメージで現れる経験的実在としての組織の姿であったからだ。もちろん，組織を管理単位としての管理組織に限定して理解すれば，バーナードの顧客活動を内包する組織観は，受け入れ難いであろう。しかし，営業活動ないし販売活動は，私達の日常的な組織イメージでも，一般的に組織活動だと判別されるに違いない。ところが，セールスマンの営業活動や販売活動は，情報収集や対応を含

めた顧客の購買活動があってはじめて成立し完結する組織活動である。この点がしばしば見逃されている。大学教師が講義する場合でも同様だ。聴講する学生がいてはじめて教師の講義は成立する。一方通行に見える大教室の講義でさえ，学生の目の輝き，納得しない学生の表情と交差しながら講義は展開する。逆に誰もいない大教室で一人講義する教師の姿は，想像しただけでも滑稽だ。そこには組織が成立していないからである。教師の講義が大学の組織活動の一環だとすれば，それを成立させる学生の聴講活動もまた組織活動の一翼を担っている。演劇の世界，スポーツの世界も，練習時を除けば，常に観客とともにあり，顧客活動がその組織領域に入り込む分かりやすい例だろう。

このようにみてくると，「組織構成員」という概念や「組織境界」という概念は，絶対的な真理だという判別基準はない。それを意味あるものと見る行為者の組織イメージ（＝行為者の内的視点）と，それを基礎に現出した経験的実在としての組織現象が構成員と境界を定めるのである。

2　制度としての組織

これまで述べてきたように，経験的実在としての組織は，これも経験的実在である個人の組織イメージによって，その存在が支えられている。人々の組織イメージは，人類の歴史と文化の中に蓄積されてきた社会価値に含まれる組織イメージを独特に内在化した個人価値の一部にほかならない。その源泉をたどれば，人類の歴史と文化，つまり社会価値にある。個人の組織行為の経験は，この内在化した組織イメージをいささか拡大させたり縮小させたりするかもしれないが，組織イメージを形成する源泉はそれだけではない。

組織が長期にわたって存続すると，活動を提供し続ける組織構成員の間で，濃密なコミュニケーションが生じる。社会的集合的存在である人間にとって，それは極めて自然なことだ。それどころか，そこで交わされるコミュニケーションの量の多さと密度の濃さが，他との質の違いとなって，組織の境界を定めるともいえる。いずれにしても貢献する人々の人格的接触や相互作用から，組織が独特の雰囲気を醸し出すようになることは，よく知ら

れている。それが組織の個性ともなり，一般的には，伝統，社風，学風などと語られてきた。共通の目的や構造をもたない，このような個人的接触や相互作用を，バーナードは「非公式組織」と説明し[22]，そこから生じる感覚や理解，規範，信念，態度，習慣などの影響をはっきりと「文化」と捉えている[23]。いわゆる「組織文化」で，バーナードの表現では「道徳」，そして私達が「組織価値」とも呼んできたものだ。ここに組織は自らが含まれる社会を基盤にしつつ，社会とは異なる文化（価値）を内包するが，非公式組織が組織の価値や文化を創造し，支える基盤なのである。その意味では，バーナードが「公式組織は非公式組織を創造する」と強調するとき，組織は当然に非公式組織に担われた文化や価値をおびることを暗黙のうちに含意している。そのことを後に彼は次のように回想している。

> 組織における道徳性についてのこのような考えは，組織内部に生じてくる問題の一つであった。そしてそれは，これらの公式組織がそのなかに存在している大きな社会に一般に行きわたっている道徳概念と，ほとんど，あるいはまったく関連がないし，また法的存在としての法人の責務とはかかわりのないものであった。
> 人々の間の協働が，彼らの活動からなる公式組織を通して，道徳性を創造するという事実は，1938年には，私にとって驚くべき着想であった[24]。

このバーナードの言葉から，1938年当時，「組織が文化や価値（道徳）を創造する」ということは新しい知見（「驚くべき着想（a startling conception)」）であったことが，よく理解できる。バーナードにとっても感慨深いものがあったのであろう。確かに，近年の組織文化論の起源はここにあり，ドイツの著名な経営学者，E. ハイネンも組織における文化価値研究が1930年代のバーナードに遡ることをはっきり認めている[25]。セルズニックは，このような価値が注入された組織を制度と捉えたが[26]，バーナードもまた公式組織と非公式組織が分かち難く結びついて価値をおびる（つまり組織道徳をもつ）にいたった組織を制度化した組織（道徳的制度）と理解していた

ことは，彼の次の言葉がよく示している。

　組織は，習慣，文化様式，世界についての暗黙の仮説，深い信念，無意識の信仰を表現し，あるいは反映するのである。そしてそれらは，組織を主として自律的な道徳的制度 (autonomous moral institutions) たらしめ，その上に手段的な政治的，宗教的，あるいはその他の機能が積み重ねられ，あるいは，この制度からそれらの機能が発展してくる[27]。

　存続する組織は，社会価値を独特に内在化させた個人価値をもつ貢献者間の相互作用から生まれる組織価値を内包することによって，道徳的制度になる。組織成立時から参加し続けている構成員にとって，そこに生まれた規範や習慣からなる組織価値は，自らが創り出し，自らの身の内にある無意識なルールや制度となっているだろう。後続した参加者にとっても，組織価値を受け入れ，これが当然のルールとなるとき，やはり制度として機能してゆく。一般的には，組織の同化能力と呼ばれるものだ。経営文献で，しばしば「強い文化」「弱い文化」といわれるのは，組織のこの同化能力の強弱をさしており，個人価値に内在する「組織イメージ」に与える影響力の強弱だと説明してもいいだろう。ここに個人の「組織イメージ」を形成するいま一つの源泉がある。社会経験で得た「組織イメージ」に加えて，当該組織で学習して身につけた「組織イメージ」を通して，人々は組織を構成してゆく（図5-3）。制度化した組織とは，このように機能する価値やルール，つまり制度を内包する組織にほかならず，自ら（組織価値）が自ら（組織行為）を創り出す再帰性の強い組織である。バーナードが制度化した組織を「自律的な道徳的制度」と見たのは，そのためだ。そこには組織の主体性がよく表現されている。

　もっとも，再帰性の強い組織は，組織価値の影響力が過度に及ぶと，時に人々に組織圧力とか組織強制力と受けとめられてしまう。だが，それだけではない。社会が大きく進展して，組織価値と社会価値とが著しく乖離するとき，人々の組織イメージを硬直化させ，それが組織硬直となって，しばしば

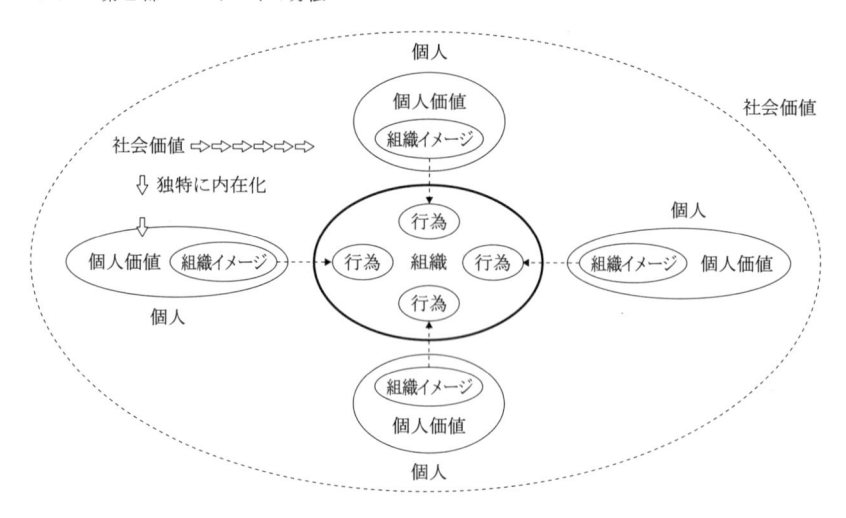

図5-3 制度としての組織と組織イメージ

組織崩壊を招いてきた。組織文化や価値とその基盤である非公式組織が，結局は人々に内在する「組織イメージ」が，変革を阻むからである。バーナードはこの点を次のように述べている。「非公式組織はすべての社会組織にとって基本であり，その力が強く，意図的な変化に対するその慣性と抵抗は明らかであり，………それが社会的，政治的計画化に対してもつ意味を，決して見逃してはならないであろう。社会的，政治的計画者が直面する最大の困難は，非公式組織のもつ，触知しえず，計り難く，漠然とした力と慣性である」[28]。

文化や価値が変化に対して慣性力や抵抗体として働くのは，それが世界を認識し，解釈し，意味づける人々の無意識・無自覚な認識構造であり，解釈枠組だからだ。それが人々の組織イメージを形成し，組織を構成する力や活動を造り出す。このため，組織が環境変化に適応するには，認識枠組の基礎となる組織文化や価値の変革，つまり「価値創造」が必要になる。バーナードが「全体としての創造職能がリーダーシップの本質である。それは管理責任の最高のテストである」[29]と強調したものだ。バーナードの管理責任論やリーダーシップ論は，制度化した組織を前提にして展開されていることはい

うまでもない。そして，この制度化した組織こそが，多くの人々にとって経験的実在に違いなく，「経験的実在としての組織」の第二ステージなのである。

3 概念構成としての組織

人々の組織イメージは，社会価値を独特に内在化した個人価値の一部であるが，制度化した組織では，組織価値をも独特に内在化している。人々がこの個人価値に含まれる組織イメージに基づいて行為するとき，その行為は組織を構成し，日常的な組織の現実を創り出す。それが経験的実在としての組織であった。行為者の個人価値に内在する組織イメージが，自己の行為を組織行為と意味づけるだけではなく，他者の行為も自己の行為と同じ組織行為と解釈することによって，組織現象を捉えているのである。その場合，他者も他者自身の行為（他者自身にとっては自己の行為）および自己（私）の行為（他者にとっての他者行為）を，自己と同じように解釈しているという前提に立っている。簡単に言えば，自己の主観的解釈と他者の主観的解釈は同じか，少なくとも近似だという前提である。いわゆる相互主観性（共同主観性，間主観性：intersubjectivity）に関連する問題だ。現実に相互主観的理解が成り立つかどうかはともかく，人々にそういう思い込みがあることは経験的事実であり，その理由の一端は「経験的実在としての組織」の部分で既に説明した。

いずれにしても，個人価値に内在する「組織イメージ」は，日常の場で人々が構成した概念構成であり，これを通して行為者，組織貢献者になるのである。その意味では，日常的な組織現象として成立している「経験的実在としての組織」も既に「概念構成としての組織」に違いない。しかし，ここでの「概念構成としての組織」とは，社会科学者，とりわけ経営学者，なかでも組織研究者が，科学的な手続きに従って把握した「経験的実在としての組織」，その実，行為者レベルで「概念構成された組織」を観察し，経験的実在としての組織を分析・記述するための道具としての組織概念にほかならない。シュッツ流に言えば，概念構成についての概念構成（「構成概念につ

いての構成概念」30)）である。行為者レベルの「第一次概念構成としての組織」を観察者の眼，つまり観察者の解釈枠組，具体的には観察者の組織イメージによって再構成した「第二次概念構成としての組織」にほかならない。バーナードの組織定義も，このレベルの概念構成であった。

ただシュッツの場合，自然科学的な基準と見紛うような公準（論理一貫性の公準・主観的解釈の公準・適合性の公準）に従って行為する人々の主観的な概念構成を認識者のレベルで再構成すれば，「客観的」な第二次概念構成が得られると，単純に考えているフシがある31)。そこには行為者の内的視点を超えた外的視点（内的視点の外部観察）が措定されているが，これは従来の科学観に囚われた客観性理解だろう。バーナードもまた論理に一貫性を持っていて矛盾のない科学的な議論の水準をめざして，厳密な組織定義を試みてはいるが，記述レベルではともかく認識レベルでは，どこまでも内的視点（行為者の視点）の内的把握を貫こうとした点で，シュッツと異なっている。

バーナードの組織把握は，他の多くの組織研究者と比較するとき，2つの点が特徴的である。一つは内的視点，行為的直観で組織現象を把握したことであり，いま一つはそれを抽象化して概念構成のレベルで捉えたことである。

多くの組織研究者は，経験的実在としての組織を自然現象のような客観的な存在と受け止めて，これを外部観察者の立場から対象化して把握しようとする。実証研究の場合でも，おそらくは自己の組織イメージに則して調査し，組織を定義づけていると思われる。その組織概念は経験的実在としての組織のレベルで語られていよう。たとえば，バーナードを激しく批判したコープランドは，このレベルの組織把握に立って，抽象的な概念構成としてのバーナード組織概念を批判したのである。

第二次世界大戦前に名をなし，1967年にノーベル賞（経済学）を受賞したハイエクは，社会科学における事実を人々が構成したものであることを早くから承知していた。しかし，「社会科学の理論は解釈のための知的枠組」というとき，それは行為者の解釈枠組を意味しており，行為者の内的視点に

注目していても,観察者の視点から経験的実在のレベルで理論構成を行っている[32]。シュッツのように第二次的な概念構成を明示的に主張しない解釈主義者も同様だろう。研究者の主観的意識はともかく,行為者のレベル,つまり経験的実在のレベルで意味解釈を行っている。その点は多くの組織研究者の現象把握レベルと変わらない。

経験的実在としての現象を把握した日常的思惟概念と,社会科学者の概念構成の次元を峻別したのが,シュッツだった。そこでは行為者レベルの内的視点(＝行為の視点)から構成された意味解釈(日常的概念構成)を観察者の外的視点から再構成されている。社会現象を説明すればよい現象学的社会学の場合,それで十分だったのかもしれない。

翻ってバーナードは,彼の永年の組織体験から得た行為的直観(＝内的視点)で捉えた組織感(経験的実在としての組織)を,そのまま組織観(科学的な概念構成)に昇華しようとした。それは,実践理論を志向する経営学,組織論の宿命ともいえ,その苦闘の軌跡を膨大な資料に基づいた加藤研究が明らかにしている[33]。そこに生まれたのが,「二人以上の人々の意識的に調整された活動ないし諸力のシステム」と定義された「概念構成としての組織」にほかならず,組織の構成要素から人間が排除されるという,それまでに例のない組織概念となった。しかし,「調整された人間活動」からなる組織理解によって,人間は組織と対等に位置づけられると同時に,人間と対峙し得る全体性を組織に与えることにもなった。それは行為者としての,とりわけ顧客活動も組織活動だと捉える経営者としてのバーナードの経験的実在としての組織を説明できる概念構成ともなっている。

「経験的実在としての組織」次元での理解に立って,自己の組織イメージに従えば,このようなバーナードの組織定義には違和感をもつ場合もあるだろう。しかし,バーナードの組織定義を批判する場合に限らないが,批判的議論は,自らの理論のレベル,概念構成のレベルを明らかに示した上で展開すれば,混乱はかなり避けられるように思う。

4 バーナードの認識順序と記述順序

　バーナード理論の成立点は，行為する経営者・管理者としてのバーナードが直接体験した協働的現実であり，そこに具体的協働情況を現出させている経験的実在としての組織現象であった。彼の認識対象は彼自身も投げ込まれ，自らの組織イメージに従って行為するとき現れる組織である。それは，経験的実在としての組織であっても，彼の永年の組織体験で感得した組織感であり，彼の鋭い行為的直観で捉えたものであって，そのままでは科学の対象とはなりにくい。それでも個人の力の総和を超える協働の力，全体としての組織を感得し，顧客もまた組織貢献者との認識を高め，自らの組織イメージを発展させていったのである。もちろん，この組織イメージは行為者，つまり実務家バーナード個人の組織イメージ（第一次概念構成）に過ぎず，これがそのまま論理的で首尾一貫した科学的議論に耐え得る概念構成（第二次概念構成）でないことはいうまでもない。

　一般的に，新しく組織に参加する人より，既存組織に参加する人の方が多いだろうが，新しい組織でもいずれ制度化し，既存組織では既に制度化しており，それが人々の組織イメージに影響を与えることは既に論じた。この制度化した組織もその行為が組織を構成する人々にとって，「経験的実在としての組織（いわば，その第二ステージ）」であったが，バーナードは，管理階層を上がるにつれ，この重要性を認識し，その理解を深めていったと思われる。彼は経営者・管理者の役割が組織の文化や価値の形成にあると自覚し，表現したおそらく最初の人だろう。いずれにしても，バーナードとそれに続く人々が，制度化した組織を認識し，説明できたことが，組織論を豊穣にしたに違いない。

　バーナードがその長い組織体験，管理体験，経営体験を通して，経験的実在としての組織，制度化した組織を早くから認識していたことは，間違いないだろう。しかし，それを行為者のレベルを超えて説明する概念の構築には，相当の年月を要している。むしろ，これと苦闘し苦悶する中から，協働システム概念と組織概念が生み出されたといってよい。

　バーナードの主著『経営者の役割』第Ⅰ部は，哲学的議論が続くため，組

織論や管理論の立場から論及されることが少ない。一見，抽象的なこの部分が，一般的協働論に落とし込んで「経験的実在としての組織」を語っている。第Ⅱ部で，彼は「概念構成としての組織」を明らかにしているが，見逃してはならないのは，そこで公式組織のみならず，それとの対概念としての非公式組織の性質を捉え，さらに公式組織における非公式組織の機能を論じていることだ。これを武器にして，第Ⅲ部では専門化，誘因の経済，権威，意思決定とその環境といった公式組織の諸要素を析出し，第Ⅳ部で「制度としての組織」と取り組み，管理とリーダーシップを論じている。認識順序とは異なって，経験的実在としての組織，概念構成としての組織，制度としての組織の順に，バーナードは記述していった。確かに，その途中の第Ⅲ部で，彼は公式組織の分析に力は入れている。しかし，次のような北野の批判はどの程度妥当するのだろうか。

　北野は「バーナードの挫折」(1983) と題した衝撃的な論文で，バーナードの方法論が公式組織の理論であったことを厳しく批判して，次のように述べている。「理論の展開順序としては，まず目的にかかわるインフォーマル組織を論じ，次いで目的達成にかかわるフォーマル組織へと論を進めるのが妥当であろうと思われる。………バーナードは観察が容易なフォーマル組織にもっぱら分析の目を向け，インフォーマル組織については分析を延ばし，方法論を模索しながら，最終的にはそれを突き止められずに終わったというのが実情ではないか」，「バーナードの採用した方法論とは，フォーマル組織の理論である。これは，かれの問題意識からすれば不幸な選択であった。なぜなら，そこでは経験主義的実証主義の立場にもとづいて，個人の主観を超越した客観的事実としての組織目的が物象化され，その理論的細分化による機能的構造の分析が試みられるからである」[34]。

　後段の批判部分は，本章でも触れているし，ある程度答えているので，前段の批判部分を考えたい。

　非公式組織の理解は，1927年から1932年にかけてのホーソン実験を契機にしている。その実験は，1933年に出版されたE.メーヨーの『産業組織における人間問題』[35]で紹介されているが，非公式組織として必ずしも十分に

概念化されていない。メーヨーの考えやホーソン実験の素材を，組織や管理に適用して体系化したのは，むしろ共同研究者の R. J. レスリスバーガーであろう。彼らが人間関係論を確立した。だが当初，作業組織にしか非公式組織の存在を見ていなかった人間関係論に，非公式組織が組織のトップからボトムに至るあらゆる組織階層に現れると理解させたのは，バーナードの非公式管理組織の主張である。そのことは，人間関係論の確立となったレスリスバーガーの著作（1939）に示されている[36]。コープランドも書評で，非公式組織をバーナードの積極的貢献の一つに挙げており，バーナードの非公式組織理解が当時の水準を超えていたことは間違いあるまい。それどころか，バーナードを人間関係学派に位置づける文献もあるぐらいだ[37]。

組織の非公式な側面を，実務家であるバーナードは早くから捉えていたであろうが，主著を執筆した 1938 年当時，メーヨー達が行ったホーソン実験の成果が，非公式組織を概念化する形で十分に知られていたとは思われない。バーナード自身も「知らなかった」[38]という。バーナードの言葉の真偽はともかく，翌年（1939）に出版されたレスリスバーガーの著作を経て，1940 年代に非公式組織の理解は普及し，深まっていったに違いない。それはコープランドの上記評価からも容易に想像がつく。そこでバーナードが，まず読者の理解の手がかりを得やすい公式組織を説明し，次いで非公式組織の説明に移ったとしても不思議ではないだろう。むしろ，当時の知的状況を考慮すれば，それが説得的であり，自然な流れだ。「インフォーマル組織については分析を延ばし，方法論を模索しながら，最終的にはそれを突き止められずに終わった」のでは決してあるまい。それどころか，「私はどうしても『公式組織の社会学』とでも呼ぶものを書かねばならなかった」[39]という言葉には，北野の批判とは正反対のバーナードの思いが込められていよう。別の箇所でも自らの主著の表題について「おそらく，より一層適切な表題は『公式組織の社会学』であったかもしれない」[40]とまで語っている。「公式組織の社会学」という表現が示唆するものは，非公式組織の重要性の認識である。社会と非公式組織を同型的に把握するバーナードの場合，そこに公式組織に生成する社会現象の学としての非公式組織論の展開を含意させていたは

ずだ。この観点から，バーナードがエールリッヒの『法社会学の基本原理』を評価していることも見逃してはなるまい[41]。その意味ではむしろ，彼が非公式組織概念を公式組織概念とワンセットで捉えた最初の人であったことが留意されるべきである。この理解に立ったからこそ，第IV部の管理責任論や道徳的創造（価値創造）としてのリーダーシップ論が展開できたともいえる。バーナードの記述方法に問題があったとしても，それは非公式組織を分析できなかったからではないに違いない。

これと関連して，細かなことであるが，「絶大な名声にもかかわらず，進んでみずからの業績が意に満たなかったことを認めたバーナードの研究態度には敬服せざるをえない」[42]という北野の称賛も気にかかる。確かに，バーナードの研究態度は真摯であり，主著の序文に「私がもっと遺憾に思うのは，組織のセンス，つまり主に親密で習慣化した興味深い経験から生じる説明を超えた劇的で審美的な感覚を，伝えられなかった」と意に満たなかったと書いている。しかし，このバーナードの思いが，言語にならないものを言語化しようとするとき，必ずついて回る感覚だとすれば，謙遜だと受け取れなくもない。しかもこの時，バーナードは，実務家として，つまりニュージャージー・ベル社長としていささか知られていたであろうが，学界では，そして理論家としては，「絶大な評価」を決して得ておらず，ハーバード大学の一部を除いて，ほぼ無名であったことを指摘しておかねばならないだろう。北野の称賛は歴史的事実に反している。

III 組織把握の視点

1 バーナードの世界

さまざまに組織が理解されたり，組織をめぐる議論が錯綜する一つの理由に，これまで述べてきた組織把握の次元の問題があった。これを踏まえていないと，バーナードの組織説明は，次元が一貫しておらず，動揺しているようにも見える。だが，注意深く見ると，バーナード『経営者の役割』は，経験的実在としての組織⇒概念構成としての組織⇒制度としての組織（「経験

的実在としての組織」の第二ステージ）のように，具体⇒抽象⇒具体と整然と展開されている。別の観点からは，（人間論）⇒協働論⇒組織論⇒管理論と三層構造（ないし四層構造）になっている。

　このバーナード理論の研究から，飯野は組織論的管理論を展開した[43]。それは組織論を基礎にした管理論の主張である。飯野の顰みに倣って言えば，バーナードの組織論は，組織一般論ではなく，管理論的組織論である。だが，それは組織が単に管理ツールだという意味ではない。組織を構成する行為，とりわけ管理行為（主導的行為）の視点からの組織把握という意味であって，いわば組織に内的視点（内部観察とも内部観測ともいわれている）から，組織が把握されている。一般的には「参加的観察」といわれているものだ。まさしくバーナード理論とは，行為者であると同時にその行為の認識者であるバーナード自身の永年の経験から感得した「組織感」＝行為的直観（直観的習熟）を駆使して，組織現象を内奥から鋭く捉えた産物にほかならない。この方法を，一言に要約すれば，組織現象の行為主体的理解ということになるだろう。

　バーナードの組織定義（概念構成としての組織）は，このような方法で把握され，記述されたものである。ここでは，行為と認識は分かち難く結びついている。そのため多くの場合，内的視点は行為者の視点＝当事者の視点だと理解されてきた。議論を単純化させるためには，それでもかまわないだろう。そして私もしばしばそのように論じてきたが，厳密に言えば，組織認識における内的視点（内部観察）とは，具体的には行為者のバーナードによって代位されていても，組織行為を構成する行為者＝当事者の視点ではない。行為者の視点ないし当事者の視点は，行為者に内的視点であっても，これに導かれて組織を構成する行為に内的ではないからだ。確かに，行為的直観は行為者にしか得られないが，行為における直観であって，行為の意味を行為が把握し接続する行為そのものであり，その視点は行為者ではなく，行為および行為が創出したもの，つまり組織に内属する。それが組織に内的な視点である。バーナードがこの点を明確に区別していたかどうかは判然としないが，人間を排除した彼の組織定義からおおよそ推察はできる。

第5章　組織把握の次元と視点―方法的挫折か，未完成か―　167

　バーナードは，組織貢献者の貢献，つまり行為者の行為を組織を構成するものと見なしたが，組織貢献者，行為者を組織それ自体とは見ず，組織環境に追いやった。したがって，経営者や管理者のように組織を担う者であれ，従業員のように組織に従いつつ担う者であれ，顧客のように組織を利用する者であれ，すべての行為者が組織に外在者である。組織に外在者の視点が，組織に内的視点であるはずもない。ただ行為が人間を離れてはあり得ないゆえ，バーナードは組織行為の代理者に組織人格の名称を贈った。その意味に限定して，バーナードもまた経営者・管理者として組織を構成する自らの行為を認識する組織の代理者として，組織感（組織のセンス）を伝えようとしたと言えるだろう。組織の定義はその顕著なものであるが，「協働の成果はリーダーシップの成果ではなく，全体としての組織の成果である」なども，組織の代理者として語っているように思われる。問題が生じない限り，便宜的に行為と行為の認識（内的視点）を行為者で代位させておこう。

　ところで，内的視点や内部観察ないし内部観測は，現象や出来事を対象化して，すなわち外から観察して記述する外部観察ないし外部観測との対比で表明されたもので，「外部観察でない」という意味だ[44]。それ自体に境界意識があるわけではない。そして両者を分かつものは，「時間感覚」であり，そこに具現する「行為の位相」である。

　外部観察は，典型的には研究者の視点での現象把握であり，超時間感覚のもとに，完了した行為や出来事を全体的視野から捉え，とりわけ過去と現在の真理をえぐり出す。完了行為に視点を合わせるから，確定した豊富なデータや情報，知識を駆使して世界を一挙に，そして客観的に把握できるのである。もちろん，未来における真理，つまり予測能力にも関心をもつが，第一義的には，未来は一般化した真理をテストする機会にすぎない。

　これに対して，経営者のような実務家が引き受ける経営行為は，過去の完了した経営行為の結果を映し出す貸借対照表などの財務諸表そのものを用意することではなく，未来を限られた視野に見据えて，経営成果をいかにあげるかという現在行為に注意の焦点がある。実務家は「今や絶好のチャンスだという即時感に満ち」，「論理的過程でなく，決定にかかわる感覚によって識

別される漠然とした抽象の中にいる」のである。意思決定状況と保有する知識の間にはギャップがあるが，経営決定の遅れのコストは極めて高くつく。「遅れに起因する不決断が，崩壊や失敗の最も強力な原因」であるから，タイミングの悪い良い経営決定はないのである[45]。バーナードの言葉で綴った経営や組織は，「経営する」，「管理する」，「営業する」，「生産する」，それらを担う「組織する」ことが大切な現在行為（進行行為）ないしは潜在行為の世界である。そこで重要なのは，瞬間的な「具体的行為での真実」だ。組織に内的視点，行為の視点に立つときはじめて捉えられる世界である。この世界を描こうと挑戦したのが，バーナードの『経営者の役割』であり，とりわけ，人間を排除して，その活動からだけなる組織定義が先兵となった。外的視点に立てば，彼の組織定義はとんでもなく抽象的で，現実離れしたものに見える。実は，かなり多くのバーナード研究者も内心そう思っていた節がある。それがまたとんでもない陥穽だった。

2　オートポイエティックな視点と記述
　　　──方法的挫折か，未完成か──

　バーナードの科学観が分析的で対象的な「科学」と異なっていることを最初に指摘したのは加藤だった（1974）[46]。しかし，語ることは身体的・感覚的把握をどこか裏切るという思いを捨てきれなかった私は，それを承知してなお「バーナード自身が永年の体験から感得した組織観を，この回りくどい手続きを経て説明し，習得させようとしたのが，主著『経営者の役割』にみる理論構成そのものにほかならない。そこに一貫して流れるものは行為の論理，主体の論理，綜合の論理である。しかし，主著において言語化すること自体が，どこまで努力しても知的対象論理を完全には超えきれず，バーナードをして行為的直観としての『組織』を十分に伝えられないと嘆かせたのである」（1979）と書いた。このような理解を今も大きく誤っているとは思わないが，バーナードが採ろうとした記述方法，少なくともその萌芽的方法に思い至らなかった。それがオートポイエティックな視点と記述とも，上述した内部観察や内部観測といわれる方法である。

同じ「組織のセンスを伝えきれない」というバーナードの嘆きに着目し，それを方法的挫折に由来すると見たのは北野である。北野は，詳細な方法的検討から，「構造化の研究は構造を創造し，維持し，変革する力を人間意識の能動性に求めるのであるが，ここで取り上げたバーナード，ウェーバー，シュッツは活動（activity），行為（action），完了行為（act）と，この力を扱いながらも異なる位相に注目してきた」と述べ，続けて「バーナードは力を潜在段階でとらえようとして挫折した」と断言している。それを「潜在段階の活動は直接観察することが不可能だ」[47]と理由づけるとき，そこに客観主義的科学観を垣間見るのは容易である。さらに北野が，完了行為に視点を据えて「行為の作用を構造そのもののうちに読み取ろうとした」シュッツを，操作性の観点から最も有望だと結論づけるとき，その思いはほぼ確定する。北野の期待するシュッツの方法，その延長上で評価したワイク[48]やギアーツ[49]の方法は，典型的な研究者の方法であり，外的視点に立脚した外部観察にほかならない。裏から言えば，社会学（シュッツ）や社会心理学（ワイク），そして文化人類学（ギアーツ）が構造化された完了行為において行為を捉えようとするのは，その学問の性格と関係しているだろう。

　バーナードが北野ほど行為の位相を深く考えていたかどうかわからないが，主著を読む限り，ある程度識別しているように思われる。人間の心理的・精神的エネルギーからなる潜在行為である活動（activity）が調整されて，具体的には進行行為である身体的・生理的行為（action）として現れ，完了行為である組織行為（acts of organization）として組織の証拠を残すことを理解した上で，組織を「調整された活動」と捉えたに違いない。この組織が，現在形や現在進行形として展開される経営機能（戦略機能，管理機能，実行機能）を担うのである。バーナードは，経営者や管理者として体験した「経営する」，「意思決定する」，「組織する」今この一瞬の感覚を，語り伝えたかった。北野の評価にもかかわらず，完了行為を構造に読み取るシュッツの方法では難しい。非公式組織から始めようが，シュッツの方法に依ろうが，内的視点から捉えたバーナードの組織感は説明できないことは，もう明らかであろう。

もっとも，言葉や概念，それを駆使する記述方法は時代の子であり，時代的制約に縛られるとしたら，それを用いざるを得ないバーナード理論もまた時代の産物であり，時代的制約を免れ難い。確かにバーナードは内的視点に立って組織現象を捉えていた。だが，彼の活躍した時代には，これにふさわしい記述する方法が未だ存在しなかった（正確には熟していなかったと言うべきかもしれない）。また人々を説得するためにも，理解されやすい対象論理を用いざるを得なかったこともあるだろう。特に主著第Ⅲ部「組織の諸要素」は，それが顕著であり，バーナードが伝えたかったものと記述方法が合っていない[50]。その意味では，北野の指摘は正鵠を射ている。しかし，すぐれた著作家は，時代的制約に縛られた言葉や方法を使って，しばしば時代を超えた問いと思考を表明し，それを同時代人に伝えようとしてきた。バーナードもその一人である。

　たとえば，それまで構造概念と理解されてきた「組織」を活動概念に意味転化させたのは，その顕著な例であるが，人を排除して「顧客活動」をも視野に収めた活動的組織理解は，組織に内的な管理的視点に立たなければ，あり得ない説明だ。また「二人以上の人々の意識的に調整された活動ないし諸力のシステム」という循環的記述は，単なる対象論理による客観的記述を超えて，「構成要素が構成要素を産出する」という内部観察が特徴的であるオートポイエティックな記述にもなっている。1980年代にようやく現れたオートポイエティックな記述方法，そして現在形で語られる内部観察や内部観測の近くまでやってきていた。バーナードの方法にその萌芽を見るのは間違いではないだろう。

　バーナードの主著執筆（1938）の約30年後，そして彼の死（1961）からほぼ10年を経て，ようやくオートポイエティックな記述方法が姿を現しつつあった。生命システムを「構成要素が構成要素を産出する自己創出システム」と捉えるアイデアは，マトゥラーナの「認知の生物学」（1970）で種蒔かれ，マトゥラーナ＝ヴァレラの「オートポイエーシス　生命の有機構成」（1973）としてまとまった。スペイン語で書かれた2つの論文が1冊の書物として英訳出版（1980）[51]されたのを契機に，生物学を超えて，社会システ

ムへの適用が試みられ，それが組織にまで及んでいる[52]。

　行為（対象）＝観察（行為）という内的視点に立って記述することが，オートポイエーシス論の決定的特徴であり，そこに内部と外部の区別もなくなって，入出力の不在性を強調する理由もあった。もとより，オートポイエーシス論の場合，入出力の不在性と，その特徴とされる(1)自律性，(2)個体性，(3)境界の自己決定性は等価であり，(1)(2)(3)も従来のシステム論と同じ理解に立っていないことは注意を要する。当然，行為（対象）と観察（行為）が分離した外的視点に立つ客観科学とは，その方法において大きな切断があり，それがオートポイエーシス論の分かりにくさとなっている。しかし，このオートポイエティックな視点に立脚するとき，人間を排除したバーナードの組織定義と顧客活動もまた組織活動だというバーナードの主張の意味が，目が節穴だったバーナード論者（私）にもはっきりする。

　もちろん，バーナードも内的視点に立った内的記述を，その著作全体で貫徹してはいない。それどころか，マトゥラーナ＝ヴァレラ自身の記述に対しても「経験世界での出来事とその出来事の解釈が一体一致するのか，しないかについての解決を与えてはいない。オートポイエーシスによって明らかになったのはあくまでも，出来事としての対象とそれの解釈を一致させる外部記述があり得る，とする点である」[53]との批判があるぐらいで，完成されたものではない。むしろ内的視点に立った内的記述や内部観察，内部観測は，それほど容易ではないことを心すべきであろう。下手をすると内部観察を装った外部観察に陥ってしまう。バーナードが経験した「経営する」，「意思決定する」今この一瞬の感覚を，ともすれば外部観察的に読み，書き伝えてしまう私達に，郡司ペギオ－幸夫の次の言葉は重い。「内部観測を語るという方法は，この点（内部観察を装った外部観察に基づく理解の無責任性――筆者）を突いて構成されるわけです。言説を理解した刹那，その理解は言説をしたためた者の理解なのか，言説の読み手の理解なのか決定できず，いやそれは，読み手が読み手の責任に於いて理解してしまったのだ，と読み手をして理解させるのである。この時に限り，読み手は読み手の内部，内部観測者の描像と遇うような言説が構成されるのです」[54]。組織の定義でこの水準

近くで語ったバーナードも，ほとんどの言説はこの域には達していない。だが，それはバーナードの方法の延長線上にある。その意味では，バーナードは方法的に挫折したというより，未完成だったのだ。その完成に少しでも近づけるのが，残された私達の課題であろう。

【付記】本章は「組織把握の視点と次元」『甲南経営研究』第43巻第3号（2003年）を所収。

1) C. I. Barnard, *The Functions of the Executive,* Harvard University Press, 1938, p.73.
   山本安次郎・田杉 競・飯野春樹訳『経営者の役割』ダイヤモンド社，1968年，76頁。
2) J. K. Galbraith, *The New Industrial State,* Penguin Books, 1969 (1967), p.137.
3) ニコラス・ルーマン／沢谷・関口・長谷川訳『公式組織の機能とその派生的問題 上巻』新泉社，1992年，34頁。
4) Melvin T. Copeland, "The Job of an Executive," *Harvard Business Review,* Vol.18, No.2, 1940, p.154.
5) Herbert A. Simon, *Administrative Behavior* (*second edition*), Macmillan, 1957, p.113.
   松田武彦・高柳 暁・二村敏子訳『経営行動』ダイヤモンド社，1965年，159頁。
6) 川端久夫「バーナード組織論の再検討」『組織科学』Vol.5, No.1, 1971年。三戸 公『人間の学としての経営学』産能大出版部，1977年，136頁。中條秀治『組織の概念』文眞堂，1998年，特に13章，14章。
7) 中條秀治「組織の境界問題」『中京経営研究』第12巻第1号（2002），126頁。
8) L. M. Applegate, J. I. Cash, Jr., & D. Q. Mills, "Information Technology and Tomorrow's Manager," *Harvard Business Review,* November-Decenber, 1988, p.128.
9) アルビン・トフラー／徳山二郎監修『第三の波』日本放送出版協会，1980年，第20章。
10) W. B. Wolf & H. Iino eds, *Philosophy for Managers,* Bunshindo, 1986, p.11. 飯野春樹監訳『経営者の哲学』文眞堂，1986年，15頁。
11) C. I. Barnard, "Comments on the Job of the Executive," *Harvard Business Review,* Vol.18, No.3, 1940,
12) R. H. コース／宮沢・後藤・藤垣訳『企業・市場・法』東洋経済新報社，1992年，9頁。
13) O. E. Williamson, *Markets and Hierarchies,* The Free Press, 1975. 浅沼萬里・岩崎 晃訳『市場と企業組織』日本評論社，1980年。
14) 私見とは異なった観点から，ドイツの法学者・法社会学者トイプナーもウィリアムソンなどの契約（取引コスト）理論上の見方は「公的組織の基本形態としての協同の前提と結果を過小評価することを意味していないか」と反問し，早くにウィリアムソン批判を展開したグラノヴェター（M. Granovetter, "Economic Action and Social Structure : The problem of Embeddedness," *American Journal of Sociology,* Vol.91, No.3 (1985), pp.481-510.）に倣って，組織独自の意思決定，組織の目的指向性，遵守される組織規範，調整機能としての組織権力，非公式関係といった公式組織の側面を捉えられないと見た。またトイプナー自身は，ルーマンに依りながら，市場の構成要素が取引に対し，組織の構成要素は決定だとして，オートポイエティックな観点からウィリアムソン的見方を否定している（グンター・トイプナー／土方透・野崎和義訳『オートポイエーシス・システムとしての法』未來社，1994年，217-218頁）。これについては本書第8章および第12章を参照。なおグラノヴェターの上記論文は，M. Granovetter, *Getting a Job,* The University of Chicago Press, 1995. 渡辺 深訳『転職』

ミネルヴァ書房（1998年）付録に収められている。
15) 姜 尚中・吉見俊哉「混成化社会の挑戦」『世界』第662号（1999年6月号），149頁。なお，本章の元論文（2003年3月）の発行後に中林真幸が，「国家を含めた組織という結節点がなければ，じつは市場メカニズムは十分に機能できない」ことを，製糸業の歴史的研究を通して明らかにしている（中林真幸『近代資本主義の組織──製糸業の発展における取引統治と生産の構造──』東京大学出版会，2003年，特に終章）。
16) 庭本佳和「バーナード理論の概念構成」『日本経営学と日本的経営（経営学論集49）』千倉書房，1979年。同「協働と組織の理論」飯野春樹編『バーナード 経営者の役割』有斐閣，1979年，47-56頁。本書第9章所収。
17) C. I. Barnard, *The Functions*, p.76.
18) *Ibid.*, p.80.
19) *Ibid.*, p.86.
20) この点は以前にも論じた。庭本佳和「コーポレートアクターの理論的視座」『中内功喜寿記念論文集（流通科学大学）』1999年，210頁。
21) Masahiko Aoki（青木昌彦）／瀧澤宏和・谷口和弘訳『比較制度分析に向けて』NTT出版，2001年，第1章。
22) C. I. Barnard, *The Functions*, p.115.
23) C. I. Barnard, *Organization and Management*, Harvard University Press, 1948, p.145. 飯野春樹監訳『組織と管理』文眞堂，1990年，146頁。
24) W. B. Wolf and Haruki Iino eds., *Philosophy for Managers : Selected Papers of Chester I. Barnard*, Bunshindo, 1986, p.162. 飯野春樹監訳『経営者の哲学』文眞堂，1986年，234頁。
25) E. Heinen, "Entscheidungsorientierte Betliebswirtschaftlehre und Unternehmens-kultur," *Zeitschrift für Betriebswirtschaft*, Jg.55, Nr.10, Oktober, 1985, S.984.
26) P. Selznick, Leadership in Adminstration, Harper & Row, 1957, p.17. 北野利信訳『組織とリーダーシップ』ダイヤモンド社，1963年，25頁。
27) W. B. Wolf and Haruki Iino eds., *op.cit.*, p.162. 前掲訳書，234頁。
28) C. I. Barnard, *Organization and Management*, p.148. 前掲訳書，149頁。
29) C. I. Barnard, *The Functions*, p.281.
30) M. ナタンソン編／渡部 光・那須 尋・西原和久訳『社会的現実の問題 [Ⅰ]（アルフレッド・シュッツ著作集第1巻）』マルジュ社，1983年，52頁。
31) 同上訳書，97-98頁。
32) 『ハイエク全集 第3巻』春秋社，1990年，83頁。
33) 加藤勝康『バーナードとヘンダーソン』文眞堂，1996年。
34) 北野利信「バーナードの挫折」『大阪大学経済学』第32巻，第2・3号（1983），113頁，120頁。北野利信『経営学原論』東洋経済新報社，1996年，第8章として所収。222頁，234頁。
35) G. E. メーヨー／村本栄一訳『産業文明における人間問題』日本能率協会，1967年。
36) F. J. Roethlisberger and W. J. Dickson, *Management and the Worker*, Harvard University Press, 1939, p.562. もっとも他の文献では，レスリスバーガーも，バーナードの組織定義を引用しつつ，「このシステムは，何よりも人間を含む」と述べて，誤解している（F. J. Roethlisberger, *Man-in-Organization Essays of F. J. Roethlisberger*, The Belknap Press of Harvard University Press, 1968, p.151.)。
37) E. M. Rogers and R. Agarwala-Rogers, *Communication in Organizations*, The Free Press, 1976.

38) 「人間関係論とバーナード理論の間に親近性」を感じた飯野がバーナードに問い合わせた手紙（1956年11月1日付け）へのバーナードの返答である（生前の飯野談）。飯野春樹宛のバーナードの手紙は飯野宅の火災（1975）の際に消失した模様。飯野の手紙はハーバード大学ベーカー・ライブラリのバーナード・ファイルに保存されている。亡くなる2ヶ月前に行われたインタビュー（1961年4月5日）でも、バーナードはウォルフに飯野に対してと同様に「私はウェスタン・エレクトリック研究について何も知りませんでした」と答えている（W. B. ウォルフ／飯野春樹訳『経営者のこころ：チェスター・バーナードとの対話』文眞堂，1978年，21頁，41頁）。
39) C. I. Barnard, *The Functions*, 前掲訳書，34頁，「日本語版序文」（1956年7月4日付け）。原文は訳書初版の監訳者・田杉　競が渡米前の慌ただしさの中で紛失したとのことである（生前の飯野春樹談）。
40) W. B. Wolf and Haruki Iino eds., *Philosophy for Managers*, p.162. 前掲訳書，233頁。
41) C. I. Barnard, *The Functions*, p.x. 前掲訳書，序文（39頁）。
42) 北野利信，前掲論文，121頁。
43) 飯野春樹『バーナード研究』文眞堂，1978年，第3章。
44) 内部観察，内部観測については以下の文献を参考にした。
・郡司ペギオ-幸夫，松野孝一郎，オットー E.レスラー『内部観測』青土社，1997年。
・松野孝一郎『内部観測とは何か』青土社，2000年。
45) W. B. Wolf and Haruki Iino eds., *Philosophy for Managers*, p.69, p.52. 前掲訳書，101頁，102頁，75頁。
46) 加藤勝康「バーナード理解のための基本的視角を求めて」『経済学（東北大学研究年報）』第35巻第3号，1974年。
47) 北野利信「組織と理念」『組織科学』Vol.18, No.2 (1984)，14頁。前掲書，第5章所収。
48) K. E. Weick, *The Social Psychology of Organizing (Second Edition)*, Addison-Westley, 1977. 遠田雄志訳『組織化の社会心理学（第2版）』文眞堂，1997年。
49) C. Geertz, *The Interpretation of Cultures*, Basic Books, 1973. 吉田禎吾・柳川啓一・中牧弘・板橋作美訳『文化の解釈学（Ⅰ）（Ⅱ）』岩波書店，1987年。
50) 藤井もこの点を詳細に検討し，オートポイエティックな視点からの記述を主張している（藤井一弘「バーナードのオートポイエティックな視点」河野大機・吉原正彦『経営学パラダイムの探求』文眞堂，2001年，第17章）。
51) H. R. Maturana and F. J. Varela, *Autopoiesis and Cognition*, D. Reidel Publishing, 1980. 河本英夫訳『オートポイエーシス』国文社，1991年。
52) なおオートポイエーシスについては，次の文献で論じた。庭本佳和「現代の組織理論と自己組織パラダイム」『組織科学』Vol.28, No.2, 1994（組織をオートポイエティック・システムと捉えて論じたわが国で最初の文献だと思われる）。庭本佳和「組織統合とオートポイエーシス」『組織科学』Vol.29, No.4, 1996年。庭本佳和「コーポレートアクターの理論的視座」前掲論文集。
53) 郡司ペギオ-幸夫・松野孝一郎・オットー E. レスラー，前掲書，76頁。
54) 大澤幸夫-郡司ペギオ-幸夫「生命と内部観測」『現代思想』1996年9月号，74頁。

第 6 章

組織と知識
──意味と創造の世界──

I　組織現象の解明と知識概念の拡大

　組織の構造的把握から過程的把握への転換はバーナード理論が契機をなすが，これは当然に組織の静態的把握から動態的把握への転換であった。そこでは協働とそれを支える組織の危うさが認識され，挫折や失敗，解体を見つめつつも，生成・成長・発展の視点から人間協働と組織が語られている[1]。確かに，組織とは過程（プロセス）であり，「二人以上の人々の意識的に調整された活動ないし諸力」が流れ行くシステムだとすれば，変化・変動こそが組織現象の常態にほかならず，そこに組織の本質もあろう。

　ところで，過程的思考と道徳的（価値的）創造性によって，組織変動論の先駆けとなったバーナード理論以降，組織論は必ずしも十分に意識して組織変動を描いてこなかった。それは，継続的・経時的研究ではなく，一時点の断面的な組織構造分析をとったコンティンジェンシー理論に特に著しい。もっとも，近年はその反省もあって，組織研究は環境適応のための構造変動や戦略変動を基礎づける内生プロセスに関心を移してきた。組織文化論[2]やワイクの組織進化論[3]が典型であるが，社内ベンチャーの実証的研究から進化論的戦略を主張するバーゲルマン[4]，わが国では野中[5]，加護野[6]などの一連の研究が挙げられる。特に野中や加護野は，組織の変動・発展を情報創造や知識獲得過程だと捉えて，意識的に論を展開しているのが特徴的である。

　もとより，組織の変動や発展を情報ないし知識の創造という観点から論じ

るのは,何も新しいことではない。経済学では早くにシュンペーターが,経済発展は知識による生産手段の新結合によって切り開かれた事業革新や事業創造であることを明らかにしている[7]。それ以来,経済学は知識の増大が経済過程を動かすことを常に意識してきたであろうが,これを正面に据えて論じたペンローズは,余剰資源(＝未利用資源)が企業成長をもたらすという。それは,規模の経済による静態分析を超えた企業成長の動態分析の主張にほかならない。この余剰資源を組織スラックとして概念化したサイアート＝マーチ[8]も,これが問題志向革新と並んで,時にはそれ以上に大きな革新を引き起こすことを認めているが,ここでは,余剰資源は知識の進歩に左右されるというペンローズの主張が重要である。また,知識には探究によって獲得される外生的知識以外に,現場の経験からもたらされる技術,スキル,ノウハウを含むという彼女の認識[9]は,シュンペーターをも超えていよう。

これに関連して,やはり経済学者ハイエクの知識論は見逃し難い。ハイエクは,社会が経済問題を解くにあたって,科学的知識や統計的知識のみならず,「現場の人間 (man on the spot)」がもつ細部の動きを捉える「ある時と場所における特定の状況に関する知識」の重要性を強調している。彼は「計画経済の困難さと崩壊」を早くも1930年代初期から予想してみせた。ハイエクの場合,人々が断片的にもっている知識を集約するのが,情報伝達機構として働く価格機構(＝市場)にほかならないからだ[10]。

シュンペーターの考え方に,ハイエクの視点を取り込んで発展させているのが,産業組織論者・今井賢一である[11]。企業に革新をもたらす知識は,外生的なものだけでなく,企業内研究開発による内生的な科学・技術の占める位置が大きい。シュンペーターも晩年にはこれに気づいていたようであるが,日本の経済や企業システム分析に立脚する今井は,それでも不十分だと主張する。現代社会の激しい動きを捉える動的な知識や情報は,研究開発や投資にはじまり,生産,在庫,流通,マーケティングなどの一連の企業活動とその相互作用から生み出されるからだ。この現場の人間 (man on the spot) のもつ「その場の情報 (on the spot information)」,つまり現場情

報を集約する場をネットワークと見たところに今井の独自性もあり，そこに彼がネットワーク社会論，ネットワーク組織論を展開する理由もあるだろう[12]。

このように，情報や知識[13]に視点を据えて組織現象を解明する動きは大きな流れになってきたが，その底流には情報観や知識観の革新，知識概念の拡大が伴っている。たとえば，ハイエクが重視し，ペンローズがようやく射程に入れ，今井によって展開されている現場の知識は，細部の動きに直接触れることから得られるスキルやノウハウといった行動知（behavioral knowledge）であり，その多くは語ることも難しい暗黙知（tacit knowledge）から成り立っている。従来の知識観では扱い得ない知識であろう。それは，組織変動を情報創造過程（ないし知識創造過程）や知識獲得過程と見る野中や加護野の場合も変わらない。ここに，近代の科学的方法の閉塞感から来る知の革新への渇望ともあいまって，行動知や暗黙知への関心が急速に高まってきている。

行動を通して得られる知識であると同時に行動するための知識，つまり行動知にいち早く気づき，注意を喚起したのは，経営者にして組織理論家・バーナードだと思われる。豊かな経営実践の上に築かれた彼の科学観，組織観からの当然の帰結であったが，道徳的創造理論がなかなか受け入れられなかったのと同じように，あるいはそれだからこそ行為的直観である行動知もまたバーナーディアンの一部を除いて関心を引かず，経営学や組織論一般（いわゆる主流派）に継承されなかった。そのため，組織現象への知識的接近や情報的解明という点で，経営学は経済学に遅れをとり，今日，経営学者・組織論者が「不思議なことに，知の獲得という視点は，組織研究者ではなく，むしろ経済学者によって追求されてきた」（加護野）[14]と慨嘆せざるを得ないのである。そのようなアプローチは，何よりも知識観の革新，知識概念の拡張，そしてその基礎にある科学観の転換を自覚せねばならない。行動知を認識し，学問的に受容することは，そのきっかけであったであろう。確かに，すぐれた先行研究（バーナード）をもち，組織行動を問う組織論が，まず知識論を展開すべきであった。

行動知の理解は，むしろ思索の学，哲学によって深められた。偉大な伝統の上に，知ることの意味を追い，自ら知識の理論を任じる哲学にあってみれば，もちろん不思議ではない。たとえば，G. ライル（1945）である。知識を「内容を知ること（knowing that）」即ち「事実的知識」と，「事柄を遂行する仕方を知ること（knowing how）」即ち「遂行的知識」の二様に識別し，後者が前者に含まれて同化しないことを明らかにした[15]。事実的知識は，命題化された概念的知識，出来事（エピソード）に関する知識であり，遂行的知識は，ピアノ演奏やチェスの指し方のように，実践を通して学んだ規則適用の能力や技能である。これは，近年，多くの関心を集める人工知能論議の「宣言的知識」と「手続的知識」とほぼ重なる上に，ライルの著作が翻訳されたこともあって，一般的にも理解が進み，バーナードの行動知を受容する知的土壌が生まれてきている。

そこで本章は，これまで本格的に論じられてこなかったバーナードの知識論を取り上げよう。経営学（組織論を含めて）が既に半世紀以上も前にこの水準の知識論を展開していたことに驚きを禁じ得ないが，同時に暗黙知の言語化＝明白化（『経営者の役割』の出版）が，必ずしも知の共有に繋がらないことを皮肉にも示している。さらに，このバーナードの知識論を踏まえて，「組織と知識」について，言い換えれば「意味と創造の世界」について考えることにしよう[16]。

II　バーナードの知識論

1　組織変動要因としての知識

現代経営学を確立したといわれるバーナードは，解体，崩壊，破壊が組織の顕著な事実だと承知して，その存続・発展をはかる管理職能を，主著『経営者の役割』で見事に描いてみせた。もちろん，組織は絶えざる変動の過程にあることを見抜いているが，主著では，行動知や道徳的創造職能へ言及しつつも，組織変動要因をそれほど明確に示していない[17]。この点での彼の考えを理解するには，主著に先立ち，主著に連なる二つの論文「企業経営に

おける全体主義と個人主義」(1934)と「社会的進歩のジレンマ」(1936)が示唆に富む[18]。

バーナードによれば，知覚された宇宙で唯一妥当する事実が「変化」にほかならず，自然界はもとより，社会的世界にもあてはまる。人間は変化ゆえに時間を感じ，時間の経過により，変化を知るという。特に社会的世界は，生きた，動的な，常に変化している人間世界であり，人間協働と組織はそこに生成する (pp.39-45)。

この社会的世界を動かし，変化させる諸力（forces）には，まず，その力が宇宙にまで連なる物理的諸力があげられる。人間生活に影響を及ぼす自然環境も，これを基底に変化する。地球環境問題が問われる今日，無視できない力であろう。技術はこの物理的力の応用だといえる。次に人間の自己保存を実現する生物的諸力であり，社会を動かす人口の変化（人口動態）もこれに負っている。第三は精神的諸力で，人々の道徳的・精神的態度や価値観を指している。これらの変化が，具体的には人々の嗜好の変化，消費の変化，さらには揺らぎやすい消費となって，今日の乱流的環境状況を生み出し，組織変動の原因となっていることは，周知の事実である。第四の経済的諸力は，物理的，生物的，精神的諸力の特殊な表出である。技術革新や人口の増減，人々の態度や嗜好の変化が社会的な力であることは，既に述べた。さらにバーナードは，動力革命，輸送革命，通信革命によるインフラの発達・整備が経済的諸力として働き，組織変動をもたらすことも見逃してはいない。第五は人種的諸力だという。確かに，人種構成の変化は，時に民族問題を引き起こし，政治的諸力と結びついて世界を揺るがす。一つの組織をとってみても，国際化による外国人の採用は，組織変動の契機となろう。最後に政治的諸力があげられる。この力の最も悪い行使が戦争であることに異存はあるまい。

これら社会的諸力に加えて，バーナードは個人と組織を社会的機動力（powers）だと認めているが，ここでは組織に視点を移し，その変動要因の観点から整理し直してみよう。

組織は，組織に外的な条件と内的諸力の双方によって，常に変動せざるを

得ない。上述の社会的諸力が，外的条件として働く。まず，物理的諸力に基礎をおく自然環境の変化や技術革新，その結果としての科学的知識，産業技術の絶えざる増大と進歩である。バーナードは，組織変動要因として，これに注目している（p.19）。シュンペーターが見つめた地平にほかならない。生物的諸力，経済的諸力を人口動態，所得水準，インフラを含めた技術だとすれば，H. I. アンゾフとともに経営戦略論の確立に貢献した A. D. チャンドラーの環境認識と重なっている。精神的諸力とは，上述したように人々の道徳的，精神的態度や価値観であり，その変化は組織を直撃しよう。人種的，民族的，政治的諸力が，今日，極めて重要な環境要因であることは論じるまでもない。これらの上に構築された経営環境論は今なお新しい[19]。

組織が人間の活動や諸力から成り立ち，個人が組織を起動したり，抑制したりするエネルギーの源泉であってみれば，個人こそ組織の動態的要因であり，組織変動の内的諸力をなしている。そのため，組織参加者の数が変化するだけでも，組織は安定を欠くことが多い。組織が成長過程で崩壊を招きやすいのは，このためである。当然，個人の質は，これに大きく影響しよう。組織の発展は，それに相応しい個人の発展が不可欠であるが，これには独創性や知性，相当量の知識の上に，かなりの想像力を必要とする。言い換えれば，個人の発展とは，知識の獲得・適用能力を向上させることである。これらを駆使して，人々は今日の複雑多岐にわたる「組織を学び（learning the organization）」（p.21），ノウハウやスキルといった行動知，個人的知識を身につけるのである。バーナードが「私たちは，それぞれ，この種の知識を持つ小さな島だ」（p.134）と強調した理由もここにある。組織を存続・発展に導く協働意思の確保とは，このような知識の集約的利用にほかならない。知識こそが組織変動の最大の要因なのである。

2　知識の諸形態

組織の変動・発展をめぐって，ここで知識の諸形態を論じようとすること，それ自体が従来の知識観では語り得ない知識を問うことを前提にしている。そのような知識領域に踏み込んで，その概念の拡大をはかったのが，経

済学では既にみたハイエクであり，経営学ではバーナードであった。ハイエクを凌ぐほどのバーナードの知識論[20]はよく知られていない。ここに紹介し，できればさらに展開してみよう。

バーナードの知識論の特徴は，「非主知主義者」とのレッテル貼りを恐れずに，知識や能力の獲得とその適用に踏み込んで論じたことである。このために，彼はいわゆる知識そのものだけでなく，技能（skill）や判断（judgement）を知識論の一環として認識することができた。行動知はこのような領域にかかわっている。

(1) 知識の獲得と技能
① 身体的技能

技能として第一に挙げねばならないのが，生物的技能（biological skill）とも呼び得る身体的技能（bodily skill, physical skill）である。これは，人間が生きるために必要な基礎的技能であり，感覚器官の使用や神経組織の上に成り立つ身体制御・運動適用の技能（skill in body control and application of movements）だ。あらゆる生命は，この技能で世界を分節化し，世界を知る，あるいは感覚的に意味づけるのである。人間の場合は，スポーツや音楽演奏などに見られるように，いわゆる職人芸を含め，道具を扱う技能として一層発達している。私がかつて「身体知」と名づけた部分である（本書第4章参照）。これは極めて高次の抽象操作能力と関連しているにもかかわらず，言語抽象されることが少ないため，一般的には抽象能力だとは理解され難い。だが，知識の獲得・適用にとって，基本的技能であり，科学や技術の応用に関係する外科学，分子生物学，微量化学，電子工学などに不可欠だとバーナードは強調している。経営学とて，その例外ではない。

② 社会的技能

身体的技能というよりはむしろ，知的技能と見なされる技能，時には両方の性格をもつ技能が，人とうまくやってゆく技能（skill in getting along with people），説得の能力（ability to persuade），直観的習熟（intuitive familiarity）である。はじめの二つを社会的技能，三つ目を一応，知的技

能と呼んでおこう。

　人とうまくやってゆく技能とは，協働の技能だ。人々は，多くの場合，模倣と練習から行動的に学ぶのである。それはまた文化や発話を含めた言語ルール，遊びやゲームのルールとその適用の学び方であるが，「組織を学ぶ」とは，眼に見えない組織の規範や価値を含めた組織のルールを熟達者の模倣や練習を通して行動的に学ぶのである。

　協働の技能と密接に関係するのが，説得の能力である。バーナードによれば，「説得とは，他の人たちの狙いや目標や理想に関連した方法で，製品，技術上のアイデア，抽象的な社会的可能性を提示する技術（art）」(p.132)にほかならない。これを，「相手の文脈に沿いつつ，自己のアイデアを提示する能力」，「相手の文脈に自己のアイデアを挿入してその文脈の転換ないし離脱を行わせる技術」と言い換えてもよいであろう。バーナードのこの説明は，個人の知識を組織に共有化してゆく場面だけでなく，組織価値を新たに創造し，組織的文脈を転換する場合にも，説得の能力が極めて重要であることを示唆している。したがって，説得は抽象的な論証の方法ではなく，理解できる言葉で知識を効果的に伝える能力なのである。いずれにしても，社会的技能はコミュニケーション能力であり，言語化の技能（skill in verbalization）に多く依存している。

　③ 知的技能

　言語を操る能力は，社会的な能力である。職人技のような純粋な技能といえども，その発展と伝承は基本的言語に頼らざるを得ない。人間の認識能力を大きく前進させる「抽象概念を識別し操作する技能（skill in discrimination and operation of abstraction）」となれば，言語の力は一層大きい。バーナードが「論理的思考や推論は，無言のときでさえ，少なくとも大部分は言語にかかわっている」と強調する所以である。それにもかかわらず，彼は「この程度を超え，さらに展開していってみると，そこには非言語的な『直観』とでもいえば最も適切と思われる『精神的』プロセスがある」(p.103)と言い切った。これは，身体を基礎としつつも知的技能として働く「直感的習熟」がもたらす「直観的飛躍」である。直観とは意味を形成する

直接の力であるが，決して神秘的なものでない。それは，参加的観察（ポラニー流に表現すれば，潜入：dwelling in）を通して，対象への忍耐強い骨身を惜しまぬ努力からもたらされる技能であり，経験（責任的な行為）を積んで物事に精通熟知してはじめて閃く行為的直観，行動知なのである。バーナードはこれを「物質，システムおよび人々との個人的接触からもたらされる技能，理解，そしてノウハウだ」(pp.132-133) と説明するが，通常は暗黙知にとどまっている。

(2) 公式的知識と個人的知識

知識は，このような技能の上に成立する。ことに身体的技能を超えて，知識を獲得し，利用し，伝えるのに役立つのは，極めて人間的なコミュニケーション技能，言語化の技能である。それ自体が社会的技能であると同時に，言語的知性（論理的抽象的思考）の発展を促した。身体的技能や直観的習熟を基礎にした行動知に隠されている，あるいは暗示されているノウハウなどの暗黙知が，明示的になり，明白になるのは，言語抽象とコミュニケーションを通してである。ここから事実の説明と事実に関する一般命題を引き出し，知識が組み上げられるのだという。バーナードのこの主張に，知識の共有化に必要なプロセスがよく示されている。このようなプロセスを経て生成した知識が，彼によれば，科学的知識をはじめとする組織化された公式的知識にほかならない。

知識は思考を助け，新たな知識を創造したり，判断の重要な要素ないし土台だとすれば，知識が公式的知識にとどまらないことは，これまでの議論からだけでも明らかであろう。現場の人間がもつ細部の動きを捉える「ある時と場所における特定の状況に関する知識」を強調したハイエクと同じように，バーナードもまた「一般的には，およそ認められないが」と断りつつ，「日常の，ありふれた事象に関する局所的で，個人的な知識 (the local and personal knowedge of everyday commonplace matters)」，「個人的でその場の知識 (personal on-the-spot knowedge)」(p.134) を重視した。この個人的知識は，それ自体が直接的知識であると同時に，基礎的な技能と

並ぶ，あるいは直観的習熟に立脚して，知識獲得に大きな役割を果たしている。これは次のようなものから成り立っている。① 直接的に接触をもつ特定個人についての知識，② 取り扱っている特定素材についての知識，③ かかわりをもつ特定の時間と場所についての知識，④ まわりの出来事の経路のはっきりしない理解，などである。その多くは，速やかに言語化することが困難な現場の感触であり，行動知（＝暗黙知）である。

　このようなバーナードの知識理解は，現実離れの生活をしていたり，その環境や人間との接触がなければ，得られないことはいうまでもないが，何よりも彼の責任中心思考と表裏一体をなしている。バーナードは「この種の個人的で，その場の知識は，あまりにもしばしば過少評価されているが，あらゆる，そしていかなる行為に対する責任の受容と履行にとっても絶対に欠くことができないもの」（p.134）で，しかも「責任ほど個人の能力の範囲内で個人を発展させるものはない」（p.22）と述べている。逆にいえば，自己の全人格をかけた責任的行為が，個人的知識を生成させるともいえる。これはポラニーが強調した自己投入（commitment：自己の主体的関与）が生む知と同じ在り様（存在形式）を示している。

(3) 知の適用としての判断

　知識の獲得が技能の働きだとしたら，知識の適用（それ自体が暗黙的な技能）にかかわるのが判断であり，創造性の生成基盤である。バーナードによれば，判断は十分な論拠なしに（あるいは妥当な証拠が不十分なままに）結論を出す場合や，事実が幾通りにも解釈されるところでの意思決定ないし問題解決をはかる場合に必要となる。これは，確定した目的を遂行する手段に関しても求められるが，最も必要なのは目的の決定と定式化の場合である。もちろん，それには価値の確定や創造が伴うからで，知識と技能の利用が極めて難しい。目的や目標は，説明を超えた信念と熱意の源泉であり，そこに想像力が働いて「知の飛躍（直観的飛躍）」とでもいうべき創造性が生まれる。バーナードはこれを次のように述べている。

　「私たちの想像力（powers of imagination）は，私たちが今日の目標に

満足したままでいるべきではなく，新しい希望，夢，そして価値を創造しながら，明日に向かって前進すべきことを避けがたいものとしている。これこそ，ヒューマニティの核心そのものである。………私たちの最高の大望と最も深遠な道徳的判断は，最も容易に欲求不満の餌食になるのも事実である。しかし，それらを放棄するのであれば，私たちは重大な危険を覚悟のうえでなければならない。というのは，それらは，私たちのすべての技能，努力，知識，そして生命に意味を与えてくれる，まさにそのものだからである。………私たちが非常に高く評価している思考と行動という特権を正当化するに足る理由は，まさにこのような判断にある」(p.137)。

判断とは，技能や知識に生命を吹き込み，思考と行動を結びつけ，それらを新たな高み（知の飛躍）に導く能動的精神にほかならない。知識の全体像は，創造的想像力で対立・矛盾（つまり問題）を高次のレベルで統合（＝解決）する判断（＝道徳的創造性）を含んで成り立っている。

3　行動知と知のダイナミズム

これまで，バーナードに即して論じてきた技能，知識，判断は，それぞれが知識の一形態である。これは，一般的理解を少し超えているかもしれないが，哲学者・ジョン・デューイも，知識が「保証された主張」という厳密な定義以外に，理解や了解，つまり知る能力や知る作用を意味すると，認めている[21]。実務家・バーナードは，さらに知の適用と知の創造（道徳的創造）に踏み込み，それに最大の栄誉を与えた。彼の表示法によれば，知の形態は，基底に身体的技能が在り，その上に個人的知識が位置し，さらにその上に知的素養である専門的ノウハウと公式的知識が配置され，頂点は判断によって占められるピラミッド構造になる。図6-1はこれを示したものである。だが，バーナード自身が説明するこのピラミッド構造図は，一見，それぞれの位置と重要さが判りやすいにしても，静態的であり，彼の知識理解とその論述にそぐわない。むしろ図6-2のように動態的円環図（できれば動態的螺旋図）として描いた方が，それぞれの関係と行動知を重視し，道徳的創造を強調して，知のダイナミズムを見つめたバーナードの主張をよく表現

図6-1　知識のピラミッド　　　　図6-2　知のダイナミズム

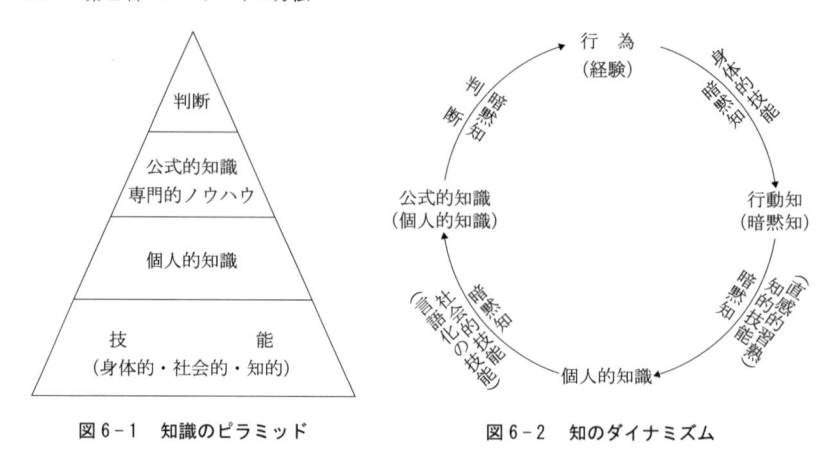

しているように思われる。この円環図に即していま少し論じてみよう。

　「生きることとは知ることなのだ」と主張したのはマトゥラーナ＝ヴァレラであるが、生きる現場の体験（特にバーナードの場合、体験とは責任的行為）が、暗黙知とも呼ばれる触感になり、感性を磨き、想像力を豊かにして創造性を生み出す源になるのである。まさに「存在と行動と認識の偶発的同時性」[22)]にほかならない。そこには感覚と神経組織に基礎づけられた身体的技能が働き、行為（経験）は身体知として把握される。これに潜在意識的な知覚を含めた部分が、バーナードのいう行動知だ[23)]。もとより、その多くは暗黙知（ポラニー）である[24)]。直観的に習熟した人々は、個人的知識として、これをかなり捉えている。そして個人的知識の幾許かは、社会的技能（言語化の技能）によって事実知識化され、他の知識とも結合して、共有可能な、あるいは共有しやすい組織的・公式的知識になってゆく。ここで注意すべきは、言語化された知識から意味を再構成するにも暗黙知が働くということである。そのため、いかに言語化されても知識が共有化されにくく、組織的・公式的知識をめぐってさえも、個々人の間で意味のズレを生じることは珍しくない。これが時に創造性に繋がる小さな組織的裂け目となるのである。

　ところで、公式的知識が新たな行為をめざした判断によって適用される場

合，知識（ないし論拠や証拠）と行為（ないし問題解決）との間にはいささかのギャップがあるのが普通である。必要な知識，妥当な根拠が何であるのかさえ，掴めないことも多い。それにもかかわらず，行政においてはもちろん，激変する乱流的環境に直面する企業経営の場合，次から次へと現れる問題の多くは，知識の状態がどうであれ，瞬時の決断＝行為を必要とする。しかもバーナードが述べるように，「遅れに起因する不決断が（組織）崩壊や失敗の最も強力な原因であり得る」（p.52）のであるから，十分な知識のないまま行為が求められるのが一般的であろう。それを埋めるものこそが，判断にほかならない。価値を確立して把握した問題に対し，既存の公式的知識を駆使しつつ，それを個人的知識，行動知，想像力と結びつけて動態化し，知を組み換えて，ギャップを跳び越えるのである。その意味では，知のダイナミズムは平面的な円環（サークル）というよりはむしろ，螺旋的（スパイラル）に上昇してゆくのだといえる。

　このように知のすぐれた適用は，必然的に創造性を含んでいる。しかし，これは必ずしも「見る前に跳べ」[25]という主張ではない。行為を要請されて崖っぷちに追いつめられつつも，僅かな足場（知識）を頼りに，対岸（問題）を見据え，生を賭けて，知の飛躍を行うからこそ，行動知や想像力がフルに働き，新たな知の高みを掴み取ることができるのである。そこにも，行為的直観としての暗黙知が視点（新たな視点）として機能していることを忘れてはならない。たとえ，跳躍自体に失敗したとしても，それが個人的知識，行動知に積み重なって厚みを増し，次の飛躍を助けるのである。「見て跳ぶ」，「見つめつつ跳ぶ」からこそ，行為は創造を生み，知識を獲得するのだといえる。

　このようにバーナードの知識論は，一見，知識形態論（知識類型論）に見えながら，単に公式的知識を超える個人的知識を主張したにとどまらず，その生成，適用に踏み込んで，知のダイナミズムを描いているのである。

III 組織的知のダイナミズム

　組織の発展が個人の発展（個人の知識や能力の向上）に大きく依拠すると見たバーナードは，「組織と個人の同時的発展」を基本的課題として理論構築したが，前節のような知識論がその伏流となっている。社会や生活の現場（組織の前線）で捉えた，時に対立する個人的知識を，高い次元で統合し，組織に集約する役割を担っているのが，各レベルの管理者，とりわけトップ管理者の創造職能であった。判断や創造的想像力が強調された所以であった。この知識の組織的集約に必要な社会的技能（コミュニケーション技能，言語化の技能）にも，バーナードは目配りしている。その意味では，知識の組織化，あるいは組織的知識創造といった組織的知のダイナミズムを展開する道具は，バーナード理論に揃っている。確かに，主著（p.86）に既に，解釈は個人に委ねられているが，組織知識（organization knowledge）が個人を超える全体の立場，組織の利益という立場という見方を規定するという指摘もある。だが，バーナードが自覚的に論じたのは，ここまでだった。組織的知のダイナミズムまでは及んでいない。この点が最近の研究の焦点になってきた。以下でわが国における代表的な組織的な知識研究を検討してみたい。本節ではまず金井壽宏，加護野忠男の所説を吟味する。次節で野中郁次郎の組織的知識創造理論を取り上げることにしよう。

1　ピア・ディスカッションと暗黙知（金井壽宏）

　ピア・ディスカッション（同輩との議論）によって，個人に体化する知識（暗黙知）を超える組織の知識生成モデルを主張するのが，金井である（図6-3）[26]。そこには，「『知の創造』の基本とは暗黙知を形式知に転換するプロセス」[27]とする野中と同じ認識が流れているが，このモデルの中核は暗黙知を明白知化する組織的工夫（ピア・ディスカッション）を組み込んだところにあり，その主張は説得的だ。行動知に目が届いているのも特長だろう。その意味では，バランスのよいモデルだといえる。ただ，このモデルの

第6章　組織と知識—意味と創造の世界—　189

(暗黙知→明白知→行動知)

```
                         社風    集団圧力    個人の慣れ
                          ↓        ↓          ↓
ピア・ディスカッション      暗黙知（tacit knowledge）を主とする        慣れ切ってしまう
                         知識ベース〔知っているはずだから語ら         (身につく＝疑わない)
・人に質問される           ない／語れない知識〕
 (「なぜ」)
・自ら疑う         ・行動観察
 (自己言及)        (モデリング)      行動知（performance-based knowledge）
・言語化                            〔行動を繰り返さないと身につかない知識〕
 (議論)
                         ・原理,原則を実践に移す

                         ルール学習

                         ・原理,原則を引き出す

                         明白知あるいは分節知（articulate knowledge）
                         〔人に明らかにしようと思えばできる知識〕

         暗黙知のうちどうしても
         いわく いいがたい領域
         (厳密な意の暗黙知)       (庭本の指摘で加えられた)
```

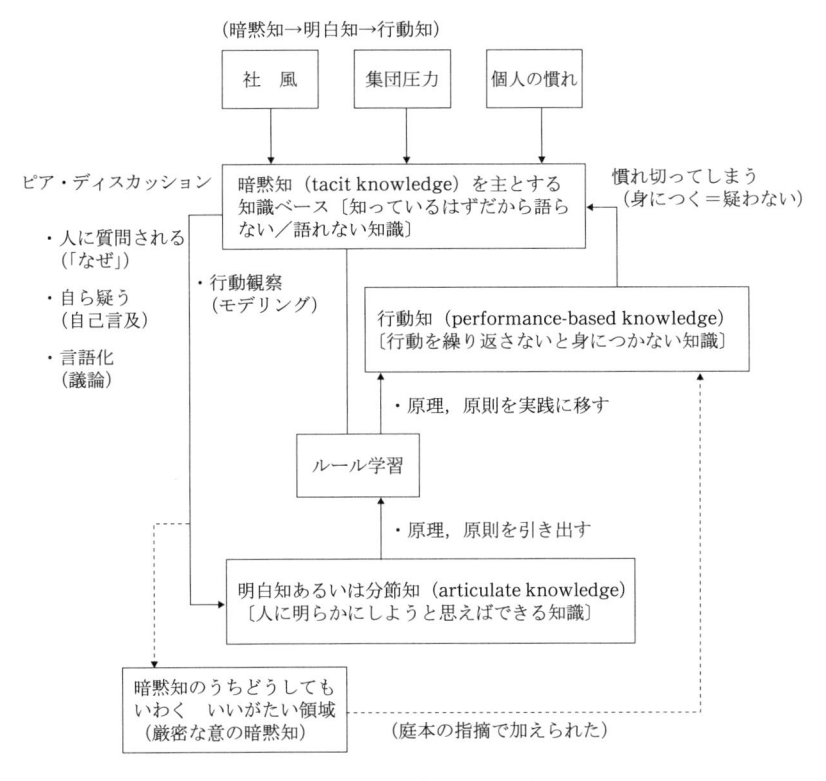

図6-3　知識の生成サイクル（金井）

　前提にはポラニーの暗黙知がおかれているが，これを積極的意味（「積極的には，人は語れる以上のことを知っている，ということを含意する」）から消極的意味（「消極的には，人はなにか巧妙な仕掛けやきっかけがない限り，知っているはずのことを語れないというもどかしさを意味する」）へと微妙にずらして用い，結局はポラニー殺しの巧妙な仕掛けをほどこしていることに気をつけねばならない。それが，一見，暗黙知を装った「暗黙知（tacit knoweledge）を主とする知識ベース〔知っているはずだが語らない知識／語れない知識〕」であり，このモデルの出発点となっている。
　ところで，「強力な社風（コーポレート・カルチャー）があり，集団圧力を受け，個人的にも現行のやり方に慣れ切っていると暗黙のまま放置されて

しまう」と説明される知識ベースに，知識創造・生成の源泉というイメージを描きにくい。細部の動き方を反映して躍動する知識ベースというより，停滞した知識イメージである。金井の場合，これを動態化する仕組みが，ピア・ディスカッションにほかならず，実例をあげての論証は，確かに説得力がある。だが，そこに示されているのは，「気づき」の例であって，気づいているが語れない例ではない。たとえば，バーナードの行動知は無意識的な感覚を含むが，身体知や潜在意識的な知覚として捉えていても，語れないのであり，その組織感を自覚しながら，組織観（組織概念）として語るのに苦労し，行為的直観としての「組織」を伝えられないと嘆かざるを得なかった。それがまさにポラニーの暗黙知であろう。金井もまたそのことは認めており，図6-3の「厳密な意味の暗黙知」がそれだと思われる。

　知のダイナミズムにとって，この暗黙知が起爆剤である。ところが最初に示された金井のモデル図では[28]，ピア・ディスカッションでも明白にされない（ポラニー流の厳密な）暗黙知は，孤立して行き場がなく，沈殿してその後の知識生成に何ら寄与しないことになっていた。明白にされない暗黙知は，知（地）の底に沈んで化石化するのではなく，知（地）の底に潜んでマグマのように知表（地表）を揺り動かすのである。当然，学習したルールを適用し，行動知化する場合にも，この暗黙知は働いている。この点の認識が異なれば，行動知理解も私たちとは異なるであろう。

　ピア・ディスカッションを印象づける説明戦略のためか，金井は組織革新に導く新たな視角からの，知識への切り口・成長の契機として，ディスカッションに伴う「気づき」，「驚き」，「洞察」などを強調している。それは重要な指摘であるが，少なくとも，その主張は「暗黙知→明白知」を革新に導く知識増大のプロセスとは見ていても，「明白知→行動知」を知識を拡大し，想像力が働くプロセスとは見ていない。その意味では，金井の行動知（performance-baced knowledge）[29]は，ポラニーによって「従属意識を理解していない」[30]と批判されたライル的行動知（遂行的知識）であろう。語り得ない暗黙知において，語り得ないのが創造性に繋がるこの従属意識であるとき，当初のモデル図の暗黙知理解と位置づけは象徴的だ。修正後の暗黙知理

解もその残影を引きずっている。

　行動知は,規則(知識)の適用能力であり,実践の産物であるが,ライルにおいても,それが習慣ではなく,理知的能力だと理解されている。習慣は反復的練習(drill)によって形成されるが,理知的行為は,以前の行為によって修正を受ける絶えざる学習の過程であり,反復練習を含みはするけれど,判断が介在する訓練(training)によって形成される[31]。M. ドゥ・メイも,訓練を「基本的な反応パターンや強力な規則の繰り返しによる教え込みというよりむしろ,特定の状況における定型的なパターンの適用に関する特異性の微妙な認識」であり,「繰り返しではなく,技能の円滑な適用を保証する微妙な知識を獲得し,増加することだ」として,「獲得された知識の固定というよりはむしろ微妙な付加的知識の獲得」という観点から理解した[32]。これらは,徒弟制度を固定的な知識の受け渡しではなく,「常に基礎を拡張し,新しい知識を付け加える動的な過程であった」[33]とするクーリーの主張とも重なっている。さらに進んで,獲得された微妙な知識(細部の知識)が,知識全体を動かしたり,固定化しがちな明白知や形式知を破ることもあろう。それがバーナードの行動知であり,ポラニーの暗黙知であった。金井もこのことを承知していようが,一見,停滞的な慣習知に押し込んで,行動知を論じていることは否めない。

2　組織変動とパラダイム革新 (加護野忠男)

　知識の組織化を組織認識の立場から切り開こうとするのが,加護野である[34]。彼は組織の認識枠組としてクーンのパラダイム概念に注目し,その導入を試みる。この概念の中核に位置するのが,「日常の実践を支えている知識体系」(3頁)と説明される「日常の理論」にほかならない。金井や野中が,組織的知識創造プロセス,とりわけ暗黙知の明白知化ないし形式知化プロセスに焦点を合わせるとすれば,「知識の利用と獲得過程としての認識」(60頁)にかかわる知識,つまり「日常の理論」の役割や発展メカニズムを明らかにし,ひいては組織変動のメカニズムを解明しようとするのが,加護野の狙いだといえる。

もっとも，組織の認識という問題に踏み込むとき，当然，従来と同じ科学観，現実観ないし事実観，そして知識観では，それは成し得ない。これをクリアすることは，かつて野中とともにコンティンジェンシー・セオリストであった加護野には高いハードルであっただろう。それは，加護野自ら指摘するように（5頁），コンティンジェンシー理論が「社会現象をモノとして見よ」というデュルケーム的（近代科学的）方法論に依拠していたからである。

コンティンジェンシー・セオリストの常として，加護野もまたバーナード理論を「組織現象についての基本的洞察をあたえることができても，その経験妥当性の検証はきわめて困難であり，われわれが冒頭にあげた具体的問題にはっきりした解答をあたえることはできない」と批判し，反証可能性の低い一般理論に陥っていると否定した過去をもつ[35]。この批判は，当然，上述の方法的立場から，本書第4章で示したバーナードの依って立つ科学観，方法論，あるいは知識観や事実観，その結果の組織観を否定するものであった。しかし，組織慣性やその原因である組織文化の形成と革新という問題に対するコンティンジェンシー理論の無力さに気づき，組織学習の重要性を認識するに及んで，加護野は組織文化論者，さらに組織認識論者へと転向した。もとより，この転向は単に扱う領域が組織構造から組織文化や組織認識に変わったというにとどまらない。研究者にとっては苦渋に満ちた科学観，理論構築の方法論の転向であり，そこには組織観，現実観の転換を伴う。今や加護野の組織観，現実観は，バーナードに極めて近い。

たとえば，組織構造を語り，組織形態を論じていても，組織を明確に規定しなかった加護野が，『組織認識論』の序文で，まず「本書の用語法のなかで，読者を混乱させる可能性があるのは，組織の概念である。日常の用語法で，組織といえば，企業や行政機関の編成をさすものとして使われることが多い。………本書では，そのような意味での組織は，『組織構造』あるいは『組織機構』と呼ばれる」と断った上で，「本書で組織というのは複数の人々の共同（ママ）のシステムとしての組織」（16頁）だとわざわざ注意を喚起しているのが興味深い。さらに「組織は複数の人間の協働によって生み出される行為の体系である」（50頁）とも説明するとき，それは「二人以上の

人々の意識的に調整された活動ないし諸力のシステム」というバーナードの組織定義とほぼ重なっている。認識や意味を問えば，組織を人間そのものでなく，バーナードのように，活動ないし行為のシステムと理解することが必要となる。逆に活動や行為に焦点を合わせるからこそ，組織論は行為の準拠枠としての認識や意味に行き着くともいえる。序論における加護野の断りは，単に組織概念の説明ではなく，このような意味をもっていることを見逃してはならない。

また「現実はわれわれの観念によって創り上げられる」(44頁) とか「ひとびとが疑うことができない『現実だ』と思っている外界の社会的現実は，『日常の理論』とでも言うべき実践的な知識体系をもとにつくりだされたものである」(85頁) と説明される加護野の現実観は，バーナードの事実観を基礎にしたかと見紛うほどだ。バーナードは次のように述べている。「事実とは物事や出来事ではなく，物事や出来事についての言明であり，出来事に関する何らかの理論――例えば何が『重要』かということ――を含まなければ，言明を造ることが不可能かあるいはほとんど不可能に近いからである。………事実の言明が普及している物事や出来事の観察された側面である現象と呼ばれる。したがって，事実とはある物事や出来事の観測された側面である現象についての観念，すなわち心の中に思い描かれたもの，の言明である」[36]。つまり事実であれ，現実であれ，理論を通して構成されたものだと理解する点で，両者は共通の基盤に立っていよう。

それにもかかわらず，そしてバーナード理論を一応「日常の経営学」の体系化だと認めながら，加護野はバーナードに触れることはない。それは，「学者，あるいはそれと認められた実務家（たとえばテイラー，バーナードなど）の理論を対象とした」経営学史的研究や方法論的研究に終始する従来の経営学と異なって，彼が経営実践の背景にある「日常の経営学」の体系化をめざしているからだ (8頁)。この成否が加護野研究の鍵となる。

ともあれ加護野は，「組織認識」という視座から，日常知と科学知が渾然一体となった組織における知識，「日常の理論」を抉り出そうとする。これは，知識や情報を関連づけ，意味を決定する心的表象にほかならず，一般

的にはスキーマ，メンタル・モデル，認知マップ，イメージ，意味ネットワーク，ルール，フレームなどと呼ばれている。加護野が「日常の理論」を「スキーマの集合体」(66頁)だとするのは，このためである。

　この「日常の理論」を，学問的に説明するために用いられるのが，パラダイム概念である。クーンが「一般的に認められた科学的業績で，一時期の間，専門家に対して問い方や答え方のモデルを与えるもの」[37]と定義したパラダイム概念は，1980年前後に，ブラウン，フェッファー，ワイクなどによって，組織論に持ち込まれた。しかし，加護野はそこで注目されたパラダイムの共有の側面だけでは，共有された世界観あるいはイデオロギーの概念と変わらず，パラダイムのいま一つの重要な機能である発展性が無視されていると，彼らの主張を退ける。加護野によれば，「世界観やイデオロギーの概念にないパラダイムの概念に固有の含意は，発展性である」(100頁)。ここで，世界観やイデオロギーに発展性がないか否かは，敢えて触れないでおこう。

　問題は，「ひとびとが日々の経営を行っていくための基礎となる実践的な知識体系」(8頁)である「日常の理論」を説明するために加護野が導入した「組織パラダイム」概念の適切性ないし妥当性であり，それを駆使して説明する組織変動把握の有効性である。

　加護野によれば，クーンはパラダイム概念を抽象度の異なる3つの意味に使っていたという。もっとも抽象的な「メタファーとしてのパラダイム（形而上的パラダイム）」，加護野が「日常の理論」と呼ぶものに相当する「専門母型としてのパラダイム」，もっとも具体的な「見本例としての構成的パラダイム」がそれである。抽象度の異なるものをすべて同一概念で呼んだのは，クーン自身も認める欠点であるが[38]，この点を積極的に評価する加護野は，パラダイムの全体構造を階層的相互作用的に，図6-4のように展開する。

　抽象度の異なる3つのパラダイム概念の関係をクーンは必ずしも加護野のように主張しているわけではない。しかも「学者の理論と区別」(3頁)された「日常の理論」を説明するはずの加護野のパラダイム論は，まるでガラ

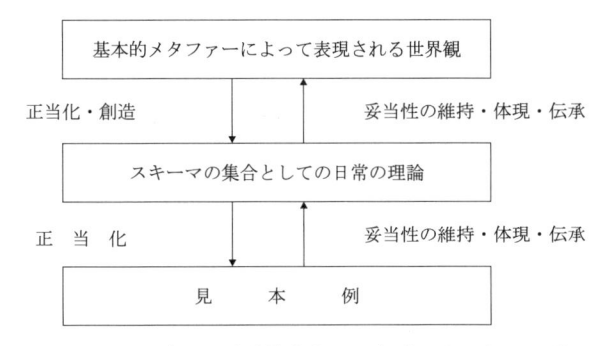

第 6 章　組織と知識―意味と創造の世界―　　195

```
        ┌─────────────────────────────────┐
        │ 基本的メタファーによって表現される世界観 │
        └─────────────────────────────────┘
                      ↕
  正当化・創造              妥当性の維持・体現・伝承
                      ↕
        ┌─────────────────────────────────┐
        │   スキーマの集合としての日常の理論    │
        └─────────────────────────────────┘
                      ↕
     正 当 化                妥当性の維持・体現・伝承
                      ↕
        ┌─────────────────────────────────┐
        │          見　本　例              │
        └─────────────────────────────────┘
```

図6-4　パラダイムの全体構造［出所：加護野（1988）110頁］

ス細工のような概念の精密機械であり，まさしく学者の作品（理論）だといえる。さらに「日常の理論」が，自らを説明するパラダイムの一部に収まり，パラダイムを説明する役割を担わされているのも不思議な説明構造である。ただ，「この全体構造をパラダイムと呼ぶことも可能であるが，本書では不要な混乱を避けるため，とくに断りがないかぎり，第1のレベルのパラダイム，つまりメタファーとしてのパラダイムを狭い意味でのパラダイムと呼ぶことにしよう」（96頁）との，やや混乱した論述から判断すれば，加護野がパラダイムというときは，原則的にメタファーとしてのパラダイムを意味するようだ。当然，パラダイム論は「日常の理論」を主として説明するものではない。**換言すれば**，組織認識を司るパラダイム（第3章）や，創造され革新されるパラダイム（第5章，第6章）はメタファーとしてのパラダイムであり，そこでは「日常の理論」は付随的な意味をもつに過ぎないだろう。だが，「本書（加護野の研究）は『日常の理論』，『日常の経営学』を対象にした研究」（8頁）ではなかったのか。

　さらなる問題は，クーンに遡るパラダイム概念そのものに内在している。パラダイムの転換（創造や革新）をパラダイム論から（あるいはパラダイムに身を置いて）理論的に展開することが困難なことだ。データや市場の変化を既存のパラダイム（理論的枠組）に制約されて解釈するため，パラダイム転換（創造や革新）を引き起こす変則現象だと捉えにくく，それをパラダイム外部に求めざるを得ない構造になっている。たとえば加護野も「創造的破

壊は既存のパラダイムのなかでも起こりうる」(150頁)と述べつつも,「ビジネスの世界の歴史を振り返ると,パラダイム転換の主役になっていたのは,業界の中枢企業ではなく,業界に新たに参入した新しい企業,あるいは業界の辺境部にいる限界企業である」(151頁),「新しいパラダイムを創造した企業家達は,………既存の事業パラダイムとは違う何ものかにとらわれていた(別のパラダイムの持ち主だった──筆者)」(177頁)と認めている。

　パラダイム論はどうしても,組織の中枢でない者,別のパラダイムの持ち主,辺境企業といったパラダイム外部からパラダイム転換(創造や革新)が起こるという説明に流れやすい。しかし,中枢企業の既存パラダイムに浸った組織の中核メンバーからのパラダイム転換のメカニズムをも説明できなければ,経営学は不要だろう。本書第2章はこれを含めた組織ダイナミズムを明らかにしようとしたものだが,加護野もこの点を自覚しており,① トップによる矛盾の創造と増幅,② 一部ミドルによる新たな見本例としてのパラダイムの創造,③ パラダイムの伝播と定着という3段階モデルを用意し,具体的な企業例で説明して,このような事態に応えている。ただ,トップによる矛盾の創造と増幅としてあげられたシャープの半導体集積回路事業への進出がもたらした危機や安宅事件による危機といった住友の実例は,結果として危機が生まれたのであり,トップが主体的に創造し増幅したものでは決してない。結果としての危機を,そもそも主体的な作用である創造と表現することは無理であろう。また,その実例も加護野の3段階モデルを説明し易い,いわば執筆時点での成功物語集にすぎず,必ずしもモデルを理論的に裏付けるものとなっていない。

Ⅳ　組織的知識創造の理論
――野中の知識観の検討――

1　野中のバーナード理論評価の変遷

　組織を知識において捉えようとすれば,最近の野中の研究を見逃すことができない。彼は,既存の経営理論(バーナード理論,サイモン理論,コン

ティンジェンシー理論，企業文化論，ゴミ箱モデル）における知識と情報の扱いを吟味した上で，それらを超える自らの「組織的知識創造の理論」[39]を構築しようとする。その際，共有された知識体系を明らかにした企業文化論が若干評価される以外，俎上に乗せられた各理論は，環境変化に対する組織の「主体的・能動的働きかけ」ではなく，「受動的適応」を重視している，と厳しく批判されている。人間の「可能性」や「創造性」ではなく，「諸能力の限界」に注目して情報処理的理解に陥り，情報創造に思い至らないと見るからだ。

さて，バーナードである。もともと，一般理論に否定的なコンティンジェンシー・セオリストとして出発した野中に，バーナードへの言及は少ない[40]。方法的にはコンティンジェンシー理論と相いれない組織（企業）文化論者に転向した（かと見紛う）後も，「企業文化概念の父」[41]と呼ばれても不思議でないバーナードに触れることはなかった。僅かに，情報創造パラダイムに立って，情報処理パラダイムだとしてバーナード＝サイモン理論を取り上げ，一括して退けるだけであった[42]。それだけに，『知識創造の経営』(1990)で，章の中に「バーナード理論と知識」という節を立て，バーナードを取り上げたことに目を見張る。とりわけ，その2項「バーナードの知識観―行動知と言語知」では，私のバーナード解釈と表現に従って，バーナードの知識観を叙述し，「特にバーナードが意思決定において，個々人の行動知および意思決定者の能動的精神の役割を重視したことは注目に値する。またバーナードは，管理責任論の展開を通じて組織における価値の創造に触れている」(9頁)と，これを高く評価しているのに驚きを禁じ得ない[43]。

さらにまた，野中は「日常現象としての意思決定過程に働く精神作用のほとんどは『非言語の世界』であるといえる。それはバーナードのいう『非論理的精神過程』や『行動知』の世界であり，ポラニーのいう『暗黙知』の世界である。このような非言語の世界，暗黙知の世界を捨象することによって，サイモンは情報と知識の徹底的な形式化を試みたのである」(20頁)[44]，「サイモンは，非言語の世界や暗黙知の世界を捨象することによって，現実

の意思決定において非常に重要なことを見落としている」(39頁)と述べて，バーナードの立場からサイモンを批判し，両者の間に一線を画したかにも見える。しかし，野中は，レビット＝マーチの指摘を論拠に「彼（バーナード）は，協働的合理性を確保するためには，知識が欠かせないことを強調するとともに，人間の情報処理能力の限界を指摘している。バーナードは情報処理における人間の認知限界を組織論に導入した先駆者であるといえる」(8頁)として，結局は「バーナードが組織理論を展開する際にとっている基本的な視点は，あくまで人間の諸限界に対する対応策であって人間の創造性を問題にしない」(38頁)と，サイモンに対するのと同じ理由で，バーナードを退けている。

確かにレビット＝マーチは，バーナードを「組織の情報処理の認知限界を強調する組織論のまさしく先駆者」[45]と見たが，決して否定的な意味ではない。同時に「彼（バーナード）の念頭にあるのは，経験や知識のコード化，つまり知性（intelligence）が歴史に問いかける方法である」，「学習は合理性よりも組織能力によく合致する知性への道だということが示唆されてきた。彼は経験学習や他の形態の非合理的な過程を不完全ではあるけれど，本質的なものと見なした」[46]と述べて，サイモンたちが見逃したバーナードの別の側面，「学習と創造性」に光を当てた。彼らは，バーナードの主張を土台に組織知性の過程としての経験学習を検討し，少なくとも「人間の創造性を問題にしない」という野中のバーナード理解とは異なった展開を見せている。そもそも，バーナードが個々人の行動知や能動的精神（つまり創造的精神）を重視したことを評価しながら，その人間観を「創造性を問題にしない」として，サイモンと同じ「受動的な単なる情報処理者」に押し込めてしまう論の運びに無理があろう。

もちろん，バーナードが「組織活動の創造的側面について，非常に一般的な記述を通じて組織の道徳的側面を強調しているだけである」(9頁)のは，野中の指摘の通りである。だが，「非常に一般的」かもしれないが，「極めて深く」述べていることも間違いない。その一端はⅡ節でも示しておいた。そこには，豊かな示唆が残されている。たとえば，知の適用（判断）に対する

バーナードの洞察である。バーナードの主張に心開いて取り組まなければ，見えてこないに違いない。そのことは野中の知識創造理論の展開にも響いている。それでも，野中の「組織的知識創造モデル」に対して，バーナード以来の組織均衡論を超える新次元の展開であり，内外均衡同時実現の可能性を期待する主張[47]が早くからあることも紹介しておかねばならないだろう。ただ，その内的均衡理解には，誤解が見られる[48]。

2 組織的知識創造理論の貢献

バーナード理解にいささか問題をはらんでいるにしても，「情報創造」に着目し，組織論において「情報処理から情報創造へ，さらに知識創造へのパラダイム転換」の流れをつくった野中の功績は大きい。早くにバーナードが論理的精神過程と非論理的精神過程，つまり思考と感性，理性と行為的直観（行動知）の相互作用を強調し，あるいはバーナード研究において，言語知と行動知ないし身体知の相互依存性の指摘があったとはいえ，「暗黙知と形式知のダイナミックな相互作用が知識創造の基本」との主張は瞠目に値する。さらに，脱工業化社会における知識の重要性は指摘されてきたが，組織内，組織間で，それがどのように創造されるかを具体的に示した功績も見逃せない。

特に世界の共通語ともいえる英語でものした竹内との共著『知識創造企業』（1995）は，「組織的知識創造理論」を世界に向けて発信し，日本語版（1996）装丁の帯には全米出版協会から「ベストブック・オブ・ザ・イヤー」を受賞したことと，「これは現代の名著だ」と感嘆したドラッカーの言葉が紹介されている。さらに「日本語版へのあとがき」によれば，経営戦略理論家マイケル・ポーターに「経営理論の真のフロンティア」であると評価され，組織理論家カール・ワイクに「理論と実践のベスト・アンド・モスト・オリジナル・ブレンド」と指摘された。また，世界の経済・経営関係の雑誌で最も知的な『エコノミスト』誌（1995年5月27日号）には「知識が唯一意味のある資源だというピーター・ドラッカーを超える知識創造理論が日本から出てきた」と紹介されたという。

『スローン・マネジメント・レビュー』をはじめとする学術雑誌にも取り上げられ，今や日本発の経営理論として高く評価されてもいる。確かに，その後の組織的知識創造研究の世界的隆盛にも大きく寄与した。1990年代後半から現在に至るまでの組織的知識研究文献にNonaka（野中）・Takeuchi（竹内）への言及のない文献を探すのが難しいぐらいだ[49]。その意味では，Nonaka（野中）・Takeuchi（竹内）が欧米経営文献に「暗黙知」を普及させ，定着させたとも言えるだろう[50]。わが国の場合，1990年代半ばともなると，「暗黙知」という言葉は日常的な新聞記事にも現れ[51]，90年代後半にはビジネスマンの常識ともなったが，今や野中の組織的知識創造理論は，文化人類学者までが言及するに至っている[52]。

さらに情報技術の進展とも相まって，急展開するナレッジ・マネジメントの基礎理論として，そのブームに火をつけたともいえる。そのような多大な貢献を認めた上で，以下ではこれを検討し，その問題点のいくつかを浮き彫りにしてみたい。

3　組織的知識創造理論の核心

組織的知識創造理論の核心は暗黙知と形式知の相互変換のプロセスである。そこで野中は，分節化（暗黙知→形式知）と内面化（形式知→暗黙知）という暗黙知と形式知の相互作用以外に，図6-5のように共同（暗黙知→暗黙知）や連結（形式知→形式知）にも知の創造過程があることを認めてい

		変換知	
		暗黙知	形式知
源泉知	暗黙知	共同（socialization）	分節化（articulation）
	形式知	内面化（internalization）	連結（combination）

図6-5　知の変換過程の類型　[野中（1990）61頁]

（1995年著作および訳書では，socializationは共同化，articulationに代えて用いられたexternalizationは表出化，連結は連結化に直されている）

第6章　組織と知識—意味と創造の世界—　201

る。むしろ，組織的知識創造では，暗黙知を共有する共同（化）が出発点になるが，それは個人間の相互作用の場の設定ないし経験の共有によって可能となるという。もっとも，徒弟制度における職人芸のような場合は，「相互作用を通じて知を共につくるというよりは，一方から他方への知の移転という側面が強いだろう」(61頁)として，その移転を共同（後に共同化）と名づけ，「暗黙知→暗黙知」を必ずしも知の創造プロセスとは見ていない。しかし，このプロセスは観察・模倣・訓練などを通して，知の獲得と知の適用（創造）が同時に，しかも繰り返しなされており，単なる知の移転とは質を異にしている。この点は，知の適用プロセスである「明白知→行動知」を知の移転と見た金井と同じであり，同様の批判が当てはまるだろう。

暗黙知がそのまま共有（共同や共同化）可能ならば，分節化や表出化と名づけて野中が重視した形式知化プロセスは，少なくとも実務レベルでは，意味を失うだろう。実践的行為が問われる実務では暗黙知のまま機能すれば済むことであり，敢えて言語化する必要がないからだ。さらに言えば，暗黙知共有に関する野中の理解を問わねばならないだろう。

もちろん，暗黙知が暗黙知のまま伝わる（実際は新たに構築する）ことも少なくないが，バーナードも指摘しているように，職人技のような純粋な技能といえども，その継承と発展（時に縮小）は基本的言語に頼らざるを得ないのが普通である。あるいは僅かに語った言語を手掛かりにするともいえる（図6-6）。しかも，言語を介さない場合も含めて，暗黙知がそのまま伝わ

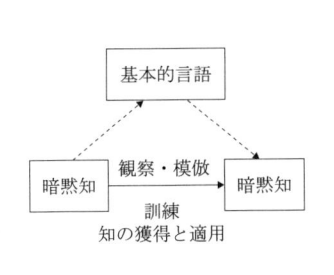

図6-6　暗黙知の共有

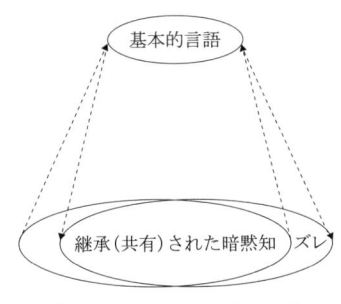

図6-7　暗黙知の共有と発展

るのではなく，微妙なズレを伴いながら，拡大したり縮小したりしつつ，新たに構築されるのである（図6-7）。師弟の身体的認識が異なり，しかも異なった身体的認識に基づいて獲得した知を適用しつつ弟子が技を身につけるから，ズレるのである。そのズレの部分こそが，新たな知識の獲得であり，技の創造や発展（時に退化）にほかならない。師弟や当事者が，このズレに気づかない場合も多い。だが，このズレが視点の移行として働き，意識すると否とにかかわらず，知を流動化させるのである。認知的暗黙知であれ，身体的（手法的）暗黙知であれ，そのことは変わらない。「暗黙知→暗黙知」を「知の創造というより移転」と捉えれば，これを見落としてしまう。組織において，個人間に相互作用の場を設定し，経験を共有しても，この語り得ないズレは残る。むしろ，これが組織的知識創造の源泉となるのだ。このことに野中は気づいていないように見える。

　もう一つ重要な知の創造過程として，野中は形式知を組み合わせて新たな知を創る「連結」の過程をあげ，「コンピュータによる知の創造は，この典型であろう。コンピュータは，形式知を分類する，加える，組み合わせる，カテゴライズするなどして新しい知識を創ることができる」（61頁）と述べている。この叙述では，まるでコンピュータ自体が知識を創造するかのように説明されており，抵抗を覚える人が多いに違いない。コンピュータはあくまで人間が与えた分類原理によって処理をしているにすぎず，いかに形式知といえども自ら知識を創り出すことはない。そこに知を汲み上げることができるのは，時に暗黙の視点をもった人間だけである。コンピュータを駆使した形式知の連結も，人間による知識活動の一環であるからこそ知の創造過程たり得るのだ。野中にこの認識が薄い。

　もっとも，野中が知の創造過程の基本だとしているのは，暗黙知と形式知の循環，つまり分節化（表出化）と内面化であり，とりわけ暗黙知を形式知に転換する分節化に力を注いでいる。それは，共同や表面的で現象的な知識創造である連結に比べて，自我が主体的に関与する分節化と内面化こそ深層的かつ根本的な知識創造のダイナミズムを内在化させている，と野中が見ているからだ（62頁）。

暗黙知と形式知の相互作用を通した知識創造は，まず暗黙知を形式知へ転換するプロセスとして始まる。科学とは暗黙知を言語命題に変換するプロセスだとポラニーによって早くから認識されていたが，組織的知識創造の場合，主体的で創造的個人に内在する暗黙知（現場の経験的知識）を他者（組織メンバー）と共有可能にするプロセスが，特に重要となる。野中によれば，個人的暗黙知を共有化し，概念化する方法が，プラトンが提唱した対話的思考や創造的対話にほかならない。その際，大きな力を発揮するのが，想像や象徴から異種のコンテクストを横断して物事を理解させるメタファーである。これに，二つのものの共通性を通じて未知のものを削減し，メタファーに含まれている矛盾を調和させる手段としてのアナロジー，より形式知に近いモデルを加えて，野中の分節化プロセスは成り立っている。これらを駆使して，信頼を基礎にした対話による集団レベルでの概念創造，さらに組織価値や企業理念による「正当化」と概念が具体化してゆく「形態化」，これに「意味のネットワーク」が加わり，野中の組織的知識創造プロセス・モデルは完成する（図6-8）。

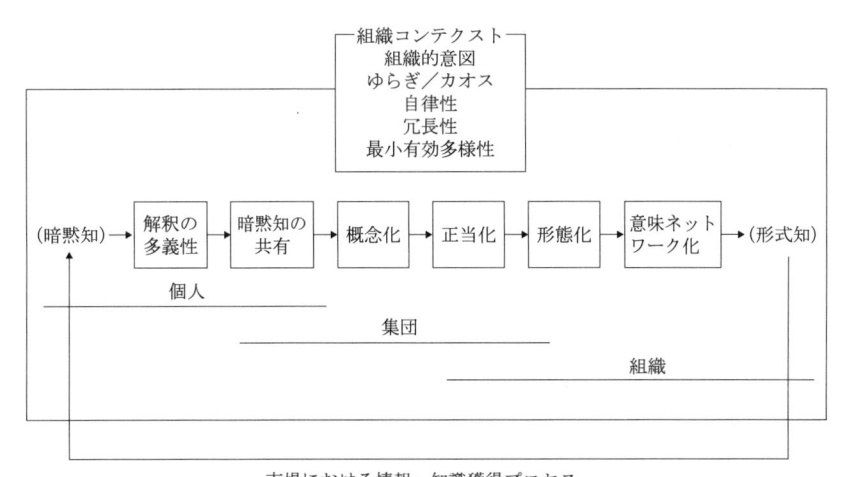

図6-8　組織的知識創造プロセス・モデル［野中（1990）90頁］

以上のような野中の組織的知識創造の理論は，驚愕するほどの哲学的教養（特に1995年共著に顕著である），深い科学的学識，膨大な組織論の知識，さらに数多くの企業経営の具体例を駆使して組み立てられており，組織研究に新しい分野を開いたといえる。もっとも，バーナード理論にかなりの道具は揃っている。概念化，正当化，形態化，意味のネットワーク化などに関するヒントも多い。もちろん，道具や理論的根拠があるということと，それを組織的知識創造理論として体系化することとは，相当の開きがあり，それを埋めた野中の貢献は大きいだろう。しかし，既に一部を指摘したように問題も少なくはない。

4　組織的知識創造理論の問題点
　　　　──野中理論における知識観の吟味──

　野中の組織的知識創造理論の核心は個人的知識を共有可能にするプロセス，図6-5では共同（共同化），分節化（表出化）のプロセス，図6-8に即せば，「暗黙知の共有化」と「概念化」のプロセスにある。それはまさしく「暗黙知を形式知へと転換する過程」であり，暗黙知の言語化のプロセスにほかならない。野中も次のように語っている。「個人に内在化され，言葉で表現することが困難な暗黙知を組織にとって有益な情報として明示化させ形式知に変換していくためには，暗黙知は何らかの形で言語に翻訳しなければならない」（57頁）。続いて彼は，「マイケル・ポラニーが最近の著書で"暗黙知"と呼んだ事柄の多くは，何とか表現できるとすれば，メタファーによって表現可能となる」[53]というニスベットの言葉をたぐりよせ，これを実現するものがメタファー（さらにアナロジー，モデルを加えた「分節化プロセス」）だと強調する。

　確かに，メタファーが単に高等な修辞技法にとどまらず，新しい観念体系を創り出すことは否定できない[54]。たとえば，バーナードは行為的直観で得た組織感を人でも資本でもなく，「二人以上の人々の調整された活動のシステム」という組織観として表現するにあたって，「組織はちょうど電磁場が，電力あるいは磁力の場であるように，人『力』の場である」[55]と説明し

たのは，この例であろう。バーナードの説明は基本的に字義的であるが，メタファー的効果をもっている。そこには，新しい眼（＝行為的直観）で捉えた現実（＝組織現象）が，新しい表現（「行為の磁場」，「人力の場」）と新しい内容（人々の集団でも組織構造でもなく，人々の調整された活動）を備えた概念（組織概念）として，実に巧みに言語化されている。

　それでもなお，バーナードは主著『経営者の役割』の序文で，「私がもっとも遺憾に思うのは，組織のセンスを読者に十分伝えることができなかったことである」と苦しい告白をせざるを得なかった。いかにメタファーを駆使しようとも，言語表現し切れないのである。そして信念の表明としてしか語り得なかった組織感や行動知が現実の意思決定において極めて重要であることを再び強調して主著を結んでいる。多くの論文でも，彼が語り得ない知の重要性を繰り返し強調していることを忘れてはならない。なるほど，野中もこの点を「思考は言語を通じた身体経験から形成され，そのすべてを明示化することはできないけれども」（60頁）と軽く触れはするが，メタファーによる概念創造を強調することに力点があり，明示できない暗黙知の行方と役割を論じるどころか，触れてさえいない。「暗黙知はそれ自体で存立するが，明示的な知（形式知）の理解と適用は暗黙的なものに依拠せねばならない。あらゆる知は，暗黙的であるか，暗黙知に根ざしている。完全に明示的な知（形式知）は想像もできない」[56]と強調したポラニーの言葉を忘れているかのようだ。この点も金井と同じである。これは，現実に暗黙知を掴み，その分節化に苦労した者と，分節化の難しさを知識として主張した者との違いではないだろうか。分節化に苦しみ努力した人間は，同時にその限界を知っている。だからこそ，それを指摘せずにはおれないのである。限界をしっかりと承知してこそ，語り得ないものに留意でき，語り得るものが生かされよう。野中にはこのような認識が乏しいように思われる。

　それでは言語表現されれば，対話を通じて知の共有化が進むのだろうか。この点でも，野中は比較的楽観的で，バーナードとの違いが際立っている。バーナードは，組織論にいち早くコミュニケーション概念を導入し，組織を情報が流れるコミュニケーション・システムだと理解した上で，管理者をコ

ミュニケーション・センターだと捉えた最初の人だ。コミュニケーションの重要性は熟知している。また本章第Ⅱ節でみたように，知の組織化には「相手の文脈に沿いつつ，自己のアイデアを提示する技能」，つまり「理解できる言葉で知識を効果的に伝える能力」としての「説得の能力」が不可欠であり，とりわけコミュニケーション技能，言語化の技能を含めた「表現の技能」がそれを支えていることも承知していた。その彼が「同じ文脈の同じ言葉が，違う個人によって言われるときには，違う意味をもつことが少なくない」[57]，「コミュニケーションの重大な困難が生じるのは，異なる思考方法であるのに，共通して同じであると**思われる**言語によって表現されている場合である」[58]と指摘し，暗黙知の共有化にとって深刻な「意味の不可知性」とでもいうべきものを見破っている。

　言語は，暗黙の言語規則を含んだ知識ないし広範なコンテクストに支えられて解釈されるため，人々の間で微妙な意味の違いを生み，言語化されても理解を一致させることは難しい。本当の意味で創造的な知識の場合，知の形式化・明白化，つまり言語化が知識の共有化に結びつき難いことは，たとえば，議論とコミュニケーション（＝創造的対話）を生命とする学会（という組織）におけるバーナード理論の受容の歴史が示している。経営学の世界で，バーナード理論が，バーナード＝サイモン理論として受容されるまで約20年を要し，道徳（価値）創造の理論や行動知が注目されるのに，約半世紀近くかかった。バーナード理論のこの受容の歴史を見るとき，暗黙知を言語化した人間Aに匹敵する（決して同じでない）か，あるいは一定レベルの暗黙知を含む知識システムが人間Bに構築されない限り，BにはAが発した言葉をAに近い意味で捉えられないことがわかる。バーナード＝サイモン理論としか見なかったコンティンジェンシー・セオリストの野中が，やがて組織文化論の波に洗われ，暗黙知に着目する組織的知識創造論者に変身してようやく，バーナード理論の神髄（行動知）を窺えるようになったのも，このためだ。

　これまで述べてきたことを踏まえて，野中の知識観について次のような指摘をすることができるだろう。まず野中の組織的知識創造理論において鍵を

握る暗黙知観である。その理解は，何度も批判してきたように，暗黙知の提唱者・ポラニーにとって「私たちは語り得る以上に知っている」という出発点にとどまり，暗黙知の働きそのものには及んでいない。その意味では，野中の暗黙知観は表層的で操作的だ。また野中が強調する暗黙知の共有にしても，暗示的な問題意識（焦点意識）の共有やコンテクストの共有（完全な共有は不可能）ならともかく，各個人の暗黙知（とりわけ従属意識）を共有化したら，組織場で異質な暗黙知のぶつかり合いの中から知識を創造する組織的知識創造の威力は時には半減してしまう。組織的知識創造を説明する事例が，企業戦略レベルの大きな知識創造ではなく，日本企業の新製品開発という名の製品改良の成功物語が多いのもそのためだろう。

さらに組織的知識創造理論を主張する野中であるが，「厳密にいえば，知識を創造するのは個人だけである。組織は個人を抜きにして知識を創り出すことはできない。組織の役割は，創造性豊かな個人を助け，知識創造のためのより良い条件を作り出すことである」[59)]と強調するとき，知識は個人の中にしか生み出されず，創造された知識は個人に帰属することが暗黙の前提になっている。そして，その個人的知識を共有するところに，野中の組織的知識創造理論の核心があった。

確かに，個人的知識は個人によって生み出され，個人に帰属するというしかないものはあろう。しかし，組織における個人の知識創造活動のかなりは，「三人よれば文殊の知恵」の類ではないのか。3人がバラバラでは生み出し得なかった「文殊の知恵」は，誰が創造し，誰に帰属するのだろうか。問題意識（焦点意識）を共有した段階から，知識活動は，純粋に個人的なものというより，むしろ社会的なものだといえる。創造や閃きの鍵を握る各自の独特な従属意識も，焦点意識がなくては働かないからだ。スペンダーなどの社会構築主義に立たなくても[60)]，知識が社会的に生成することは「分析単位が個人的知識」とスペンダーが批判したポラニーの知識観にさえ，その芽が既に示されている。

野中が依拠したポラニーは，確かに発明や発見といった科学的知識が科学者個人の中に生み出され，暗黙知，とりわけ従属意識によって決定づけられ

ると考えていたことは間違いない。だが同時に彼は,「学問の自由」との関連で,各科学者の自由な活動を他の科学者がそれまで達成した成果に合わせて調整することを「科学の相互調整原理 (co-ordinative priciple of science)」[61]と認め,科学者は科学全体(つまり共同の課題)の達成を最大にするように共同を進めるともいう。それは一見,個人的な科学的知識創造活動が科学共同体の伝統を基礎に展開していることを意味していよう。彼は次のようにも述べている。「個人の創造的情熱と,進んで伝統および規律に従おうとする意思との統一は,科学の霊的実在性 (spiritual reality) の必然的帰結である」,「科学の全体的な進歩が個人的衝動が生み出す力の結果だとはいえ,そうした衝動は,科学ではそれ自体として尊敬されるのではなく,ただそれが科学の伝統に捧げられ,科学の諸標準によって規律を受けている限りにおいて尊敬されるにすぎない」[62]。

このように科学者個人が創造した科学的知識さえも科学者共同体的性質,つまり社会的性質(社会的構成性)を帯びている。そうであるからこそ,創造された知識は他の知識と連結され,他者に浸透し,新たな創造の種となるのである。

V 意味と創造の世界

1 知識の全体構造

組織現象を知識から解明しようとする近年の研究は,1990年に野中の組織的知識創造理論に始まったといえるだろう[63]。彼が依拠したポラニーの暗黙知概念は,90年代を通して欧米の経営学界にも普及し,知識研究への関心を著しく高めた。確かに,野中の貢献は大きい。ただ野中の組織的知識創造論は,既に指摘したように,近代科学的知識観を超える暗黙知さえも操作的でモノ化(客体化)して扱い,近代科学的な方法を完全に脱却し切れていない。

個人的知識から出発する野中に対し,この点(認識論的転換)を自覚し,組織的知識への異なったアプローチを提案するのが,フォン・クロー=

J. ロースである。彼らは，マトゥラーナ＝ヴァレラのオートポイエーシス論とそれを社会システムに援用するルーマンに依拠しつつ，組織的知識論を展開しようとする。

　それではオートポイエーシス理論に依拠した知識観とはどのようなものか。彼らによれば，「オートポイエーシス理論は，世界が描写されている事前に付与された状態であるのではなく，むしろ認知が世界をもたらす創造活動」であり，知識と観察は密接に関連する。そこでは「知識はオートポイエティック（自己創出的）プロセスの構成要素」であるから，オートポイエティック・プロセス，つまり組織（この点は本書第12章を参照）は知識連結システムにほかならない。ここで知識連結とは「ある時点での知識が後の時点での新しい知識と結びつく」ことであるが，「新しい知識が古い知識のみならず潜在的な未来の知識をも参照する」という意味では，いわゆる自己言及的だといえる。当然に，知識は歴史依存的であり，コンテクストに大きく影響されざるを得ない。

　オートポイエティックな観点からすると，個人レベルでも，知識は抽象的な現象ではなく，観察や行為と結びついて，個人の存在の中に具現されている。組織的知識もまた抽象的な現象ではなく，組織を構成する個人の組織行為に埋め込まれた現象だ。もとより組織的知識は，組織メンバー間で共有された知識であるが，組織内外の出来事，状況，目標に対する組織メンバーによってなされた観察から差異が生じる。この差異の理解あるいは受容が知識連結を促し，新しい知識を発展させるのである。ここに至れば，組織とは「知識が絶え間なく流れゆくプロセス」であり，その限りで組織は「学習主体」にして「知識創造主体」であろう。逆に，知識連結が止まり，知識の流れが途切れるとき，当然，組織は崩壊することになる[64]。

　このようなオートポイエーシス理論に立脚したフォン・クロー＝J.ロースの知識観と組織理解は，傾聴に値する。たとえば，知識と行為（観察）との一体的把握とは，バーナード的に表現すれば，判断を伴う知識適用である行為が同時に失敗も含めた新たな知識（体験）を捉える（観察）方法であり，対象の論理を超えている。また知識の歴史依存性，コンテクスト依存性と

は，過去の行為とその結果として生じる意味の拘束性であり，組織においてはそれが組織コンテクスト，組織文化，暗黙のルール集合となって，認知の枠組みを形成する。フォン・クロー＝J. ロースがそのように理解しているかどうかはともかく，それは認知的暗黙知重視の知識観にほかならず，確かに形式知を支える暗黙知の本質理解に連なっていよう。ここに知識の全体構造が把握される。

　もっとも，1990年代を通して知識そのもの，とりわけ暗黙知に焦点を当ててきた組織的知識研究も，90年代末には，コア・コンピタンス論やリソース・ベース戦略論の基礎理論として，あるいはそれらと結びついて，より実践性を志向する段階に入ってきた。企業間の相違，その中核をなす組織間の相違は，内在的に形成された知識構造の相違であり，その保持する知識の独自性が組織の個性をつくりだすと理解されるようになった。また，より積極的に「企業に内在的な知識は真似しがたく，唯一の経営優位（競争優位）の源泉だ」と主張されもする。今や「知識を経営に活かす」道筋を照らすことが，組織的知識研究の課題であり，2000年代，つまり21世紀に突入した今日，その傾向はますます顕著になってきている。実践志向の経営学や経営組織論にあっては当然の成り行きとはいえ，賛否はあろう。しかし，このような流れから見ると，賛同者の主張[65]を含めてオートポイエティックな組織的知識論は，オートポイエーシス論者（庭本）の眼にも，抽象的な理論研究にとどまっているという印象を拭えない。これを克服するには，組織的知識を支える組織コンテクストをただ前提にするのではなく，もう少し具体的に語ることが必要であろう。それは，組織的知識を知識から語る以上に組織から語ることに違いない。

2　多様な実践場としての組織

　既に指摘したように，新たな知識や意味は判断を伴って知識を適用する行為（＝実践）から産み出される。適用される知識の質が高ければ高いほど，行為（＝実践）の質が高くなるだけでなく，産み出される知識の質も高くなり，創造性豊かなものになることはいうまでもない。ここに産出された知識

第6章 組織と知識—意味と創造の世界— 211

を新たな行為(=実践)につなげれば,行為とそこに創造される知識の質がさらに高まることを示したのが,図6-2であった。それが知識連結ないし知識の組織化が必要となる理由である。トヨタに典型的に見られる「すり合わせ型」製造分野における日本企業の強さは,多くの現場労働者の実践(行為)が産み出す知識や創造性を次の行為(=実践)に繋ぐ仕組みを構築し,活用しているからにほかならない。それが組織における知識調整力であり,そこに市場を超える組織の強さの源泉がある。

ところで,組織を構成する行為(=実践)から産み出される知識の多くは,暗黙の実践的意味(コンテクスト)と一体的な暗黙知であり,その表層の一部が言語化され,形式知化されても,暗黙の次元に支えられた形式知は容易に理解されず,他者には受容も吸収も難しい。たとえば,絶頂期(1980年代)の日本の製鉄企業とさえ伍して闘い,あるいはそれ以上の経営力を示したチャパレル・スチールのCEO(フォワード)が「競争企業にプラントのすべてを見せたところで何も盗めないだろう」と自信をもって語るのも,それが組織に深く埋め込まれているため有機的全体として解釈できなければ,抉りだせないからだ[66]。

「眼に見えるもの」ないし形式知を意味づけるのが,「眼に見えないもの」,つまり組織コンテクストないし認知的暗黙知にほかならない。組織行為者によるナラティブ(narrative:物語)作成も,これを可視化し,そこから意味を紡ぎだす一つの方法に違いないが,ここでは,知識への組織的接近としては,より具体的な分析水準にあると思われる「実践共同体」概念から組織コンテクストを含めた知識の全体構造に迫ってみたい。

「実践共同体(community of practice)」とは,『状況に埋め込まれた学習』(1991)において,J. レイヴとE. ウェンガーが提起した概念で,「人と活動と世界の間の時間を通しての関係の集合」と定義される。彼らは,実践共同体を「知識の存在の本質的条件」と見なすが,それは「共同体の遺産を意味づけるのに必要な解釈上の支援を提供するという理由による」からにほかならない[67]。この「実践共同体」規定は,別書(2002)でウェンガー・マクダーモット・スナイダーが定義した「実践コミュニティは,あるテーマ

に関する関心や問題，熱意などを共有し，その分野の知識や技能を，持続的な相互交流を通じて深めていく人々の集団である」[68]という以上に，「コンテクストや状況」の展開としての実践共同体という意味合いをよく表現している。

　レイヴとウェンガーの場合，学習は命題的知識（事実的知識）の獲得ではなく，社会的共同参加（彼らの表現では「正統的周辺参加：legitimate peripheral paticipation」）という状況の中に身を置くことである。端的に言えば，コンテクストや状況を具現している実践共同体に参加することだ。その前提には，J. S. ブラウン＝P. デュギッドが指摘する「組織における知識は，問題から切り離されたスペシャリストによってではなく，問題から直接利益を受ける人，………解決されるべき問題が生じた実践共同体のメンバーだと思われる人によって，もっともよく展開される」[69]という認識があるだろう。正統的周辺参加とは，熟練者の実践活動に参加しつつ，認知枠組として働く共同体の文化（規範やルール）を身につけ，そこに蓄積された知識へ近づく方法を得ることである。これは，本章第Ⅱ節で説明した「眼に見えない組織の規範や価値を含めた組織のルールを熟達者の模倣や練習を通して行動的に学ぶ」というバーナードの「組織を学ぶ」という考え方とも重なるだろう。

　ところで，実践共同体に関心が払われるとき，アイデンティティや知識，特に暗黙知の共有という観点から共同体に注意を集める傾向にある。たとえば，ウェンガー・マクダーモット・スナイダーの著作『実践共同体』日本語版で，「実践」の意味を問うより「場」と比較しつつ「共同体」への関心を示した野中の解説は，その典型であろう。しかし，実践共同体とは，専門化，職能化と深く結びついている実践に根ざして成立する現場共同体であって，共同体一般ではない。それは組織的分業の反映である。バーナードもまた「分業」「専門化」「職能化」を一体のものとして見た[70]。

　バーナードが組織を「2人以上の人々の意識的に調整された活動のシステム」と定義したとき，そこには人々の分業を想定している。もちろん，小さな組織で共通目的が単純であれば，敢えて分業といわずに済むだろうが，参

加者が増え，組織が少し大きくなると，担当する仕事を分けて，つまり分業とその調整が必要になるからだ。

　分業によって特定の人がある仕事を繰り返し行えば，当該個人はその仕事に精通し，習熟して，仕事に特有な専門的スキルを身につけてゆく。人の専門化である。一般的にも専門化は人に対して用いられる。さらに大きな組織になって，同じ専門化した人をグルーピングし，単位組織自体を専門化すると，職能的な部門化である。したがって，企業組織は一般に生産，販売，研究開発などの職能別に部門化されて，生産部門，販売部門，研究開発部門などと名づけられている。職能化とか部門化は，組織の専門化である。

　組織が職能化し，部門化できるとき，組織規模は増しており，階層化し複合化せざるを得ない。コミュニケーションの制約が単位組織の規模を決めるからである。もっとも，組織が階層化すると，管理階層ごとに意思決定の型が異なってくる。それは，トップ層，ミドル層，ロアー層といった階層的な仕事の専門化がはかられるということでもある。その意味では，階層化は「垂直的な分業化」だということもできる。組織文化生成の基盤となる非公式組織は，現場組織のみならず，このような管理組織にも成立する。それがバーナードの強調したことであった。実践共同体とは実践を単位にした公式組織と，それが創造した非公式組織を一体的に把握したものにほかならない。一般にはただ組織と呼ばれている複合組織は，多種多様で多層的な実践の場から成り立っている。したがって，大規模組織が緩やかな単一の共同体で覆われている可能性はあっても，単一の実践共同体で構成されていることはあり得ない。

　実践（practice）とは知識の獲得と適用のプロセスである。そうであればこそ，実践が知識創造のプロセスともなるのだ。ただ，実践とは広い意味をもつ言葉であり，「バイオリン練習：violin practice」のような使われ方もする。もちろん，そこでも知識創造がなされているが，ここでは，ブラウン＝デュギッドに倣って「仕事（work），職務（job），専門職（profession）を引き受けて従事すること」[71]としよう。つまり，仕事における実践とは「責任に裏打ちされた役割行為」ということだ。この「仕事の遂行」という

意味での実践の重要性を，ブルデュは「仕事というものは何よりもまず仕事をする当人に影響力を及ぼす」[72]と強調したが，この延長上に「仕事（実践）が文化を醸成する」という主張が現れても不思議ではない。事実，ブラウン＝デュギッドは「組織メンバーに対する最も顕著な文化の力は，………組織とその仕事に個人が従事することを通じて，そこに生じるものである」[73]との認識に至った。もし，文化やアイデンティティが下位文化（サブカルチャー）レベルでもっとも濃密に共有されるなら，仕事（実践）に関する暗黙知を含む知識の蓄積と，そこから意味を紡ぎだすのに，実践共同体は決定的な役割を負っていよう。それは同時に実践の差異が実践共同体間で認識差異を生み出すことも意味している。価値を帯びて制度化された全体としての組織（公式組織と非公式組織がワンセットになった複合組織）が，そのような多数の実践共同体から構成されるとき，そこには知識連結を妨げる実践共同体間の認識障害など，意味と創造の世界ないし組織的知識創造の観点からは問題もはらんでいる。実践共同体を共同体からだけ眺めると，この点を見失ってしまうだろう。

3　意味創造の場としての組織
――知識ネットワークの結節点――

　実践共同体が実践的知識の共有に威力を発揮するのは，実践が知識を生み出し支えるコンテクストとして機能するからである。もちろん，知識を適用して仕事を遂行する行為者＝実践者が，絶えず新しい行為のヒント（＝知識）を探し，主体的にアンテナを張っていることもあるだろう。だが，それ以上に同じ実践に生まれた知識は理解しやすいからだ。いわば「知識は実践によって引かれたレールの上を走る」[74]のである。逆に「異なった実践は，共同体を，そしてアイデンティティや知識を差異化する」[75]にとどまらず，実践共同体間で認識様式の違いを生み出し，結果として他の実践共同体で創出された知識に対する認識障害をつくりだす。これが，組織的認識の裂け目となって，知識共有ないし知識連結を推進しながら，しかも同じ企業内であるにもかかわらず，創造的な知識や最良の知識の場合，とりわけ伝播しにく

い原因にほかならない。フォン・ヒッペルが論じた「知識粘着性（stickiness of knowledge)」[76)]の問題である。

　ところが，実践共同体に創出された知識は，実践に根ざしているゆえに企業内でもなかなか伝わらない一方で，実践に根ざしているゆえに全体としての組織文化の断絶をものともせず，組織境界を超えて，しばしば企業間で漏れてゆく。たとえば，ゼロックス PARC で開発された「グラフィカルなユーザー・インターフェイス（GUI）」は，社内で受容されず，まず同じ方向の研究（実践）を追求していた研究者を通してアップル（マッキントッシュ・インターフェイス）に漏れ，後にマイクロソフト（ウィンドウズ）で最も収益的になったことなどは，有名な例だろう。いわゆる「知識漏洩性（leakiness of knowledge)」の問題である。もちろん，知識粘着が企業内で実践を共有せず，異なった実践に根ざした認識障害に起因するとすれば，知識漏洩が企業の違いを超えて実践を共有し，共通の実践に根ざした類似の認識枠組に起因することは，言うまでもない。

　GUI の漏洩の例でもわかるように，技術者や研究者は，企業（組織）を超えて共通点が多く，同じ会社の他の従業員より他社の技術者や研究者と思考様式が近い。彼らの実践が企業内の実践共同体にとどまらず，他社の実践にも広がり繋がっているからだ。とりわけ研究者は，たとえ企業に所属していても，他社の研究者はおろか，大学や研究所を含めた同じ専攻ないし同じ研究分野の研究者から構成されている職業共同体（科学者共同体）で交流し，その研究成果に眼を凝らし，時に取り入れ，時に自らの成果を公表し，あるいは非公式に伝え，伝えられて，認められる喜びに浸るのが一般的である。そこには「見えざる大学」[77)]とでもいうべき知的ネットワークが形成されている。

　実践が組織を超えて共通性を持つのは，管理者も例外ではない。管理者間では，業界の異なった他社の管理者でも通じ合うことは多い。バーナードもまた「管理者は，組織の本質的問題を論じるにあたって，もしそれぞれの分野の専門的用語にこだわらずに質問を述べさえすれば，わずかな言葉で相互の考えを理解することができる」[78)]と述べている。ここでも管理実践が共通

理解の基盤なのだ。管理者もまた,競争他社の管理者との間でさえ,実践ネットワークをもつと言えるだろう。

　組織境界を超える実践ネットワークの繋がりは,実践共同体ほど強固ではなく,緩やかである。それでも,企業間の個人移動は,知識移動以上に実践伝達となって,これを強化し,専門知識さえも流出させる基盤となった[79]。韓国のエレクトロニクス関連産業の立ち上げに,スカウトされた多くの日本人技術者が関わったことは周知の事実だろう。当然,このネットワークは,潜在的にはグローバルに広がる可能性を秘めているが,より積極的に「グローバル市場での成功は,地球規模で知識を共有するコミュニティーにかかっている」[80]との指摘もある。もちろん,ネットワークがローカルにとどまることも少なくはない。いずれにしても,知識は実践ネットワークに沿って組織外に漏れてゆく。

　それでは,組織境界で知識の漏洩防止は可能なのだろうか。まず,知識そのものの性質と人間のあり方から見て,長期的にはそれは難しい。古今東西,秘密が守られた試しがないことは,人類の歴史が示している。第二次世界大戦末にアメリカが独り占めにして隠していた原爆製造技術も,数年後には旧ソ連にその独占を破られた。人間が必死に探し求める方向にある知識は,時を経れば実践を同じくする者に漏れるのが宿命である。

　いま一つの問題は,組織境界を超えた知識漏洩ルートは,知識流入ルートでもあることだ。もともと,緩やかであれ実践ネットワークを完全に遮断することは困難だが,このルートの遮断は組織外の重要な知識や情報から自らを切断する危険をはらんでいる[81]。知識連結が意味と創造の世界の根幹であるとき,それは戦略的にも失うものが大きい。そうであれば,このルートを開きつつ,些かでも組織境界を超えた外的な知識漏洩を減らす手だてが必要となる。それには,内的な知識粘着性を克服することが鍵になろう。というのも,研究であれ,技術であれ,プロジェクトであれ,組織内で理解され受け入れられないとき,そこに生まれた不信が外部漏洩を促す傾向にあるからだ。それらは実践者,つまり実践共同体メンバーが仕事に打ち込んだ証だけに,認められない辛さと組織を超えても認められる喜びが,漏洩の中に

込められている。意識的な漏洩でなくても，組織境界を超えて繋がる実践ネットワーク・メンバーは，僅かに語った言葉（時に不満）や仕事の痕跡を手がかりに意味を引き出す可能性を秘めている。

全体としての組織における実践共同体間の認識障害を克服し，古い知識に新しい知識を連結させ，さらなる知識を創造することは，たやすいことではない。しかし，優れた組織はそれを行ってきたし，それを実現するのが組織能力だ。組織を統一ある全体として凝集させる共通の組織文化（組織的認識枠組）と，互いの信頼を基礎にした実践共同体間の協力関係ないし協働が，実践共同体間の認識様式の相違を理解させ，共通の実践となって，これを乗り越える契機となってきた。そして長期雇用を前提にした日本企業の知的熟練の形成に典型的に見られるように，もちろん，実践共同体間を移動しながらキャリア形成する組織メンバーも，実践共同体間の翻訳者ないし実践共同体における境界人（マージナル・パーソン）として，これに大きく貢献するだろう。

最後に注意しなければならないことは，実践共同体によるコンテクストの共有可能性も，その多くは表層的コンテクストにとどまることである。それでも知識共有・知識連結の基盤となって，知識創造のメカニズムを強化するだろう。深層コンテクストの完全な共有ができなくても何も悲観することはない。深層コンテクストの差異が解釈のズレとなって，コミュニケーションの切断をもたらし，組織崩壊の危険性をはらみつつも，逆に組織的創造性に繋がってゆく可能性も秘めているからである。どちらに転ぶかは，まさに組織の能力が決定するだろう。

【付記】本章は，「組織と知識」（『大阪商業大学論集』第90号，1991年）に加筆した。

1) C. I. Barnard, *The Functions of the Executive*, Harvard University Press, 1938（以下は *The Functions* として原書頁のみ記す）. 山本安次郎・田杉 競・飯野春樹訳『経営者の役割』ダイヤモンド社，1968年。庭本佳和「動的組織観の展開」大橋昭一・奥田幸助・井上昭一編『現代の経営と管理』ミネルヴァ書房，1992年，第4章。
2) T. E. Deal and A. A. Kennedy, *Corporate Culture*, Addison, 1982. 城山三郎訳『シンボリック・マネジャー』新潮社，1983年。T. J. Sergiovanni and J. E. Corbally eds., *Leadership and Organizational Culture*, University Illinois Press, 1984. E. H. Schein, *Organizational Culture and Leadership,* Jossey-Bass, 1985. 清水紀彦・浜田幸雄訳『組織文化とリーダー

シップ』ダイヤモンド社，1989年。その他多数。
3) K. E. Weik, *The Social Psycology of Organizing* (second ed.), Addison-Wesley, 1979.
4) R. A. Burgelman, "A Model of Interaction of Strategic Behavior, Corporate Context, and Concept of Strategy," *Academy of Manegement Review*, Vol.8, No.1, 1983.
R. A. Burgelman and L. R. Sayles, *Inside Corporate Innovation*, The Free Press, 1986. 小林肇監訳／海老沢栄一・小山和伸訳『企業内イノベーション』ソーテック社，1987年。
5) 野中郁次郎『企業進化論』日本経済新聞社，1985年。
6) 加護野忠男『組織認識論』千倉書房，1988年。同『企業のパラダイム変革』講談社，1988年。
7) J. A. Schumpeter, *Theorie der Wirtschaftlichen Entwicklung, 2, Aufl.*, 1926. 塩谷裕一・中山伊知郎・東畑精一訳『経済発展の理論』岩波書店，1977年，特に第2章。
8) R. M. Cyert & J. G. March, *A Behavioral Theory of the Firm*, Prentice-Hall, 1963, pp.278-279. 松田武彦・井上恒夫訳『企業の行動理論』ダイヤモンド社，1967年，316-317頁。
9) E. T. Penrose, *The Theory of the Growth of the Firm* (second ed.), Basil Blackwell, 1980 (first ed. 1959), pp.76-80. 末松玄六訳『会社成長の理論（第二版）』ダイヤモンド社，1980年，99-103頁。特にp.76（訳書99頁）では次のように述べている。「用益利用の可能性は知識の変化とともに変化するものである。資源の物的特性，その利用方法，あるいは資源を有利に利用できる製品についての知識が進歩するに従って，より多くの用益が利用できるようになり，以前利用できなかった用益が利用できるようになったり，さらに利用されていた用益が利用できなくなったりする。したがって，従業員の知識の型と物的資源から得られる用益との間には密接な関係がある。会社の従業員の知識が経験を積むにつれておのずから増大する傾向にあるということは，会社の資源から利用できる生産的用益もまた，変化する傾向にあることを意味している」。
10) F. A. Hayek, "The Use of Knowledge in Society," *The American Economic Review*, Vol.XXXV, September, 1945, pp.519-530.『ハイエク全集 3』春秋社，1990年，107-125頁。
11) 今井賢一『情報ネットワーク社会の展開』筑摩書房，1990年。その他一連の著作。
12) 今井賢一・金子郁容『ネットワーク組織論』岩波書店，1988年。
13) 情報と知識という言葉は相互転用が激しく，本章でも厳密に区別していないが，一応，次のマハルプの定義に従っている。「情報はメッセージの流れ（フロー）であり，知識はその蓄積（ストック）であるが，新たな情報の流入によって再構成される」(F. マハルプ／赤木昭夫訳「情報科学の学際的定義」『別冊國文学/情報パラダイム』学燈社，1985年，167-192頁。
14) 加護野忠男「組織変動と認識進歩」『組織科学』Vol.22, No.3, 1988年，54頁。
15) G.ライル／坂本百大・宮下治子・服部裕幸訳『心の概念』みすず書房，1988年，第2章。
16) 本章は，「組織と知識」という統一テーマでなされた組織学会関西支部夏期集中研究会（1990年7月30-31日）での報告「知識の諸形態」を基に執筆した「組織と知識」(『大阪商業大学論集』第90号，1991年）に，第Ⅲ節「組織のダイナミズム」の「2 組織変動とパラダイム革新（加護野）」以降を加筆したものである。
17) ただし前掲主著 (*The Functions*) でバーナードは次のように述べている。「公式組織の不安定や短命の基本的な原因は，組織外の諸力のなかにある。………組織の存続は，物的，生物的，社会的な素材，要素，諸力からなる環境が不断に変動するなかで，複雑な性格の均衡をいかに維持するかにかかっている」(p.6)。
18) 両論文は次の文献に収められている。W. B. Wolf and Haruki Iino eds., *Philosophy for Managers: selected papers of Chester I. Barnard*, Bunshindo 1986. 飯野春樹監訳『バーナード 経営者の哲学』文眞堂，1986年。以下は本文に原書頁を示す。

19) 庭本佳和「経営存在と環境の問題」(山本安次郎・加藤勝康編『経営学原論』文眞堂, 1982年) で展開した経営環境の概念図は, バーナードの主張をヒントに作成したものである (本書序章に所収)。
20) 時代的に重なったハイエクとバーナードの知識論は, かなり近いものがある。バーナードがハイエクに学んだものかもしれないが, 知識論についてはハイエクへの言及がない。この点はいずれ検討したいと思う。また, 共に本当にはそれぞれの領域で主流になれなかった点も似ており, 興味深い。バーナードの知識観は, 主著とその付録に収められた「日常の心理」(1936), 未発表草稿「人間関係のあいまいな諸側面に関する覚書」(1937) などからも窺えるが, 「技能, 知識, 判断」(1950) にまとまっている。上述の脚注18) 文献に所収。これについても本文に原書頁を示す。
21) John Dewey, *The Theory of Inquiry*, Holt Reinhart, 1938, p.143.
22) H. マトゥラーナ=F. バレーラ／菅啓次郎訳『知恵の樹』朝日出版, 1987年, 10頁, 121頁。
23) バーナードの主著 *The Functions* (1938) では, 「技術 (art) を用いるのに必要な常識的な日常の実践的知識には, 言葉で表せないものが多い——それはノウハウの問題である。これを行動知 (behavioral knowledge) ということもできよう。………それは不断の習慣的経験によって会得できるものであり, しばしば直観的と呼ばれるものである」(p.291) と説明されているだけであるが, 主著以前の未発表草稿を検討して解釈したものである。詳しくは, 庭本「近代科学論を超えて」(『大阪商業大学論集』第66号, 1983年) および「組織と意思決定」加藤勝康・飯野春樹編『バーナード——現代社会と組織問題——』文眞堂 (1986) を参照 (それぞれ本書第4章, 第10章として所収)。
24) M. Polanyi, *The Tacit Dimension*, Rouledge & Kegan, 1963 (Reprinted, Doubleday & Company, 1983). 佐藤敬三訳『暗黙知の次元』紀伊国屋書店, 1980年。バーナードの行動知がポラニーの暗黙知であることを最初に指摘したのは, 前掲の庭本 (1983) であろう。これが恐らく M. ポラニーに触れたはじめての経営文献だと思われる。
25) 遠田雄志「純粋調査批判」『経営志林』第25巻第4号, 1989年, 61-72頁。
26) 金井壽宏「ピア・ディスカッションを通じての『気づき』の共有」『組織科学』Vol.23, No.2, 1989年。
27) 野中郁次郎・他「組織的『知の創造』の方法」『組織科学』Vol.24, No.1, 1990年。
28) 金井壽宏「ピア・ディスカッションを通じてのコーポレート・イノベーション」『神戸大学ワーキングペーパー』8910, 1989年。組織学会関西支部夏期集中研究会 (1989年7月29-30日) での報告資料として配布された。なお図6-3は, この研究会における「暗黙知から行動知へも点線が必要」という庭本の指摘により, 書き加えられたもの。
29) 「明白知の中から行動指針となる原理・原則をルールとして学習する。学んだルールは, 実践しないと身につかない。行動・試行を繰り返さないと学習者に真に備わらない知識」(金井)。
30) M. Polanyi, *Personal Knowledge*, The University of Chicago Press, 1958, pp.98-99. 長尾史郎訳『個人的知識』ハーベスト社, 90-91頁。
31) G. ライル, 前掲訳書, 48-49頁。
32) M.ドゥ・メイ／村上陽一郎・成定薫・杉山磁郎・小林司訳『認知科学とパラダイム論』産業図書, 1990年, 343頁, 345頁。
33) マイク・クーリー／里深文彦訳『人間復興のテクノロジー』お茶の水書房, 1989年, 90頁。
34) 加護野忠男『組織認識論』千倉書房, 1988年。以下は頁数を本文に記す。
35) 加護野忠男『経営組織の環境適応』白桃書房, 1980年, 5-6頁。
36) C. I. Barnard, *Organization and Management*, Harvard University Press, 1948, p.129. 飯野春樹監訳『組織と管理』文眞堂, 1990年, 130頁。

37) Thomas S. Kuhn, *The Structure of Scientific Revolutions (Second Edition Enlarged)*, The University of Chicago Press, 1963 (1970), p.viii. 中山茂訳『科学革命の構造』みすず書房, 1971 年, v 頁.
38) *Ibid.*, Postscript－1969, pp.174-175. 同上訳書, 補章－1969, 特に 198 頁.
39) 野中郁次郎『知識創造の経営』日本経済新聞社, 1990 年. 野中の組織的知識創造理論は今なお進化しているが, その原型をなしているのが『知識創造の経営』であることと, そこに野中理論のほぼ完成した姿をみせているので, 本書ではこれを中心に検討することにした (引用頁数は本文に記す). これを中心に検討するいま一つの理由は, 本章の基になった「組織と知識」の原稿締め切り (1991 年 3 月 20 日) 間際まで, 前年の 12 月に出版された『知識創造の経営』の存在に気づかず, これを検討し損なったという思いがあるからだ. 必要があれば『知識創造企業』(東洋経済新報社, 1996) で補う.
40) 野中を中心にした研究グループの大著『組織現象の理論と測定』千倉書房 (1978) は, 「バーナードやサイモンに一言も触れなかったこと」が, とんでもない第一の特徴であった, と執筆者の一人は語っている (奥村昭博「アメリカ経営論から日本の組織論へ」今井賢一・塩原勉・松岡正剛『ネットワーク時代の組織戦略』第一法規, 1988 年, 55 頁).
41) W. R. Scott, "Symbol and Organization," in O. E. Williamson ed., *Organization Theory: From Chester Barnard to the Present and Beyond*, Oxford University Press, p.42. 飯野春樹監訳『現代組織論とバーナード』文眞堂, 1996 年, 53 頁. ドイツの経営学者ハイネンも「文化価値概念は 1930 年代のバーナードに遡る」とはっきり認めている (E. Heinen, "Entscheidungsorientierte Betriebswirtschaftlehre und Unternehmenskultur," *Zeitschrift für Betriebswirtschaft*, Jg.55, Nr,10, Oktober, 1985, S.984.).
42) この点について私は次のように批判したことがある.「野中教授はバーナード＝サイモン理論という一般的理解に立たれつつ, これを超えるものとして『情報創造パラダイム』を数多くの著書で主張しておられる. しかし, バーナードとサイモンはその組織観, 意思決定観が大きく異なる. むしろ情報観は断絶的に隔たっており, 野中教授のバーナード理解を容認することはできない. むしろバーナード的な情報概念に立ってこそ情報創造パラダイムは築き得る」(庭本佳和「情報ネットワーク社会における企業経営」大橋昭一・中辻卯一編『情報化社会と企業経営』中央経済社, 1988 年, 37 頁).
43) バーナードの知識観についての野中の表現と叙述全体が, ほぼ庭本のバーナード解釈そのままであるが, その叙述の半ばに付けた脚註 (当然, それ以降の文章は野中のバーナード解釈ということになってしまうが, それは不可能) に「知識観については, Barnard (1938), Appendixs, "Mind in Everyday Affair", 加藤・飯野編 (1986) の第 11 章, 庭本佳和「組織と意思決定――現代経営学にバーナードが問うもの」ならびに大滝 (1987) を参照」とある. このような脚註の付け方では, 庭本や大滝も触れているが, 身体知 (バーナードの表現ではなく, 庭本の造語. ただ哲学分野には存在したかもしれない) や行動知は, Appendixs で論述されているのだと受け取る人が出ても不思議ではない. むしろ, それが一般的であろう. そのためか, 庭本の転写の転写ぐらいの表現で, バーナードの Appendixs からの直接の引用として, 行動知を説明している論文がある (稲永明久「中小企業における暗黙知情報の組織同化」『オフィス・オートメーション』Vol.13, No.4, 1992 年, 101 頁). 行動知という言葉は, Appendixs ではなく, 主著の本文にある. また脚注以降で野中の解釈として「精神作用と絡めて行動知を説明した部分」は, 主著にはなく, 未発表草稿を基に庭本が解釈したものだ. これが「それは不可能だ」と上述した理由である. 学説研究でもない限り, どこに叙述されているかは大きな問題ではないかもしれないが, 野中ほどの影響力をもつ人はいま少し慎重に脚註を付けて欲しい.
44) 続けて野中は「バーナードがサイモンの数学的意思決定モデルに違和感を覚える理由も<u>この</u>

点にあったし，論理的精神過程の並んで，あるいはそれ以上に非論理的精神過程を重視する所以もあった<u>のである</u>[19]」と述べているが，これも「<u>ここに</u>バーナードがサイモンの数学的意思決定に違和感を覚える理由もあったし[22]，論理的精神過程と並んであるいはそれ以上に非論理的精神過程を重視する所以もあった」（庭本）の「ここに」を位置を移して「この点に」に変え，文末に「のである」を加えたに過ぎない。脚註を付けた位置は微妙に違うが，文献はともに W. B. ウォルフをあげている。

45) B. Levitt and J. G. March, "Chester Barnard and the Intelligence of Learning," in O. E. Williamson ed., *op.cit.*, p.12.『前掲訳書』13 頁（引用されている第1章の翻訳は庭本が担当した）。
46) *Ibid.*, p.14. 同上訳書，16 頁および 17 頁。
47) 坂本和一『新しい企業組織モデルを求めて——「内外均衡同時実現モデル」の展望——』晃洋書房，1994 年，168-174 頁。
48) 本書第9章第Ⅲ節第2項および第9章脚注（55）を参照のこと。
49) たまたま手元にある「組織と知識」に関する以下の文献すべてに Nonaka and Takeuchi の名が挙がっている（野中が編集者に名を連ねているものは除いた）。
    ・Georg von Krogh and Johan Roos eds., *Managing Knowledge*, Sage, 1996.
    ・Georg von Krogh, Johan Roos and Dirk Kleine eds., *Knowing in Firms*, Sage. 1998.
    ・P. Baumard, *Tacit Knowledge in Organizations*, Sage, 1999.
    ・D. Morey, M. Maybury, and B. Thuraisingham eds., *Knowledge Management*, The MIT Press, 2000.
    ・Special Issue "Knowledge, Knowing, and Organizations," in *Organization Science*, Vol.13, No.3, May-June, 2002.
    ・P. K. Ahmed, L. K. Kok, and A. Y. E. Loh, *Learning through Knowledge Management*, Butter worth-Heinemann, 2002.
    ・G. Patriotta, *Organizational Knowledge in the Making*, Oxford, 2003.
50) 野中・竹内『知識創造企業』の原書出版（1995）以前に，暗黙知に言及した経営文献はある。たとえば，Robert Cooper, "The 'Texture' of Organizing" in *Journal of Management Science*, 27: 6, November 1990, pp.576-582. ポラニーの暗黙知理解は野中よりむしろ確かである。
51) 『日本経済新聞』1994 年 1 月 12 日（朝刊）。ただ，「暗黙知の限界」という見出しが示すように，その理解には偏りが見られる。
52) 山口昌男「遊びと文化と経済 6」『日本経済新聞社』2005 年 5 月 20 日（朝刊）
53) ロバート・A. ニスベット／堅田 剛訳『歴史とメタファー』紀ノ國屋書店，1987 年，18 頁。
54) R. A. ウォルドロン／築島謙三訳『意味と意味の発展』法政大学出版会，1990 年。
55) C. I. Barnard, *The Functions*, pp.75-76.
56) M. Polanyi, "The logic of tacit inference," (1964) in M. Grene (ed.), *Knowing and Being: Essays by Michael Polanyi*, The University of Chicago Press, 1969, p.144. 佐野安仁・澤田允夫・吉田謙二監訳『知と存在——言語的世界を超えて——』晃洋書房，1985 年，184 頁。引用個所は翻訳書に依っていない。なお，本書第4章の図 4-1 および図 4-2 を参照のこと。
57) C. I. Barnard, *Organization and Management*, Harvard University Press, 1948, p.201. 飯野春樹監訳『組織と管理』文眞堂，1990 年，202 頁。
58) W. B. Wolf and Haruki Iino eds., *op.cit.*, p.119. 前掲訳書，172 頁。
59) 野中・竹内『知識創造企業』東洋経済新報社，1996 年，87-88 頁。
60) J. Spender, "Competitive Advantage from Tacit Knowledge1?", *International Business Review*, Vol.13, No.4, pp.353-367.

61) M. Polanyi, *The Logic of Liverty : Reflections and Rejoinders*, University of Chicago Press, 1951 (Midway reprint, 1980) p.34. 長尾史郎訳『自由の論理』ハーベスト社, 1988 年, 44 頁。
62) *Ibid.*, p.40. 同上訳書, 51 頁。引用箇所は翻訳書の一部を変更している。
63) 野中自身が「われわれが組織的知識創造理論を最初に発表したのは 1990 年のことである」と記している (E. ウェンガー・R. マクダーモット・W. M. スナイダー／野村恭彦監修・野中郁次郎解説・桜井祐子訳『コミュニティ・オブ・プラクティス』翔泳社, 2002 年, 333 頁)。
64) Georg von Krogh and Johan Roos eds., *Managing Knowledge : Perspectives on cooperation and competition*, Sage, 1996, pp.157-183. p.185 ; Georg von Krogh, Johan Roos and Dirk Kleine eds., *Knowing in Firms*, Sage. 1998, pp.26-66.
65) Rodrigo Magalhàs, "Organizational Knowledge and Learning," in Georg von Krogh, J. Roos and Dirk Kleine eds., *op.cit.*, pp.89-122.
66) D. レオナルド／阿部孝太郎・田畑暁生訳『知識の源泉』ダイヤモンド社, 2001 年, 10 頁。
67) J. レイヴ・E. ウェンガー／佐伯胖訳・福島真人解説『状況に埋め込まれた学習：正統的周辺参加』産業図書, 1993 年, 81 頁。
68) E. ウェンガー・R. マクダーモット・W. M. スナイダー, 前掲訳書, 33 頁。
69) J. S. Brown and P. Duguid, "Knowledge and Organization : A Social-Practice Perspective," in *Organization Science*, Vol.12, No.2, March-April, 2001, p.202. この論文は本章第Ⅳ節第 2 項, 第 3 項を展開するに際して, 参考になった。多くをこれに依拠している。
70) C. I. Barnard, *The Functions*, p.127.
71) J. S. Brown and P. Duguid, *op.cit.*, p.203.
72) ピエール・ブルデュ／今村仁司・港道隆訳『実践感覚 1』みすず書房, 1988 年, 2 頁。
73) J. S. Brown and P. Duguid, *op.cit.*, p.201.
74) *Ibid.*, p.204.
75) *Ibid.*, p.202.
76) E.von Hippel, "'Sticky of information' and locus of problem solving," *Management Science*, Vol.40, No.4, pp.429-439.
77) D. クレーン／津田良成監訳・岡沢和世訳『見えざる大学』敬文堂, 1979 年。
78) C. I. Barnard, *The Functions*, p.vii.
79) J. S. Brown and P. Duguid, *op.cit.*, p.206.
80) E. ウェンガー・R.マクダーモット・W. M. スナイダー, 前掲訳書, 36-37 頁。
81) J. S. Brown and P. Duguid, *op.cit.*, p.207.

第Ⅲ部
バーナード理論の諸問題

第7章
協働システムと組織概念
―― バーナード理論における概念構成 ――

I 問題の限定と基本的確認

　バーナード理論は，現代経営学に非常に大きな影響を与えたこともあって，わが国経営学界においても多方面から内容深く研究されてきた。それにもかかわらず，バーナード理論が難解なこともあり，その基礎概念の一つである「組織概念」でさえ，必ずしも理解の一致を得ていない。また，協働システムと，そのサブシステムである組織の関係も十分に究明されていない。定義の段階の抽象的組織が即協働システムのサブシステムなのかという問題もある。さらに，分析の武器であるはずの「組織」が分析の対象となっている，という指摘もしばしばなされてきた。しかも，この組織概念の把握がバーナード理論を理解する「鍵」とすれば，これら疑義を無視できない。そこで本章は，そのような組織概念の把握をめざして，バーナード理論の概念構成を全体の理論構成をも考慮しながら，整理しようとしたものである。
　それに先立ち，本章での基本的な研究態度を明らかにしておこう。まず第一確認は，バーナードの主観的意図からではなく，客観的に提示された著作の内容から接近するということであり，その場合も，主著『経営者の役割』(1938)[1])に中心を置き，バーナード理論を主著において理解するということが，第二の確認である。
　ところで，バーナードの主著は非常に抽象的で，多くの人が指摘するように，確かに難解である。もっとも，その難解さは，アンドリュウスの指摘するような，単に「説明の抽象性，例示の少なさと古くささ，文体の難解さ」

(p.xii) にあるのではなく，たとえば，同じ「組織」という言葉も用いられる箇所によって，その抽象度が異なるという概念構成，理論構成の複雑さにあるといえる。そのことから，主著の前半部と後半部に「き裂」があるという印象を否めず，さらに前半部の第Ⅱ部内にもいささかの断層があって，読み進むのに抵抗を覚える。バーナードの主著の難解さは，実にここにある。ただ，この点を乗り越える方法は，既に先学者が道を切り開いており，それが「行為主体的理解」[2]にほかならない。本章もまたバーナード理論を行為主体理論として把握するというのが第三の確認である。

以上，三つの確認の上にバーナード研究の基本的視角を定め，主著全体を射程に入れながら，本章では前半部の概念構成，特に協働システム概念と組織概念に絞って考察を試みる。

Ⅱ 協働システムと組織

人間協働は，会社，学校や大学，クラブ，奉仕団体，あるいは教会，軍隊，さらには都市（地方自治体）や国や国際機関にいたるまで，あらゆるところに存在する。バーナード理論の成立点は，彼が直接体験したこのような協働的現実である。この具体的協働の場は，システム・アプローチをとるバーナードによって「協働システム」と名づけられ，会社，学校，軍隊なども協働システムとして把握される。

この「協働システム」は，バーナードの経験に合うように，具体的協働情況を包括的にとらえるための概念的工夫であり，「少なくとも一つの明確な目的のために二人以上の人々が協働することによって，特殊な体系的関係にある物的，生物的，個人的，社会的構成要素の複合体」(p.65) である。端的にいえば，協働システムは，物的システム，個人的システム，社会的システムなどのサブシステムから成っている。

協働システムの能力を促進する機械・設備などは，組織と結合するとき，単なる物から物的システムとなる。社会的システムとは効用の交換システムであり，人間関係の諸問題などはこれに属する。また協働システムに貢献

し，誘因を受け取る人間とその関係が人的システムである。そして，これらをシステム化し，統合して全一体としての協働システムを現出させるものが組織にほかならない。会社と教会，会社と大学では，明らかに物的システム，社会的システム，人的システムは異なる。しかし，組織現象だけは共通である。

そこでバーナードは，協働システムを分析するための最も有効な概念として，協働システムに具体性と多様性を与えている物的，社会的，個人的要因を捨象して得られた側面を抜き出す。これを「公式組織」と呼んで，「二人以上の人々の意識的に調整された諸活動または諸力のシステム」(p.73) と定義した。協働システムから抽出された組織は，人間行為だけから成る「純粋組織」，「抽象組織」ともいわれる極めて抽象的な「概念構成」，バーナードの表現では「単純な理念型的組織」(p.94) であって，あくまで具体的な組織問題への接近を試みる「分析用具」(p.7) である。バーナードは「科学的に有効な組織概念」(p.68) を用いて，協働システムを分析し，管理の機能，さらに道徳的リーダーシップの問題に達する。

もとより協働システムは常に安定したものではなく，環境変化に適応することによってはじめて存続できる。協働システムのこの適応過程が「管理過程（マネジメント・プロセス：management processes)」(p.35, p.37) であり，その管理の作用を担うのが組織である。つまり組織を通じて適応がはかられる。そして，そのような管理作用を担う組織を維持・存続させるのが管理職能 (executive function) で，それを遂行するのが管理者 (executives) や管理組織 (orgnization of executive) の役割ということになる。協働システムはこのような構造とメカニズムをもっている。

もっとも，このような組織現象は，バーナードにとって経験的実在（加藤）[3] であったかもしれないが，組織それ自体として存在するのではなく，協働（システム）と融合し，その背後に隠れていることもあって，私たちには容易に理解できない。そのために，バーナードが両概念の区別を強調したにもかかわらず，定義に反して両者は厳密に区別されておらず，事実上は同じであると見なされたり，協働システムが具体的な組織と解されたりもし

た。この点は，飯野研究[4]によって，協働システム概念が主著執筆過程のごく短期間のうちに追加されたという事実と，その場合には coöperative system という言葉が統一的に用いられていることが明らかになり，この問題の一応の決着をみた。と同時に，そのことによって別の問題も生じている。

その一つは，バーナードが人間を組織の構成要素に含めるか否かに対するヘンダーソンの批判に答えて協働システム概念を急遽追加したという事実を重く見るあまり，それを組織概念を浮き彫りにさせるための概念装置としてのみ重視する捉え方である[5]。しかし，たとえバーナードが，主著執筆過程の段階でヘンダーソンに自らの組織概念を認めてもらうべく動機づけられて協働システム概念を導入したにしても，示された著作はバーナードの個人的動機と急遽導入という事実から離れた存在物であり，そこに盛り込まれた内容に則して考察されるべきであろう。

バーナード理論において，協働システム概念の果たしている役割を確定するとなれば，単に組織概念との比較を超えて，主著全体から判断することが必要である。とりわけ人間を，組織には環境であるが，協働システムの構成要素としたことから新しく書き加えられた第2章「個人と組織」と，それに続く第4章「協働システムにおける心理的および社会的要因」，第5章「協働行為の諸原則」は重要で，協働システム概念を確立できたからこそ扱い得た問題である。そこで，とりわけ第2章で，バーナードは主著全体を貫く人間論を展開しており，それがバーナード理論を行為主体理論としていっそう鮮明に基礎づけている。

このように，バーナード理論の中で協働システム概念の占める位置と役割は，単に組織概念の特質を浮き彫りにする概念装置というよりもはるかに大きい。そのことを認めた上で，以下では概念構成という次元に焦点を絞り，考察することにしよう。

III バーナード理論における概念的次元

科学の目的が，日常的常識的理解を科学的概念構成によって説明し，経験

に合致するような理論をつくり出すことにあるとすれば,理論の有用性は,十分な概念体系と,その概念を発展させる方法に依存するが[6],バーナード理論の有効性は,この意味における概念構成の卓越性にあるといえる。バーナード理論は協働システムとともに,そこから抽出された組織概念を持つことに決定的な特徴がある。ここでは,両者の関係を概念的次元に焦点を合わせて整序する。

1 協働システム概念の役割

既に述べたように,バーナード理論の成立点は,行為する経営者としてのバーナードが直接体験した協働的現実であり,そこに具体的協働情況を現出させている経験的実在としての組織現象である。彼の認識対象は,彼自身も投げ込まれて行為するこの組織であるが,それはどこまでも彼の永年の経験から感得した「組織感」であり,行為的直観であって,そのままでは科学の対象になりにくい。しかも,この組織現象は,現実には組織それ自体として存在しているのではなく,具体的協働情況を現出させるものとして,それと融合し,その背後に隠れている。そのため,私たちも日常的にこの組織にふれながら,バーナードのような組織感が得られず,具体的な協働情況をもって組織現象と把握しているのが現実である。この協働情況の具体的な場,特殊な協働情況は,日常的思考における概念構成(＝日常語)によって,会社(さらには○○会社,△△会社),大学,教会,軍隊などと表現されるとともに,通常,これらが「組織」と呼ばれるのはこのためである。

そこで,バーナードは,自らの組織感によって把握した経験的実在としての組織をこれと区別するために,協働システム概念を導入する。協働システムは,日常的思惟概念によって表された特殊的,個別的協働状況である会社,大学,教会,軍隊などにみられる協働一般に着目し,自ら経験と合致するような具体的協働情況を包括的に捉えるための概念的工夫だ。それは日常的思考,日常的概念に立脚しながらも,それを超えた科学的概念構成にほかならない。すなわち,協働システムは第一次抽象概念とでもいうべきものであり,会社,大学,教会,軍隊なども協働システムと把握されるとともに,

それらの間に無数にある特殊的,個別的差異は,協働システムのレベルでは,物的,生物的,社会的,個人的差異に収斂されることになる。ただ,一般的な形ではあるが,いまだ具体的規定要因を含んだ協働システムは,協働的現実に近い「実在型」であり,個別性・特殊性と一般性・普遍性とを結びつけた,いわば中間に成り立つものと考えられる。

　バーナード理論は,行為者であると同時に,その行為の認識者であるバーナードの鋭い直観によって得た「組織感」にもとづいている。つまり,バーナード理論は,バーナード自身の行為的直観にもとづいて,自らもそこに投げ込まれ,それを形成していた「経験的実在」としての組織の構造を論理的に分析しようとしたものである。ただ,その場合,彼はその鋭い直観で得た組織感を直接取り上げて,抽象的に概念化するのではなく,現実型的な,あるいは実在型的な協働システム概念を取り入れた。これによって,バーナード理論は現実性の厚みを増し,よりいっそう説得力あるものとなっている。もし,このような協働システム概念なしに極めて抽象的な組織概念がいきなり示されたなら,私たちはそれを容易に理解できず,バーナード理論を相手にせず,無視したかもしれない。偉大な理論も理解されてはじめて偉大となり,影響力をもつのである。その意味では,協働システム概念の役割は大きい。

2　透視眼鏡としての純粋組織概念

　バーナードは,具体的協働情況を私たちにも理解しやすいように,いったん協働システム概念で捉え,次に協働システムの本質的側面を把握するための概念的用具の作成に取りかかる。それが協働システムの具体的規定要因(物的,社会的,個人的要因)を捨象し,一面的に昇華してえられる「組織」,つまり「二人以上の人々の意識的に調整された活動のシステム」にほかならない。そこには調整と意思決定過程が潜んでいる。

　もっとも,このような組織は,非本質的要因を度外視してはじめて把握できたのであって,協働システムを有効に研究するために概念操作によって敲き直された高度に抽象的な概念構成(第二次抽象概念),理念型といえる。

つまり両者は，抽象の程度，概念的次元を異にするはずであるから，純粋組織は協働システムを要素分解して得られるものではないだろう。そして，この第二次抽象概念としての組織のレベルで分析し，摘出されたものが，組織の三要素（共通目的，コミュニケーション，協働意思）である。電磁場が電力あるいは重力の場であるように，組織は相互依存的な三要素が一体となった人間諸力が交叉する場であり，ここに組織が把握される。

　もちろん，行為主体的理論をめざすバーナードにあっては，分析は目的の終わりではなく，始まりである。このようにして捉えられた組織はあくまで分析の武器であり，それを再び反転させ，協働システム，さらに個別的，具体的協働情況まで下降させることによって，理念型組織＝純粋組織に映し出された協働システム・レベルでの組織，協働的現実を現出させている経験的実在としての組織，そして組織機能としての管理を捉え，説明しようとする。

　端的に表現すると，純粋組織概念は透視眼鏡である。これを通して協働システムを覗けば，その構造やメカニズムがよく見える。協働システムのサブシステムとしての組織とは，眼鏡それ自体である純粋組織＝理念型組織であろうはずもない。それはどうやら単位組織，複合公式組織であるらしい。事実，バーナードも「一般に単位組織の最も重要な関係は，単位組織を一つの部分として含む特定協働システムとの関係である」（p.99）と述べて，協働システムのレベルでの組織とは純粋組織＝理念型組織ではなく，単位組織，複合組織のレベルであることを示唆している。このように考えれば，純粋組織を即概念的次元の異なる協働システムのサブシステムであるとすることの違和感もなくなり，概念的次元の違いも無理なく説明できよう。

　もっとも，純粋組織という眼鏡が曇っていては何にもならない。この眼鏡に磨きをかけ，透視度を高めるものが，公式組織の理論，つまり組織の三要素（共通目的，コミュニケーション，協働意思）であり，有効性と能率の概念である。これで眼鏡を磨き，より具体的レベルで現れる単位組織の制約要因を明らかにし，複合組織を解明して，具体的協働情況を現出させている経験的実在としての組織，さらには組織の作用としての管理までをも見通そうというのである。

232　第Ⅲ部　バーナード理論の諸問題

3　バーナード理論の構成と概念的次元

　バーナード自身が永年の体験から感得していた「組織感」を「組織観」に転換して，この回りくどい手続きを経て説明し，習得させようとしたプロセスこそが，主著『経営者の役割』にみられる理論構成そのものにほかならない。そこに一貫して流れるものは，行為の論理，主体の論理，そしてそれらを統合する行為主体の論理，総合の論理である。しかし，主著において言語化すること自体が，どこまで努力しても知的対象論理を完全には超えきれず，バーナードをして，行為的直観としての「組織」を十分に伝えられないと嘆かせたのである（p.xxxiv）。バーナードのこの理論化プロセスを図示すると，図7-1のようになるだろう。

　図7-1において，一番下の大きな円は具体的協働情況を示し，日常語では会社（さらに○○会社，△△会社），大学，教会などと呼ばれる。それらを概念化したものが協働システムであり，中段の大きな円で示されている。その協働システムから抽出された純粋組織概念（＝理念型組織）は，一番上の小円で，非本質的なものは捨象されている。

　この純粋組織概念によって，協働システム・レベルで照らしだされたのが，単位組織，複合組織であり，協働システムのなかの小円（斜線部分）で示されている。ここに協働システムは，組織を中核的サブシステムとして，物的，社会的，個人的システムから成っているということが理解できるだろう。ただし，点線で表されているのは「境界ではない」という意味であり，それぞれのシステムは協働システムの時空と一致している。言い換えれば，組織は協働システムの一部を領域にするのではなく，協働システムの隅々にまで行き渡っている。主著第Ⅲ部「公式組織の諸要素」は，このレベルの問題である。

　このような順序を追って，バーナードは「経験的実在」としての組織，その作用としての管理の説明にとりかかる。図7-1において，一番下の小円がそれを示しているが，これも点線で書かれているのは，「経験的実在」としての組織と具体的協働情況とは領域を異にしないという意味である。つまり，組織は具体的協働情況を現出させるのであり，両者は同時同領域的存在

第7章 協働システムと組織概念—バーナード理論における概念構成— 233

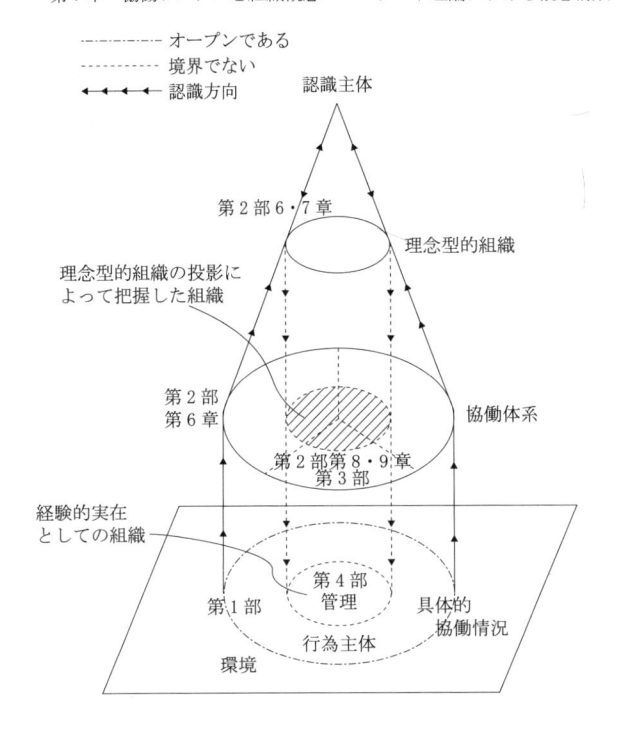

図7-1 バーナード理論における概念的次元

である。主著第Ⅳ部「協働システムにおける組織の機能」はこの部分を扱っている。

これまで述べてきたことで明らかなように，協働的現実から出発して協働的現実に還るというのが，バーナード理論の道筋といえよう。図中に第1部～第4部と示したのは，バーナードの主著『経営者の役割』の説明箇所を，この図にあてはめたものである。

Ⅳ 理念型組織と単位組織

協働システムと組織の関係を，バーナード自身が「組織は協働システムのサブシステム」（p.78, p.240）と説明するとき，組織を協働システムと同次

元の概念構成と想定しているのか，両者の概念的次元が異なっても，組織は協働システムのサブシステムなのか，逆に異なるからこそサブシステムなのか，あるいはシステム概念は概念構成の次元とは無関係なのかが，容易に解けない。この点に関しては，彼は何も示していないが，理念型組織と単位組織との関係のうちに，その糸口が見い出せるように思われる。これについては，既に本章第Ⅲ節-2で少し触れているが，ここでいま一度確認しておこう。

純粋組織＝理念型組織と単位組織の関係は，これまでのバーナード理論研究において，それほど取り上げられてこなかった（1977年現在。なお2005年時点でもその事情はそれほど変わっていない）。また，バーナード自身が「この単位組織が理念型組織と異なる点は，他の組織から孤立して見出されないということと，直接的にせよ間接的にせよ，つねにいくつかの他の公式組織に従属し，究極的には教会あるいは国家のいずれかに，また双方に従属し，依存しているということである」(pp.109-110) と述べていることもあって，せいぜいのところ「専門化された単位組織は単独で存在するものとすれば，理念的な組織にあたる」[7]と解されるぐらいであった。そこでは，単位組織の特殊なものが理念型組織であるかのように考えられているようであり，必ずしも両者の概念的次元の違いは意識されていない。

しかしながら，組織現象の特質を明らかにするため，具体的協働システムから概念的に昇華させたものが，抽象的な純粋組織＝理念型組織にほかならない。この純粋組織概念を透視眼鏡にして，バーナードはより具体的レベルで現れる単位組織の制約要因を明らかにし，複合公式組織の構造と諸要素を解明しようとする。この意味で，両者の次元は明確に異なるものであり，理念型組織は単位組織の特殊型といったものではない。そして「協働システムの経験を分析する最も有効な概念が理念型組織である」(p.73) というバーナードの中心的仮説からして，この理念型組織によって，具体的協働システム・レベルで照らしだされたものが，単位組織，複合組織であろう。この点は既に指摘したが，バーナードも「一般に単位組織の最も重要な関係は，単位組織を一つの部分として含む特定協働システムとの関係である」(p.99)

と述べていることを見逃してはならないだろう。

　具体的協働システムのレベルでの組織とは，理念型組織ではなくて，単位組織，複合公式組織のレベルであるとすれば，理念型組織（＝抽象的な純粋組織）が即概念的次元の異なる協働システムのサブシステムという違和感もなくなるだろう。また，そのように考えれば，一部に見られる「バーナード理論の組織概念は分析の武器になっていると同時に分析の対象にもなっている」という非難は，必ずしも当たらない。その非難は両者を混同するところから生まれる。分析の武器は純粋組織＝理念型組織であり，具体的レベルで現れる単位組織，複合公式組織，組織の諸要素などがその対象である。

【付記】
　本章は，私の学界デビューとなった日本経営学会関西部会（1977年9月17日，和歌山大学）の報告原稿である。これが，翌1978年の日本経営学会第52回全国大会報告（早稲田大学）を経て，やや圧縮された形で1979年発行の『日本経営学と日本的経営（経営学論集第49集）』（千倉書房）に収められた。それはまた飯野春樹編『バーナード　経営者の役割』（有斐閣新書）1979年，第Ⅱ章「協働と組織の理論」の一部を構成している。

1）　C. I. Barnard, *The Functions of the Executive*, Harvard University Press, 1938（以下は本文に原書頁のみ記す）。山本安次郎・田杉　競・飯野春樹訳『経営者の役割』ダイヤモンド社，1968年。
2）　山本安次郎『経営学の基礎理論』ミネルヴァ書房，1966年。
3）　加藤勝康「バーナード理解のための基本的視角を求めて」『経済学』（東北大学研究年報）第35巻第3号，1974年。「経験的実在」という表現は加藤から借用した。
4）　飯野春樹「『経営者の役割』執筆過程における協働体系と組織の概念について」『商学論集（関西大学）』第17巻第5・6号，1973年。
5）　小笠原英司「バーナード組織概念の再吟味」『千葉経済短期大学商経学論集』第8号，1976年。
6）　K. レヴィン／猪股佐登留訳『社会科学における場の理論』誠信書房，1956年，44頁など。
7）　飯野春樹「公式組織と非公式組織」山本安次郎・田杉　競編『バーナードの経営理論』ダイヤモンド社，1972年，40頁。

第8章

組織の境界
―― 組織概念の再検討 ――

I　バーナードの組織概念が提起したもの
　　――組織の境界問題――

1　バーナードの組織定義と組織境界問題

　現代組織論を確立したバーナードは，組織を「二人以上の人々の意識的に調整された活動ないし諸力のシステム」と定義した[1]。ガルブレイスに「最も有名な組織定義」と言わせた組織概念および組織観は，バーナード理論の理解の鍵であると同時に「つまづきの石」でもある。組織とは「調整された活動」であって，人も集団も組織定義から排除されているからだ。確かに，組織を「人の集団だ」と捉える一般的な組織理解に立てば，バーナードの組織定義は実に分かりにくい。基本的にはバーナード組織理解と同じ地平に立って社会システム論を構築するルーマンも，バーナードの組織定義は余り受け入れられていないという[2]。だが，組織を「調整された活動」と捉えることによって，バーナードは経営者・管理者や従業員のみならず，原材料・部品の供給者，資本を提供する投資家，とりわけ商品を購入する得意先や顧客を組織貢献者に含ませる道を切り開いた。もっとも，人や集団を含まない組織概念の抽象性に加えて，この広さが，その理解を難しくさせ，多くの人々を混乱させていることは否めない。そこには，自明と思われていた「組織の境界」理解を揺るがすバーナード組織概念に対する違和感が含まれていよう。

　たとえば，『経営者の役割』(1938) が出版された当時に書評を試みたコー

プランドは，この点を「顧客を含むバーナードの組織概念は広すぎる」と見て，「ある種の混乱だ」と手厳しく批判した[3]。バーナード理論を継承したとされるサイモンも『経営行動』を著した時点（1947）で，「管理についてのあらゆる理論のなかで，顧客が組織活動の一部だと考えねばならないと主張したのは，『経営者の役割』を著したバーナードがおそらく最初の人であろう。この点についての彼の見解は，管理に関する著者たちの間で，明らかにいまだに広く承認されていない」[4]と指摘している。それは今日でもあまり変わらない。

わが国においても，バーナードの組織概念に対しては，従来から「組織の境界があいまいだ」との批判が強く，それがバーナード理論受容の妨げになってきた。この点を批判経営学者の川端は，「実体的レベルでは顧客は，組織に拘束されず，直接的な外部環境に属する」として，「組織の本質規定を，実体論レベルまで固執して，その論拠を展開するなかで混乱におちいっている」[5]とバーナードを論難する。もっとも，人々はその全体的プロセスで時に「組織貢献者としての顧客」行為（購買行為）するだけであって，常に特定企業の顧客として存在するという人間はいない。顧客ともなりうる「組織に拘束されない」個人が「直接的な外部環境に属する」のであり，この点は経営者や従業員とて同じである。

三戸もまた，バーナードの組織概念は「その本質において境界をもたない」[6]と理解した。しかし，これに納得できない三戸は，組織に境界を設定する契機を求めて，「所有概念」に行き着く。ここで所有が，物的所有のみならず，価値（信条，イデオロギーなど）の所有（共有）を含むところが現代的である。もっとも，「本質において境界をもたない」という三戸の指摘にもかかわらず，バーナードの組織定義でも（あるいは本質においても），組織に境界は存在する。ただ，絶えず変動するだけである。この点は，組織貢献者から顧客を排除しようが，組織価値の共有者だけを組織貢献者と限定しようが，変わらない。

このようなバーナードの組織理解に対する最も激しい批判者の一人が，中條であろう。彼は「バーナードの組織概念は過度の抽象であり，組織の境界

問題が弱点」と見ており,「機能概念とシステム概念を組み合わせれば,ほとんど必然的に組織の境界が曖昧になる」という[7]。もっとも,実務家であったバーナードの行為的直観（内的視点）で捉えた「絶えず揺れ動く組織現象」を説明するためにシステム概念が導入されたのであって,過度の抽象化や機能概念とシステム概念が組み合わされたから,組織境界理解が曖昧になったのではない。その意味では,いささか誤解を招く主張であるが,組織を強制力や拘束性を伴う社会関係と捉える中條にとって,命令・権限関係のない顧客や資本の提供者にすぎない株主,さらには単なる債権者が組織貢献者あるいは組織構成員というのは「日常的な実感と遊離」しており,「奇異な感じ」がして耐え難いからだ。

　中條の主張の検討は別の機会に譲るとして,バーナードの組織定義ないし組織観が,従来の組織境界理解に一石を投じたことは間違いない。それどころか,近年の情報化やグローバル化の進展とともに,中條によって「日常的な実感から遊離した」と激しく批判されたバーナードの組織境界理解が「日常的な実感に近い」組織現象が浮上してきた。この点を次に見ておこう。

2　近年の経営組織現象と境界問題の浮上

　1970年代後半から80年代を通して,経済の隆盛をもたらした日本企業あるいは日本的経営への評価は極めて高かった。とりわけ,自動車や家電などの系列・下請け連関を駆使した組立産業は強く,たとえば,社員30万人近くを擁して年間830万台を生産するGMに対して,トヨタは6万人の社員で590万台を生産している（2001年現在）。トヨタに代表される日本企業の強さは,本体を超える組織的拡がり（系列・下請け連関）の中で実現していたことを見逃してはならないだろう。自覚すると否とにかかわらず,ここに従来の組織境界理解を超える事態が既に現れていた。もちろん,それが顕在化するのは90年代の日本経済の崩壊と再生の試み,具体的には日本企業の経営システムの革新のプロセスにおいてであった。

　90年代の日本経済の不調と日本企業の業績悪化は,確かにバブルの崩壊が響いている。しかし,より本質的な原因は,急進展したグローバル化と情

報化にわが国の社会システムや経営システムが対処し切れなかったところにあっただろう。80年代には足を早めつつあったグローバル化にしても，89年のベルリンの壁の崩壊に始まる社会主義体制の瓦解はそれを決定的な動きにした。いわゆる経済の一元化であり，労働市場の一元化である。これを活用して，質の高い部品・製品（現地生産）やサービスばかりか，人的資源をグローバルに調達し，販売するアメリカ企業は，コスト・リーダーシップを発揮して，競争力を回復した。人材の多様性と創造性ゆえに先端技術開発力も強い。もちろん，そこにはアウトソーシング，戦略提携，M＆A（コア・コンピタンス意識に基づく選択と集中戦略）を多用するなどのように，スピードと創造性を求めて経営革新，組織革新もなされている。これを背後で支えているものが情報化の進展にほかならない。

　遅れたとはいえ，ここ数年，このような動きは日本企業にも顕著になってきた。たとえば，派遣社員，契約社員，パートなどの非正社員の比率が増大しており，終身雇用で固定化していた大企業の労働組織も流動化し始めた。それは当然，従来の組織境界理解を流動化させる。たとえば，その身分が派遣会社に所属し，そこから派遣されてくる社員を活用する当該企業の組織の境界は，どこに定めるのだろうか。派遣社員の仕事の遂行は，派遣先企業の組織活動を構成すると同時に派遣元企業の事業活動を構成しているからだ。また内注（生産や営業の現場への他社社員の張りつき）も常態化し，組織境界は入り乱れているように見える。アウトソーシングや戦略提携やOEMなども，組織の境界を曖昧にし，企業の範囲を見極めることを難しくするだろう。複数企業が協調してプロジェクトを実行するためのアドホックな事業体を形成するような場合，なおさらである。

　情報化の動きが，これに輪をかけている。とりわけ，ネットワーク化の進展により，情報ネットワークが企業組織などの個別経営組織を超えて広がる今日，組織の境界把握はますます困難となるが，それだけではない。この点については，トフラーが2つの重要な点を指摘した。一つは，産業革命（第二の波）以来，経済学者は「報酬を目的としないすべての活動（A部門）」を無視して，「市場を通して生産物やサービスを売ったり，交換するすべて

の活動（B部門）」に限定して「経済」という言葉を用いるようになったという指摘である。いま一つは，生産者（producer：プロデューサー）と消費者（consumer：コンシューマー）を組み合わせて，「生産プロセスに参加する消費者（労働の代替者・開発提案者）」を意味するプロシューマー（prosumer）の登場を見通したことである[8]。後者の指摘は，前者の指摘を前提にしているが，労働の代替の簡単な例ではATMによる現金引き出しや券売機による購入などがあげられる。パソコンなどに典型的に見られる「消費者の好みや注文に応じた製品・サービスの提供」などは，消費情報の提供であろう。これらはTシャツのデザインや自転車・オートバイなどの生産過程にも見られる。

　さらに進んで，消費者の中には，製品開発へのアイデアや技術の提供といった貢献を果たす人々も現れるようになった。彼らは収入や昇進以上に，自由に技術や技能を活かし，能力を発揮して，ひいては社会に貢献できる喜びのほうが重要だと受けとめる人々であり，今日，少なからず存在する。単なるプロシューマーを超えるという意味では，貢献者であるコンデューサー（consumer＋producer＝conducer）[9]と呼ぶ方が適切かもしれない。

　プロシューマーにしてもコンデューサーにしても，顧客を組織貢献者と認識せざるを得ない最近の事情を示しているが，そもそもネット・ビジネスの中には獲得した顧客を前提にしないと，事業活動できないものが少なくない。紹介ビジネスや電話サービス事業はその典型であろう。ニュージャージー・ベル電話会社の社長を20年間務めたバーナードは次のように述べている。「電話サービスそのものでさえ，集合的な社会条件に依存しているので，ある個人にサービスを売ることは，他の多くの人たちもまた電話に加入していなければ，一般的に不可能であった」。この認識こそが，「顧客を含む組織概念は広すぎる」との批判や「組織の境界があいまいだ」との指摘にもかかわらず，自らの組織概念に固執し，「活動の提供という点では，従業員であれ，顧客であれ，同じだ」と反論を試みた理由でもあった。組織を「調整された活動ないし活動の連結」と捉えたのは，従来の組織境界を超えて組織現象を把握する概念的工夫にほかならない。

組織をこのように理解すると，組織間に典型的に現れるネットワーク現象やバーチャル・コーポレーション（仮想企業）も組織現象として把握する道が切り開かれる。情報技術の発展を基礎にして，顧客の視点から構想されたバーチャル・コーポレーションは，調整機能を担う中核企業が製造活動どころか，時に製品開発や販売活動を行わないという意味で「バーチャル」というにとどまらず，それら機能を担う複数企業活動が調整されて，あたかも一つの企業活動のように現れるという意味でも「バーチャル」である。さらに，バーチャル・コーポレーションでは，顧客は開発提案者・情報提供者（新たな価値の提供者）として位置づけられ，これを基礎に諸機能を担う企業は組み換えられ，その境界は絶えず変動するという意味でも「バーチャル」といわれるのだろう。いずれにしても，そこでは組織は実体というよりは関係として，あるいは存在というよりは活動ないし行為として捉えられている。そのような組織理解を可能にしているものこそが，オートポイエティックな視点にほかならない。

II オートポイエーシス・システムとしての組織
―――位相空間的な組織境界―――

1 オートポイエーシス論の基本的視点

マトゥラーナ＝ヴァレラによって構想されたオートポイエーシス論は，生命システムを「構成素（components）が構成素を産み出す産出プロセスのネットワークとして有機的に構成（単位体として規定）された（organized）マシン」[10]と定義する。その力点はシステムのあり方を当該システム自身との関係から明らかにしようとした内的視点[11]にあり，それに依拠した循環的記述にある。これによって要素還元論に特徴づけられた近代合理主義を克服し，自己言及パラドックスの問題を回避できたのである。したがって，行為（対象）＝観察（行為）という内的視点に立っていることがオートポイエーシス論の決定的特徴であり，そこに入出力の不在性を強調する理由もあった。もとより，オートポイエーシス論の場合，(4)入出力の不在性と(1)

自律性，(2) 個体性，(3) 境界の自己決定性は等価であり，一見，従来のシステム観から理解できそうな印象を与える(1)(2)(3)とも従来のシステム論と同じ理解に立っていないことには注意を要する。当然，対象（行為）と観察（行為）が分離した近代科学とは，その方法において大きな切断があり，それがオートポイエーシス論の分かりにくさともなっている。

ところで，構成要素が構成要素を産出する「自己産出的なシステム」であるオートポイエーシス・システムは，システムの産出物がシステムを産出するシステム，つまりシステム（産出）＝産物（システム）である。社会を例にとれば，社会（コミュニケーション）＝コミュニケーション（社会）ということになる。このような内的視点に立った循環的把握によって，マトゥラーナ＝ヴァレラは主体概念を突き抜けて，社会をオートポイエーシスと説明できる道を切り開いた。外的観察者を必要としないこの記述方式では，入力も出力も見えてこないし，見る必要もない。また主体概念も必要としないのである。オートポイエーシス論の場合，主体と自律性は等価でもなく，セットでもない。円環的な作動システムにおいて，オートポイエーシス・システムは自律性をもち，個体性を保障し，自ら境界を決定し，位相空間的領域を特定して自己維持をはかる。主体性が，その自律性を保障しているのではないのである。それだからこそ，主体性を持ち出さなくても，社会はオートポイエーシスであり，自律的であり，自己組織的であることを主張できる。

また次のことも注意しておかなければならない。オートポイエーシス・システムは，循環的自己規定システムであるからこそ，「ゆらぎ」が新たな秩序形成（循環的自己創造システム）につながるのであり，「ゆらぎ」が自己創出の論理を形づくるのではないのである。このことを，まずルーマンによる社会システムへの適用から確認しておこう。

2　オートポイエーシス論の適用

(1)　社会システムの自律性と創造性

生物学領域で生まれたオートポイエーシス論を社会システムに適用しよう

とするとき，人間を社会の構成要素と見たマトゥラーナ＝ヴァレラは頓挫してしまう。オートポイエーシスの定義上，社会をオートポイエーシスと見れば，人間のオートポイエーシス性を喪失してしまうからだ。だが，この難問は，人間を社会システムの構成要素から除外したルーマンによって超えられてゆく。このような考え方のヒントを，ルーマンは組織の構成要素から人間を除外したバーナードの活動的組織観から得た。事実，「社会システムは心身をもった人間から成り立っているのではない。それは具体的行為から成り立っているのである。人間は，………システムの外に位置している。………その社会システムにとっては環境なのである」というルーマンの叙述は，バーナードの引用の上になされている[12]。コミュニケーションの帰属先が行為であり，行為のコンテクストがコミュニケーションであれば，「社会システムはコミュニケーションから成り立っている」と言い切るまでに，それほどの距離があるわけではない。社会システムに適用するためのオートポイエーシス論のこの変更と拡大は，全面的にルーマンの強靭な翻訳力に基づく創意と飛躍によってもたらされたという指摘にもかかわらず[13]，バーナードの大きな創意の上に，ルーマンの小さな飛躍がもたらした。

　ルーマンに従えば，「社会とはコミュニケーションによって社会として再生産される」[14]オートポイエーシス・システムである。ここでコミュニケーションとは，移転メタファーに伝達活動だけを指しておらず，情報（内容），理解（意味）の統一体である[15]。コミュニケーションが理解を含むものとすると，これに続くコミュニケーションの産出がなければ，成立しない。コミュニケーションの理解や意味の確定には，次々とコミュニケーションを必要とし，その反復的産出が社会システムを構成している。もちろん，そこには理解の微妙なズレを伴いながら，それが拡大したり縮小したりする。その微妙なズレが，敢えて言えば，「ゆらぎ」にほかならない。これがコミュニケーションを切断するほど大きな裂け目となれば，社会システムは崩壊の危機となる。逆に，コミュニケーションにおける意味のズレがさまざまなコミュニケーションを誘発して新たな意味で埋められ，新たな理解が成立したとき，異なったレベルに移行している。これが社会システムに変動をもたら

す。このように，コミュニケーションによって再生産される社会は，社会（コミュニケーション）＝コミュニケーション（社会）に違いないが，形式論理的に前項と後項の同一性（自己維持）を保持すると同時に，位置の違いが内実の違いを表す循環的自己創造システムなのである[16]。

もっとも，社会システムを取り上げたルーマンの分析水準は，組織の分析水準より抽象度が高い——このことは理論の抽象度が高いということとは異なる——。ルーマンは，相互作用，組織，社会を社会システムとして一般化して捉えた。したがって，相互作用，組織，社会はすべてオートポイエーシス・システムとして描き出された社会システムの性質をもっており，組織も当然に自律的で創造的であるが，単なる相互作用が組織でもなく，組織が社会でもない。これらは互いに関連しあいながらも，異なった存在である。オートポイエーシス論を組織に適用する場合，この理解が鍵である。

(2) バーナード組織概念のオートポイエーシス性

オートポイエーシス論とバーナード組織概念の接合の試みは，庭本（1994，1996，1999）[17]によってなされており，詳しくはそれに譲るが，ここでも簡単に触れておこう。

社会的集合的（＝相互作用的）性質をもつ人間の存在それ自体が相互作用を生み，それが一定方向に秩序づけられているとき，組織になる。もちろん，人間相互作用それ自体が既に社会の一部といえるが，これに諸組織を加えた相互作用の総体が社会を構成している。つまり人間は身体的相互接触を含めた情報的相互作用（情報交換と意味確定）＝コミュニケーションを行う自律的行為主体であって，相互作用的存在であるとはいえ，人間が即相互作用ではない。同様に，相互作用自体もまた即人間ではない。相互作用は，そしてそれと同じ性質をもつ社会は，コミュニケーションによって相互作用や社会として再生産されるのであり，それ自体の主体性をもたない。

これに対して，コミュニケーション，共通目的，協働意思がバランスよく結びつくことに条件づけられて成立する組織は，「二人以上の人々が意識的に調整された活動ないし諸力のシステム」にほかならない。ここに「目的」

は「調整」のうちに含意されている。

　バーナードによるこの組織定義は,「組織（コミュニケーションを通して調整された活動）＝コミュニケーションを通して調整された活動（組織）」のように,活動を調整する主体が組織それ自体というオートポイエーシス論的な循環的定義であるが,明らかにそこには主体性を滑り込ませている。繰り返して説明すれば,「コミュニケーションを通して認識された共通目的に方向づけられて調整された協働意思からなる活動」と定義されてもよい組織は,相互作用や社会と同様に再帰的に「コミュニケーションを通して調整された活動」を生み出すが,産出された活動も「コミュニケーションを通して調整された活動」によって共通目的に向けて調整されており,「調整された活動」としての組織自体が,コミュニケーションを通した調整主体として,主体性を獲得しているのである。つまり,人間の心理的・精神的エネルギー（協働意思）からなる活動（activity）が,具体的には身体的・生理的動作を含む行為（action）として現れ,調整された集合的行為主体による連続的な組織行為（acts of organization）となって作動するとき,組織は調整主体として自己決定的に境界を区切るのである。もとより,バーナードは行為の位相を明確に理解していたかどうかは定かではないが,これを一連のものとして捉えてはいた。組織を「時間的な連続性をもつ行為（actions）および相互作用（interactions）の統合さた集合体」[18]とも説明したのは,そのためだろう。

　ところで,行為の位相の外部観察される側面が,行動（behavior）であるが,観察者の眼からすると,そこでは一瞬にして内部が外部化され,外部が内部化されている。内部化した外部が組織に変動の契機としての意味の余剰と複雑性をもたらすことは容易に想像がつこう。顧客を組織貢献者とするバーナードの組織概念は,組織と境界の関係を組織システム内に取り込み,組織を絶えず流動化させることによって,組織化が変動の契機を含み,変動が新たな組織化に導く理論化の可能性を内包している。ともすればバーナードの混乱ではないかと思われた「組織の循環的定義」や「組織の境界問題」が,オートポイエティックな視点から眺めると,システム内に視座を据えた

バーナードの理論構築の方法の帰結であることがわかる。この意味で，バーナードの組織の境界理解は，実務家の行為的直観で捉えられた組織感にほかならず，内的視点に立つ管理認識から生成したものであった。この点は第Ⅲ節でもう一度触れることにする。

(3) オートポイエティックな組織の構成要素としての意思決定

オートポイエーシス論を組織研究に取り入れる場合，たとえばモーガンは「メタファー的利用」にとどまってしまったが，その原因を「組織の要素を同定できなかったためだ」と見る長岡もまた，オートポイエーシス論に基づいて経営組織（企業組織）論を展開しようとする一人である。彼は，拙論に対して「わが国で最初にオートポイエーシス論を組織に適用しようとされた庭本の試み（1994）にも同じ問題が残されている」と指摘した上で，「組織の要素が『コミュニケーション』なのか，それとも『活動』なのか，また両者の関係がどうなっているのか，ということについて最終的な判断が下されていないからである」と厳しく批判する[19]。この批判（1998）がなされる以前の拙論（1996）で既に組織の構成要素は「コミュニケーションを通して調整された活動」であることを明らかにしているが，確かに経営組織の構成要素を「意思決定」と主張する長岡ほど簡潔ではない。

もっとも，長岡の場合，意思決定のすべてが構成要素ではない。経営組織を他の社会システムから分け隔てる成員資格をもつ人間のなした意思決定のみが経営組織を構成するのである。長岡の意図では，ここに組織は閉じることになり，組織の境界が明確になるはずであった。このような長岡の見解に対して，藤井は①消極的意思決定概念の欠落に見る意思決定概念の綻び，②成員資格の没時間的規定性，③意思決定概念および成員資格の記述における外部観察の滑り込みないし内部観察（内的記述）の不徹底，という観点から批判し，これを破っている[20]。長岡に対する批判はほぼこれで尽きていようが，もう少し素朴な疑問を若干付け加えておきたい。

経営組織と社会や相互作用といった他の社会システムとの違いは，極論すれば，一般的な意味での公式組織と非公式組織の違いと同型である。厳密で

はないかもしれないが，非公式組織や社会にも，緩やかであれ成員資格はある。組織価値や社会価値を含めた文化の受容はその典型に違いない。成員資格は言葉づかいやファッションに現れることもあるだろう。それも文化であるが，価値や文化を共有しない者の間のコミュニケーションは，時に切断され，社会を構成しにくいことがしばしば生じている。異文化コミュニケーションの難しさもそこにあるが，世代間の断絶現象もその一つである。そうであれば，公式組織と成員資格の内容が異なるだけだともいえる。また公式組織が持続すると非公式組織を生成することは早くにバーナードが指摘したが，両者が一体として現れる価値を帯びた組織，つまり制度化された組織の成員資格が複雑になることは，周知の事実であろう。

　成員資格が，応募者による選択と企業による選択の結合によって獲得され，退職か解雇のいずれかによって失われ，しかも公式な成員規則に従うことと成員役割を果たすことによって持続するものだとすれば，長岡の組織認識は中條のそれと何ら変わらない。そうであれば，組織の構成要素としての意思決定を持ち出すまでもなく，組織は成員資格によって既に区切られており，組織の境界は明らかである。経営組織に敢えてオートポイエーシス論を適用する必要はないだろう。オートポイエーシス論は，運動が境界を区切る円環運動論であり，成員資格で区切るという発想にはもともと馴染まない。

Ⅲ　管理認識のための組織の境界理解

　経営組織文献を読む場合，一般的に私たちは組織を外部観察するのと同じ眼で読んでいるに違いない。バーナードの『経営者の役割』を読む場合もそれは変わらないだろう。行為的直観で捉えた組織感に基づいて書かれていると一応承知していてさえ，ともすれば観察者の眼で読んでしまう。このような眼で見ると，株主や債権者どころか，取引業者や顧客をも組織貢献者に含むバーナードの組織理解に違和感をもったとしても，不思議ではない。とりわけ，経営者（サラリーマン経営者），管理者，従業員による経営共同体ないしサラリーマン共同体として企業を捉えることの強いわが国の場合，そし

て株主総会で「社長（代表取締役）や取締役」が「わが社」と説明することが一般的なわが国の場合，その思いは一層強いはずだ。

　ところが，その日本企業でさえ，グローバル競争を前にして，株主の意向を無視できなくなってきた。少なくとも，企業に発展をもたらす有能な経営者や管理者は，株主の眼を常に意識している。一般的には市場の評価と呼ばれるものであるが，それが経営意思決定や活動に大きな影響を与えるようになるとき，法的所有関係を超えて，企業それ自体の視点からも，株主は組織構成メンバーだと認識せざるを得なくなる。株主総会で「皆さんの会社」と説明するアメリカの経営者の場合，それは当然の意識かもしれない。さらに，アウトソーシングや戦略提携，しかもそれらがグローバルに進展する現在，その組織的視野と組織意識は，さらに拡大しつつある。分社化や企業分割を含めて，そこには市場原理が浸透しているが，経営者や管理者の意識に代理される組織に内的な視点に立つと，他方でそれは調整対象の拡大にほかならない。

　すぐれた組織の調整射程は，第Ⅰ節で見たように，一般には市場を構成する顧客にまで届き始めている。企業ブランドは顧客獲得の有力な手段であるが，リピーターとなった顧客は繰り返し製品・サービスを購入して組織に貢献するだけでなく，その存在自体が宣伝媒体であり，時に他の顧客を紹介したり，しばしば情報提供やアイデア提供をして組織に貢献してくれる。また特殊な例とはいえ，宝塚歌劇の舞台は熱狂的な顧客（ファン）ともに構成され，支えられ，育てられている。ここに組織貢献者としての顧客の典型を見ることができるだろう。顧客を組織貢献者に育ててこそ，組織の発展もある。そのためにも，まずは顧客を組織貢献者と認識し，組織に内部化して，自らの調整対象の射程に捉え得るか否かが，組織の存続・発展を担う経営者や管理者に問われている。バーナードが権威によって調整される階層組織（scalar organization）だけでなく，自由な合意や理解によって調整された活動をも組織と捉え，側生組織（lateral organization）と名づけて重視した理由もそこにあったであろう。

　顧客との取引やアウトソーシング，OEM生産を含む提携は側生組織の典

型的な例といえ，一般的には組織間，個人間，あるいは個人と組織の間をつなぐ市場と理解されている。それを組織と見たのは，実務家・バーナードの行為的直観によって捉えられた組織感であり，それを概念化し，昇華した組織観であって，組織に内的な視点から，組織の発展に責任を負う経営者・管理者に厳しい組織認識と管理認識を要請したものにほかならない。もとより，今日，市場と組織の相互浸透は激しいけれども，価格メカニズムを通して自律調整（自然調整）を行う市場が組織でもなければ，権威やブランド価値を含む広い意味でのリーダーシップによって主体的に調整する組織が市場でもない。ただ，組織に内的な視点に立ったバーナードの組織概念は，市場の奥深くまで，経営者や管理者の視野を広げるツールだともいえる。このようにして捉えられた組織の境界は，敢えて言えば，近代国家の国境であるバウンダリーというよりも，近代国家以前，とりわけ古代国家のフロンティア・ゾーンのように，勢いの盛衰によって拡大縮小する版図になぞらえることができるだろう。

【付記】本章は，「組織の境界」河野大機・吉原正彦編『経営学パラダイムの探求』文眞堂（2001年）を所収した。

1) Chester I. Barnard, *The Functions of the Executive,* Harvard University Press, 1938, p.73. 山本安次郎・田杉 競・飯野春樹訳『経営者の役割』ダイヤモンド社，1968年，76頁。
2) ニコラス・ルーマン／沢谷・関口・長谷川訳『公式組織の機能とその派生的問題 上巻』新泉社，1992年，34頁。
3) Melvin T. Copeland, "The Job of an Executive," *Harvard Business Review,* Vol.18, No.2, 1940, p.154.
4) Herbert I. Simon, *Administrative Behavior* (second edition), Macmillan, 1957, p.113. 松田武彦・高柳 暁・二村敏子訳『経営行動』ダイヤモンド社，1965年，159頁。
5) 川端久夫「バーナード組織論の再検討」『組織科学』Vol.5, No.1, 1971.
6) 三戸公『現代の学としての経営学』産能大出版，1977年，p.136.
7) 中條秀治『組織の概念』文眞堂，1998年，特に13章，14章。
8) アルビン・トフラー／徳山二郎監修／鈴木健次・桜井元雄他訳『第三の波』日本放送出版協会，1980年，第20章。
9) 内山哲治「コンデューサーの誕生」『経営情報学会2000年度春季全国大会発表報告集』34-37頁。
10) H. R. Mturana and F. J. Varela, *Autopoiesis and Cognition,* D. Reidel Publishing Company, 1980, pp.78-79. 河本英夫訳『オートポイエーシス』国文社，1991年，70-71頁。
11) 内部観察といってもよいが，「観察」という言葉自体に客観的な観察，つまり外部観察に通じる意味を帯びているため，ここでは内的視点という表現を用いた。しかし，「視点」にも外部的

意味が潜入しているとすれば,「行為的直観」の方が適切かもしれない。
12) ニコラス・ルーマン／沢谷・関口・長谷川訳, 前掲訳書, 28頁, 34頁。
13) H. R. マトゥラーナ＝F. J. ヴァレラ, 前掲訳書, 286頁 (河本英夫「解題」)。
14) N. ルーマン／馬場靖雄訳「社会学的概念としてのオートポイエーシス」『現代思想』(青土社), 1993年9月号, 120頁。
15) N. ルーマン／佐藤　勉監訳『社会システム理論 (上)』恒星社厚生閣, 1993年, 第4章。
16) N. ルーマン／馬場靖雄訳, 前掲論文, 120-121頁。
17) 庭本佳和「現代組織理論と自己組織パラダイム」『組織科学』Vol.28, No.2, 1994年。
    庭本佳和「組織統合の視点とオートポイエーシス」『組織科学』Vol.29, No.4, 1996年。
    庭本佳和「コーポレートアクターの理論的視座」『中内功喜寿記念論文集』(流通科学大学), 1997年。
18) C. I. Barnard, *Organization and Management,* Harvard University Press, 1948, p.112.
    飯野春樹監訳『組織と管理』文眞堂, 1990年, 113頁。
19) 長岡克行「経営組織のオートポイエーシス」片岡信之・篠崎恒夫・高橋俊夫編『新しい時代と経営学』ミネルヴァ書房, 1998年, 64頁。
20) 藤井一弘「オートポイエーシス──その観点の経営への適用の可能性──」『甲子園大学紀要』No.27 (B), 2000年3月, 100-104頁。

第9章

組織と管理
――三次元（有効性・能率・道徳性）統合理論――

I　バーナードの管理過程論をめぐって
　　――佐々木恒男の問題提起――

　組織論と管理論を中核に展開している現代経営学において，バーナード理論の占める地位の高さや影響の大きさを今さら論じる必要はないであろう。それは，見えざる力を凝視した近年の組織文化論，暗黙知に注目する知識創造論やナレッジ・マネジメント，戦略と組織の相互浸透を重視する戦略経営論にまで及んでいる。経営学にとって，あるいは多くの経営学徒にとって，バーナード理論はエンジンの構造がよくわからないまま調子よく走り続ける車みたいなものである。

　もっとも，宇宙船や人工衛星打ち上げロケット，あるいは原子力発電ほどでなくても，車のエンジンのような成熟技術でさえ，時にトラブルを起こす。ましてバーナード理論研究は，先学の努力によって相当の成熟を示しているけれど，未だ完成した技術ではない。早くは批判経営学者の批判はもちろんのこと，バーナード理論研究者の間でさえ理解の一致をみない部分は今なお多い。何より基本的な組織定義の解釈でさえ論争で揺れている[1]。最近は組織の境界理解も再びかまびすしくなった[2]。そして組織経済が絡む管理過程論もその一つである。これについては，もう20年も前に開催されたバーナード生誕百周年記念大会（1986年11月7～8日・京都大学）で，国際的にもファヨール管理理論の研究者として知られる佐々木恒男（現青森公立大学学長・前経営学史学会理事長）が次のような鋭い批判を展開している。

周知のように，主著（バーナード『経営者の役割』——引用者）第16章「管理過程」では組織の有効性と能率が問題とされる。しかし，そこで取りあげられ，論じられる問題は，一つは組織目的の達成に必要な諸技術の総合という問題である。いま一つの問題は，協働の意欲と必要な活動の確保に関連して，効用の創造と変形，交換という組織経済の問題が論じられる。技術の総合という問題は，いわば視点の問題であり，バーナード理論全体に関わる問題であって，管理過程に固有の問題ではない。では管理過程の問題は，なぜ組織経済の問題でなければならないのか。組織の目的の達成にしろ，満足の確保にしろ，それらはいずれも協働の目的でもあり結果でもあるのであって，そのような目的を達成するために，あるいはそのような結果を導き出すために組織の機能である管理職能が機能しなければならないはずである。そもそも目的がどのようにして定式化されるのか，定式化された目的を伝達し，目的の達成に努力し，満足を生み出すために，管理の諸機能が相互に作用し合い，交織する。その動的な過程こそが第16章の問題ではなかったか[3]。

続いて佐々木はバーナードの管理過程論に対して次のような厳しい評価を下す。

バーナードの主著第16章は，単に説明不足というよりも，むしろ失敗ではなかったかと考えている。あるいは，流石のバーナードをもってしても，管理の動態を描き切れなかったというべきなのであろうか。バーナードにとっての最大の目的が最終章，主著第17章「管理責任の性質」におけるリーダーシップの問題であるとすれば，第16章は管理職能の創造機能を強調することによって，第17章でのリーダーシップの創造性に論理的に繋げて行くことを目的としているという風に解釈することができる。しかし，恐らく，そうではあるまい[4]。

この佐々木の批判は，「私がもっと遺憾に思うのは，組織のセンスを読者

に十分伝えることができなかったことだ（Still more do I regret the failure to convey the sense of organization）。それはとうてい言葉で説明できないような劇的，審美的な感情であって，主に自ら興味をもって習慣的に試みる経験から生れるものである」と書かれたバーナードの主著序文部分を，「バーナードの挫折」の表明とみる北野利信の一連の主張5)と連動している。確かに，バーナードは [the failure] を「regret」と，さらに強調の「do」を入れて，かなり強い調子で述べてはいるが，それは自信に裏打ちされたバーナードの謙遜とも受け取れる。それにもかかわらず，「管理過程なのだから，組織経済ではなく，管理職能が躍動する動的過程を描けなければ失敗だ」という佐々木の指摘と批判は，バーナード『経営者の役割』に接する人々にかなりの共感をあたえた。バーナード理論研究者の中にも「管理過程＝組織経済」という展開に違和感を覚える人が少なくなかったからである。この佐々木の批判に直ちに共振したのが高橋公夫だった。

　高橋もまた北野の「バーナードの挫折」に共鳴した一人である。ただ，北野がバーナードの挫折の原因を「公式組織の理論を基礎にした方法」に見たのに対して，高橋は主著第16章「管理過程」，とりわけバーナードが採用した「組織経済の論理の不適切さ」に求めた6)。そこで高橋は，カール・ポラニーの「形式的経済（formal economy）」と「実在的経済（substantive economy）」という二つの経済概念を援用して，この理由を明らかにしようとする。

　ここで実在的経済とは「人間に物質的欲求充足の手段を与えるかぎりでの，人間と自然環境および社会環境とのあいだの代謝過程を指すもの」であり，人間の自己存続過程としての生活そのもの，人間の生計にほかならない。一般的に，「経済的（economical）」とか「経済化（economizing）」とか表現されるのが「形式的経済」であり，希少性と目的－手段の連鎖に由来する合理的論理を内包している。「実在的経済」は，市場制度のみならず，さまざまな社会的・文化的制度に依存するため，それを「市場経済」を対象にした「形式的経済」で捉えることは難しいことになる7)。

　高橋によれば，管理過程論としてのバーナードの「『組織経済』論は，意

図において組織存続の『実在的経済』を全体的に把握しようとしながら，理論としては『形式的経済』の論理に多少とも引き戻されている」。つまり，「バーナードの『組織経済』論はこれまでの経済学の影響から抜けきれて」おらず，「形式的経済学」であるウィリアムソンらの「組織の経済学」と同一線上にとどまっているという[8]。その際，主著第 15 章「管理職能」の末尾と第 16 章「管理過程」の冒頭の叙述が補強材料に使われているが[9]，これを含めて後述しよう。ただ，たとえ高橋の組織経済の理解が妥当だとしても，「管理過程は，管理の諸機能が相互に作用し合い，交織する動的過程ではないのか」という佐々木の問題提起に対し直接には答えてはいない。

その点は高橋と同様に佐々木に共振しつつ，「組織経済はその根底にそのような解釈システムを持っており，ことに効用に関しては解釈のシステムそのものである」と「解釈経済論」を開陳して佐々木と高橋に反論した藤井の場合も変わらないであろう。「組織経済の管理はまさにそれらの諸職能を駆使せずには行われえない『過程』なのであり，その背後には第 17 章で展開されている『道徳的創造性』の手になるところの『全体という観点』がある。第 16 章は以前の諸章（第 10 章から第 15 章——引用者）を集約し，それ以後の展開の出発点となるポジションであり，また以前の諸章は『組織経済』を実現するための諸手段を展開している（もちろん，その基礎には第 17 章がある）とも読むことができる。バーナードが組織経済を『管理過程』論のなかで論じた理由も，また第 16 章を『管理過程』と名付けた理由も，その辺にありそうである」と述べて，「このことは，佐々木氏による疑問への一つの回答となっている」[10]としても，おそらく佐々木は納得しないだろう[11]。

それでも，この藤井の主張はバーナードの主著全体に目配りして，よく考えられた解釈である。しかし，第 16 章「管理過程」，第 17 章「管理責任」とともに，第Ⅳ部「協働システムにおける組織の機能」を構成する第 15 章「管理職能」が，第Ⅲ部「公式組織の諸要素」を構成する第 10 章から第 14 章と同列に並べられるのは，主著の構成上，些か不自然であろう。第Ⅳ部は全体で第Ⅲ部（もっと正確にいえば，第Ⅰ部から第Ⅲ部まで）を受けとめて

いるのであり，第15章とてその一翼を担っていることには変わらないからだ。むしろ第Ⅳ部内で，第16章は直接的には第15章を前提にし，結果的には第10章から第15章を集約する（その限りでは藤井との違いは僅かである）とともに，そこでの戦略要因として道徳的リーダーシップを識別し析出して，第17章「管理責任の性質」の扉を開いている。したがって，第17章は直接的には第16章を，間接的には第15章をも前提に展開しているが，単に第Ⅳ部の最終章という役割にとどまらない。それは第Ⅰ部から第Ⅲ部までを受けとめる第Ⅳ部の最終章として，それまでのすべての諸章を集約する形で，「管理責任としての道徳的創造性」を読者に訴えかけたといえる。

　本章もまた主著第16章「管理過程」を中心に，有効性と能率からなる組織均衡とそこに派生した諸問題をも踏まえて，バーナード理論における「組織と管理」を考察してみたい。その意味では，佐々木の問題提起に対する20年遅れの共振である。

Ⅱ　管理職能と管理過程
――Executive Process と Management Process――

1　管理職能と組織の構造および諸要素

　バーナードも述べるように，「管理業務（executive work）とは，組織の業務ではなく，組織を継続的に活動させる専門的職務（specialized work）」である。この管理業務が果たしている機能が管理職能（executive function）である。その職務を組織的に割り当てられているのが管理職位（executive position）で，その職位にあって管理職能を担っているのが管理者（executive）にほかならない。

　もっとも，管理職位を占める人々，つまり管理者が行う仕事のすべてが管理職能を遂行しているとは限らない。その中には組織の仕事であっても管理的業務でないものが多々あるからだ。逆に管理職でない一般事務員の活動であっても，管理組織を構成し，管理職能を担うことは少なくない。したがって，ここで考察する管理職能とは，単に管理者の職能という以上に，「組織

全体 (entire organization)」の協働努力を調整するための「全体としての管理組織 (executive organization as a whole)」の職能である。確かに管理組織は組織の一部として組織を維持するためにあるが，これが継続的な協働としての組織を管理する (manage) のではない。組織は全体として自らを管理し，変化する環境に協働システムを適応させて，その存続をはかるのである。管理組織は，いわば身体に依存しつつ身体を維持するために存在する神経系統のようなもので，そこでも身体機能の大部分は神経系統から独立しており，神経系統が身体を管理する (manage) と言えないのと同じだ。これがバーナードの管理組織と管理職能の理解である[12]。

ところで，「コミュニケーション・システムの維持」，「協働意思（貢献意欲）の確保」，「目的の定式化」からなる管理職能は，主著第Ⅱ部と第Ⅲ部でバーナードが論じた組織の諸要素に対応している。なかでも，第7章で詳述された組織成立の基本要素である「コミュニケーション」，「協働意思（貢献意欲）」，「共通目的」に直接に対応していることは誰の眼にも明らかであろう。それ以外にも，管理職能の説明がいかに主著第Ⅱ部および第Ⅲ部を前提として展開されているかを確認しておこう。

(1) 「コミュニケーション・システムの維持」と組織の諸要素

コミュニケーションは共通目的を認識させ，協働意思を生成させ，組織成立に大きく寄与するだけではない。成長した組織，つまり2つ以上の単位組織からなる複合組織は，単位組織間を調整するコミュニケーションが必要で，これを提供するシステムが管理組織の直接的な起源であった。それはコミュニケーション・センターとなる職位とそれを機能させる人の配置によって形成される。そして職位から形成されるものが組織構造である。ここに第8章「複合組織の構造」の理解のみならず，コミュニケーションと深く結びついて展開される第Ⅲ部第12章「権威の理論」の理解が不可欠となる理由もある。管理業務 (administrative work) の相当部分が，理解されず権威をもち得なかった命令（コミュニケーション）の再解釈にあることを見逃してはならない。

もちろん，コミュニケーションは人を介してしか遂行されないから，組織構造がコミュニケーション・システムとして機能するかどうかは，管理職位に配置された管理者の活動に依存し，それが戦略的要因となる。管理者の貢献は組織忠誠心と表裏一体であるが，これは有形の誘因からはほとんど生まれてこず，威信とか仕事への興味（やり甲斐）や組織への誇りという誘因が必要である。これを基礎づけるものが第11章「誘因の経済」であり，組織経済が中心となる第16章「管理過程」に繋がってゆくことは言うまでもあるまい。

　非公式管理組織の維持がコミュニケーション・システムの維持だと理解するには，第Ⅱ部第9章「非公式組織およびその公式組織との関係」を理解すれば済むのではない。むしろ，客観的権威の失墜を見通す第12章「権威の理論」なしに，その重要性を認識することは不可能だ。また第10章「専門化の基礎と種類」，とりわけ「社会結合上の専門化」が非公式管理組織の最も重要な側面であることは，バーナード自身が認めている[13]。それは組織関係のなかで仕事をする人間の専門化とともに，組織それ自体に関する専門化が生み出す社会的効用であり，誘因である。そうであれば，非公式管理組織が組織経済に深く支えられてはじめて機能を発揮することは明らかであろう。

(2)　「協働意思の確保」と組織の諸要素

　組織の本質は人々の協働であるから，そこには「個人はつねに組織における基本的な戦略的要因である」[14]という認識も生れる。第二の管理職能は，組織を構成する人々の協働意思（心理的・身体的エネルギー）の確保を促進することであるが，この職能は①人を組織との協働関係に引き込み，②その後に活動を引き出すことからなる。①のためには，まず広告宣伝活動や広報活動などで，人々の活動を確保しようとする組織努力や影響力が及ぶ範囲に人々を引きよせねばならない。次いで，組織に近づき接触するようになった特定の人々を組織に一体化ないし参加させようとする努力が必要であるが，それは誘因の方法や説得の方法で現実化しよう。ここでは，第11章

「誘因の経済」の理解が当然の前提になっている。この管理職能が継続的に機能するには，単に誘因の分配のみならず誘因の創造に踏み込まねばならない。管理過程が組織経済として展開せねばならない理由もおぼろげに浮かび上がってくるであろう。

　ところで，顧客を確保するセールス活動や従業員を確保する採用活動は，組織にとって，もちろん重要である。だが，それ以上に重要といえるのが支持者である顧客や従業員から質的にも量的にも優れた努力を継続的に引き出すことだ。具体的にはリピーター的顧客の増大や優秀な従業員の定着と成果の向上として現れよう。そこには組織に対する信頼（組織から見れば信頼性）が欠かせない。その一翼は組織要素である権威（第12章「権威の理論」）によって担われているが，究極的には，それは「人々の行動に信頼性と決断を与え，目的に先見性と理想性を与える」[15]リーダーシップ（第17章「管理責任の性質」）によって推進されることになる。

(3) 「目的の定式化」と組織の諸要素

　組織は人々の単なる活動や相互作用ではなく，「二人以上の人々の意識的に調整された活動システム」であり，「調整」には目的が含意されている。つまり目的が組織の統合要素であり，その意味では目的に方向づけられた活動が組織にほかならない。第三の管理職能「目的の定式化」は，このような組織理解（第6，7章）を基礎にしている。

　目的の定式化とは，端的に言えば，目的達成に向けて行動する道筋を示すことである。複合組織の場合，一般目的は専門化した各単位組織の特定目的に細分化される。この管理職能の記述にあたって，第8章「複合組織の構造」および第10章「専門化の基礎と種類」の理解が欠かせないが，さらに組織目的の定式化が組織に広く配分された組織的意思決定であり，それが「組織行為の本質的過程である」[16]という認識（第13章「意思決定の環境」）も必要となる。その具体的展開は，第14章「機会主義の理論」，とりわけ「戦略的要因の理論」と「目的達成と意思決定」で語られている。

　この目的の定式化と再規定の重要な側面は，責任（役割）の割当と委譲，

一般的には権限の委譲と理解されている職位構造であり，上述のコミュニケーション・システムの維持職能と深くかかわっている。それを作動させるものが現実の意思決定と行為にほかならない。したがって，組織とは役割や職務の束つまり職位構造ではなく，それに導かれた役割行為ないし職務行為の束である。ここに組織は，定式化した目的遂行のため人々に役割を引き受けさせねばならない。協働意思の確保とは，人々に役割を引き受けてもらうことにほかならず，管理過程が組織経済として展開される理由の一端となっているであろう。

目的の定式化は組織に広く分散した職能であるが，抽象的で将来的な意思決定（一般目的）は上位者が引き受け，目的限定や行為の責任は基底部に残される。当然，上位者は下位者にこれを教え，現場の人々が担う究極の細部決定をこれに沿わさねばならない。もとより複合組織では，一般目的は必ずしも完全に理解されておらず，完全に受容されていないのが普通である。このためバーナードも指摘するように，目的の知的理解よりも，むしろ行動的根拠に対する信念が重要となる[17]。ここに，一見，論理的な過程である「目的の定式化」職能が，それと相反して，価値に基礎を置く解釈上の経験や構想力に依拠しなければならない理由もあるだろう[18]。

2 管理職能から管理過程へ

組織成立の三要素に対応する管理職能は，組織生成に深く関与する職能とはいえ，組織を継続的に活動させる専門職能である。極論すれば，組織が短命で終わるのであれば，専門職能化する必要はない。もちろん，管理三職能は個別に存在して単独で働くのではなく，有機的全体の要素として相互に密接に関連して作用し合うことは，上述の説明からでも明らかであろう。たとえば，「目的の定式化」職能は，職位構造化の一面であり，それはまたコミュニケーション・システムの一翼を担っている。それを作動させるものが管理者の活動であり，人々の現実の意思決定や行為だとすれば，「協働意思の確保」職能が欠かせないが，そのためにはコミュニケーションと目的の定式化が必要なのである。

これら管理諸職能が相互に作用し合って働く動的な過程が，全体としての組織過程の部分ないし側面としての管理過程にほかならない。簡単に言えば，管理過程とは管理職能として機能する組織過程であり，それを管理職能遂行過程だと言ってもよいだろう。ここにバーナードが管理職能論（第15章）から管理過程論（第16章）へと論を運ぶのは，当然の成り行きだ。そこで中心的に論じられたのが組織経済である。その理由も管理職能の説明の中に若干込めておいたが，これを「管理過程の問題は，なぜ組織経済の問題でなければならないのか」と真っ向から否定したのが佐々木であった。そこには管理過程の問題とは，何よりも「① 目的がどのようにして定式化されるのか，② 定式化された目的を伝達し，③ 目的の達成に努力し，満足を生み出すために，管理の諸機能が相互に作用し合い，交織する動的な過程こそが管理過程の問題だ」との思いが潜んでいよう。

　このような佐々木の批判に対して，次の点を指摘しておかねばならない。まず，一般的な説明レベルであれば，①の「目的の定式化過程」および②の「定式化された目的の伝達過程」は，第Ⅲ部「公式組織の諸要素」（第10章から第14章）で既になされていることだ[19]。③に関しては，第11章「誘因の経済」に加えて，それこそ第16章「管理過程」，とりわけ「組織の能率（組織経済論）」で十分に展開されている。

　第二に，もともと主著以前のバーナードに管理過程の構想がなかったことが，佐々木の思いに一部で影響しているかもしれない。早くに飯野が明らかにし[20]，その後，加藤が詳細に論じたように[21]，主著の基になったローウェル講義には第7講「管理職能」があるだけで，独立した管理過程論はなかったようだ。飯野や加藤によれば，その第7講では「① コミュニケーション・システムを提供し，② 不可欠な努力の確保を促進し，③ 目的を定式化し，④ 有効性を促進し，⑤ 能率を促進し，そして ⑥ これら組織要素の適切な組み合わせを確保すること」が，管理職能として並列的に扱われている。第6番目の管理職能が能率の創造的側面としての調整 coordination にほかならない。そして主著では，①，②，③ はほぼそのまま第15章「管理職能」となり，④，⑤，⑥は，④ を拡張し，特に ⑤ を大幅に改変して第16

章「管理過程」として独立させたという。そうであれば，バーナードは主著の段階でも管理過程を ①，②，③ といった管理職能が機能する過程と想定し，叙述していない可能性はある。そのとき佐々木の違和感はますます高まるであろうが，同時にその批判は対象を失うことにもなる。これについては後で触れることにしたい。

ところで，管理職能に関する大幅な叙述の改変，つまりローウェル講義と主著の差異を，協働システム概念の急遽導入による三重経済から四重経済の展開に見る飯野に対し，加藤は次のように反論する。

主著での協働システム概念は，バーナードが従来から認識していた人間協働の構造をば，概念枠組みの提示という明確な方法論的認識に基づいて，組織概念とともに明確化したものであり，このことを前提にする限り，『講義草稿』における三重経済（triple economy）から主著の四重経済（quadruple economy）への展開は，むしろ当然の論理的帰結である，と考えられる。したがって，この点を考慮すれば，『講義草稿』第Ⅶ講 "The Executive Functions" が，主著では，第ⅩⅤ章 "The Executive Functions" および "Executive Process" へと分割して展開される過程での最重要な論点は，三重経済から四重経済への展開にあるというよりは，むしろ，筆者のいう第一の論点，すなわち，管理執行機能の構想における根本的変化にあるであろう[22]。

ここでは，ヘンダーソンの批判に応えて，主著執筆の段階で協働システム概念を急遽導入したのか，そしてその結果，組織経済の大幅な書き換えと管理職能論の分割が生じたのか（飯野），あるいは管理執行機能の構想における根本的変更が管理職能論の分割とともに，以前から認識していた協働システム概念を明確化し，結果的に組織経済の大幅な書き換えを招いたのか（加藤）のいずれが妥当かを判断する術（資料と研究力）はない。バーナードが以前から協働システム（概念）を把握していたかどうかはともかく，主著の段階での協働システム導入が組織経済の大幅書き換えに至ったことは間違い

ない。管理論構想の根本的変化が管理職能論の分割をもたらしたのか，あるいはその逆なのかはともかく，管理論執筆構想が大きく変わったことも確かであろう。

　もともと，「①コミュニケーション・システムを提供し，②不可欠な努力の確保を促進し，③目的を定式化し，④有効性を促進し，⑤能率を促進し，そして⑥これら組織要素の適切な組み合わせを確保すること」を同一次元の管理職能として横一線に並べることに無理がある。①，②，③が組織成立の三要素に対応する管理職能であり，④，⑤，⑥が組織存続にかかわる管理職能だというにとどまらず，④，⑤，⑥は，①，②，③が管理職能として機能する組織過程（つまり管理過程）の基底をなすものだからである。したがって，バーナードが主著において①，②，③を管理職能，④，⑤，⑥を管理過程として展開したのも頷ける。

　もっとも，バーナードが「管理執行機能の構想における根本的変化」を意図したかどうかは別にして，④，⑤，⑥を第16章「管理過程」として独立させたことは，何よりも管理職能との関係を明確にせねばならなかった。少なくともそれを自覚しなければならなかった。そのことは，結果的に，管理認識の深化をもたらし，新たな管理構想の模索となったことは否定できないだろう。佐々木の意に沿うものではなかったが，ここに管理諸職能が遂行される管理過程が明確な自覚のもとに展開されることになる。

　もちろんバーナードは，「①目的を定式化し，②定式化された目的を伝達し，③目的の達成に努力し，満足を生み出す過程」のレベルで管理過程を描くこともできたであろう。しかし，まさしく「管理の諸機能が相互に作用し合い，交織する動的な過程」は管理諸職能の単なる遂行過程を描けば済むものではない。その意味では，第16章「管理過程」とは，バーナードが「有機的全体の諸要素として相互に密接に関連する管理諸職能を機能させるものは何か」と問い，その基底に流れて管理職能を動かす本質を説明する章であった。その本質が「全体としての組織とそれに関連する全体情況を感得する」全体感にほかならず，これが管理過程の支配原理ないし支配的基準なのである。言語で示すことは難しいが，「感じ (feeling)」「判断 (judgment)」

「感覚 (sense)」「調和 (proportion)」「釣り合い (balance)」「適切さ (appropriateness)」[23]とも表現される"全体感"のもとに内的・外的な組織均衡をはかりつつ、管理職能を遂行するのが、管理組織、とりわけ管理者ないしリーダーの専門化した責任の内容をなしている。

　管理過程の審美的な説明し難い"全体感"を捉える基準が、組織の有効性と能率であり、そこに組織経済が展開されることになる。ここに管理過程の問題が組織経済の問題になる理由もあるだろう。『ローウェル講義草稿』の段階では、同一次元で横一線に並んでいた管理諸要素も、主著ではその次元の違いが認識され、管理職能の諸要素とその遂行過程、つまり管理過程の基準要素に整序されて、管理の動態を描くものとなっている。したがって、「流石のバーナードも管理の動態を描き切れなかった」というより「流石にバーナードだからこそ管理過程の本質を析出し、それに迫った」というべきかもしれない。少なくとも、多くの批判者より、バーナードの射程は長く、その視点は鋭く深い。両者は見る地平が違うというべきであろう。これを論じる前に、触れておかねばならない問題がある。それが管理過程としての「Executive Process と Management Process」の関係である。

3　Executive Process と Management Process

　本章でこれまで用いてきた「管理」、「管理職能」、「管理過程」は、バーナード『経営者の役割 (*The Functions of the Executive*)』(1938) における executive (エグゼクティブ), executive function (エグゼクティブ・ファンクション), executive process (エグゼクティブ・プロセス) にほかならない。彼は主著で manage, management, management process をほとんど用いておらず、僅かに数箇所で確認できる程度だ。また、両者の関係も判然としない。これを正面に据えて論じたのが道明であった[24]。

　まず道明は、ファヨールおよび彼に基礎をおくマネジメント・プロセス学派に倣って、management process を「計画－遂行－統制 (plan-do-see)」の過程と捉え、それが経営体の維持・存続・発展に不可欠なものとして明確に認識する。ところが、この management process は、それ自体と

しては過程として存在せず，その存在は経営体そのものの存在に仰ぐものだという。そこでは，経営体の成立根拠が executive function であり，経営体の存続根拠が executive process と理解される。そして，executive function の遂行過程であり，経営体の存続根拠である executive process に基づいて，management process は遂行されることになる。つまり，executive process は，management process の基礎過程である。ここに道明は，「management process は，executive process を遂行してゆくための手続きを提示するための過程としてとらえることが可能となる」[25]と宣言し，いろいろな角度から同じ主張を繰り返している。一部を挙げてみよう（以下頁数は本文に）。

　たとえば，「どのように有効性と能率を達成するかの『どのように』に答えるのが，management process の課題」（109頁），「このような変化に対する調整を行う過程として，management process はとらえられる。内的・外的均衡を保つための一つの調整過程が，management process なのである。したがって，そこには調整のための一連の手続きが形成されてこなければならない。すなわち，executive process をどのように executive function が遂行してゆくかを提示する過程となるのである」（112-113頁），「management process は，外的な環境変化に対応した内的・外的均衡の維持のための手続きを示し，executive process の遂行をスムーズに行わしめるようにすることを，その課題として有することになる。このような，management process と executive process との関連においては，management process は，executive function の遂行過程としての executive process を，全体情況の変化に対して調整してゆくための executive function の遂行のための本質的手続きととらえ，位置づけることが可能であろう」（113頁）などである。

　さらに進んで道明は，executive process の本質過程としての意思決定過程とのかかわりにおいて，management process を解明しようとする。その場合，H. I. アンゾフの意思決定分類に依拠して，戦略的決定，管理的決定，作業（業務）的決定に対応する意思決定過程である戦略的 executive

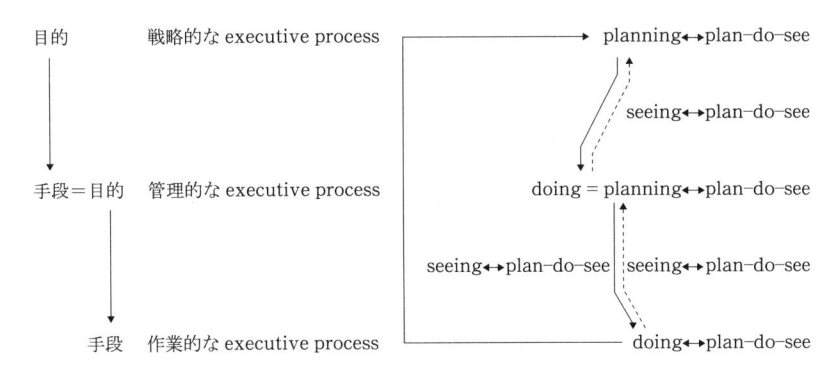

第9章　組織と管理—三次元（有効性・能率・道徳性）統合理論—　265

```
目的         戦略的な executive process ────────────→ planning↔plan-do-see
  │                                                           ↑
  │                                              seeing↔plan-do-see
  │                                                           │
  ↓                                                           ↓
手段＝目的    管理的な executive process            doing = planning↔plan-do-see
                                                              ↑
                                  seeing↔plan-do-see │ seeing↔plan-do-see
                                                              │
  ↓                                                           ↓
手段         作業的な executive process                    doing↔plan-do-see
```

図 9-1　executive process と management process（出所：道明，125 頁）

process，管理的 executive process，作業的 executive process に，それぞれ management process が成立するという（図 9-1）。それは planning-doing-seeing の過程とそのそれぞれに plan-do-see の過程から成り立っている。その詳細は省くが，ここに management process を捉える道明構想の全貌が示されることになる。

この道明の構想は，よく練られて展開されており，「executive process と management process の関係」に対する一つの見方を示したが，バーナード理論研究者にも長くこれに論及する者はなかった。20 年後にこれを破ったのが谷口である。谷口は「『理念・目的・分配システム』は『何を決定するか』の問題であり，『技術システム』は『いかに決定するか』の問題である。道明義弘教授は，バーナードを基礎に，前者をエグゼクティブ・プロセスとエグゼクティブ・ファンクションにおいて，後者をマネジメント・プロセスにおいて捉えられている」と解釈した上で，道明に全面的に依拠して，経営者の役割を論じている。当然に，マネジメント・プロセスは，エグゼクティブ・プロセスとエグゼクティブ・ファンクションを実現する plan-do-see の過程であると，手段的に捉えられている[26]。

第Ⅰ節で触れた佐々木に対する一つの回答として展開された藤井の主張も，次のように述べて，道明に触発されたことを明らかにしている。「ここで筆者（藤井）がこのように思い至った 1 つのきっかけとして，道明義弘氏

による "Executive Process と Management Process"『甲南経営研究』第12巻第4号（1972）の存在をあげておきたい。道明氏はバーナードの言う『管理過程（executive process)』をどのように達成していくか（それは有効性と能率をどのように確保するかということであるが）が，management process の問題となる，という論を展開されている。この場合の management process は，環境と目的の変化に対応して，組織を調整していく過程ととらえられており，筆者にとって executive process にとっての手段的性格を持つものと解されるのである。この筆者の理解（道明氏の真意をとらえていないとしたら申し訳ないが）が，第10章から第15章に記述されていることが第16章で記されているものを実現する手段である，という考えに輪郭を与えることになった。このような枠組に基づくならば，通常の management process 論で展開されている内容も executive process を首尾良く遂行するための道具としてとらえることができるのではなかろうか」[27]。

このような賛同者がいるにもかかわらず，バーナードの主著の「management process と executive process の関係」を，筆者には道明のようには読むことは難しい。その理由は二つある。一つに，バーナードは主著で語った management process をファヨールやその後継者と同じように，plan-do-see の過程と捉えていたのか，という思いを拭いきれないからだ。道明はこの2つの management process を連続的に扱っている。少なくとも，両者が違うとは主張していない。いま一つは，management process は executive process の手段ないし道具なのかという疑念からである。この二つは表裏一体をなしているのかもしれない。

なるほど，道明は「management process は executive process の道具や手段」とは述べていない。しかし，management process を「executive process を遂行してゆくための手続きを提示するための過程」，「executive process をどのように executive function が遂行してゆくかを提示する過程」と説明して，図9-1を掲げるとき，management process は executive process の実質的内容をなしている。少なくとも，それを executive

第9章　組織と管理─三次元（有効性・能率・道徳性）統合理論─　267

process 実現の手段ないし道具と受けとめることは可能だろう。

　主著において，management は「協働システムのマネジメント（the management of coöperative systems）」（序文）などと使われてはいるが，それほど見当たらない。management process という表現も，僅かに以下の2箇所で用いられているだけである。

　　協働システムの適応は，さまざまなタイプの組織活動を均衡させる適応である。………このような適応過程がマネジメント・プロセス（management process）であり，そしてその専門機関が管理者ないし管理組織となるのである（p.35）。

　　変化する諸条件や新しい目的に対する協働システムの適応がマネジメント・プロセス（management process）を意味し，複雑な協働においては，管理者あるいは管理組織という専門機関を伴うのである（p.37）。

　上掲の引用文で用いられた「マネジメント・プロセス（management process）」から，それが「plan-do-see の過程を意味する」と引き出すことができるのだろうか。もちろん，言葉の意味は日常的に，あるいは歴史的に累積した意味をもっており，バーナードもそれを考慮して使ってはいるであろう。しかし，構造を意味した組織を過程，つまり活動において捉えたバーナードである。「マネジメント・プロセス（management process）」も通常の「plan-do-see の過程」を意味しているとは限らない。環境変化や新たな目的への協働システムの適応過程と理解されている「マネジメント・プロセス（management process）」は，仕事達成のためのマネジメント・サイクルで理解されてきた管理過程学派のマネジメント・プロセス論とは些か距離があるのではないだろうか。また，ここから直ちに「マネジメント・プロセス（management process）はエグゼクティブ・プロセス（executive process）の実質的内容ないし手段や道具」とも理解しにくい。この点をもう少し考察しよう。

主著では，manageおよびmanagementを以下のように使っている。

　管理職能（executive functions）は協働努力のシステム（a system of cooperative effort）を維持する働きをする。それは非人格的である。その職能は，しばしばいわれるように，人々の集団を管理すること（to manage）ではない。………管理職能は協働努力のシステム（the system of coöperative effort）を管理すること（to manage）であるということさえも正しくない。それは全体として自ら管理する（is managed）ものであって，その一部である管理組織によって管理されるのではない。われわれが問題にしている職能は，頭脳を含めた神経系統の，身体の他の部分に対する機能のようなものである。神経系統は，身体が環境により効果的に適応するのに必要な行動を指令して身体システムを維持するために存在するが，身体を管理する（to manage）とはいえない。身体機能の大部分は，神経系統とは独立しており，むしろ反対に神経系統が身体に依存しているのである（pp.216-217）。

　協働の成功は管理組織の機能に強く依存しているので，統制は実際上ほとんど管理者に加えられる。もし組織の働き（work）がうまくいかないとき，能率的でないとき，その構成員の活動を維持しえないときには，その「マネジメント（management）」は悪いという結論となる（p.223）。

この二つの文章を下敷きにして次のように言えないだろうか。executive functionは組織を生み出し生かす（組織を生成し存続させる）機能であり，それが遂行されるexecutive processは組織が生まれ生きる（組織が生成し存続する）過程で，そこに生成し存続する組織がmanagementを担っている。もっとも，managementはexecutive functionに依拠し，management processはexecutive processに依拠するとはいえ，全体としての組織の機能が協働システムの環境適応を果たすmanagement機能にほかならない。したがって，組織の調整主体ないし管理主体は全体としての組織それ

第9章 組織と管理―三次元（有効性・能率・道徳性）統合理論― 269

自体であり，まさに自己組織である。そしてバーナードの次のような叙述もこれに連なっていよう。

　組織行為の目的は組織自体の行為の独自の結果である（p.209）。

　管理職能（executive functions）においては目的の規定が重視され，他の諸職能の間では環境の識別が強調される。したがって産業組織では，作業者，事務員，試験員，実験室助手，販売員，専門技能員，技師などが，特に，全体としての組織に外的な環境の戦略的要因にたずさわっている。管理的意思決定（executive decision）の直接的環境は，第一義的に組織自体の内部環境にある。管理的意思決定の戦略的要因は，主として，かつ第一義的に，組織運営（organization operation）上の戦略的要因である。外部環境に働きかけるのは組織であって管理者ではない。管理者は第一義的に組織の有効的，能率的運営（the effective or efficient operation of the organization）において，他の人々の意思決定を促進し，あるいは阻止する意思決定にたずさわっている（pp.210-211）。

　協働の成果はリーダーシップの成果ではなく，全体としての組織の成果である。………リーダーシップではなくて協働こそが創造的過程である。リーダーシップは協働諸力に不可欠な起爆剤である（p.259）。

　したがって，管理者や管理組織の担う管理職能やリーダーシップは，組織が対象であり，現場を含む組織それ自体が環境を識別・認識し，環境に働きかけて，協働システムに環境適応させるのである。ここでは，executive function とその遂行過程の executive process が，むしろ協働システムの適応過程である「全体としての組織」機能の展開過程としての management process を実現する手段的性格を帯びることになる。
　このような組織認識や管理認識の一端は，既に本節の冒頭でも示したが，これを基礎にした「executive process と management process」の関係

把握は，道明の解釈や谷口，藤井の理解とは逆転せざるを得ない[28]。

III 管理過程としての組織経済
―― 組織の動的均衡と有効性・能率 ――

1 「有効性と能率」の概念

　有機的な全体として相互に作用し合う管理諸職能をダイナミックに展開させるものが，その基底に流れる全体感である。管理過程を支配する"全体感"は，審美的で直接捉え難い。これを捉える基準が有効性と能率であることは，既に述べた。バーナード理論は，しばしば二項対立と統合（吉田民人），複眼的思考（三戸公），弁証法的把握（山本安次郎）などと特徴づけられるが，有効性（effectiveness）と能率（efficiency）[29]もまたそのように特徴づけられる一つである。

　バーナードは「個人的行為および組織的行為のいずれにも関連して，有効的（effetive）と能率的（efficient）という二つの言葉の意味を区別しなければならない」と強調する。ただ辞書的にいえば，effective が「望まれる結果を効果的に達成できる」という意味合いであるのに対し，efficient は「結果に至る過程を無駄なく能率的にこなす」という意味合いをもっており，いわば両語は意味の近い類語である。しかしバーナードは，まず個人的関連において有効性と能率を，類語的説明から離れて，次のように意味づける。

　　ある特定の望ましい目的が達成された場合に，その行為は『有効的』であるという。行為の求めない結果が望んでいる目的の達成よりもいっそう重要であり，しかも不満足なときには有効な行為でも『非能率的』という。求めない結果が重要でなく些細なものであるときには，その行為は『能率的』である。さらに目的が達成されないで，求めもしない結果が行為の『原因』ならざる欲求や動機を満たす場合の生じることがよくある。その場合には，このような行為を，能率的であるが有効的ではないと考える[30]。

要するに，有効性とは目的追求行為の達成尺度であり，意図した結果・求めた結果の評価基準であって，辞書的意味とも近い。そしてバーナードも指摘するように，「活動は他の求めない結果を伴う」ことが普通であり，それが人々の欲求や動機を満たすことがしばしばある（その逆も真）。したがって，有効性が目的達成尺度だとすれば，能率は目的達成以外の動機充足尺度であり，意図せざる結果・求めざる結果の評価基準ということになる。意味がズレる危険を敢えて冒せば，前者は合理性基準であり，後者は人間性基準[31]といえるかもしれない。もっとも前者はともかく，少なくとも，後者（バーナードの主張する能率）は辞書的意味を超えている。「アンドリュウスならずとも『まずい命名』と言いたくなる」[32]のも不思議ではない。

それでは，バーナードはなぜ誤解を与えそうな「能率」という言葉で「求めざる結果の（動機充足の）満足・不満足」を説明しようとしたのだろうか。

推測に過ぎないが，次のように言えるように思う。一般に，目的活動に伴う「求めざる結果は偶然的なもの，とるに足りないもの，些細なもの」[33]とみなされていた。しかし，「求めざる結果」の重要性を認識していたバーナードは，この説明に腐心し，それが目的活動と表裏一体にあることを理解させるために，目的追求活動の達成尺度である有効性と意味の重なる類似概念「能率」で説明し，その事実を想起させようとしたのではないだろうか。また，社会的で心理的存在である人間は，欲求や動機を持ち，それが満たされたとき，能率が上がり，長く能率を保つことができるということにも注目したかもしれない。

さらに谷口によれば，バーナードの思考や表現に大きな影響を与えたJ. デューイは，「能率」を通常のインプット対アウトプット比率を超えて広く理解し，「真の能率は物事や人々に関する社会的価値の考察を含まなければならない」と主張していたようだ[34]。デューイを繰り返し読んだと自ら語っているバーナードは[35]，これをよく承知していただろう。谷口は，これにホワイトヘッドを加えた流れに沿ってはじめて次のような村田の叙述も生きてくることを強調している。「能率の真の意味は，そもそも人間のため

の尺度として意味を持っていたのであり，機械のための尺度ではなかった筈である。それゆえ，バーナードは，能率を人間の信条に訴える満足ということで再定義したのは，決してバーナードの勝手な見解によるのではなく，その本来の意味にもどろうという探求の姿勢の現れだったのである」[36]。

ここに至れば，有効性と能率に対し，とりわけ後者に人間的な独特の意味を与えて，30年後にアンドリュウス（またはアンドルーズ）に「まずい命名」[37]と指摘されながらも，両者を決定的に区別すると同時にその関連を想起させようと，バーナードが命名したのだと朧げながら浮かんでくるに違いない。

ところで，バーナードの主著第Ⅰ部「協働システムの予備的考察」は実質的には個人の考察と個人行為における有効性と能率の概念把握から始まり，協働行為における有効性と能率の説明で終わっている。

協働行為の有効性とは，「協働行為の確認された目的を達成することであり，達成の程度が有効性の度合い」にほかならず，基本的に個人行為の有効性概念の規定の仕方と変わらない。しかし，協働行為の有効性は，協働システムにおける個人行為の有効性を含むが，それが全体的な協働行為の観点から評価されていることには注意を要する。その意味では両者は同じではない。つまり「協働努力の有効性は，そのシステムの目的達成に関連し，システムの要求の観点から決定される」のである。

全体の立場から判断される有効性と異なって，協働行為のレベルでも能率は個人の観点から評価される。したがって，「協働システムの能率はその構成員としての努力を提供する各個人の能率の合成されたもの」なのである。ただ協働行為では，個人は広い意味での動機の充足の代償にその行為を協働に預けている。その場合，動機が満たされれば，協働的努力（貢献）を続け，それに不満足ならば，貢献を低下させるか，協働システムから離脱することになる。構成員の協働意欲の低下や離脱は，当然，協働を弱体化させ，時に崩壊を招く。これを協働システムから見れば，その能率とは自らが提供する個人的満足によって自己を維持する能力であり，自らを存続させる均衡能力，つまり個人的負担と満足をバランスさせる能力ということになろ

う[38]。

主著第Ⅰ部でこのように説明された「有効性と能率の概念」を基礎に，第Ⅱ部の組織均衡論，第Ⅳ部の管理過程論が展開されてゆくことは言うまでもないだろう。

2 組織均衡と有効性・能率

「組織均衡についてのバーナード・サイモン理論は基本的に動機づけの理論である」[39]とサイモンは些か矮小化して捉えたが，バーナード理論における組織均衡論は，主著第Ⅱ部第7章「公式組織の理論」，第Ⅲ部第11章「誘因の経済」，そして第Ⅳ部第16章「管理過程（組織経済）」などでも論じられており，主著を貫くもう少し骨太の理論である。それは，組織の存続・発展，ひいては協働システムの存続・発展の鍵を握っている。

「均衡（equilibrium）」概念は，管理過程の支配原理である"全体感"を語る一つの表現形式であろう。したがって，協働システムの存続は組織の存続を必要とするが，それは組織の均衡に依拠するといえる。そして内的均衡と外的均衡からなる組織の均衡をはかることが組織それ自体の機能であり，結局は管理者の役割にほかならない。

この組織均衡概念を中心に据えて，バーナード理論を解明し，その普及に力を尽くしたのが，サイモン的発想を下地に意思決定論的経営学の確立を志向した占部都美であった[40]。それでは占部は組織均衡をどのように捉えていたのか。

占部は次のように言う。「組織の均衡の過程は，各参加者に誘因を配分する配分の過程と，誘因の原資となる貢献の組織的結果を生産する生産の過程とから成っている」が，環境変化に適応し，組織的効用を生産する過程で，「意思決定基準となる原理」が「組織効率（effectiveness：本書では有効性——筆者）」であり，「組織的効用を各参加者に誘因として，配分していき，組織の存続をはかっていく過程で，意思決定の基準となるものは，組織の能率（efficiency）の原理である（第7図——本書では図9-2——参照）」と。そして「環境にたいする組織の対外的均衡を維持することが，組織の効率の原

理である」,「能率の原理は,誘因の配分の経済性によって,誘因と貢献の均衡を達成する原理であるといえるであろう。それは,いいかえれば,組織とこれに参加する個人との間の均衡を維持する原理である」と続く[41]。この能率が対内的均衡の原理を意味していることは,その著作の第6章第3節が「組織の対内的均衡──組織と個人との均衡の理論」[42]と題されていることでも明らかだ。

```
                組織と環境との均衡 ──── 組織の効率
              ╱                              │
            ╱                          (環境への適応)
組織の均衡                                            組織の存続
            ╲                                     ＝組織の全体能率
              ╲                              │
                組織と個人との均衡 ──── 組織の能率
                                              │
                                        (参加者の協同意思)
```

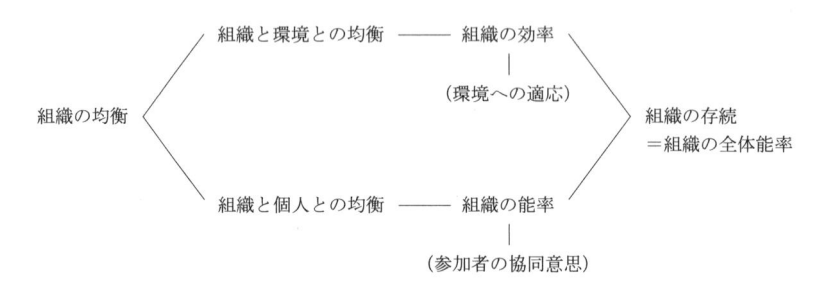

図9-2 組織均衡の二元的側面

(出所:占部『近代管理学の展開』(1966) 136頁)

この占部の組織均衡理解に対して,大平金一は「工業経営学会創立10周年記念」として学会長編集のもとで出版された『バーナード理論と労働の人間化』(1997年) とその改訂版 (1999) の中で,「バーナードの組織均衡論に関する誤った著述の例」という節を掲げ,学術論文では珍しいほどの激しい表現で批判を加えている。

大平は,「(1) 占部博士の公式組織システムの1つの内的均衡と2つの外部均衡の認識の欠如からくる混乱」と本章図9-2として掲げた「(2) 占部博士の4つの著作にみられる図形上の混乱」から占部批判を展開しているが[43],その批判は占部の能率の理解と位置づけに尽きるであろう。事実,大平も「対内的均衡＝組織と個人の均衡＝組織の能率と (占部が──筆者) 誤解したことから全ての混乱ははじまったのである」という。そして占部図における「『組織の存続＝組織の全体能率』としているのは一体何をいいたいのであろうか。組織の能率というのは組織行動が能率的であったということで,一個人の行動が能率的であったというのではないということがわかっている

のであろうか？　**組織の能率＝組織全体の能率である**」[44]と言い切っている。占部が「能率を組織内部の均衡」に位置づけるに至っては，「ここまでくると，"占部博士！　血迷ったか！"ともいいたくなる心境である」[45]と述べて，罵りに近い。しかし，大平の組織均衡理解はバーナード理論研究の流れとほぼ重なっている。まず，バーナードの言葉にそれを確認してみよう。

　バーナードは主著において，内的均衡と外的均衡に2カ所で論及している。まず，83頁（訳書，86頁）では次のように述べている。

　　組織がまず成立するのは，前述の三要素をその時の外部の事情に適するように結合することができるかどうかにかかっている。組織の存続は，そのシステム［組織］の均衡を維持しうるか否かに依存する。この均衡は第一次的には内的なものであり，各要素間の釣合いの問題であるが，究極的かつ基本的には，このシステムとそれに外的な全体情況との間の均衡の問題である。この外的均衡はそのうちに二つの条件を含む。すなわち第一の条件は組織の有効性であり，それは環境情況に対して組織目的が適切か否かの問題である。第二は組織の能率であり，それは組織と個人との相互交換の問題である。このように前述の諸要素は，それぞれ外的要因とともに変化し，また同時に相互依存的である。

　このバーナードの叙述から判断すれば，内的均衡とは三要素のバランスのよい結合の問題であり，外的均衡は有効性と能率の問題となり，能率を内的均衡に位置づける余地はない。その限りで，大平の占部批判は正鵠を射ている。しかし，占部ほどの研究者がこのような単純な読み違いや解釈ミスを犯すとは思われない。能率を内的均衡に位置づける何らかの理由があったと考える方が自然である。

　一つの理由として考えられるのが，わが国のそれまでの経営研究の蓄積からすれば，参加者への誘因の配分過程を内的均衡と位置づける方が，おそらく理解しやすかったことだ。バーナード理論に馴染まない経営学徒には，その方が座りがよかったに違いない。もう一つの理由は，このような解釈を可

能にするバーナードの次のような叙述が主著の 200 頁から 201 頁（訳書，210 頁）にあったことが挙げられよう。

　組織目的は組織の「利益（good）」にもとづいて明確な形をとるようになる。この「利益」は，主として参加者に対する関係に作用する組織の内的均衡か，あるいは（社会的環境を含む）一般的環境に対する関係に作用する組織の外的均衡か，のいずれかに主として関連をもつであろう。しかしどの場合にも，それは常に未来に関係し，願望の何らかの標準ないし規範からみた見通しを意味する。

　このバーナードの叙述から，「内的均衡は個人と組織の均衡関係で，能率の問題」と理解しても，それほど不自然ではない。だが，そのように理解するとき，内的均衡と外的均衡のバーナードの2つの叙述は，一見すると矛盾であるかのように思える。早くにこの点を突いて，「整合不能・二者択一的矛盾がある」と断定した鋭いバーナード批判者・川端久夫は，200 頁から 201 頁の叙述の方が「総合判断によって」正しいと見る[46]。この見方は従来の経営研究の立場から馴染むものだからであり，その点では，占部の解釈と軌を一にしている。経営学の大家にしてバーナード理論研究の大家でもあった山本安次郎が「内的均衡は，………組織の能率性の問題であり，外的均衡は有効性と能率の統一問題であり，組織の存続と発展とを究極的に規定するものといえよう」[47]と述べたのも，矛盾するようなバーナードの説明に苦慮した結果に違いない。飯野亡き現在，バーナード研究の第一人者というべき加藤勝康の「外的均衡のみならず，内的均衡も有効性と能率の問題」とする解釈も，この延長上にある苦肉の策と思われる[48]。

　このように見てくると，2カ所のバーナードの叙述の関係を明らかにせずに，一方のバーナードの叙述に基づいて占部批判をすることは簡単である。大平が罵ったように，占部の解釈は決して血迷ったわけではなく，苦心惨憺の末の結果だろう。それでも，大平の占部批判を否定はしない。ただ，大平の次の問いかけと結論を問題にするだけである。

3年前(1994年ということになるが:筆者)に,ある偶然の機会で,占部博士の誤解に気付いたのであるが,しかし,そこでわからないことがいくつもあった。

第1に,占部博士ともあろう方が,どうしてこんな単純な誤解を引きずって,どこまでもいってしまわれたのか?

第2に,占部博士のこのような誤解に,バーナード研究の大家たちが何故気付かなかったのだろうか? もしそうならば,バーナードの研究者の多くが同じような誤解をしているのであろうか?

第3に,それとも,多くの研究者は,占部博士の誤解を知りながら知らぬふりをしてきているのであろうか?

そこで,手許にあるバーナードの組織論に関する著書を読んでみると,どうも第2の疑問の方があたっているのではないかと考えるようになり,このまま放っておけないと思うようになった。なぜならば,バーナードの『経営者の役割』の中心は組織論であり,さらにその組織論の中核をなすものが,いわゆる「組織均衡論」であるからである。

バーナード研究者の1人として,占部博士の誤解に気付いたのが身の不運と思い,かつ占部博士をこよなく尊敬してきた学徒の中の私もその1人であるということから,このような論評を敢えてすることにしたのである[49]。

大平は,筆者に比べると,バーナード研究者として大先達である。その先達に失礼かもしれないが,「その心意気」には大いに共鳴する。しかし,3つの疑問はすべて否定せざるを得ない。大平の第1の疑問についてであるが,既に指摘したように,尊敬する相手を批判するにしては,その所説の吟味と批判の裏付けに些か丁寧さを欠いている。そして「第2の疑問の方があたっている」と判断する場合も,バーナード研究者を自称するにしては,その確認の仕方が粗雑だ。どうやら確認に使われたバーナード研究文献とは,占部と同様の能率解釈をして占部に続いて批判の俎上に乗せられた森本三男の著作であるらしい。森本は著名な経営学者かもしれないが,バーナード研

究の大家ではないし，著名なバーナード研究者ともいえない。自他ともに認められたバーナード理論研究者であれば，誰でも占部の組織均衡解釈がバーナードの叙述（83頁）と合わないことを承知し，自らの著作で指摘するか，占部と異なった組織均衡解釈をしている（第3の疑問への解答でもある）。

たとえば，眞野は，大平の占部批判に先立つ23年前に，占部の組織均衡解釈と比較しつつ，自己の組織均衡解釈を打ち出して，間接的に占部批判を展開し[50]，それを著作[51]にも収めている。さらに，一見，矛盾するバーナードの組織均衡に関する2つの叙述を次のように整序し，一つの見方を提示した。

　　バーナードは，組織を構成する三要素の内，三要素の調和の機能を担うものとして特に伝達体系を重視し，その内でも組織の構造（the scheme of organization），即ち職位の規定を重視している。そして，それは，正に「参加者との組織の関係」を規定するものなのである。
　　従って，200頁から201頁にかけての「参加者との組織の関係に影響するものとしての　内的均衡」とは，能率の問題即ち構成員の組織への貢献を伴う犠牲と満足との比較考量に関係する問題と解するよりも，伝達体系の規定を通じて生じる構成員の組織に対する貢献活動や種類や量や時期等のあり方に関する問題として解するべきものと考えるべきであろう[52]。

確かに，主著83頁で述べるように，組織三要素の適切な結合，バランスの良い結合が内的均衡である。これを維持するには，参加者が互いの良好なコミュニケーションのもとに，共通目的を認識し，快く協働意思を提供することが必要である。少なくとも組織はこのような状態になるように作用し働きかけねばならない。主著200頁から201頁にかけて「参加者に対する関係に作用する組織の内的均衡」とは，内的均衡の形成の仕方に論及したものと思われる。もともとバーナードの組織定義からすれば，従業員であれ顧客であれ，個人は組織に外的で環境的な存在であり，自らの活動エネルギーを個人から確保する能力基準である能率は，外的均衡にかかわると理解するほか

ない。

　いずれにしても，組織三要素の釣合いの問題が内的均衡，有効性と能率の問題は外的均衡にかかわるとの組織均衡理解は，眞野や飯野[53]のような著名なバーナード研究者の著述だけでなく，入門書である新書[54]でも，そのような解釈が提示されてきた。それがバーナード研究におけるスタンダードな組織均衡解釈であり，学術的にはほぼ決着がついている。それゆえ，大平の占部批判は「今さらの感」を否めない。

　しかし，占部の組織均衡解釈（有効性と能率解釈）は，学界や実務界における彼自身の大きな影響力によって一世を風靡しただけでなく，多くの弟子に継承され，一般にも広く普及した。現在でもそれは，わが国最大の経営学辞典である『経営学大辞典』（中央経済社）の項目説明（坂下昭宣)[55]に脈々と受け継がれており，その影響の大きさははかりしれない。その意味では，大平の占部批判は今なお一定の意義をもつといえよう。

3　管理過程と組織の有効性・能率

　バーナードの主著『経営者の役割』は，一般的にいえば，第Ⅰ部「協働システムに関する予備的考察」で基本的な考え方や基礎概念をおおまかに示し，第Ⅱ部「公式組織の理論と構造」で，それらを組織の観点から抽象化して理論的に精緻にし，第Ⅲ部「組織の諸要素」で，それらをやや具体的に膨らまし，第Ⅳ部「協働システムにおける組織の機能」で，それらを駆使して結論を導くという展開になっている。「有効性と能率」の展開も基本的には，それに沿っている。したがって，「組織における有効性と能率」も第Ⅰ部で明らかにされた「有効性と能率」の概念，とりわけ，「協働行為における有効性と能率」に基礎をおくことは自然の成り行きである。

　ところで，三戸は「協働行為の有効性の概念は，個人的行為の有効性の概念のそのままの延長として，容易に理解できる」が，「個人行為の能率の『求めざる結果の満足・不満足』と協働行為の能率の『協働体系を存続させる均衡の能力』とは，有効性における個人と協働の場合のように，単純に延長的な理解をすることが出来難い」という。また別の箇所でも，「協働の能

率は個人の能率の合成である。参加者の動機の集計は，協働体系の全動機である。それは性質の非常に異なる個人的動機から構成された複合物であるから，これらの動機がどこまで満たされるのか，その程度が協働行為の能率である」と自ら要約したバーナードの主張に対して「個人的行為の場合は動機の満足とは，別次元の求めざりし結果による満足・不満足であったのに，協働行為の場合は協働行為に参加する動機の満足・不満足にすりかわっているのは，明らかに論理矛盾である」と批判している[56]。この三戸のバーナード批判を解きほぐして，組織の有効性と能率へ論を繋いでみよう。

　まず，「個人行為の有効性の概念のそのままの延長として，容易に理解できる」とする協働の有効性でも，確かに規定の仕方は変わらないが，既に指摘したように全体的な協働の観点から評価されており，両者は同じでないことには注意を要する。たとえ個人目的と協働目的がたまたま一致しているときでさえ，バーナードが指摘するように[57]，両者は別物である。言い換えれば，多くの個人にとって，協働の有効性は無関心事となり，個人目的の達成であれ，個人の目的追求行為の「意図せざる結果」ないし「思わざる結果」の満足であれ，自己の欲求や動機の充足である能率に関心を寄せることになる。そこでは協働行為の能率は個人行為の能率より拡大しており，おそらく三戸の批判はこの点を突いて，協働行為の能率規定と個人行為の能率規定は論理矛盾だというものであろう。

　確かに，能率評価は必ず個人がおこない，協働システム（特に組織）はそれを受けとめるだけだとしても，そして，たとえ協働の能率が個人の能率の合成されたものだとしても，両者は異なった視点から把握されている。当然，個人行為の能率と協働行為の能率の説明内容が同じでなければ，論理矛盾だとは限らない。説明形式が同じであれば，両者の間に論理的に矛盾はないからだ。

　個人行為の有効性と能率に対するのと同じ形式で説明すれば，協働行為の目的達成が有効性の問題だというとき，協働行為の意図せざる結果の満足・不満足が協働行為の能率の問題ということになる。そもそも協働行為とは協働目的追求行為である。したがって，協働システムの観点からすれば，協働

目的追求行為が協働それ自体を停滞させ，衰退を招き，極端な場合は崩壊させるほど，意図せざる結果の不満足はない。もう少し具体的に言えば，協働目的が達成されても，協働参加者の離脱が多ければ，協働は衰退し，崩壊に至る。協働目的と個人目的の乖離が一般的であるとき，個人レベルでの思わざる結果の不満足だけでなく（個人レベルの能率），個人目的が達成できないとき（個人レベルの有効性の問題）も，協働意欲の低下や離脱となって，協働の不能率を招くであろう。逆に，協働目的が達成されなくても，協働参加者の個人的目的（個人レベルの有効性）を達成したり，個人の目的以外の動機を満たせば，個人は協働に参加し続けて協働を維持する可能性は高い。結局，協働の目的追求結果以外の結果，すなわち協働行為の意図せざる結果，思わざる結果が，協働に満足（不満足）をもたらす。これを協働に視点を据えて，バーナードは「協働システムの能率とは，それが提供する個人的満足によって自己を維持する能力」と捉え直しただけである。もっとも，三戸はこれを「能率概念の展開と欠落」と見る[58]。この点は，別の機会に論及したが[59]，本章でも後で触れることにしたい。

いずれにしても，協働行為の有効性が協働の目的達成の基準だとすれば，協働行為の能率とは個人評価を基礎にした協働行為の意図せざる結果の満足・不満足の基準となり，個人行為の有効性と能率の説明形式と同型である。論理矛盾はない。組織の有効性と能率は，この協働の有効性と能率を前提にしていることはいうまでもない。

(1) 管理過程と組織の有効性・能率

さて，これまで協働システムと組織の関係に触れないできた。今では常識に属すことであるが，これを簡単に説明することから始めよう。

バーナードは，協働システムを「少なくとも一つの明確な目的のために**二人以上の人々が協働する**ことによって，特殊なシステム関係にある物的，生物的，個人的，社会的構成要素の複合体」と定義する[60]。この協働システムから，それに具体性と多様性を与える物的，生物的，社会的，個人的要素を捨象して残る「二人以上の人々の協働」という表現のうちに含まれている

のが,「二人以上の人々の意識的に調整された活動ないし諸力のシステム」と定義される組織だ。それが物的,社会的,個人的要素と結びつくとき,それら諸要素を協働システムのサブ・システムとして機能させ,ひいては協働システムを機能させる。つまり組織は,物的システム,社会的システム,個人的システムに生命を吹き込み,協働システムを統一的全体として現出させる中核的サブシステムにほかならない。組織が機能しなければ,工場の最新設備もインテリジェントな本社ビルもただのモノであり,優秀な人材も烏合の衆と化して力を発揮しないことは,現実の企業経営を観察すれば,直ちに了解できるであろう。その組織の機能基準,能力尺度が有効性と能率である。

「人々の協働」とは組織であるから,「組織の有効性と能率」に関するバーナードの説明は,「協働行為の有効性と能率」の把握とほぼ重なっている。ただ,主著第Ⅱ部の組織レベルで語るとき,組織均衡と関連させて,それを組織の存続の条件として全面的に打ち出したところが際立っている。

組織の有効性については「組織の継続は,その目的を遂行する能力に依存する。これはその行為の適切さと環境条件の双方に依存する。換言すれば,有効性は主として技術的過程の問題である」という叙述に続いて,バーナードが「組織はその目的を達成できない場合は崩壊するに違いないが,またその目的を達成することによって自ら解体する。非常にうまくいっている組織が成立し,やがてこの理由のために消滅していく。したがって,たいていの継続組織は,新しい目的を繰り返し採用する必要がある」[61]と指摘しているのは興味深い。

組織の能率については「そのシステムの均衡を維持するに足るだけの誘因を提供する能力」とはっきり規定し,「組織の生命力を維持するのは,この意味の能率」と強調する[62]。端的に言えば,人々を引きつけ,そのエネルギーを組織活動として確保する組織能力が組織の能率である。ここに組織の能率は個人の評価を基礎にしながらも,組織能力という組織的観点から評価されることになる。この組織能力理解は,『フォーチュン』誌による「最も尊敬される企業」の調査によると,企業の総合的優秀さを最も的確に予測さ

せるものを一つ挙げるなら，それは才能ある人材を引きつけ，動機づけを行い，ひきとめる能力だという」[63]と紹介したダフトと基本的に同じであり，バーナードが特異な主張をしているわけではない。

このような「組織の有効性と能率」の概念を駆使して，主著第Ⅳ部第16章「管理過程」は展開される。管理過程の動態の基底にあって，それを支配する"全体感"を捉える基準が組織の有効性と能率であった。もともと全体的観点から評価される有効性はもとより，協働行為レベルでも個人の観点から評価された能率も，管理過程に至れば，「組織を構成する個人の心理的・身体的エネルギーを確保する誘因提供能力」と明確に全体的観点から評価されることになる。それどころか，協働システムの環境適応力，その存続・発展が，これを担う組織の作用の継続性に求められるとき，そして組織の作用の水準と持続性がこれを構成する顧客を含めた個人の活動水準によって決まるとき，協働目的の達成としての有効性は，誘因原資を生産するところに位置づけられ，誘因提供能力としての能率の一翼を担うことになる。この点をバーナードは，「組織の継続は，その目的を遂行する能力に依存する」と指摘するとともに，「組織の有効性という観点からみた統制は，けっして些細なことではなく，むしろ決定的に重要である。しかし，全体という観点がつねに支配的であるのは，能率との関連である。能率には結局のところ有効性が含まれる」[64]と述べたものと思われる。

ここに至れば，「管理過程の問題が，なぜ組織経済の問題なのか」の問いに対する解答がほぼ鮮明に見えてくるが，もう少し踏み込んでみよう。

第1の管理職能「コミュニケーション・システムの維持」と第3の管理職能「目的の定式化」が管理過程における有効性に，第2の管理職能「協働意思の確保」が能率に深くかかわることは，容易に想像がつく。そして，本章第Ⅱ節-1で述べたように，第1の管理職能が第2の管理職能に支えられて活性化し，第3の管理職能が第1の管理職能と表裏一体の関係にあるとすれば，第15章「管理職能」で既に管理過程が組織経済を中心に展開する構図は暗示されていた。しかし，バーナードが「有効性は能率に含まれる」と語ることは，それをはるかに超えた管理認識の提示に違いない。

バーナードにあっては，変化する環境に適応して協働システムの存続・発展をはかるプロセスが，マネジメント・プロセス（management process）であった。全体としての組織の機能がそれを担っている。管理職能（executive functions）を発揮して，その組織の存続・発展を追求するのが管理者ないし管理組織の役割である。このような組織過程が管理過程（executive process）にほかならない。そこを支配する全体感の基準である有効性と能率も，究極的には有効性が能率に含まれることによって，能率に一元化するとき，説明し難い全体感の描写は，「組織活動を確保する誘因提供能力」である組織の能率の描写，つまり組織経済の描写で代理される。それが言い過ぎなら，全体感の描写に迫る役割を負っている。したがって，管理職能は，その遂行過程である管理過程において，全体感の代理である組織経済のもとで，組織経済の展開，つまり全体感を実現する形で，発揮されなければならない。そうであれば，組織経済を描かなければ，管理過程の説明にならないだろう。管理過程の問題が組織経済の問題となる理由が，ここにある。

(2) 管理過程としての組織経済

「調整された人々の活動」である組織が存続するには，人々の活動を確保する誘因を創造し，提供する能力が必要である。言い換えれば，組織は協働システムにおいて「① 効用の創造，② 効用の変換，③ 効用の交換」をすることができる。単純化して表現すると，誘因原資である効用の生産と分配が組織経済である。

この組織機能が他の物的システム，社会的システム，個人的システムと結びつくことによって，言い換えれば組織が支配することによって，協働システムには(a) 物的経済，(b) 社会的経済，(c) 個人的経済，そして(d) 組織経済が存立する。いわゆる「協働システムの四重経済」であるが，組織経済を離れて他の経済はあり得ない。組織経済が物的経済，社会的経済，個人的経済の効用の創造，変換，交換を行い，協働システムの四重経済全体を調整するのである。組織経済のこのような特徴を，バーナードは「① 組織が支配する物財，② 組織が支配する社会関係，③ 組織が調整する個人的活動に対し

て，その**組織**が与える効用のプールである。それは一つの社会システムとしての**組織**によって評価された価値のプールである」[65]と説明し，「組織の行為能力は，それが利用し得る効用のプールを維持する行為の成否にかかっている」[66]と強調する。

たとえば，物的経済における物的効用は，組織経済を通して具現し，時に応じて社会的効用に変換し，あるいは個人に誘因として提供されて組織の構成要素である活動と交換される。同様に社会的経済においては，組織経済を通して社会的効用が創造され，必要に応じて，物的経済に変換され，個人に対する誘因として個人の貢献と交換される。組織が提供する誘因と個人の貢献の交換の部分が個人経済で，個人に固有な力（身体的行為，注意や思考を含めた心理的エネルギー）と物質的，社会的満足から成り立っている。主著第Ⅲ部第11章「誘因の経済」は，主としてこの個人的経済の問題であった。

もう少し具体的に述べてみよう。自動車会社において，組織が最新設備を駆使して自動車を生産するのは，物的経済における物的効用の創造であり，協働目的達成としての有効性の発揮である。自動車会社の存亡は，もちろん，車の生産という目的の達成に依存するが，その場合，効率的で合理的な生産方式による「生産行為の適切性」が問題となる。この意味では，有効性はいわば目的を達成する生産能力の基準だといえる[67]。

価格と品質のバランスがよく，かつ安全で顧客の購買意欲を高める車を造り続けることは，会社の評判を高め，単なる物的効用を超えた社会的効用の創造である。いわゆるブランドの確立にほかならない。これは物的効用の一部を社会的効用に変換しているのであるが，いずれ物的効用に再変換されて，物的効用の価値を高める。自動車会社以外でも，たとえば，かつて学術出版で評判をとった大手出版社が教科書や新書判・文庫本に進出し，業績を上げるのは，この典型である。社会的効用は顧客に対してのみならず，優秀な人材を集めるのにも威力を発揮するのは，もはや常識である。組織能率の観点から強いて言えば，「意図せざる結果」の満足で，能率的となろう。

事故につながるような欠陥車の生産は，非有効的で，物的効用も著しく損ない，顧客も失って，意図せざる結果の不満足（非能率）に違いないが，リ

コールによる速やかな回収と整備あるいは補償（経済的負担）によって，会社の評判を獲得できれば，少なくとも物的効用の社会的効用への変換は実現する。時には，さらなる信頼や信用を得て，新たな社会的効用の創造につながることもあり，「意図せざる結果」は途中で満足に転換する。

逆に，欠陥が原因で現に事故が起きたにもかかわらず，「運転未熟」とか「整備不良」などと責任転嫁して，欠陥隠し，リコール隠しを行えば，社会的効用を決定的に破壊し，現在ばかりか将来の顧客も失って，会社に危機をもたらすことは，三菱自動車とそこから独立した三菱ふそうの例（2004）を持ち出さずとも明らかであろう。おそらく，三菱自動車でも管理職能は遂行されていただろう。ただ，組織経済によって些かでも可視化した"全体感"を喪失した管理職能の遂行は，却って組織硬直を招き，意味をなさないと思われる。

このように，能率は生存能力を規定する概念であり，組織経済はその表現である。それは「この（組織：筆者）経済のただ一つの尺度は組織の存続である」[68]というバーナードの言葉によく示されている。したがって，バーナードがしばしば強調する「全体的観点」とは「組織の存続的観点ないし生存的観点」にほかならない。その意味では，「能率には結局のところ有効性が含まれる」とは，単に「生存能力には生産能力が含まれる」という以上に，あるいは「生産能力は生存能力を規定する」という以上に，「生存能力評価が生産能力評価を規定し，前者が後者より優先する」という宣言でもあった。

ところで，組織における能率の極意は，個人との交換で，組織にとって余り意味や価値はないが，個人にとって意味や価値のあるものをできるだけ多く与え，逆に，提供する個人にはさほど価値のなくても，組織にとって意味や価値のあるものをできるだけ多く受け取ることである。バーナードはこれに「部分能率」と名づけて，「受け取る人の見地からみて，できるだけ少なく与えるという意味ではない」と注意を喚起している。分配能率を意味する部分能率が成立するのは，交換評価が個人の主観的判断に依ることや，そこでは威信や地位，仕事のやり甲斐，人間関係などの社会的効用が価値をもつ

からである。

　だが，組織的調整によって効用を創造し，変換できなければ，いくら効用をうまく交換しても，それだけでは組織経済は成り立たず，組織も協働システムも存続できない。「生存するためには，協働自体が余剰を生み出さねばならない」からである。したがって，協働システムが持続する基礎には，「効用を生産するために組織の諸要素の適切な組み合わせを確保」する「全体の創造的な経済」が必要である。いわゆる「創造能率」だ。ただ，「協働は物質の創造者ではけっしてなく，物質へのある程度の作用者であるにすぎない。それは，効用の創造者であり，転換者である」[69]というバーナードの言葉を踏まえるとき，創造能率で創造される効用が客観的なモノのはずがない。それは組織が意味付与し，意味創造した効用であることには注意を要するだろう。

　これを担っているのが組織的観点から「諸要素を適切に組み合わせる」調整であり，その質が組織存続を決定する。当然，創造的な調整側面である創造能率は，結果的には技術的発明を含むことはあっても，本来的に非技術的である。その過程は全体感に支配され，センス，バランスの問題となる審美的で，道徳的な過程である。この過程の遂行が，適合性の感覚，適切性の感覚，そして責任感を必要とする協働の最終的表現であることを明らかにして，バーナードは第16章「管理過程」を閉じている[70]。

　このように第16章は，管理過程を支配する全体感を，組織経済の描写で可視化して，そこでの戦略的要因として創造性を担う道徳的リーダーシップを析出し，主著第17章「管理責任」の扉を開いている。この創造性の契機の一つが，生存能力の喪失である組織不能率とその認識であろう。これが残された問題である。

Ⅳ　「思わざる結果」と道徳的創造性

1　連続性と不連続性

　管理過程論としてのバーナードの組織経済論を，バーナード自身は，交換

に関係のある要因だけを抽出する経済学ないし政治経済学と区別していたし,「組織的観点とは別に,四重経済のある部分を含み,他を排除している」と見ていた理論経済学と異なると認識していた。それにもかかわらず,本章第I節で紹介したように,高橋はこれを「意図において組織存続の『実在的経済』を全体的に把握しようとしながら,理論としては『形式的経済』の論理にとどまり,その延長上にある」と批判する。

K. ポラニーによる「実在的経済」と「形式的経済」は,大きな社会の歴史的発展過程を捉えるための概念である。これを援用することが妥当かどうかを含めて,ここでポラニーの主張を吟味する紙面的余裕がない。ただ。組織経済論に限定しても,市場と組織を連続したものと捉え,その違いを程度の差と見て,両者の質的違いを見失う R. H. コースやその後継者の O. E. ウィリアムソンが展開する論理の同一線上にバーナードを捉えることは無理だと指摘するにとどめよう。これについては別の機会に論じている[71]。もし,バーナードの組織経済論が「形式経済学」であるウィリアムソンらの「組織の経済学」と同一線上にあったなら,高橋をはじめとするバーナード理論研究者は,その理解にこれほど苦労することはなかったと思われる。

高橋がバーナードの管理過程および組織経済をこのように捉えるのは,つまり形式的経済の論理に毒されていると見るのは,それが「究極的目的が所与とされていること,および機会主義的な意思決定に限定した議論」で,「道徳性の議論を捨象したものであった」と解釈するからである。

確かに,バーナードの主著第15章は「この(管理諸職能の——引用者)結合には,二つの相反する行動への刺激が含まれている。第一に,管理諸職能の具体的な相互作用ならびに相互適応は,一部は,組織環境——全体としての特定協働システムとその環境——の諸要因によって規定される。これは,基本的に論理的分析と戦略的要因の識別を伴っている。この側面を次章で考察しよう。第二に,この結合は行為の活力すなわち努力しようとする意思を維持できるかどうかにも依存する。これは道徳的側面,モラルの要因,協働の究極的な理由であって,第17章で考察しよう。」という文章で閉じられている。また第16章の冒頭で「管理過程の以上の特質を述べるため

第9章 組織と管理―三次元(有効性・能率・道徳性)統合理論― 289

に,………存在理由すなわち究極目的は与えられていると仮定する」と断っている。

一時的な協働や短命な組織であれば,専門的な管理職能は必要ない。その意味では,組織の究極目的は組織の生存ないし存続であり,その限りでは組織全体の方向性,管理の方向性は指定されている。それは第16章「管理過程」に限らず,第17章「管理責任」の議論の前提であり,2つの章の前提は通底する。ただ,「どのように生きるか」は管理の手に残されている。これは大きな道徳的・価値的問題であり,哲学の問題であって,機会主義的問題とかけ離れていよう。

また,「一部に論理的分析と戦略的要因の識別を伴う」からといって,管理職能が遂行される管理過程は,機会主義的な意思決定に限定した議論だと決めつける論拠にはならない。もちろん,有効性の発揮には,論理的分析と戦略的要因の識別が不可欠だ。当然,管理過程は,有効性と究極的には有効性を含む能率の問題として展開されているから,一部で論理的分析と戦略的要因の識別を含むだろう。バーナードの叙述は,その断りをしているだけである。したがって,「管理諸職能の具体的な相互作用ならびに相互適応は,一部は,論理的分析と戦略的識別を伴う組織環境――全体としての協働システムとその環境――の諸要因によって規定される。この側面を次章(第16章「管理過程」)で考察しよう」という文章から第16章「管理過程」全体を,「機会主義的意思決定に限定した議論」であり,「道徳性の議論を捨象したもの」という結論を導き出せないだろう。管理過程は,いわゆる管理諸職能だけでなく,道徳的創造職能も展開される場である。それが創造能率の議論であった。そうであれば,管理過程論と管理責任論は,機会主義的意思決定論と道徳的意思決定論のように不連続ではなく,連続した議論である。そして管理過程における道徳的創造職能の重要性に鑑み,これに焦点を絞って議論を展開し,道徳的創造職能を担う管理者の責任,リーダーシップの役割を問うたのが,第17章「管理責任」にほかならない。その限りで不連続だというにすぎない。そもそも,組織経済の定義自体が,効用の交換局面のみならず,組織的調整,つまり組織的観点から意味付与することによって実現

する効用の創造や変換局面を含み，第17章で展開される道徳的創造を想定したような定義になっていることを見逃してはならないだろう。

2 「思わざる結果」と道徳的創造性

　バーナードの主著における管理過程論と管理責任論の連続的理解ないし一体的理解は，バーナード能率概念に対する三戸批判への一つの解釈（解答とまではいかないかもしれないが）を示すことができるように思う。

　三戸の「随伴的結果」論は，環境問題への経営学的アプローチの一つであるが，バーナードの能率論からヒントを得ると同時にその不満から生まれた。既に述べたように，能率とは個人レベルでは「意図せざる結果」の満足であり，不満足は当然に不能率となる。しかし，協働行為では「協働システムの能率は提供する個人的満足によって自己を維持する能力」で，「組織能率とは，そのシステムの均衡を維持するに足るだけの有効な誘因を提供する能力」と説明され，「意図せざる結果」の満足・不満足に直接には論及していない。ここに，三戸はバーナードの能率概念に組織レベルでの欠落を見るのである。これに「具体的展開はないが，推論可能だ」[72]と反論する谷口も，基本的には三戸と同じ認識だろう。

　目的追求行為に伴う「意図せざる結果」は，事前に把握することは難しい。まして具体的には何が「意図せざる結果」かを認識し，理解することは，もっと難しい。だからこそ，個人であれ組織であれ，目的追求行為が意図せざる結果を伴うことすら長く認識できなかったのである。

　たとえば，1960年代の高度経済成長政策を押し進めた池田勇人元総理の秘蔵っ子であり，自身も後に総理大臣となった宮沢喜一は，60年代末の国会で河川の水質汚濁を質問され，「何とか答えたが，本当は何を問われたのか分からなかった」と30年後に回想している。初めて公害を指摘されて，すぐに理解できなかったのだ。若き日から切れ者と言われた宮沢にしてそうであった。また，水俣病を引き起こしたことで有名な新日本窒素水俣工場だけでなく，戦前から日本中で多くの工場が排水を川や海に流し，煙を大気にまき散らしてきた。それら企業は，公害や環境問題を自らの目的行為の必然

的な随伴的結果だと把握していたのだろうか。豊かな生活を夢見た個人は，豊かさを実現した生活様式が，今日の深刻な地球環境問題を伴うと理解していたのであろうか。決してそうではない。それどころか，戦前から戦後の高度成長期まで，大気に煙をまき散らす工場群を，社会全般が経済の隆盛と理解し，社会科の教科書などにも「どこか誇らしげに」その写真が掲載されてきたのである。どこまでも，意図せざる結果は思わざる結果であり，事後的にのみ「必ずある」随伴的結果と把握できるだけであろう。

　公害情報や環境情報に限らず，さまざまな出来事や現象は，それが認識できてはじめて，情報化される。どの時点で認識できるかは，経営やその機能を担う組織の力量，つまり能力の問題であるが，組織がそれを認識する契機は，広く捉えた組織貢献者の参加と離脱をおいてほかない。その意味では，バーナードの組織能率概念は，管理者や従業員のみならず，株主，債権者，取引業者，さらには顧客（これを延長すれば，地域社会）を組織貢献者に含む組織概念とワンセットになっていることに注意せねばならない。ここに，バーナードは組織に視点を据え直して，組織能率を「人々の貢献（協働意思）を確保し維持する能力」としたものと思われる。問題は組織能率の概念規定から「意図せざる結果」が欠落しているかどうかだ。

　この点は既に論及しているが，組織目的が達成されて有効的であっても，個人目的が満たされなかったにせよ，個人にとっての意図せざる結果が不満足だったにせよ，個人が組織から離脱したら，そして今後参加してくれなかったら，個人の協働意思（身体的・精神的エネルギー）を生命源にしている組織にとって，これほど意図せざる結果の不満足はないだろう。それは個人と組織の対立であり，当然，「人々の貢献（協働意思）を確保し維持する能力」である組織能率の再構築が迫られる。それを担っているのが，道徳的創造職能，道徳的リーダーシップにほかならない。これが発揮されるとき，創造能率は実現する。したがって，目的が達成されない非有効性の場合はもちろん，意図せざる結果の不満足としての不能率の場合も，組織の反省契機となり，新たな調整基準を創り出す道徳的創造性が発揮されるのである。このように解釈すれば，組織能率の定義は，主として意図せざる結果の不満足

を意識し、それに対応するものになっているといえよう。

　最後に次のように述べておこう。経営学が第三者的に、あるいは社会的観点に立って批判する「告発のための学問」ならば、「意図せざる結果」は客観的な表現である「随伴的結果」が適切であるかもしれない。その方が鋭い切れ味を見せるだろう。しかし、経営学が認識限界をもつ経営主体の「行為のための学問」であれば、「意図せざる結果」は、組織にとって、「思わざる結果」であり、時に鋭く厳しい内部告発（バーナードの組織定義からはそのようにいえる）となって、自己反省の契機をもたらす。ここに反省的理性が働くとき、反省的創造性となって、新たな行為基準や管理基準を創りだすのである。そうでなければ、組織の存続はない。もし、「意図せざる結果」が必ずある「随伴的結果」と表現できるほど事前や現前に認識できるならば、同時進行でそれに対処しない経営や組織は、事と次第では、それはもう犯罪である。

3　三次元（有効性・能率・道徳性）統合理論

　バーナードの管理過程論は、組織経済論が絡むこともあって、バーナード理論研究者の間でも、未だ理解の一致をみていない。それは、本章を一読するだけでも直ちに了解できるだろう。おそらく、バーナード理論の中でも最も難解であり、バーナード研究者の手になる『組織経済の解明』という著作をはじめ多くの研究蓄積があるにもかかわらず、最も解明が進んでいない部分である。本章もその解明をめざして共振したものであったが、かえって混乱を招いたかもしれない。

　ところで、バーナードの主著第16章「管理過程」は、一般には、有効性と能率が展開されていると受けとめられ、道徳的創造性は切り離されて、第17章にその議論は譲られていると理解されている。本章冒頭で紹介した佐々木や高橋の主張はその典型である。

　しかし、管理過程は有効性と能率だけが展開する場ではなく、道徳性（道徳的創造職能）が働く場でもある。管理過程は管理諸職能の遂行過程であると同時に道徳的創造職能の遂行過程でもある。その意味では、全体感が支配

第9章 組織と管理—三次元（有効性・能率・道徳性）統合理論— 293

する管理過程は，有効性と能率，そして道徳性が有機的に結合して展開する統合過程であり，しばしば統合理論とも特徴づけられるバーナード理論を象徴している。そのような管理過程理解を，ここではとりあえず，有効性，能率，道徳性の「三次元統合理論」と名づけておこう。それは，究極的には，有効性は能率に含まれ，能率は道徳性を含むと同時に道徳性によって能率基準が再創造されるからである。飯野もまた「コロコロ説」とでもいうべき主張のなかで次のように述べて，有効性と能率と道徳性の関係に触れている。

```
     有効性          能率           道徳性
      △      →      △      →      △
   能率  道徳性    道徳性  有効性    有効性  能率
```

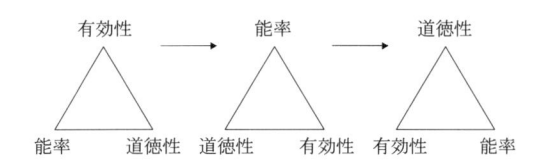

図9-3　主要基準の転移（出所：1982年飯野論文）

　組織有効性とは，組織がなすべきことへの達成度であり，達成能力であるとみなすことにした。そうすれば，組織は有効性，能率，道徳性を適切に達成することによって，環境のなかで存続しうることになる。
　組織は三つの基準の達成能力を必要とするが，それらが同時に同等のウェイトをもって重要となるわけではない。それぞれを構成要素とする一つのシステムに見立てると，いずれかが戦略的で主たる基準となり，他二者は補完的で従たる基準となる。図3（本章図9-3。なお元図には「この図示は庭本佳和氏の示唆による」とする脚注9）がついている）のように，三角システムはコロコロころげて，主要基準は順次移転する。したがって，組織有効性は，協働システムの種類（目的）に応じて，時代の要請に応じて，最重要とみなされる基準に照らして評価されるべきであり，他二者は補助的に参照されることになろう………。
　企業については，過去および現在においては能率基準が重要であり，………。
　バーナードは能率基準を主にしつつ，道徳性基準の重要性を示唆した。有効性から能率への移転に比べると，道徳性への移転は質的問題を含んで

いる。というのは，特に大規模企業の社会的影響力の増大，とりわけ公害問題は，人類の生存に致命的な影響を与えるグローバルな問題になる可能性をもっているからである。企業にかぎらず，これからの組織有効性においては，道徳性ないし社会的責任能力が問われねばならない。道徳性を基礎にして，はじめて有効性と能率の実現が可能になるといいかえてもよいだろう。

　有効性と能率から，道徳性を最優先に据える発想の転換こそ，すべての組織にとって，これからの重要課題となるだろう[73]。

　ここで飯野が「組織有効性」というとき，バーナードのいわゆる「組織の有効性」ではなく，「組織のなすべきことの達成能力」であることには注意を要する。それは，有効性，能率，道徳性のすべてを適切に果たすことによって達成されるが，協働システムの種類と時代の要請に応じて主要基準が変わるという主張である。主要基準か補助基準かはともかく，有効性，能率，道徳性が同時に考慮されており，ある意味では，これもまた三次元統合理論といえるだろう。

　飯野の主張は，有効性を合理性に，能率を人間性に，道徳性を社会性に置き換えてみると，中心となった経営基準の歴史的変遷としてよく理解できる。主要基準を他の二者が補助的基準となって支えるというのは説得的であり，バーナード理論解釈からみても興味深い。また20年以上前の論文であるが，時代認識，状況認識も優れている。ただ，啓蒙上の必要性のためか，あるいはバーナード理論を基礎にしつつも飯野独自の主張として展開したためか，有効性と能率および道徳性の位置づけはやや正確さを欠いている。しかも，この主張が厳密なバーナード理論解釈に続いて展開されていることや，バーナード理論研究における飯野の大きさゆえに誤解も招きやすい。また，「図示は庭本（筆者）の示唆による」という脚注がついているが，「飯野の主張を図示すれば，図3のようになる」と示唆しただけであって，筆者の解釈や主張を図示したものでないことも付け加えておきたい。

　本章における三次元統合理論と飯野の「コロコロ説的」三次元統合理論と

は，道徳性の位置づけと解釈が大きく異なっている。道徳性を道徳準則と理解すれば，一応，有効性と能率と並ぶ基準となるが，むしろ，有効性や能率の手段的基準や達成基準としてそれらを構成し，そこに内属する。道徳性を道徳的創造性と理解すれば，質的には異なるが，管理職能の一つとして，有効性基準や能率基準の質と水準を再創造する役割を負っている。いずれにしても，飯野の統合的主張は本章のバーナード理論解釈からは成り立ちにくいが，バーナード理論を援用した，広い意味での経営基準論の展開だと見れば，今日でも十分通用するものと思われる。

些か冗長になった本章を閉じるにあたって，その主張をまとめておこう。

バーナードの主著第16章「管理過程」は，管理諸職能の遂行過程との認識のもとに，それら諸職能を機能させる本質，つまり管理過程の支配原理である"全体感"を抉りだそうとした章である。管理過程の審美的で説明し難い"全体感"を捉える基準が有効性と能率である。しかし，究極的には，有効性は能率に含まれるがゆえに，全体感の描写は組織の能率の描写，組織経済の描写で代位される。そして組織の能率が部分能率と創造能率からなるとき，創造能率に深く関連するのが道徳的創造性であることは容易に想像できる。その意味では，道徳性は能率に含まれている。だが，組織行為の非有効性と不能率は，結局，組織と個人の対立・葛藤を招き，全体感の発露である道徳的創造性が管理過程で機能する契機となって，有効性基準や能率基準の再創造をもたらすのである。このように管理過程論は，有効性，能率，道徳性が有機的に結合して展開する三次元統合理論なのである。もちろん，道徳的創造職能を中心とした管理責任論は主著第17章に委ねられている。

【付記】本章は「組織と管理：三次元（有効性・能率・道徳性）統合理論」『甲南経営研究』第45巻第2号（2004年）を所収。

1) バーナード理論研究者には「飯野－加藤論争」として知られている。飯野春樹『バーナード研究』文眞堂（1978）に対する加藤勝康の書評（『商学論集（関西大学）』第23巻第2号，1978年）に始まり，飯野の反論（「バーナード研究の動向」降旗武彦・飯野春樹・浅沼萬里・赤岡功編『経営学の課題と動向』中央経済社，1979年），村田晴夫や吉原正彦なども加わり，大きな争点になった。最近でも，大学院生などの若手研究者が時折取り上げている。
2) 中條秀治『組織の概念』文眞堂，1998年。同「組織の境界問題」『中京経営研究』第12巻第1号（2002）。庭本佳和「組織の境界」河野大機・吉原正彦編『経営学パラダイムの探求』文眞堂

(2002）第12章（本書第8章として所収）。
3）　佐々木恒男「ファヨールとバーナード」飯野春樹編『人間協働　経営学の巨人，バーナードに学ぶ』文眞堂，1988年，141頁。
4）　同上書，141-142頁。これ以外にも佐々木は「経営者の実像と経営理論の関係」という興味深い指摘も行っているが，別の機会に論じたい。
5）　北野利信「バーナードの挫折」『大阪大学経済学』第32巻第2・3号（1983）。同「組織と理念」『組織科学』Vol.18, No.2, 1984年。これらは北野利信『経営学原論』東洋経済新報社（1996）に収められている。これについては庭本佳和「組織の把握の視点と次元」『甲南研究』第43巻第4号，2003年3月（本書第5章に所収）で触れた。
6）　高橋公夫「バーナードの管理過程論をめぐって（関東学院大学経済学部ワーキングペーパー No.7)」(1987年3月）3-4頁。
7）　カール・ポランニー／玉野井芳郎・平野健一郎編訳『経済の文明史』日本経済新聞社，1975年，第10章。なお最近はポラニー（Polanyi）と呼称されることが多い。暗黙知で有名なマイケル・ポラニーは弟である。カール・ポランニーには次のような翻訳書がある。
　　・吉沢英成・野口建彦・長尾史郎・杉村芳美訳『大転換』東洋経済新報社，1975年。
　　・栗本慎一郎・端　信行訳『経済と文明』サイマル出版会，1975年。
　　・玉野井芳郎・栗本慎一郎訳『人間の経済』岩波書店，
　　日本の農山村には，つい最近（私が農山村調査をしていた学生時代：1960年代後半から1970年代前半）まで，労働を「稼ぎ」と「仕事」の2つに分けて捉える習慣があった。薄れてはいるが，それは今も僅かに残っている。それらは「形式的経済」と「実在的経済」にほぼ対応していよう。稼ぎとは，生活の糧を稼ぐ直接的な賃労働であり，「日銭稼ぎ」である「日雇い」や「出稼ぎ」はその典型である。翻って，「畑仕事」や「山仕事」，あるいは共同体の道路や用水路の維持等の「ムラ（共同体）の仕事」は，金銭的に報いられることがあったとしても，さしあたりそれを期待していない。期待するとかしないとかいう以前に，人間として「生きてゆく」，「生活してゆく」ということと「仕事をする」ということが，ワンセットとして理解されていた。「実在的経済」とはこのような世界の経済である（内山　節『自然と人間の哲学』岩波書店，1988年，10-16頁）。
8）　高橋公夫「組織の『経済』的分析について」日本経営学会編『日本的経営の再検討［経営学論集第60巻］』1990年，269-274頁。
9）　高橋公男「バーナードの管理過程論をめぐって」（関東学院大学経済学部ワーキング・ペーパー No.7, 1987年）7頁。
10）　藤井一弘「組織経済論の基底」『甲子園大学論集（B）』第20号（1993)，45頁，50頁。
11）　もちろん，各論者はそれぞれの関心，観点から論じているのであり，誰かに，たとえば問題提起者に直接に答える必要も，納得させる必要もない。そのことを認めた上で，そして「全体という観点」を強調する藤井に賛意を表した上で，佐々木を納得させるにはなお一コマ足りないような気がする。半コマでも，それを埋めるのが本章の狙いの一つである。
12）　C. I. Barnard, *The Functions of the Executive,* Harvard University Press, 1938（1968年版を使用)，pp.216-217. 山本安次郎・田杉　競・飯野春樹『経営者の役割』ダイヤモンド社，1968年，226-227頁。
13）　*Ibid.,*　p.131. 同上訳書，137頁。
14）　*Ibid.,*　p.139. 同上訳書，145頁。
15）　*Ibid.,*　p.260. 同上訳書，271頁。
16）　*Ibid.,*　p.187. 同上訳書，195頁。
17）　*Ibid.,*　pp.137-138. 同上訳書，144頁。

18) *Ibid.*, p.233. 同上訳書, 243 頁. 未完成のタイプ草稿 "The Significance of Decision Behavior in Social Action" に特に顕著である. これについては庭本佳和「組織と意思決定」(加藤・飯野編『バーナード』文眞堂, 1986 年) で論じた.
19) この指摘に佐々木は納得しないかもしれないが, バーナード以前はもちろんのこと, バーナード以降でも, バーナード以上の管理職能遂行過程の記述は少ない. たとえば, 占部はバーナードの戦略的要因の理論を駆使して, 意思決定過程を見事に展開している (占部都美『近代管理学の展開』有斐閣, 1966 年, 第 5 章).
20) 飯野春樹, 前掲書, 第 6 章, 特に 156-157 頁および 159-163 頁.
21) 加藤勝康『バーナードとヘンダーソン』文眞堂, 1996 年, 第 19 章.
22) 同上書, 687 頁.
23) C. I. Barnard, *The Functions*, p.235. 前掲訳書, 245 頁.
24) 道明義弘「Executive Process と Management Process : バーナードにもとづく一つの枠組みの提示」『甲南経営研究』第 12 巻第 4 号, 1972 年 3 月. バーナード理論研究を超えて, 経営学, 管理論一般においても, 既に常識に属するためか, この関係に論及した文献を寡聞にして知らない. おそらくバーナード理論を基礎にした上掲「道明論文」が唯一のものだと思われる. 30 年以上前の院生時代に初めてこの論文に接したとき, バーナードやアンゾフに親しんでいたはずなのに十分に理解できなかった. その意味では印象的な論文である. しかし, それ以上に, 専門外の若きドイツ経営学研究者が「このレベルのバーナード理論研究ができるのか」と衝撃を受けたことが鮮烈な印象として残る. 後に, 道明が学部時代に加藤勝康の指導を受けたと知るに及んで, ようやく納得できた.
25) 同上論文, 103 頁.
26) 谷口照三「現代経営者の役割と課題」植村省三編『現代経営学の基本問題』白桃書房, 1992 年, 第 2 章.
27) 藤井一弘, 前掲論文, 50 頁.
28) どこかで「解釈の陥穽」に落ち込んでいるかもしれないが, 自覚するのは難しい. バーナード理論研究者の批判や指摘を待つほかない.
29) effectiveness は効率ないし効率性, efficiency は能率性と訳されることがあるが, 本稿は翻訳書の訳語に従っておく.
30) C. I. Barnard, *The Functions*, p.19. 前掲訳書, 20 頁.
31) 飯野が早くに有効性を合理性, 能率を人間性, 道徳性を社会性に言い換えて, バーナード論者を超えた一般的な理解を得ようとしている (飯野春樹「有効性, 能率および道徳性」『組織科学』Vol.16, No.2, 1982 年). しかし, これには賛否があろう. なお, この論文は飯野春樹『バーナード組織論研究』文眞堂, 1995 年, 第 5 章として所収.
32) 三戸 公『随伴的結果』文眞堂, 1994 年, 59 頁.
33) C. I. Barnard, *The Functions*, p.19. 前掲訳書, 19 頁.
34) 谷口照三「『有効性と能率性』概念の再吟味」河野大機・吉原雅彦編『経営学パラダイムの探求』文眞堂, 145 頁.
35) W. B. ウォルフ／稲村 毅訳「バーナード : 人と業績」山本安次郎・田杉 競編『バーナードの経営理論』文眞堂, 1972 年, 310-311 頁.
36) 村田晴夫『管理の哲学』文眞堂, 10 頁.
37) C. I. Barnard, *The Functions*, "Introduction" p.xi. 前掲訳書, 17 頁.
38) *Ibid.*, pp.55-59. 同上訳書, 57-61 頁.
39) J. G. March and H. A. Simon, *Organizations*, Wiley, 1958, p.84. 土屋守章訳『オーガニゼーションズ』ダイヤモンド社, 1977 年, 128 頁.

40) 特に占部都美『近代管理学の展開』有斐閣 (1966) は評価が高く，わが国におけるバーナード理論の普及に大きく貢献した。ただ，そのポレミックな叙述が物議を醸し出したことは否定できない。筆者も学部3回生 (1967) の夏休みに，バーナードの主著 (旧訳版) と合わせ読み影響を受け，占部の一連の著作を読むきっかけとなった。
41) 同上書，135-136 頁。
42) 同上書，138 頁。
43) 大平金一「バーナードの環境理論」鈴木幸毅編『バーナード理論と労働の人間化』税務経理協会，1997 年 (1999 年改訂版)，83-86 頁。
44) 同上，87 頁。この批判にしても，占部が内的均衡に位置づけた能率を部分能率，組織の全体能率を創造能率と理解すれば，占部の解釈がそれほど突飛なことはない。
45) 同上，89 頁。続いて大平は「占部博士が生存されていたら，上述のような批判ができたかどうか疑わしい。なにしろ，占部博士は私などからみれば，はるか遠い空に輝く金星であった。占部博士が，眼の前の大先輩達を片端からおめずおくせず酷評するのが，なんとも魅力的で，日本経営学会の全国大会が待ちどうしかったというような私であったから」とも述べて，何とも心もとない。
46) 川端久夫「組織均衡論の誕生」『経済学研究 (九州大学)』第 40 巻第 3 号 (1974)，16 頁。
47) 山本安次郎「組織の均衡」山本安次郎・田杉競編，前掲書，第 6 章，特に 133 頁。
48) 加藤勝康，前掲書，691-693 頁。
49) 大平金一，前掲書，89-90 頁。
50) 眞野 脩「バーナードにおける内的均衡と外的均衡」『経済学研究 (北海道大学)』第 24 巻第 1 号 (1974)，62-68 頁。
51) 眞野 脩『組織経済の解明』文眞堂，1978 年，68-73 頁。
52) 眞野 脩，前掲論文，67 頁。
53) 飯野春樹『バーナード研究』文眞堂，1978 年，264 頁，その他多くの頁。
54) 庭本佳和「協働と組織の理論」飯野春樹編『古典入門 バーナード 経営者の役割』有斐閣新書，1979 年，60-62 頁。初版以来，版を重ね，現在もまだ出版されている。
55) 坂下昭宣「組織均衡論」および「能率 (組織の)」神戸大学大学院経営学研究室編『経営学大辞典 (第 2 版)』中央経済社，1999 年，590 頁および 754 頁。比較的新しい次の文献にも「能率＝内部均衡」という同様の解釈が見られる (坂本和一『新しい企業組織モデルを求めて――「内外均衡同時実現モデル」の展望――』晃洋書房，1994 年，130 頁)。
56) 三戸 公『随伴的結果』文眞堂，1994 年，60 頁および 84 頁。
57) C. I. Barnard, The Functions, p.32. 前掲訳書，33 頁。
58) 三戸 公，前掲書，67-69 頁。
59) 庭本佳和「現代経営と地球環境問題」経営学史学会編『現代経営の課題と経営学史の挑戦』文眞堂，2003 年，53-54 頁。
60) C. I. Barnard, The Functions, p.65. 前掲訳書，67 頁。
61) Ibid., p.91. 同上訳書，95 頁。
62) Ibid., p.93. 同上訳書，97 頁。
63) リチャード・L・ダフト／高木晴夫訳『組織の経営学』ダイヤモンド社，2002 年，189 頁。
64) C. I. Barnard, The Functions, p.238. 前掲訳書，249 頁。
65) Ibid., p.242. 同上訳書，253 頁。
66) Ibid., p.243. 同上訳書，253 頁。
67) 社会状況に照らして「車を生産する」という目的自体の「環境適切性」も有効性の問題であるが，究極的には能率に含まれる問題だろう。

68) C. I. Barnard, *The Functions*, p.251. 前掲訳書, 263 頁。
69) *Ibid.*, pp.252-253. 同上訳書, 264 頁。
70) *Ibid.*, pp.253-257. 同上訳書, 264-268 頁。
71) この点は別の機会に論じている。庭本佳和「組織把握の視点と次元」『甲南経営研究』第 43 巻第 4 号, 2003 年, 35-36 頁（本書第 5 章に所収）。
72) 谷口照三「『有効性と能率性』概念の再吟味」, 前掲書, 150 頁。
73) 飯野春樹, 前掲論文, 21-22 頁。

第 IV 部
現代経営学とバーナード理論

第10章

組織と意思決定
――現代経営学にバーナードが問うもの――

I 日常現象としての組織と意思決定
――生活世界の真理――

　チェスター・I.バーナードの主著『経営者の役割』(1938)[1]は，激動の半世紀を経てなお，「初版当時と変わらず，ほぼ今日でも妥当する包括的で詳細な経営分析」[2]の書といわれ，伝統学派の巨匠クーンツ＝オドンネルさえも「経営全分野の中で恐らく最も影響力の大きな書物」[3]と認めざるを得なかった。経営学ばかりではない。その影響は経済学にまで及び，ノーベル賞受賞者のハーバート・サイモン，またケネス・ボールディングもバーナードからの知的恩恵を率直に表明している[4]。ここに管理論，組織論から出発し，バーナート＝サイモン理論として継承・普及させたサイモンについては多言を要しまい。

　このサイモンを介して，あるいはボールディング（後にはO. E. ウィリアムソン[5]）を通して，バーナードの考え方は経済学にも浸透し，時にその修正を迫るものであった。今日隆盛の企業の経済学（組織の経済学）にも幾許かの貢献をなしたものと思われる。社会学者のタルコット・パーソンズは，経済理論の最もすぐれた修正が組織論によってなされたとして，この事情を「経済学者たちは企業を社会構造をまったくもたないで意思決定だけを下す点のようなものだと考えてきたのですが，これと対照的にバーナード『経営者の機能』（翻訳書名は『経営者の役割』）の中でその当時彼が社長をしていた彼自身の会社を例証して組織の理論を構築しました。ニュージャージー・

ベル・テレフォン会社は高度に複雑な組織であって,けっして点のような意思決定体ではなかったのです」と語っている[6]。

バーナードの主張を真摯に受けとめ,早くにパーソンズの指摘する組織論的修正を行った経済学者の一人が,E. T. ペンローズであろう[7]。彼女は,バーナードにも言及しつつ,会社を管理組織体や経営資源集合体と認識して理論を展開し,経営学にも大きな影響を及ぼしたが[8],長く少数派であった。

もちろん,経済学の主張はその拠って立つ方法論ないし科学観と深く結びついている。たとえば,バーナードが激しく批判する「経済人仮説」にしても,古典経済学が完成に近づくにつれて,さらに近代経済学に論理実証主義や対象的客観主義が確立するにつれて,アダム・スミスが当初「利己心」と両輪で考えた「同感の論理」を削ぎ落として「ホモ・エコノミックス」へと純化する。その過程で,経済理論は日常的な生活世界から切り離された科学的世界の構築物と化していった。バーナードの経済学批判は,このことと無縁ではない。バーナードの伝統的組織論,管理論への違和感もまたここに由来していよう。

私たちの生活世界をつくりあげている人間協働と,それを支える組織現象およびそこに潜む意思決定現象は,単に科学的,理論的対象ではなく,多くの人々が日々直接に体験し,身近に接し感じる日常現象である。当然,人間協働を描く理論は,科学的世界の構築物に終わることは許されず,何よりも日常世界に根ざし,そこでの私的経験とも合致することが求められている。とりわけ,経営協働の理解には組織と意思決定の把握が不可欠であるが[9],経済学はおろか従来の組織論,管理論もその点が極めて不十分であった。バーナードは主著の序文で「私の知る限り,私の体験に合致するように,あるいは管理実践や組織のリーダーシップに熟達していると認められた人々の行為に含まれる考え方に合致するように,組織を論じたものは一つもない」とさえ言い切っている。そのためバーナードは自らの永い経営経験において日常的に接した組織現象を捉えるべく,科学的,公式的知識以上に,彼の個人主観的な人格知とでも言うべき「個人的知識」を重視するに至った[10]。

「本書の実体は個人的体験と観察とそれに対する長い間の思索から生まれた」と彼が語るとき，このことが如実に示されている。

　主著を中核とするバーナード理論は，認識主体としてのバーナードが自らの生を営んだ協働的現実に基礎づけられていたからこそ，潤沢な栄養分を得て花開いたのである。本章ではこの点をも考慮しつつ，バーナードが現代経営学に何を問い，何を残したかを，組織と意思決定に焦点を据えて論じてみたい。

II　組織観の革新と意思決定
──組織行動の本質過程としての意思決定──

1　人間・組織・意思決定

　バーナードの主著は，経済学における「ケインズ革命」になぞらえて「バーナード革命」と呼ばれることがある。バーナードをケインズになぞらえることが適切かどうかはともかく，少なくとも，経営学，組織論における彼の影響の大きさを示していよう。

　早くもメーヨーがその独自性を見抜いた人間観，ガルブレイスに「最も有名な組織定義」といわせた組織概念および組織観，アンドリュウス（またはアンドルーズ）によって「まずい命名であるが決定的な区別を案出した」と指摘された有効性と能率，出版当初最も衝撃を与えた権威受容理論，セルズニックが受け継いだ道徳的リーダーシップなどは，いずれも現代経営学に息づいている。わけても意思決定論の影響が著しい。バーナード自ら「サイモンその他の多くの人たちは，意思決定の重要性についての考え方を私の本から得たと思います。当時は誰ひとりとして意思決定について論じていませんでした。心理学者も社会学者も，さらには企業の管理者も論じていませんでした。ご存知のように私は意思決定をかなり力説しました。それ以後，意思決定の問題について大量の文献がでてきます」[11]と述べている。

　もっとも，バーナードは意思決定を主著において全面的に展開しているのではない。表面的には，第13章「意思決定の環境」と第14章「機会主義の

理論」に押し込めて論じているようにも見える。それにもかかわらず，意思決定が理論全体に内在して流れているのは，主著を貫く人間観に負うところが大きい。

　経営学において自覚的に人間観を提示して理論を展開したのは，バーナードが最初であった。彼は人間をまず物的，生物的，社会的要因の統合物と規定する。これに加えて，人間は(a)心理的要因と(b)一定の選択力の結果としての(c)目的に導かれた(d)活動ないし行動からなる人間特性を備えている(p.13)。いわゆる自律的人間観であるが，これは実に意思決定的な人間規定でもあろう。ここから人間の意識的な行為は終局的には「意思決定」に帰着するという理解に達するのはさほど困難ではない（p.185）。

　バーナードはさらに二つの側面から人間を捉えようとする。一つは純粋に機能的側面からの人間把握であり，非人格化され，組織人格化されている。これが組織を構成する「調整された人間活動」にほかならず，組織的意思決定過程を担っている。いま一つは人間全体として把握され，独特に人格化した個人であり，動機や衝動をもっている。限られたとはいえ選択力を有し，特定組織に参加するか否か，参加し続けるか否かの個人的意思決定を行う。ただ，両人格は別々に現れるのではなく，同時的存在であることには注意せねばならない。これがバーナードの「全人仮説（三戸公が命名）」である。このような人間観に立ったからこそ，バーナードはコミュニケーションに着目した組織観を打ち立て，意思決定論を展開できたともいえる。

2　組織とコミュニケーション

　バーナードの組織観の革新性は，前述の人間観を基礎にして，伝統理論の構造的・静態的組織把握を過程的・動態的把握に大きく転換させたことにある。これを実現するためにシステム・アプローチを用い，コミュニケーション概念を導入し，意思決定を論じた。いずれもバーナードが経営学で最初の論者か，最初の一人であった。抽象的組織概念を駆使したことも忘れてはならない。今，この組織定義をめぐって，バーナード研究は大きく揺れている。協働システムと組織の区別と関連も重要であろう。別の機会に論じたの

第10章　組織と意思決定―現代経営学にバーナードが問うもの―　307

で[12]，取り上げない。コミュニケーションも詳しくは別稿に譲るとして[13]，ここでは若干触れるだけにとどめておこう。

　バーナードによれば，コミュニケーション，協働意思，共通目的が組織成立の必要十分条件であり，特にコミュニケーションは目的形成機能，協働意思形成機能，ひいては組織形成機能をもっている。たとえば，人々が個人的にもつ願望や衝動はそのまま組織目的たり得ない。二人以上の人々の間で協働目的が認識されるには，非公式な人間の相互作用，人格的な接触から生じるコミュニケーションが不可欠である。この相互主観的なコミュニケーション過程を通じて，当初あいまいだった目的が徐々に明確になってゆく。これがバーナードによって「非公式組織が公式組織の基礎であり，その発生条件を創造する」(p.116) と説明される意味合いである。この組織成立にわけ入って論じたところに，バーナードのコミュニケーション論の大きな特徴があり，組織観の革新性があった。

　ところで，組織の存続・発展には組織貢献者から協働意思を確保することが欠かせないが，これにもコミュニケーションが機能する。ただバーナードの場合，顧客，地域住民，取引業者なども組織貢献者に含むことには注意を要する。一般的にいえば，環境である。従って，バーナードのコミュニケーションは，いわゆる組織内コミュニケーションのみならず，組織と環境とのコミュニケーションも含み，今日の組織間情報ネットワークを予想させるものとなっている。

　組織構造をコミュニケーションの視点から解明したのもバーナード理論の大きな特徴であろう。ここに組織構造はコミュニケーション・システム，各管理者はコミュニケーション・センターと理解されるようになった。このセンターでフィルター（要約と選択）をかけて，情報を圧縮し，組織ないし上級管理者の情報過多を防ぐと同時に，上級管理者の一般的・抽象的指示を具体的内容に翻訳したり，調整したりする。いずれの場合にも，意思決定，そして意味確定が介在しよう。この意味で，組織はコミュニケーション・システムというにとどまらず，意思決定システムであり，調整システムである。この点について，バーナードは後年「組織の構造がコミュニケーションの物

理的および生物的条件だけでなく，反応的ならびに意思決定行動の心理的制約によっても決定されるという感覚を私がはっきりと述べておらず，当時十分理解していなかった」と反省している[14]。

バーナードが非公式組織のコミュニケーション機能，さらには「以心伝心 (observational feeling)」を含めた非言語的コミュニケーションを重視したことも特筆に値しよう (p.90)。このようなバーナードのコミュニケーション論は，その拠って立つ科学観と相まって，今日の情報理論にとっても無視できない内容を含んでいる。これについては次節で検討したい。

3 組織行動の本質過程としての意思決定

組織を動態化させるコミュニケーションの重視は，必然的に意思決定にゆきつく。組織的コミュニケーションと組織的意思決定は表裏一体のものだからである。バーナードは次のように述べている。「権威と組織内コミュニケーションの公式構造に横たわるものは，コミュニケーション・ラインの職位全般にわたって配分されている相互作用的な意思決定である。これが，協働システムの諸要素を総合して絶えず具体的システムにまとめる組織行為の本質的過程にほかならない」(p.187)。組織的意思決定は，最終的には一人の個人によって行われようとも，多くの補助的意思決定に支えられた合成的意思決定である。そのような組織的意思決定を中心的に，あるいは補助的に行うのが，コミュニケーション・センターとしての管理者の役割といえる。

管理者が意思決定をなす起因は，バーナードによれば，(a) 上位者からの権威あるコミュニケーション，(b) 部下からの意思決定の要請，(c) 当該管理者のイニシアチブ，である。このうち (c) が，自らの情況理解，組織把握を通して決定せねばならないから，管理者能力の最も重要なテストとなる。そのため，管理者はこの意思決定を避けようとする傾向が強い。それでも革新的な組織には，環境変化に敏感で，情況把握に長け，タイミングのよい意思決定をなし，自らのイニシアチブで巧みに組織発展の機会を捉える管理者が多いであろう。

なお，バーナードが既に管理階層による意思決定の型と性格を認識してい

る点も興味深い。上層部では目的決定や組織全体に注意を向け，中層部では目的の分割と実行の技術的・経済的問題が中心になり，下層部では実行の効率が問題となるという主張 (p.192) は，今日の戦略論がほぼ引き継いでいる。

最後に，バーナードは意思決定には積極的意思決定と消極的意思決定があることを明らかにしている。前者は説明を要しまい。一般的な意思決定である。後者は「決定しないという決定」であり，決して立ち消えではない。これはよくある決定で，経営者，管理者には最も重要な決定だという。つまり，「管理的意思決定の神髄とは，(1) 現在適切でない問題を決定しないこと，(2) 機熟せずして決定しないこと，(3) 実行し得ないことを決定しないこと，(4) 他人の為すべきことを決定しないことである」(p.194)。(1)を見抜くには非凡な見識と感覚が必要であろう。(2)は言質を取られたり予断を与えないためである。(3)は権威を守るため，(4)はモラールを維持し，責任を与えて能力を発展させるためである。

バーナードの意思決定論が，その後の意思決定研究隆盛の道を開いたにもかかわらず，この「決定しない決定」は長く顧みられることもなかった。ようやく，1967年にラップが「すぐれた管理者は方針決定をしない」[15]を発表するに及んで，やや近い考え方が出現したのである。ラップはバーナードに言及しておらず，内容的にも異なるが，管理者の仕事を抽象的に理解するのではなく，具体的日常現象に則して捉えたとき，バーナードに近い地平に立ったものと思われる。このラップの主張が，今（1986年執筆当時），脚光を浴び始めている（2006年現在でも重要な問題であることには変わらない）。意思決定情況の非論理的で漠然とした性質が理解されつつあるからであろう。次節の問題である。

III 意思決定過程に働く精神作用[16]
——知のシステムと行動知——

1 意思決定と情報

バーナードの提起した「意思決定」を正面に据えて理論構築するととも

に，情報の不完全性から経済学を批判したのがサイモンであった[17]。彼は，バーナードが序文を書いた『経営行動』(1947) の第 1 章を「意思決定と管理組織」で始めている。また「合理性の限界」を強調し，現実の人間は知識が不十分で，予測困難であり，行動範囲も限られていることを明らかにした[18]。さらに 1955 年の論文「合理的選択の行動モデル」で意思決定過程に情報収集段階を導入すべきことを強調し，「この情報収集によって A の各要素を S の相異なる部分集合にそれぞれ対応させる，より正確な写像が得られる」[19]と述べている。そこにあるのは，客観的情報の重要性，とりわけ事実描写，写像性への認識と信頼であろう。ただ，情報認知の限界を強調して「経済人仮説」を批判したサイモンにしては，意外なほど楽観的な情報観を見せている。バーナードとの違いである。

1955 年のサイモン論文の内容は，マーチとの共著『組織』(1958 年)[20]を経て，『意思決定の新しい科学』(1960 年) に結実する。ここに至れば，「意思決定 (decision making)」は「管理 (management)」と同義に解され，意思決定過程も互いに関連し合った(1)情報活動（意思決定機会の発見），(2)設計活動（可能な代替案の作成），(3)選択活動（代替案の選択）からなると主張される[21] (1977 年の第二版では，過去の選択を再検討する (4)再検討活動を加えている[22])。(1)情報活動は(2)設計活動に先行し，(2)設計活動は(3)選択活動に先行し，(3)選択活動は(4)再検討活動に先行するが，各局面はそれ自身が複雑な意思決定過程をなしている。従って，情報は情報局面だけでなく，設計局面でも，選択局面でも，そして再検討局面でも必要であり，意思決定と情報はその全過程で相互に関連し合うのである。これは情報に基礎をおく意思決定論の宣言にほかならない。

このようなサイモンの意思決定論，情報観に立脚して，これまで多くの経営情報論が展開されてきた。しかし，日常現象としての組織と意思決定に則してみるならば，情報概念ないし情報観のいま少しの検討が必要であろう。

「情報 (information)」はラテン語 informare に由来し，もともと「形を与える」を意味するが，一般的には「事実や情況について，ある媒体を介して伝達する，あるいは伝達された知識 (knowledge)」と解されている。

第10章 組織と意思決定―現代経営学にバーナードが問うもの― 311

ここから情報は事実や情況の写像であるという理解も生まれる。しかし，事はそれほど簡単ではない。

組織のコミュニケーション・システムの示すところによれば，情報の多くは間接情報である。自らが直接体験した内容でさえ完全に理解することは困難であるが，まして人に語ることは難しい。これをバーナードはゴルフ選手の一打を目撃した観客の間でも，見たことに関して大きく食い違うと説明している[23]。観客，つまり情報提供者は事実ないし情況の全てを受けとめ切れないし，述べ切れもしない。受け手は判断を行使してそれを再構成せざるを得ず，「事実が，事実と正反対の判断を通してしかえられないという逆説（不確実性）が最後までついてまわる」[24]のである。それは従来の経営情報論ないし意思決定論が描く世界とかなり様相を異にしていよう。

もともと情報観は知識観，科学観と不可分のものである。たとえば，事実や情況の写像としての情報観は，古典物理学をモデルとする対象的な近代科学の方法と深く結びついている。これを超えない限り，情報観の超克もあり得ない。その意味では，日常の真理を求めて，近代科学の方法に疑義を示したバーナードの科学観[25]は，意思決定過程における知のあり様ないし精神作用を考える一つの手がかりを与えてくれるであろう。

2　知のシステムと行動知

バーナードは情報を直接論じていないが，独特の知識観，科学観はそれを超えて余りある。もちろん，それは情報概念の普及に大きく貢献したハートリー，シャノン，ウィーナーなどの通信・情報理論の量的・形式的理解と異なった実質的・意味的把握に連なることはいうまでもない。さらに，バーナードが捉えた人間のコミュニケーション現象，意思決定に働く精神現象を全て情報現象と見れば，その情報概念は非言語情報をも含めた実に広いものとなろう。

確かに，人間はその五感および身体全体を通して絶えず外界から情報を受け入れ，また発している。言語はその一部にかかわるにすぎない。たとえば，口頭コミュニケーションにしても，言葉に直せない身体的動作，顔や手

の表情，沈黙（間），スピーチの速さなどが重要な要素で，それらを伴ってはじめて伝わることはよく知られている[26]。いわゆる非言語的コミュニケーションであり，バーナードが強く関心を示したものであった。

　この非言語の世界は，日常現象としての意思決定過程に働く精神作用にも大きく広がっている。それが，バーナードによって，「非論理的精神過程」と呼ばれるものにほかならない。いわゆる直観，インスピレーション，感覚であって，行動知の源泉である。これは意思決定における目的が複雑であればあるほど（目的があいまいな場合も含めて），言語情報の質が悪いほど，時間的制約が強いほど，必要になる（pp.307-311）。日常行為の現場とは，さまざまな流れが絡みあった，あいまいで，複雑で，緊急を要するドロドロとした世界である。ここにバーナードがサイモンの数学的意思決定モデルに違和感を覚える理由もあったし[27]，論理的精神過程と並んで，あるいはそれ以上に非論理的精神過程を重視する所以もあった。このようにしてみれば，バーナード的「知のシステム」は表層的，論理的言語知だけでなく，その基底に潜む非論理的（＝直感的）行動知（＝非言語知・暗黙知）を含んで成り立つといえよう。

　もっとも，すぐれた実践的行為がこのような知のシステムに立脚するとすれば，そこには絶えず言語とのズレがつきまとう。高名な経営者や芸術家ほど言行不一致が見られ，その落差も著しい。それは彼らが全体情況から感じた一部を知覚し，そのまた一部しか言語化できないからである[28]。慣用的表現では，それが抽象化であり，いわゆる科学である。しかも「極めて不完全な抽象──言語表現できるもの──をただ意識的に知覚したものより『高次』の抽象と呼び，非常に包括的であるにもかかわらず，全体の最も大きい部分の"単なる"感覚を『低次』の抽象と呼ぶことが慣行となっている」。バーナードの主張をまとめた図10-1は知の包括関係を，図10-2はこれを抽象的次元をも考慮して示したものであるが，高次の言語抽象が真実であっても，リアリティの活力が奪われた真実の一部にすぎないことは容易に想像できよう[29]。

　図に従って説明すると，全体情況は前意識的な感覚によって把握される。

第 10 章　組織と意思決定―現代経営学にバーナードが問うもの―　313

図 10-1　知の包括関係

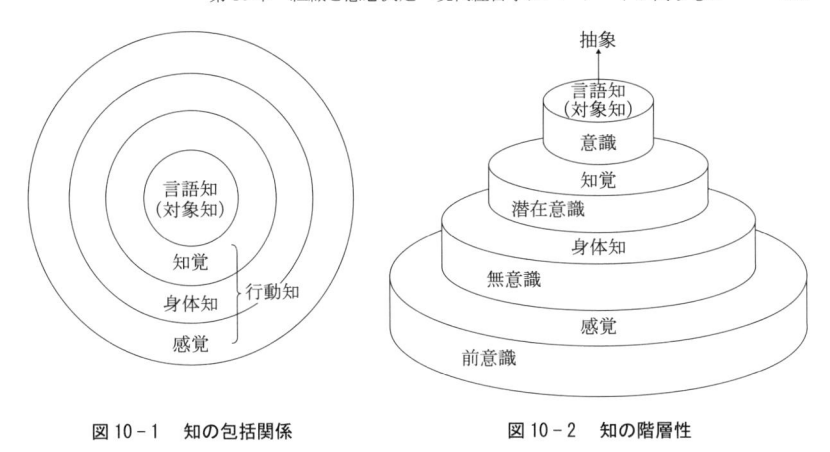

図 10-2　知の階層性

直観的に習熟した行為者は，このかなりの部分を無意識のうちに捉えることができる。これが身体知で，スポーツ選手の身のこなし，職人の技（こつ），ピアニストの指づかいなどが典型である。非論理的過程であり，言語化は極めて難しい。この感覚，身体知に潜在意識的な知覚を加えた部分が，バーナードの強調する行動知（behaivioral knowledge）にほかならず，非言語的認識能力を担っている。一般的には知識と認められず，言語化される部分だけが知識（＝言語知）として認められる。これが論理的過程，つまり思考であり，分析的・対象的方法で捉えられた科学知である。

このようにバーナードは「知の階層性」とでもいうべきものを論じ，知のシステム，特に非言語知の諸相を明らかにした。意思決定過程には，これら「知のシステム」全体が作用していることは言うまでもない。これが次の問題である。

3　意思決定過程に働く精神作用

バーナードによれば，人間行為は大きく分けて，無意識的な反応行為と意識的な意思決定行為とからなる。もっとも，組織的意思決定にはそこに参加する個人が全て反応的に行為するようなものもないではない[30]。その意味では，反応的行為もまた意思決定論の重要な研究領域である。バーナードが

「意思決定行為は，反復されるとしばしば習慣的，自動的，反応的になる」[31]と述べている点からも無視できない。これは後（1960）にサイモンが定型化し得る意思決定に対する技術として挙げたもので，行動知，なかんずく身体知として記憶された経験が働いていよう。

ところで，意思決定の本質が意識性であるにしても，このことが直ちに意思決定の論理性や理知性を意味するのではない。これについては次節でも若干触れるが，意思決定過程の多くの局面で直観ないし行動知が機能することからも明らかである。意思決定情況は一般に「(1) 既知の要因やデータ，(2) 認識されているが，関連データについての仮定を必要とする要因，(3) 認識されているものの，それに関連する何の仮定も立てられない要因，(4) 認識されていない故に理解されもしない情況諸要素」[32]が複雑に絡みあう世界であり，二重にも三重にも言語的抽象，論理的把握を困難にしている。言語情報化し得るのは (1) と (2) であろう。そして (2) でさえも仮定に関する主観的解釈が混じり込む。直観であれなんであれ，いささかでも (3) や (4) を反映させる合理的意思決定は，言語や論理的思考，つまり科学のレベルからみれば，不合理で，時に首尾一貫を欠く矛盾したものになるほかない。ここに意思決定の合理性，適切性と論理的思考，とりわけ近代科学思考の合理性，適切性との大きな違いもある。

既に述べたように，論理的思考や科学的思考は，私たちが生きる世界全体の一部を抽象化した言語知，対象知にかかわり，その方法は対象領域の分離・分析である。定義と仮定と限定から要素を絞り込み，それらの因果律を明らかにするところに特徴がある。複雑な相互従属関係ともなれば，言語的論理操作を超えて，数学的表現に依存せねばならないこともあろう。これが時に意思決定を促進することも否定できない。しかし，先に示した意思決定情況からすれば，それは例外である[33]。

翻って，意思決定などの実践では注意の集中領域を必要とし，科学的思考の論理的分離と異なって，その境界を言語領域に限定し難い。意思決定の全体情況が行動知により感得されるからである。当然，その大部分は潜在意識ないし無意識下でなされ，次のような精神作用が同時に進行する。(a) 集中

領域の中の事物，要素，要因への注意。これは主著では「戦略的要因」と呼ばれていたものである。(b) 漠然と識別された注意領域への作用，(c) 意思決定者に無意識に及ぼす認識である[34]。この (a)，(b)，(c) は相互関連的であり，単独で意思決定に働く精神作用ではない。(a) はポラニーの焦点意識，(b) は副次意識にも通じるものと思われるが[35]，ここでは意思決定過程は注意と識別という意識領域を包含しつつも，それが広大な無意識領域に支えられているという認識が重要であろう[36]。(a) は (b)(c) に，(b) は (a)(c) に，そして (c) は (a)(b) に作用するが，それらを統一して貫くものは意思決定者の能動的精神である。

以上のように意思決定過程に働く精神作用を述べる場合，本来，言語で表現できないことを，やむを得ず言語表現するという矛盾がどこまでもついて回る。バーナードもこのことをよく承知してなお，反応的行動や意思決定的行動を基礎づけるものは，まず経験意識なく獲得される有機的知識，つまり直観，次いで意識的経験レベルでは知覚レベルでの個人的知識，そして言語化され，伝達された意識経験である公式的な知識であることを強調してやまない[37]。極論すれば，行動知の違いが具体的な意思決定の差異となるといってもよいであろう。

IV 意思決定論の再構築
—— 現代経営学にバーナードが問うもの ——

1 主著の意思決定論と若干の問題

前節の論述は，主著にとどまらず，主著の付録，未発表草稿，未完成草稿に多くを負っている。このレベルでバーナードの意思決定論を考えると，主著の意思決定論には若干の問題をはらんでいるように思われる。

確かに，バーナードの主著は，卓越した人間観，組織観に立脚することによって，全体として意思決定論的展開を示してはいる。それにもかかわらず，直接的には意思決定過程にかかわる第13章「意思決定の環境」と第14章「機会主義の理論」に押し込めて論じたという印象を拭い切れない。この

二つの章も敢えて書き入れたらしく，バーナード自身も「それを書いているとき，他の人々には本書の主題からの逸脱とみられそうだと思ったが，これらの章を説明の本体と論理的に結びつけたり，他の論題に活用するほどには，それに要するスペースを正当化したりできなかった」[38]と述べている。

　第13章「意思決定の環境」では，個人的意思決定と組織的意思決定を区別し，後者の特徴を明らかにすることに重点が置かれていた。これを受けて意思決定過程論を展開したのが，第14章「機会主義の理論」である。もちろん，意思決定情況は道徳的要因と機会主義的要因が不可分に結びついた複雑な世界をなしている。しかし，意思決定者はこの全てを認識できず，組織の未来や理想にかかわる目的，価値，規範などの道徳的要因を間主観的に形成し，それに基づいた環境観を構成せざるを得ない。その中から目的に照らして選びだされた少数の可変的な戦略的要因に現有資源を投入し，働きかけ，目的達成に向けて情況を変えようとする。その連鎖をバーナードは「戦略的要因の理論」と名づけ，機会主義的な意思決定過程論の中核に据えている。しかも，バーナードが道徳的要因の重要性を指摘しつつも，その考察を第17章「管理責任の性質」に委ねたこともあって，主著の意思決定過程論は両要因が統一的に論じられていない。このため論理的過程が前面に出てくる結果となった。

　ところで，戦略的要因の理論は，長くバーナードの戦略論と理解されるとともに，相反する評価を受けてきた。一つは戦略的要因の決定こそが戦略的決定だという立場からのアンゾフ流戦略論への批判である[39]。いま一つは逆にアンゾフ流戦略論から，戦略的要因の理論の不十分さを突くものである[40]。もしバーナードの戦略論を主著を超えて再構成すれば，いずれの批判も妥当しないであろう。彼は今日の戦略的経営論にも対応するような(1)戦略的計画（化）(strategic planning)，(2)機能計画（化）(functional planning)，(3)進化計画（化）(evolutionary planning) からなる計画の体系を論じているからである[41]。内容に即せば，(1)は戦略的要因の理論からなる手段的計画，(2)は全体計画，(3)は現行システムを走らせながら新システムに移行する転換計画といえる。この点は別の機会に論及したので[42]，

これ以上触れない。

　ただ，次のことだけは注意しなければならない。戦略的要因を説明するに際して，バーナードがあげた「他の要因が不変ならば」(p.203) という条件は非現実的で，多くは誤謬である。これは意思決定過程を説明するにあたって，道徳的要因を組み込まず，機会主義的要因に限定したことと無縁ではない。このことに彼も気づいており，それが(1)機能的計画化に加えて(2)全体計画化と(3)進化計画化を要請したものと思われるし，前節「意思決定過程に働く精神作用」とも深く結びついている。

　このようにみると，意思決定はバーナード理論に内在して流れる中心的論題である。これを一層明確に主張するためには，意思決定過程論を主著第13章，第14章を超えて，もっと深く研究し，再構築する必要があろう。これがバーナードの到達した結論であった。

2　意思決定論の再構築

　バーナードは主著執筆のわずか二年後に「社会的行為における意思決定的行動の意義」ないし「意思決定過程に関するノート」(1940年) と題する100頁にも及ぶ未完のタイプ草稿を残している。これは12のノートからなっているが，日付から判断すると，ほんの2，3日 (4月23-24日) で，いずれにしても極めて短期間に，しかもノート順ではなく，書かれたようである。本章も度々これを利用してきたが，未完成，未推敲，未公開という点は留意しておかねばならない。しかし「日常の心理」(1936年)，「人間関係のあいまいな諸側面に関するノート」(1937年)，『経営者の役割』(1938年) と並べると，これは書かれるべくして書かれたことが理解でき，バーナードの意思決定論を語る場合，欠かせない文献である。もっとも，これが個人の意思決定に焦点をあてた研究だということを考慮せねばならないが，個人的意思決定が組織的意思決定の基礎をなすことを思えば，十分手がかりが得られる筈である。

　バーナードは意思決定を「(a)目ざす目的 (end-in-view) に対する(b)二つ以上の代替案，少なくとも行為者には手段と思われる代替案の(c)間で選

択すること」と定義する[43]。(a)を除けば，後のサイモンの意思決定定義と同じであるが，注目すべきはその過程分析である。彼はそこに相当程度独立した次のような7つの局面ないし段階を識別する[44]。

　　段階一　目ざす目的の把握と受容
　　段階二　情況の組織化
　　段階三　情況の諸要因の識別
　　段階四　代替案の識別
　　段階五　代替案と目的の統合
　　段階六　戦略的要因を行為タームに転換
　　段階七　選択の確定

　意思決定の過程分析では，情報活動，設計活動，選択活動の各局面を明らかにしたサイモンが有名で，意思決定研究にしばしば登場するが，その20年前のバーナードの意思決定過程論は一般に知られていない[45]。サイモン流に表現すれば，段階一～二は情報局面，段階三～六は設計局面，段階七は選択局面であろう。もっとも，段階一はサイモンの考察から抜け落ちている。サイモンの意思決定論は，コンピュータ科学に結びついて，意思決定を定型，非定型にタイプ分けし，決定技術を解明することにウェイトがあった。そこでは価値的要因は排除され，一貫して論理への信頼感と技術楽観主義が流れている。もちろん，意思決定の大部分が構造化され論理的な場合もあり得る。それが定型的意思決定にほかならない。しかし，全過程が論理的に決定されることは滅多になく，各段階の多くの部分が直観的に決定されるとバーナードは見る。非定型的意思決定の領域が広がっているのであって，価値理念的要因を抜きに考察することは困難であろう。ここにバーナードが機会主義的要因（論理）と道徳的・価値的要因（非論理）を統一して論じ，意思決定論を再構築しようと試みたのである。

　たとえば，段階一「目的の把握と受容」にしても，社会的慣例や制度などの文化的環境が組織目的や組織規範に影響し，これを導くことも少なくない。従って，生命や自然の意味が組み込まれた文化のもとでは，当然，それが組織目的や組織規範に反映しよう。また組織メンバーによる間主観的な経

験的知覚が目的を形成することも多い。このような理念や理想などの価値的・道徳的要因が目的の把握と受容に大きくかかわり，速やかな意思決定のための装置となっている。今日，組織文化と呼ばれる領域である。もちろん，目的が客観的に与えられることもある。職務目標の把握などはその典型であろう。いずれにしても，その受容は没論理的である。

　バーナードは段階二〜七についても詳細に論及している。前述した消極的意思決定，つまり決定しないという意思決定は，段階六までで完結する意思決定だといえる。もちろん，意思決定が非常に速いと，諸段階を識別する感覚はなくなるし，飛び越しも行われる。特に直観が働く場合に著しい。バーナードによれば，意思決定過程の各局面は部分的に論理的にすぎず，一般的には直観的，非論理的である。わけても，第二，第五段階について妥当するという。このことが意思決定分析を困難にしているに違いない。ここでは詳しく触れ得ないが，バーナードは道徳的要因と機会主義的要因，論理と非論理を意思決定の全過程で統一的に扱い，見事な意思決定論を展開している。これが十分な推敲を経て公表されていたならば，その後の意思決定研究は相当異なった様相を呈していたであろう。

3　バーナードが現代経営学に問うもの

　本章は組織と意思決定に焦点を据えて，バーナード理論を考察してきた。ここでは組織認識と意思決定概念は不可分である。組織現象の現実が道徳的要因と機会主義的要因，論理と非論理を統一して捉える意思決定概念を要請したといえる。この道徳的・価値的側面を捨象して，論理的で合理的な意思決定論を展開したのがサイモンであった。当然，そこには組織観の変質が伴っている。それでもなお，組織認識と意思決定概念は繋がっていた。この切り離し難い両者を分け，サイモン的な意思決定論だけを導入したのはアンゾフである。彼はこの上に有名な経営戦略論（1965年）を打ち立てたが，これは本来ありうべきことではない。ここに1960年代の戦略論が行き詰まった理由の一つがあった。

　70年代後半に入ると，戦略論は「戦略（的）計画から戦略（的）経営」

へ大きく転換し始め，80年代から90年代にかけて浸透した。このパラダイム転換もアンゾフによって推進されたが，バーナードが強調した「組織と意思決定の一体的把握」の認識が契機となった。具体的には戦略概念の統合化と道徳化に結実する。戦略概念の階層的把握や拡張にも影響を与えた。戦略研究は今ようやくバーナードが問うた水準に達しつつある[46]。

戦略論の基礎理論である組織論，とりわけ意思決定論においても，近年，圧倒的影響力をもったサイモン理論からの脱却がみられ，合理的意思決定研究の見直しが始まっている。不合理，非論理，矛盾に由来する"あいまいさ"に踏み込んで，組織の意思決定を理論化したマーチ＝オルセンの「ごみ箱モデル」[47]もその一つである。この理論が妥当する領域はかなり限定されようが，その問題意識はバーナードにやや近いものをもっている。この"あいまいさ"に通じる"混沌"，"ゆらぎ"，"不均衡"などを積極的に評価する自己組織化理論が組織研究でも強くなってきたが，バーナード理論にこの原型を見出すことも無理ではない[48]。

このように見てくれば，バーナードの洞察は実に鋭い。しかし，私達はその全てに気づいているであろうか。生誕100年（本書出版の2006年現在では120年）を迎えた今，バーナードが現代経営学に何を問い，何を残したかを改めて問いかけるのも無駄ではないであろう。

【付記】本章として所収した元論文は，加藤勝康・飯野春樹編『バーナード：現代社会と組織問題』（バーナード生誕百周年記念論文集）文眞堂，1986年，第11章である。特に第Ⅲ節2「知のシステムと行動知」と3「意思決定過程に働く精神作用」の叙述は，野中郁次郎『知識創造の経営』（日本経済新聞社，1990年）に引用され，そのバーナード理解の基礎となっている。

1) C. I. Barnard, *The Functions of the Executive*, Harvard University Press, 1938（1968年版を使用）．山本安次郎・田杉 競・飯野春樹訳『経営者の役割』ダイヤモンド社，1968年。訳書に原書頁も掲載されているので，以下は本文に原書頁数だけを示す。
2) H. R. Pollard, *Developments in Management Thought*, Heineman, 1974, p.143.
3) H. Koontz, C. O Donnel and H. Weichrich, *Manegement* (7th ed.), McGrow-Hill, 1980, p.44.
4) H. A. Simon, *Administratave Behavior* (second ed.), Macmillan, 1957, p.xviii. 松田武彦・高柳 暁・二村敏子訳『経営行動』ダイヤモンド社，1965年，該当頁なし。
　　K. Boulding, *The Image*, University of Michigan Press, 1956, p.153. 大川信明訳『ザ・イメージ』誠信書房，1962年，189頁。
5) ウィリアムソンは自著（O. E. Williamson, *Markets and Hierarchies*, The Free Press,

1975)でバーナードを引用しているだけでなく,本章に所収した元論文(1986)発行後に,バーナードの主著『経営者の役割』出版50周年を記念して,シンポジウムとその出版も行っている (O. E. Willamson ed., *Organization Theory : From Chester Barnard to the Present and Beyond*, Oxford University Press, 1990. 飯野春樹監訳『現代組織論とバーナード』文眞堂, 1997年)。

6) T・パーソンズ=富永健一「= 対談 =社会システム理論の形成」『思想』657号, 1979年3月号, 13頁。

7) E. T. Penrose, *The Growth of the Firm*, Basil Blakwell, 1959 (1980年版使用), pp.15-24. 末松玄六訳『会社成長の理論』ダイヤモンド社, 1962年 (1980年第2版使用) 20-31頁。バーナードに触れ,「管理組織の生成」や「権威あるコミュニケーション」に言及している。特にfootnote (p.17, p.20)(訳書, 23頁, 26-27頁)を参照。

8) たとえば,占部都美は『現代の企業行動』日本経営出版会 (1967年) をはじめとする経営戦略研究でペンローズに論及している。また,本章として収めた元論文 (1986年) 発行後の1980年代後半に現れた経営戦略論におけるリソース・ベイスト・ビュー (RBV : Resource-Based View) の先駆者の一人だと,ペンローズは見なされている。

9) C, I. Barnard, "Some Aspects of Organization Relevant to Industrial Reseach," 1947, p.63. 飯野春樹監訳/南 龍久訳「産業研究のなさるべき組織の諸側面」『商学論集 (関西大学)』第23巻第1号 (1978年), 56頁。

10) C. I. Barnard, "The Significance of Decisive Behavior in Social Action," Note XI, 1940. 未完成のタイプ草稿。以下Noteとする。小泉良夫訳「意思決定行動と意思決定過程に関するノート(3)」『北見大学論集』第7号, 1982年, 170頁, 174頁。なお「同(1)」は『同論集』第5号 (1981), 「同(2)」は『同論集』第6号 (1981)。なお,「個人的知識 (personal knowledge)」とは,この未完成・未発表タイプ草稿におけるバーナード自身の表現である。17年後にM. ポランニーが『個人的知識 (Personal Knowledge)』(1957) を書いて有名となった。わが国でこの言葉が浸透するのは1990年代に入ってからであろう。

11) W. B. ウォルフ著/飯野春樹訳『経営者のこころ』文眞堂, 1978年, 31頁。

12) 庭本佳和「協働と組織の理論」飯野春樹編『バーナード 経営者の役割』有斐閣, 1979年 (本書第7章に所収)。

13) 庭本佳和「組織とコミュニケーションとOA」『オフィス・オートメーション』第4巻第4号, 1983年11月。

14) C. I. Barnard, Note II, p.6. 小泉訳「同(1)」113頁。

15) E. H. Wrapp, "Good managers don't make policy decision," *Harvard Business Review*, Vol.45, No.5, pp.91-95. なお本論文は1984年に再掲載されている。

16) 本節2「知のシステムと行動知」と3「意思決定過程に働く精神作用」の叙述は,野中郁次郎『知識創造の経営』(日本経済新聞社, 1990年, 8-9頁) と酷似しているが,その事情は本書第6章脚注37) を参照していただきたい。

17)「サイモンの経済学批判とその限界」については庭本佳和「近代科学論を超えて——バーナードの方法」『大阪商業大学論集』第66号, 1983年, 114-117頁で論じた。本書第4章に所収。

18) H. A. Simon, *op.cit.*, pp.80-84. 訳書, 103-108頁。

19) H. A. Simon, "Behavioral Model of Rational Choice," *Quarterly Journal of Economics*, 69, p.106.

20) J. G. March and H. A. Simon, *Organizations*, John Wiley and Sons, 1958. 土屋守章訳『オーガニゼーションズ』ダイヤモンド社, 1977年。

21) H. A. Simon, *The New Science of Management Decision*, Prentice-Hall, 1960 (in *The*

Shape of Automation for Men and Management, Harper & Row, 1965年版を使用), pp.53-56.
22) H. A. Simon, *The New Science of Management Decision (Revised Edition),* Prentice-Hall, 1977, pp.40-41. 稲葉元吉・倉井武夫訳『意思決定の科学』産業能率大学出版部, 1979年, 55-58頁。
23) C. I. Barnard, "Note on Some Obscure Aspects of Human Relation I," 1937, p.4. 未発表のタイプ草稿。以下 Human Relation とする。バーナード生誕百年 (1986) 記念に, 本章として所収された元論文を含めた論文集 (加藤勝康・飯野春樹編『バーナード——現代社会と組織問題』文眞堂) とセットになって以下のように編集・翻訳出版され, この草稿も収められた。W. B. Wolf and Haruki Iino ed., *Philosophy for Managers: Selected Papers of Chester I. Barnard,* Bunshindo, 1986, pp.65-66. 以下 *Philosophy* とする。飯野春樹監訳『経営者の哲学』文眞堂, 1986年, 95-98頁。
24) 橋爪大三郎「科学の言説・法の言説」『現代思想』第14巻3号 (1986年), 134頁。
25) バーナードの科学観ないし行動知については, 前掲庭本論文 (1983) (本書第4章に所収) を参照していただきたい。
26) C. I. Barnard, "Human Relation," p.9. (*Philosophy,* p.68. 訳書, 160頁)。
27) W. B. ウォルフ, 前掲訳書, 30-31頁。
28) C. I. Barnard, "Human Relation," p.2. (*Philosophy,* p.64. 訳書, 94-95頁)。
29) C. I. Barnard, "Human Relation," p.7. (*Philosophy,* p.67. 訳書, 99頁)。
30) C. I. Barnard, Note Ⅲ, p.2. 小泉訳「(2)」131頁。
31) C. I. Barnard, Note Ⅹ, p.4. 小泉訳「(3)」166頁。
32) C. I. Barnard, Note Ⅷ, p.6. 小泉訳「(2)」146頁。
33) C. I. Barnard, Note Ⅶ, pp.7-8. 小泉訳「(2)」146-147頁。
34) C. I. Barnard, Note Ⅴ, pp.3-4. 小泉訳「(2)」136-137頁。
35) M. Polanyi, *The Tacit Dimension,* Rouledge & Kegan Paul, 1966 (Daubleday, 1983年リプリント版を使用), pp.9-10. 佐藤隆三訳『暗黙知の次元』紀伊國屋書店, 1980年, 23-24頁。
36) C. I. Barnard, Note Ⅷ, p.9. 小泉訳「(2)」147頁。
37) C. I. Barnard; Note Ⅷ, pp.11-12; Note ⅩⅠ, p.4. 小泉訳「(2)」148頁,「(3)」170頁。
38) C. I. Barnard, Note Ⅱ, p.5. 小泉訳「(1)」113頁。
39) 山本安次郎『経営学研究方法論』丸善, 1975年, 136-137頁。
40) 占部都美『近代組織論(1)バーナードとサイモン』白桃書房, 1974年, 99頁。
41) C. I. Barnard, *Organization and Management,* Harvard University Press, 1940, pp.169-171. 関口操監訳「組織と管理」慶応通信, 1972年, 152-154頁。本章として所収した元論文公表 (1986) 後に以下が翻訳出版された。飯野春樹監訳『組織と管理』文眞堂, 1990年, 166-168頁。
42) 庭本佳和「戦略的経営パラダイムの展開——アンソフの経営認識とバーナード理論——」『千里山商学』第20号, 1984年, 1-38頁 (本書第11章に所収)。
43) C. I. Barnard, Note Ⅰ, p.4. 小泉訳「(1)」107頁。
44) C. I. Barnard, Note Ⅲ-Ⅴ. 小泉訳「(2)」131-140頁。
45) 未完成, 未公開の草稿であっても, 小泉良夫によって翻訳されている。しかし, バーナード研究者でも, これに論及したものはないようである (1986年現在)。
46) 詳しくは, 前掲論文 (庭本佳和「戦略的経営パラダイムの展開」) を参照のこと。
47) J. G. March and J. P. Olsen, *Ambiguity and Choice in Organizations,* Universitetsforlaget, 1976. 遠田雄志訳 (妙訳)『組織におけるあいまいさと決定』有斐閣, 1986年。

48) 吉田民人「29年ぶりのバーナード——自己組織システムの統合理論——」日本バーナード協会報告（1985年6月7日）（加藤勝康・飯野春樹編『バーナード——現代社会と組織問題——』文眞堂，1986年に所収）。庭本佳和「組織動態論序説——バーナードの動的組織観」『大阪商業大学論集』第71号，1985年6月，117および122頁。

第11章
戦略経営パラダイムの展開
――戦略論者の経営認識とバーナード理論――

I 現代社会と経営戦略論の隆盛

　戦略という言葉は，ギリシア語「strategos」に由来し，軍事領域にその起源をもつ。それが経営学に導入され，経営戦略論ないし企業戦略論という形で一般化させたのは，この領域で一つの頂点ともなった H. I. アンゾフの『企業戦略論』(1965)[1]であろう。これは経営方針論者，経営計画論者をも刺激して，戦略研究の誘い水になるとともに，それら諸研究と併せて，経営戦略論を一大研究領域に仕立て上げた。

　もっとも，華やかに登場したほど，経営戦略論は実践的成果をあげ得ず，その後，一時の勢いを失っていた。しかし，1970年代末から1980年代にかけて，経営戦略研究は再び活況を呈するようになった。これを支えた論者は，大きく二つに分かれよう。一つは，従来の戦略研究者が新しい概念，新しい考え方をひっさげての再登場である。その典型としては，何といってもアンゾフをあげねばなるまい。彼の『戦略計画から戦略経営へ』(1976)[2]，『戦略経営論』(1979)[3]は，経営戦略論再展開の引き金になった。いま一つはホファー＝シェンデル[4]や M. ポーター[5]を代表とする当時若手の研究者たちであった。それぞれがマーケティング論や産業組織論の成果をもって，戦略論に参入してきている。

　戦略研究のこのような進展は，もちろん，従来の戦略論の欠陥を克服するための内在的な理論発展であることはいうまでもない。それは戦略概念の拡張と統合によく示されている。同時に，現代社会の反映でもある。1960年

代から1970年代の経営戦略論は，50年代に始まった絶えざる技術革新，製品革新と，その結果の市場変動を対象にしていた。この従来とは質の異なる環境変化，とりわけ経済環境の変化を脅威というだけでなく，機会と捉え直し，大量生産・大量販売で応じて企業成長をはかるところに戦略論の狙いがあったのである。それが一部で功を奏したこともあって，企業は成長し，社会も豊かになった。

だが，その豊かさは公害・環境問題に端を発する社会問題と引き換えであった。企業はこれらに社会的に責任を負うと同時に，経営戦略に組み込まざるを得なくなった。このような認識は，とりわけアンゾフに顕著であった[6]。それが戦略問題の拡張に繋がってゆく。

また，70年代の二度にわたる石油ショックは単に高度経済成長の終焉を告げただけでなく，豊かさと相まって，人々の価値観にも大きく影響を及ぼした。社会的・文化的変容は特に著しく，80年代に入ると，時代は一層不透明感を増したのである。人々は多様な要求をもつようになり，しかも移り気で，企業の大量生産・大量販売を容易に受けつけなくなった。商品がますます「軽薄短小」になっていく中で，企業競争は激化の一途をたどる。（当時の）若手研究者の戦略論は，この点を実に敏感に反映していた。戦略論の内在的発展がこのような問題認識と結合して展開されるとき，戦略論は従来とは質が異なった段階に達する。アンゾフもホファー達も，それを「戦略経営（strategic management）」概念で把握した。つまり戦略計画パラダイムから戦略経営パラダイムへのパラダイム転換と捉えている。

1990年代に入ると，時代はさらに世界史的ともいえる大変動期に突入した。情報化，グローバル化，エコロジカル化（地球環境問題）を軸にした社会変動がそれである。わが国に限定すれば，1990年を頂点にしたバブル経済の崩壊も経営環境の大きな変化となった。いずれもが企業競争の激化をもたらすことはいうまでもない。

グローバルな大競争時代を迎えて，経営戦略論においても競争戦略研究のウェイトが著しく高まっている。それも，従来からポーターが主張してきたポジショニング・アプローチにとどまらず，競争源泉として組織能力論に基

礎をおくコア・コンピタンス論や資源ベース戦略論も大きな研究の流れになった[7]。それは全体として戦略経営パラダイムの再展開なのか，あるいはパラダイム転換としての新展開なのだろうか。

ところで，戦略という言葉を経営理論で最初に触れたのは，おそらく C. I. バーナード[8]だと思われる。彼は「戦略的要因の理論」として戦略の意味を明らかにしただけではない。その依って立つ人間観，組織観，経営観から，バーナード理論を全体として戦略論の基礎理論たらしめている。それにもかかわらず，これまでの戦略論はバーナード理論と直接結びつく形で議論がなされてこなかった。しかし，クーン流のパラダイムとして，まさしく経営学のパラダイムとしてバーナード理論を受容する研究者[9]にとって，これは見逃し難い問題である。

「戦略経営パラダイムとバーナーディアン・パラダイム」をめぐる問題は，戦略計画パラダイムから戦略経営パラダイムへのパラダイム転換，さらに最近の経営戦略論の新展開の解明にとどまらず，それが経営学のパラダイムとしてのバーナーディアン・パラダイムの転換を迫るか否かをも問うている。本章では，近年進展の著しい戦略論を整理するとともに，そのような問いへの一筋の道を探ってみたい。

II 戦略論のテーゼ，アンチテーゼ，ジンテーゼ

経営戦略研究は，多くの領域でなされてきたとはいえ，戦略と組織（構造）との適合性，あるいは組織構造と業績の関係などの究明が，その出発点だった。特に前半の中心的課題であった。そこから抽出されたのがチャンドラーの有名な「構造は戦略に従う（Structure follows strategy.）」というテーゼであり，多くの論者の「戦略は構造に従う（Strategy follows structure.）」というアンチテーゼにほかならない。戦略研究の深まりとともに組織の理解も構造的把握から包括的な過程的・活動的把握に転換してはいるが，この戦略と組織の関係は今日の戦略経営論でも重要である。それどころか，両者の統合から戦略経営論が生まれた。そこで本節ではこれを検討し，

次節以降の展開のためのつなぎにしよう。

1 構造は戦略に従う（チャンドラー命題）

　経営戦略論発展の系譜をたぐりよせるとき，経営方針論や経営計画論とともに，A. D. チャンドラーの経営史的研究にたどり着く。彼は膨大な資料を駆使した歴史研究（1962年）で「構造は戦略に従う」[10]というテーゼ（命題）を確立した。これに対して「データがダーウィン的観点から解釈されている」との指摘が一部でなされているが[11]，その後の多くの国と多くの企業でなされた実証研究がこの命題を一般的に支持したことや[12]，ハーバード・ビジネス・スクールのほとんどのコースで繰り返し教え込まれたこともあって[13]，「構造は戦略に従う」という命題は戦略論を超えて深く浸透するに至った。ここに多くの戦略論者がチャンドラー命題に立脚して論を展開した理由もあるだろう。

　チャンドラーにあっては，「企業の成長を計画し，実行することが戦略であり，この拡大された活動と資源を管理する（administer）ために工夫された組織（organization）が構造（structure）」にほかならない。そこで，戦略とは「一企業体（an enterprise）の基本的な長期目標および目的を決定し，これら諸目標を遂行するために必要な行動方向を定め，諸資源を割り当てること」と定義され，構造とは「企業体を管理する組織のデザイン」と定義されることになる（原書, pp.13-14）。

　それでは，組織構造の変革を要求する新戦略はどのようにして生まれるのか。チャンドラー自身もまたそれを問い，人口動態や国民所得の変化，技術革新などによる環境変化が新戦略を要請すると答えている（pp.14-15）。これを図式化したものが，図11-1である。もちろん，脅威にも機会にもなる環境変化を認識するのも，戦略内容を決定するのも，組織構造の戦略適合性をはかるのも，すべて行為主体としての経営である。ただ，チャンドラーの場合，それらを担っているのは，概ねトップ・マネジメント（極端にいえば，トップ個人）であり，その経営認識，組織認識には問題をはらんでいる。「戦略は構造に従う」というアンチテーゼはこの点を衝いて現れた。

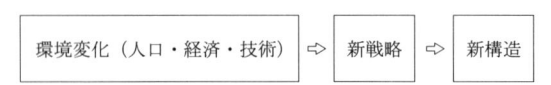

環境変化（人口・経済・技術） ⇨ 新戦略 ⇨ 新構造

図11-1　環境・戦略・構造

2　戦略は構造に従う（反チャンドラー命題：アンチテーゼ）

　チャンドラーはその研究を閉じるにあたり，ペンローズの『企業成長の理論』(1959)[14]に触れ，両者の結論はほぼ同じだとした（p.453）。しかし，ペンローズは企業の成長の源泉を企業活動から生まれる「余剰資源の有効活用」だと見ていた。その意味では，ペンローズは成長要因を環境よりも内部に求めて，むしろ「戦略は組織（資源）に従う」に根拠を与えており，必ずしもチャンドラーの意に沿うものとなっていない。チャンドラー命題の上に戦略的決定の解明に努力したアンゾフも，業務的決定が戦略的決定に由来するだけでなく，自己再生的で，むしろ戦略的決定を圧倒しがちだと指摘している[15]。

　さて，アンゾフをはじめ戦略プロセス論者は，バーナードやサイモン以来の意思決定概念をとっているが，既にバーナードにおいて組織的意思決定は合成的であることが認識され[16]，「組織が戦略に影響を及ぼす」論拠を示している[17]。それはサイモン，マーチ＝サイモン，サイヤート＝マーチ[18]では一層鮮明になった。またカーターは，サイヤート＝マーチに依拠しながら，戦略的問題に対するトップ・マネジメントの役割が決定的でないことを描き出す[19]。アリソンも，1962年のキューバ危機におけるアメリカの意思決定状況を分析して，合理的行為モデル（戦略→構造）よりも，組織過程モデルや政府内政治モデル（構造→戦略）の方がより説得的であると主張している[20]。マイルズ＝スノウ[21]やガルブレイス＝ネイサンソン[22]，ボウワー＝ドッヅ[23]なども「組織構造が戦略に影響し制約する」ことを示し，チャンドラー命題が少なくとも全体的真実でないことを明らかにした。

3　戦略－組織（構造）関係の総合

　これまでみたように，戦略と構造の関係については相対立する二つの命題

が，1980年代半ばまで主張されてきた。しかし，いずれの命題が正しいかとか，戦略と構造のどちらが重要だとかは一概には言い難い。おそらく，いずれもが真実の一部を伝えているであろう。これを総合的に理解することをめざして，以下で3つのモデルを検討してみよう。

(1) ガルブレイス＝ネイサンソン・モデル

ガルブレイス＝ネイサンソンは，段階モデルと産業組織論的なマクロの見方を持ち込んで戦略－構造関係を解釈する[24]。

戦略と構造が適合しているとき，つまり戦略Nに対して構造Nの場合，最も高い業績が得られる。したがって戦略が次の段階のN＋1になったとき，構造がNのままであれば，両者は不適合を起こして，業績低下を招かざるを得ない。低業績は構造がN＋1に移行することによって回復する。これがチャンドラー命題の意味するものであった。

もっとも，独占状態では必ずしもこれが妥当しない。戦略－構造の不適合は競争環境でのみ業績の低下を招くのである。当然，業績の回復は，戦略適合に向けての組織構造の変革か，競争環境の関係者間の交渉を通してなされる。ただ，彼らが，構造Nを戦略N＋1に適合させるのではなく，戦略Nに戻すことも第三の選択としてあげていることには注意せねばならない。環境変化がなかったと仮定すれば，これによって業績も回復するという主張は理論的には成り立とう。構造が戦略を規定する一側面である。だが，彼らはこれをもって直ちに「戦略は構造に従う」と主張しているのではない。これら三つの代替案のいずれかが企業内政治プロセスを経て選択されるところに，それを見ているのである。

このガルブレイス＝ネイサンソンの解釈は確かに一定の説得力をもつが，大味であり，静態的である。問題は競争状況の中でとられる戦略的行動や新戦略が，チャンドラー命題を超えて出現することであり，彼らが評価したマイルズ＝スノウによっても十分に補いきれない部分であろう。彼らはこれに答えず，重要なのは「構造が戦略を生むか」あるいはその逆かではなく，両者の首尾一貫した適合性であると主張するにとどまっている。

戦略－構造－業績の関係

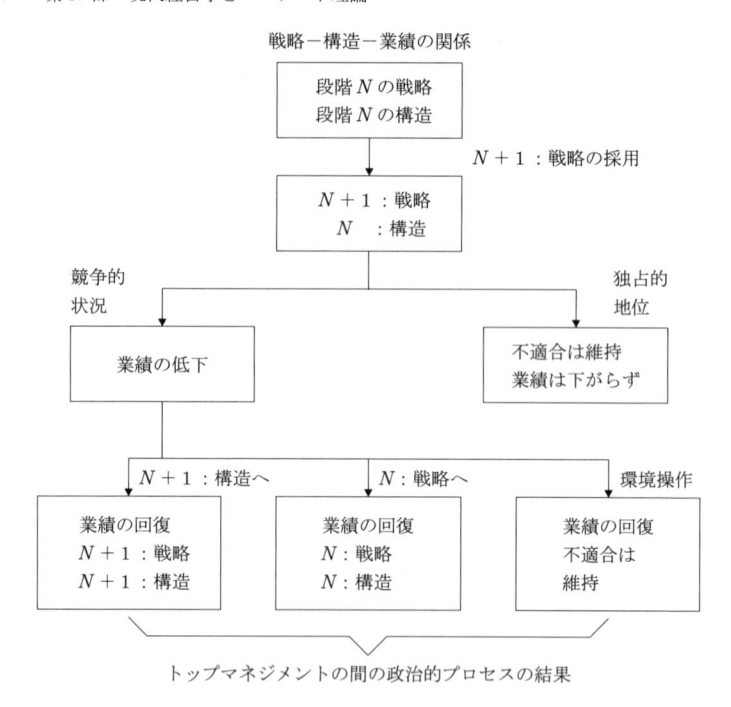

```
        ┌─────────────┐
        │ 段階 N の戦略 │
        │ 段階 N の構造 │
        └──────┬──────┘
               │   N + 1：戦略の採用
        ┌──────▼──────┐
        │ N + 1：戦略  │
        │   N  ：構造  │
        └──────┬──────┘
   競争的              独占的
   状況                地位
┌───────┐         ┌─────────────┐
│業績の低下│         │不適合は維持  │
│       │         │業績は下がらず│
└───┬───┘         └─────────────┘
    │
    │ N + 1：構造へ    N：戦略へ    環境操作
┌─────────┐  ┌─────────┐  ┌─────────┐
│業績の回復 │  │業績の回復│  │業績の回復│
│N + 1：戦略│  │N ：戦略 │  │不適合は │
│N + 1：構造│  │N ：構造 │  │維持    │
└─────────┘  └─────────┘  └─────────┘
```

トップマネジメントの間の政治的プロセスの結果

図 11-2　戦略・組織構造・業績の関係

(出所：Galbraith & Nathanson [1978], p.141)

(2) Litschert＝Bonham モデル

Litschert＝Bonham は，戦略と組織との相互関係をコンティンジェンシー理論を土台にして，解明を試みる。その場合，マーチ＝サイモンやサイヤート＝マーチの組織スラック概念が決定的な役割を担っており，戦略－構造関係の方向は組織スラックの水準に左右される。組織スラックとは，悪くいえば，組織の弛みであり，良くいえば組織のゆとり，余剰資源である。スラックが低い場合，コンテクスト変数（技術・環境）が規定する以外の組織デザインがとれず，戦略は構造によって決定される。組織スラックが比較的高い場合，逆に戦略は経営イデオロギーに，よりコンティンジェントであり，組織構造に影響を及ぼす。図 11-3 はこれを示したものである[25]。

第11章 戦略経営パラダイムの展開—戦略論者の経営認識とバーナード理論— 331

```
コンテクスト変数                コンテクスト変数
  技術                           技術
  環境                           環境
  ↑  ↓                          ↑  ↓
固い結合 ── 低 ←組織→ 高   ゆるやかな ← 理念的 → 戦略
              スラック              結  合     価値
  ↓                               ↓  ↑
組織構造 ─────→ 戦略          組織構造
```

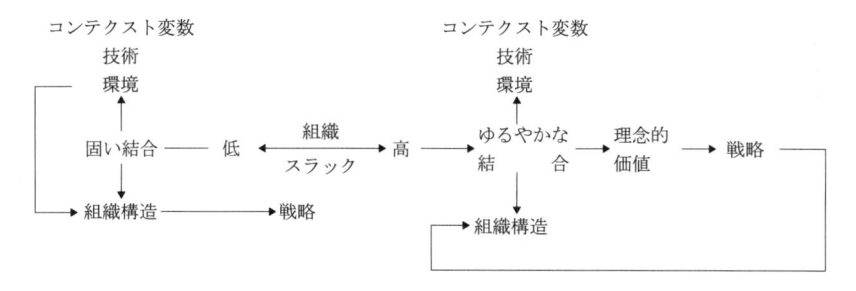

図 11-3　組織スラックと戦略および構造

(出所：R. J. Ritschert & T. W. Bonham, 1978)

「低い組織スラック→組織構造→戦略」の場合，経営の視野は短期的になり，戦略も長期展望をもって新機軸に展開することは難しい。ガルブレイス＝ネイサンソンの第3代替案は，これの特殊例である。「高い組織スラック→経営イデオロギー→戦略→組織構造」図式の前半はペンローズの主張と重なり，後半はチャンドラー命題と重なる。もっとも，経営イデオロギーを介在させた点で，「スラック→成長」という直線的なペンローズよりも解釈に幅と厚みを増し，「環境変化→戦略→構造」とするチャンドラー・モデルよりも戦略創出過程に行為主体たる経営的要因を強調して，より経営学的解釈になっていよう。

また本モデルはガルブレイス＝ネイサンソンの結論より経営に内在的である。しかし，その経営認識，組織認識はまだ浅く，説明にコンティンジェンシー理論特有の平板さを拭いきれていない。現実の競争環境下では，組織スラックを吸収して展開される戦略的行動のすべてが，現行の戦略から誘発されるとは限らないのである。次に取り上げるバーゲルマンはその地平に踏み込んでいる。

(3)　バーゲルマン・モデル

バーゲルマンは戦略－構造関係の相対立する命題を前に，それぞれの命題が妥当する状況を明らかにすることによって，その解決をはかろうとする。

その場合，次の二つの考え方が前提になっている。① 戦略プロセスはさまざまなレベルの管理者の戦略行動からなる。② 戦略行動には，現行の戦略から誘発されるものと，自律的なものと二種類ある[26]。特に自律的戦略行動については企業内ベンチャリング（Internal Corporate Venturing：ICV）の研究を通して明らかにされたものである[27]。バーゲルマンはこのような考え方と概念を用いて，図11－4のように単なる類型論を超えた動態論を展開している。

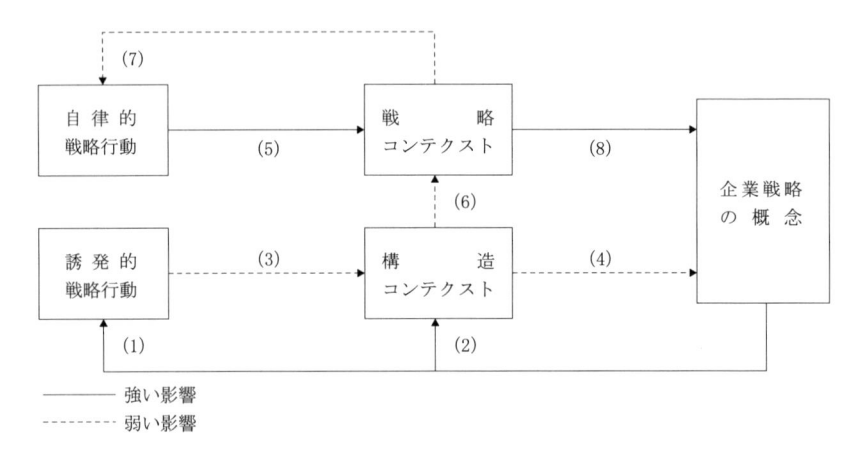

```
                    (7)
         ┌ ─ ─ ─ ─ ─ ─ ─ ─ ┐
         │                   ↓
    ┌─────────┐         ┌─────────┐                 ┌─────────┐
    │ 自 律 的 │─────────→│  戦  略  │──────(8)──────→│         │
    │戦略行動 │   (5)    │コンテクスト│                │         │
    └─────────┘         └─────────┘                 │ 企業戦略 │
                              ↑                     │ の 概 念 │
                             (6)                    │         │
    ┌─────────┐         ┌─────────┐                 │         │
    │ 誘 発 的 │────(3)──→│  構  造  │──────(4)──────→│         │
    │戦略行動 │ - - - - -│コンテクスト│                └─────────┘
    └─────────┘         └─────────┘
         ↑                   ↑
        (1)                 (2)
```

────── 強い影響
- - - - - - 弱い影響

図11－4　戦略行動，コンテクスト，戦略概念の相互作用モデル

(Burgelman, 1983a, p.65)

バーゲルマンにおいて重要な戦略行動概念は，変化し，ダイナミックに変移する実現環境（enactable environment）[28]への適応行動を意味しているが，その環境とはペンローズのいう「企業者の心に写った"イメージ"としての環境」[29]であり，主観的に再構成された環境にほかならない。この環境から新しい機会を紡ぎ出し捉えようと現行の戦略概念から引き出されるのが「誘発的戦略行動（induced strategic behavior）」で，「誘発的戦略行動は戦略に従う」のである（図11－4の(1)）。

戦略プロセスが発生する企業コンテクストは構造コンテクストと戦略コンテクストを含んでいる。構造コンテクストは現行の戦略概念に最も適合する

ように形成され，チャンドラー命題「構造は戦略に従う」に対応しよう（図11-4の(2)）。

ところで，組織は一般に学習し，時間を経るにつれ，その学習が深まってゆく。この学習効果が「組織の習熟」といわれるもので，戦略行動からみるとき，ポジティブ，ネガティブの両面に働く。ポジティブ面の一つは，学習の結果，組織構造は一層戦略に適合し，精緻化される。標準化され，手続き化され，効率的で失敗の恐れは減る一方，戦略行動の範囲は狭められて，戦略概念を変更し，新たな戦略を打ち出す力は喪失してゆく。学習のネガティブな面であり，いつしか「戦略は構造に従う」という命題の基礎を提供するようになる（図11-4の(3), (4)）。それは官僚制組織の機能（合理性）と逆機能（硬直性）の一面であろう。構造は戦略に従うゆえに逆に戦略を制約するに至るのである。

しかし，競争環境下では官僚制化した大企業といえども革新的な戦略なしには生き残り得ない。それを担っているのが戦略コンテクストであり，自律的戦略行動である。これは学習効果による累積した知識や情報と，余剰資源がうまく結合したときに生まれる。この自律的戦略行動を意味づけ，戦略概念に結びつけるミドル・マネジメントの努力を反映するものが，戦略的コンテクストにほかならない。そこには，トップ・マネジメントを説得するミドル・マネジメントの政治活動も含まれている。自律的戦略行動がトップに承認され，権威づけられるとき，現行戦略が修正されることになる（図11-4の(5), (8)）。アンゾフはこれを「戦略は構造に従う」に含めて，「チャンドラー命題（順序）の逆転（Reversal of Chandlerian Sequence）」と名づけ，仮説化している[30]。

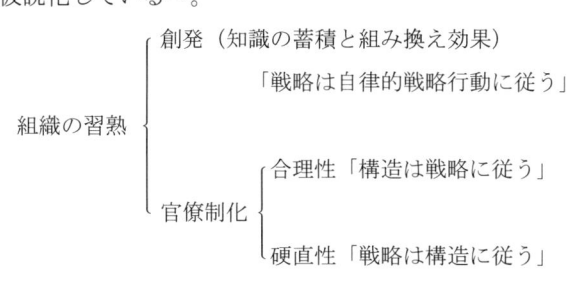

```
              ┌ 創発（知識の蓄積と組み換え効果）
              │   「戦略は自律的戦略行動に従う」
組織の習熟 ┤
              │        ┌ 合理性「構造は戦略に従う」
              └ 官僚制化┤
                       └ 硬直性「戦略は構造に従う」
```

以上のようなバーゲルマンの主張は，本節で検討した(1)と(2)の両モデルが示し得なかった「戦略－構造関係」の動態を描いている。ここでのキイ概念は「組織の習熟」であろう。それは官僚制機構の合理性と硬直性を招くと同時に，累積知識の組み換えを通した創造的な自律的戦略行動をもたらす要因である。この習熟を支えるのが組織学習であり，戦略研究への学習アプローチが強調される理由ともなっている。少し異なるが，アンゾフの学習－行為アプローチなどにも通じていよう。「組織が学習する」という理解に立ち，組織の能力が問われるとき，組織認識も暗黙のうちに学習（変革）主体が組織の外に立つ伝統的な構造的組織観から，過程として把握される活動的・価値的組織観に転換しているはずだ。おそらく，バーゲルマン・モデルは，その実質においてバーナード以来の組織認識，経営認識に近い。また，その「戦略－構造関係」の総合的理解は，バーゲルマン自身が主張するように，組織の進化モデルと同形であり，戦略経営論にも大いに貢献すると思われる[31]。そして，ミドル主導の自律的な戦略行動を抽出するに際して，I.プリゴジンの「自己組織」概念を参考にしている点も興味深い[32]。ただ今日から見れば，散逸構造論に立脚したプリゴジンに「自己組織」理解の基盤を求めるのは，やや問題があるだろう。この点は本書第12章で論及したい。

III 戦略経営パラダイムの展開

1 経営戦略論と三つのパラダイム転換

周知のように，「パラダイム」とはクーンによって提唱され，「一般的に認められた科学的業績で，一時期の間，専門家に対し問い方や答え方のモデルを与えるもの」[33]とされる。通常，成熟した研究領域では当然の前提として受容され，パラダイムまで遡って議論されることはない。しかし，パラダイム転換中とか，よくパラダイム転換を起こす未熟な領域では，新パラダイムの構築と理解のために，それが問われねばならない。短期間に既に3つのパラダイム転換を遂げた戦略論はまさしくそのような領域だとホファー達は見る[34]。彼らに依りながら，以下で戦略論の3つのパラダイムを概観してみよう。

第11章　戦略経営パラダイムの展開―戦略論者の経営認識とバーナード理論―　335

(1)　方針・計画パラダイム

　この領域のオリジナル・パラダイムは,「方針決定」パラダイムである。当初は,企業のさまざまな機能領域の統合と調整に眼目があり,必ずしも将来の予測に注意が払われていたわけではない。しかし,第二次世界大戦後の技術革新,製品革新の激しさは,企業内に反応的でアド・ホックな方針決定に替わる「計画的な方針決定」を要請する。大規模化した企業はリード・タイムを必要としたからである。予測が重要になったが,未だ過去を将来に投射するにすぎなかった。

　このパラダイムのもとに,まずニューマン＝ローガンが管理過程学派の枠組みにたって『経営方針論』(1959)[35]を著したが,本格的な研究はスタイナーなどによって長期経営計画論として展開され[36],60年代のアメリカ,次いで日本でも一般化した。しかし,その基盤にした管理過程学派の理論的枠組みもあって,方針・計画パラダイム信奉者からは戦略計画パラダイムへの推進者は現れず,アンゾフらによるパラダイムへの転換とともに,戦略計画論者へと衣替えしていった[37]。他方,ハーバード大学のビジネス・スクールなどでも早く(1930年代)から経営方針教育がなされており,コープランドの「経営方針論がない」[38]というバーナード批判を生む土壌となった。その中から後年にアンドルーズの経営戦略論も生まれたのである。

　このような「方針・計画」パラダイムをプレ戦略パラダイムということができるだろう。

(2)　戦略計画パラダイム

　「方針・計画パラダイムから戦略計画パラダイムへの転換は,前者が誤っていたというより不十分であったゆえに起こった」[39]とホファー達はいう。しかし,従来の方針論や長期計画論では激しく変化する環境や多角化などで複雑化した企業経営に応え得なくなったことは否定できない。

　環境にかかわる経営の中核概念である戦略概念は,まずチャンドラーの経営史研究に捉えられ,「構造は戦略に従う」と命題化された。このチャンドラー命題に立って多角化戦略を解明したH. I. アンゾフの『企業戦略論』

(1965)⁴⁰⁾によって，戦略論は理論的に離陸するとともに，一般にも普及した。アンゾフに比べると，戦略の概念規定がやや緩やかであるが，個人価値や公共義務も戦略要素に含んで戦略枠組みを提示した K. R. アンドルーズ『企業戦略の概念』(1970)⁴¹⁾が，それを確かなものにした。もっとも，アンドルーズの著書は，戦略計画パラダイムを超えて，次の戦略経営パラダイムを予想したような風格を漂わせている。この両者の理論枠や戦略概念，戦略構成要素の比較は別の機会⁴²⁾に論じたので，ここではこれ以上触れないことにしよう。いずれにしても，チャンドラーと，とりわけ，これに続くアンゾフ，アンドルーズが，戦略計画パラダイム（最初の戦略パラダイムといえる）の形成者であり，規範的な戦略策定の手続き研究に焦点が合わされていた。

チャンドラー命題がこの戦略パラダイムを基礎づけていたことはいうまでもない。もっとも，前節でみたように，それは「戦略は構造に従う」という強烈なアンチテーゼに見舞われている。そのような問題意識が，次の戦略経営パラダイムを生成させたのである。

ところで，アンゾフの『企業戦略論』(1965) と時を同じくして現れた R. N. アンソニーの『計画と統制システム』(1965)⁴³⁾は，戦略計画パラダイムにおいて微妙な位置にある。もちろん，アンソニーはこのパラダイムの形成者とは言い難い。そのため，経営戦略研究者や組織論者が彼に触れることはほとんどない。ただ，計画と統制のプロセスを内部指向プロセス，外部指向プロセス（財務会計），情報処理に区別し，さらに管理会計と深くかかわる内部指向プロセスを戦略計画，マネジメント・コントロール，オペレーショナル・コントロールに分けたアンソニーのフレームワーク⁴⁴⁾は，自己の研究領域を位置づけやすいこともあって，管理会計研究者や経営情報論者にしばしば引用されてきた。それとともに戦略計画概念も経営戦略研究者を超えて浸透したことは否定できない。その意味では，アンソニーも戦略計画パラダイムの普及に大きく貢献したとはいえるだろう。

(3) 戦略経営パラダイム

1960年代から70年代にかけて，企業は戦略計画概念を急速に受け入れた

第11章　戦略経営パラダイムの展開―戦略論者の経営認識とバーナード理論―　337

が，それは実践的には必ずしも十分な成果をあげられなかった。その原因をR. N. パウル達は，① 不正確な予測，② 実行能力の制約の二点に求めている[45]。予測は今日でもなお困難な問題であるが，それゆえに一層，乱流的な環境下の困難な状況に速やかに対応する組織の実行能力，戦略的能力（自律的戦略行動）が重要になる。戦略計画パラダイムではこれを扱えず，戦略経営パラダイムに委ねざるを得なかった。このパラダイム転換を端的に表現したのが，既に指摘（本章注12）したアンゾフ他の『戦略計画から戦略経営へ』(1976) であろう。もっとも，1976年著作と同じタイトルのワーキング・ペーパーであれば，1974年にまで遡ることができる[46]。また別のワーキング・ペーパーでは「組織的応答（Organizational Responsiveness）」や「組織能力（Organizational Capability）」にも論及している[47]。

　このように，戦略経営概念を創り出し，普及させたのもアンゾフであり[48]，戦略経営パラダイムにおいても，前パラダイムに引き続いて代表的形成者になった。『戦略経営論』(1979) と『戦略経営の定着（*Implanting Strategic Management*)』(1984)[49]が，この時期の彼の奮闘を示している。またホファー＝シェンデルの著作を中心にしたウェスト・シリーズとその後の研究も，このパラダイムの形成に大きく寄与した。その他にも実に多くの研究者がこのパラダイムのもとに論じ，今日に至っている。それらの論者の間にも違いが見られるが，ブラッカー流[50]に共通点を探るとすれば，一つの戦略プロセスの中に計画プロセスと執行プロセスをもつということであろう。いわば戦略プロセスと組織プロセスが交差し，結合する点で，早くからバーナードが関心を示し，基本的枠組を実現しているものである。前節のバーゲルマンの戦略と組織の相互作用モデルは，典型的な戦略経営パラダイムの展開だともいえよう。

　確かに戦略経営パラダイムは，乱流的環境に適応するには高い組織能力が必要であるとの理解から生まれた。しかし，このパラダイムの形成当初（確立期）は，組織能力も特に執行能力が注目されたにすぎず，環境認識能力や戦略創造（事業構想）能力，あるいは競争優位を創る独自能力には，まだ眼が届いていなかった。もっとも，執行能力であれ組織能力が認識されれば，

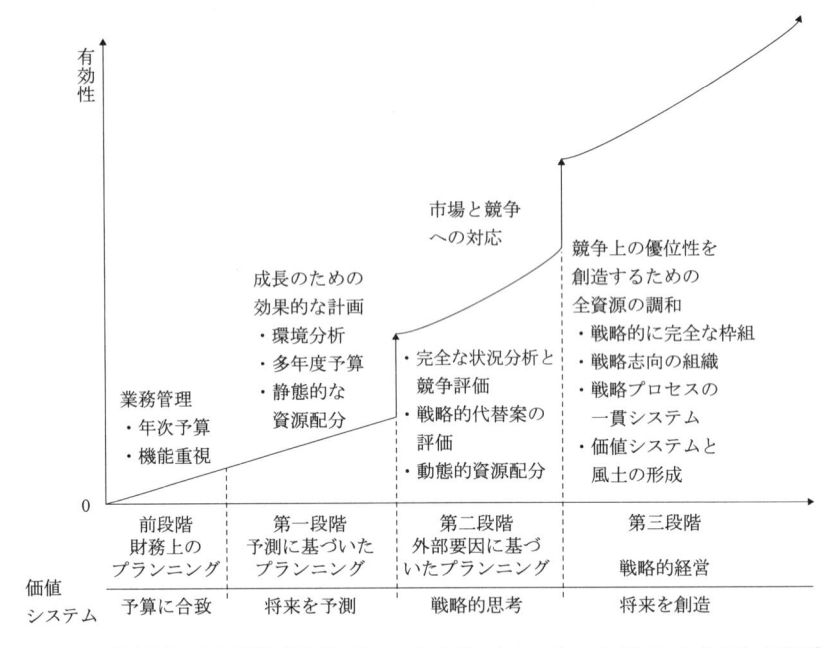

図 11-5 戦略思考の発展段階 [W. W. Gluck, S. P. Kaufman, & A. S. Walleck (1983) を変更]

縦軸：有効性　横軸：価値システム

- 前段階　財務上のプランニング：予算に合致
  - 業務管理
    - 年次予算
    - 機能重視
- 第一段階　予測に基づいたプランニング：将来を予測
  - 成長のための効果的な計画
    - 環境分析
    - 多年度予算
    - 静態的な資源配分
- 第二段階　外部要因に基づいたプランニング：戦略的思考
  - 市場と競争への対応
    - 完全な状況分析と競争評価
    - 戦略的代替案の評価
    - 動態的資源配分
- 第三段階　戦略的経営：将来を創造
  - 競争上の優位性を創造するための全資源の調和
    - 戦略的に完全な枠組
    - 戦略志向の組織
    - 戦略プロセスの一貫システム
    - 価値システムと風土の形成

組織認識が深まるのは時間の問題である。この点は第V節で論及する。

なお，戦略論における三つのパラダイム転換を示したのが，図11-5である。第一段階は，方針・計画パラダイム，第二段階が戦略計画パラダイム，第三段階が戦略経営パラダイムであることはいうまでもない。次のⅢ-2では，戦略計画パラダイムと比較して戦略経営パラダイムを特徴づけることにしよう。

2　戦略経営パラダイムの特徴

戦略計画パラダイムから戦略経営パラダイムへの転換は，戦略論の関心領域と研究領域を著しく拡大した。当然，その採用するアプローチは統合アプローチにならざるを得ない。前節のバーゲルマン・モデルもその一つに違いないが，その統合努力にはおよそ三つの方向があるようである。

一つは規範的戦略論と記述的戦略論の統合という戦略論内部の統合であ

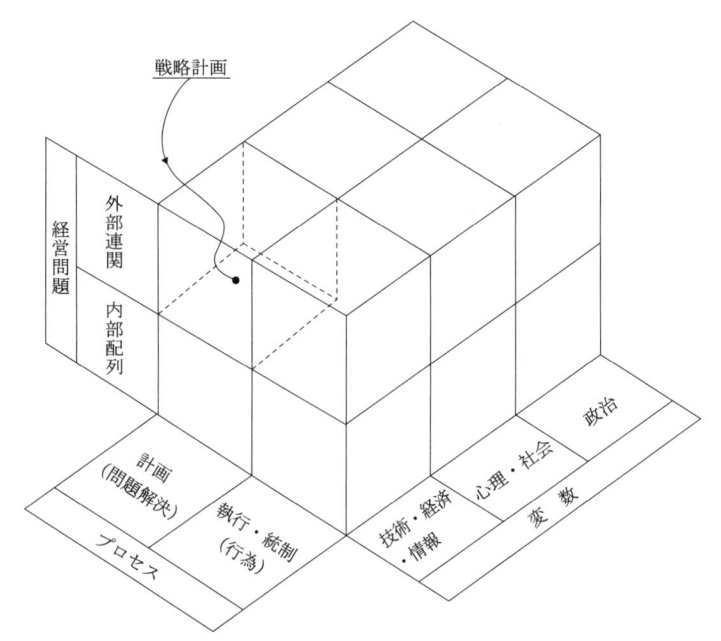

図11-6 戦略経営の概念図（Ansoff & Others [1976], p.2)

り，戦略プロフィールと経営哲学の統合をはかる見解がそれである[51]。二つに，戦略が行動に至るプロセス（戦略→行動計画→予算→管理行動）における研究領域の統合[52]で，戦略と行動の統合をめざしている。三つに，方針・計画パラダイム以来の研究領域を超えて，産業組織論，マーケティング論からの成果を導入した統合であり[53]，これによって戦略概念はより精緻化し，内容も豊かになった。

加えて，統合的方法や背後の哲学をめぐっても議論がなされるようになった[54]。これらの議論も考慮しながら，戦略経営パラダイムのもとでの戦略概念を整理してみたい。その際，アンゾフ達の戦略経営概念図（図11-6）が理解を助けるだろう。これによって，戦略計画が戦略問題の一部しか扱うものでしかなかったことが，よくわかる。

(1) 戦略概念の拡大化（問題領域の拡張）

戦略計画パラダイム（最初の戦略パラダイム）に比べて戦略経営パラダイムにおける戦略概念の大きな特徴は，その対象とする領域の拡大という点にあり，その環境認識とも密接にかかわっている。

たとえば，アンゾフが『企業戦略論』(1965) で展開したものは，経済領域に限定した製品－市場戦略であった。しかし，60年代後半に顕著になった公害（地域的・局所的汚染）をはじめとする社会問題は，企業経営にも影響を与えずにはおかない。アンゾフもまた1969年論文では「より広く論じれば，社会的環境との関係を含めたであろう」[55]と述べ，さらに1971年のシンポジウムの報告[56]では戦略的決定事項として社会的戦略も挙げ，戦略概念の拡大，問題領域の拡張への関心を示している。ただ，アンゾフの場合，戦略概念や戦略的決定概念を厳密に定義して自ら立ち上げた従来のパラダイムの延長上に，これを実現するのは困難であった。そこに「戦略計画から戦略経営へ」とパラダイム転換を遂げて，戦略概念の拡大をはかる必要があったともいえる[57]。それによって，社会的責任領域を戦略論として展開する道を開いたのである。社会のあり方が，戦略概念の拡大化を要請したともいえる。1980年代末に地球環境問題が緊急課題として浮上し，それが社会的コンテクスト化した今日では，その要請はいっそう強くなっているだろう。

このような戦略概念の拡大は，問題領域の拡張にとどまらず，環境観の革新をも伴う。経済環境以外に社会環境や政治環境，さらに自然環境をも考慮することは，単に経済環境にそれら諸環境が加わっただけに終わらない。それらが一体となった環境間関係やその相互作用に視座が据えられるとき，環境認識は深まるに違いない（この点は別の機会[58]に論じているので，そちらに譲ることにしよう）。産業組織論やマーケティング論は，このような環境状況での産業構造や競争構造を明らかにし，戦略論の環境認識を豊かにするのに貢献していよう。

(2) 戦略概念の統合化

戦略論におけるパラダイム転換を必然化した，いま一つの要因は，「戦

略-構造」関係である。戦略計画パラダイムにおける戦略-構造関係は,「構造は戦略に従う」というチャンドラー命題であった。多くの戦略論者はこれに依拠して,戦略から組織的局面を切り離し,捨象してきた。アンゾフの『企業戦略論』(1965)はその典型である。しかし,戦略的行動は環境認識(解釈)能力,戦略執行能力に依存し,さらに戦略策定プロセス自体が,社会的,政治的な組織コンテクストに大きく左右される。その意味では,まさに「環境+組織能力+現在の競争上の地位→戦略」[59]と定式化できるだろう。そこから「戦略は構造に従う」というアンチテーゼも生まれる。アンゾフもまたそのように主張し,「(乱流的環境のもとでは)組織的対応に利用できる時間は少なくなっている。『戦略は構造に従う』という順序は,対応に要する時間を節約するので,ESO (environment-serving organization)が予測の低下に対応できるようにする」[60]と述べ,別論文 (1979)[61]では能力戦略を積極的に打ち出している。確かに優良企業は,トヨタにしても,松下にしても,創造能力はもちろん,キャッチアップ能力が実に高い。

　戦略経営パラダイムでは,戦略策定プロセスだけでなく,執行プロセスを考察の対象に加える点で共通している。それを上述(1)の問題領域の拡張という意味の「拡大化」とは別の意味で,「戦略概念の拡大」と受けとめる論者もいる[62]。その場合,この両プロセスが連続的に論じられることが多い。ホファー達もややその傾向がみえる。しかし,アンゾフが強調しているのは戦略概念の単なる拡大ではなく,新しい戦略を創造し,管理する能力であり,計画の中に執行能力を構築する統合,あるいは執行の現場情報を計画に反映する統合である。学習-行為アプローチを強調するのもそのためであり,彼は日本的経営にその一つのモデルを見ている(図11-7)[63]。

　一見,決定の遅い日本的経営も,決定と執行が重複し,知識や情報が共有化されているため,戦略プロセス全体としては速やかに進む。これを日本的経営の特殊性と理解せず,「戦略概念の統合化」と把握し,計画と執行,戦略と組織の相互作用と見れば,欧米企業にも導入しやすいだろう。事実,情報ネットワーク・システムで情報共有化を実現した1990年代のアメリカ企業は,統合における速さという点で,インフォーマル・コミュニケーション

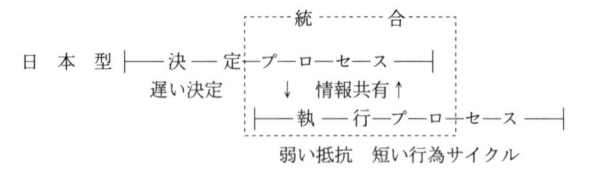

342 第Ⅳ部 現代経営学とバーナード理論

```
アメリカ型├──決定プロセス─┼────執──行──プ──ロ──セ──ス────┤
              速やかな決定    長期間の執行  強い抵抗  長い行為サイクル

                              ┌─────統────合─────┐
日 本 型├──決──定─┼プ─ロ─セ─ス──┤         │
              遅い決定    │ ↓ 情報共有 ↑ │
                              ├──執──行──プ──ロ┼─セ─ス──┤
                              └──────────────────┘
                              弱い抵抗  短い行為サイクル
```

図11-7 アメリカと日本の戦略行為モデル（Ansoff［1982］を一部変更）

に頼って情報共有をはかってきた日本企業を圧倒した。しかし，現場の実践（行為）が生み出す知識や創造性を次の行為（実践）に繋ぐという統合の深さにおいて，一部の先進的な日本企業はなお欧米企業を凌駕している。本書第6章で取り上げた問題だ。

このように，計画と執行，あるいは戦略と組織の関係の考察においては，戦略概念の単なる拡大と捉えるのではなく，統合と把握することこそが重要である。アンゾフが強調し，バーゲルマンが到達したのも，この地点にほかならない。

(3) 戦略概念の階層化

戦略経営パラダイムになって明らかにされたものに，戦略概念の階層性があり，これにはホファー＝シェンデルが大きく貢献した[64]。彼らによれば，経営体（特に企業）の戦略は，大きく全社戦略（corporate strategy），事業戦略（business strategy），機能分野別戦略（functional area strategy）からなる。

全社戦略は，① 事業分野の決定，② 事業群の管理に向けられ，近年，①から②に関心を移している。ポートフォリオがそのツールの一つである。戦略論を切り開いたアンゾフ『企業戦略論』（1965）が対象にした製品－市場マトリックス（市場浸透，市場開発，製品開発，多角化）もまた，事業分野の決定と事業群を扱う方法であった。

事業戦略は，機能分野別戦略の統合と特定の製品－市場セグメントでの競

争を問題とし，これも前者から後者に焦点を移してきた。ポーターの『競争戦略』（1980）の出現はそれを直接表明している。これについては戦略概念の精緻化で触れることにする。もちろん，企業競争は全社戦略とも深くかかわっており，事業戦略に終わらない。

　機能分野別戦略は，研究開発，生産，販売などの下位機能活動の統合および環境変化と機能分野別ポリシーの関連を扱い，資源生産性を問うものである。

　このように，ホファー＝シェンデルによって明らかにされた戦略のレベル，特に全社戦略と事業戦略の区別は，事業のライフサイクルと企業の生命を区別して企業の発展過程の理解に役立つだけでなく，とりわけ，多角化した企業ないし複数市場をもつ企業の資源配分，組織戦略の重要性を浮かびあがらせた。もちろん，企業の盛衰は競争環境下での事業の成否にかかっているから，競争戦略としての事業戦略と実行戦略としての機能分野別戦略が鍵を握っているが，それらは全体として相互依存的で相互作用関係にある。

　また戦略概念の階層的把握は，かつてアンゾフがもたらした「戦略的」と「戦略」の区別をめぐる問題に一つの解答を与えるだろう。周知のように，アンゾフの場合，「戦略の決定が戦略的決定である」という一般的主張と異なり，一部論者の批判[65]を招いた。それは『企業戦略論』（1965）におけるアンゾフの「戦略的（strategic）」という形容詞の用い方に起因する。彼は言語的に近い二つの概念を次のように区別するからだ。「戦略」とは「部分的無知の下での意思決定ルール」であり，「戦略的」とは「環境に対する企業の適応に関する」ないし「企業とその環境に関係する」を意味する。当然，戦略の決定の全てが戦略的決定の問題ではなく，戦略は管理的，業務的領域にも発生することになる[66]。これに対して占部は「東洋工業（現マツダ）のロータリー・エンジン開発のような重要な戦略がどうして戦略的決定事項でないのか」と噛みついたが，戦略概念を階層的に把握すれば，全社戦略レベルが戦略的決定事項と見ることができるし，また機能分野別戦略としての研究開発戦略を業務的領域としたのも，それほど無理な説明でもない。さらに経営戦略が生産戦略やマーケティング戦略とどう違うのかといった混

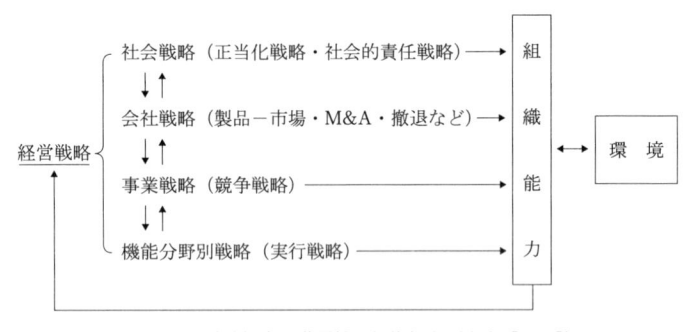

```
                 ┌─ 社会戦略(正当化戦略・社会的責任戦略) ──┐ 組
                 │   ↓↑                                      │ 織
         経営戦略 ├─ 会社戦略(製品-市場・M&A・撤退など) ──┤ 能 ←→ 環 境
                 │   ↓↑                                      │
                 ├─ 事業戦略(競争戦略) ─────────────────┤ 力
                 │   ↓↑                                      │
                 └─ 機能分野別戦略(実行戦略) ─────────┘
```

図11-7 戦略概念の階層性と組織能力 (庭本[1984])

乱も避けることができよう。

　ところで，ホファー=シェンデルは，その編集した『戦略経営』(1979)では，企業が社会的に行動することを確保するための戦略を加え，それをアンゾフに倣って「企業戦略 (enterprise strategy)」と名づけている[67]。これはその後，ホファー達によって「社会戦略 (societal strategy)」と明確にされた[68]。ただ，社会戦略と全社戦略および事業戦略との関係がいま一つ明らかでないし，アンゾフほど具体的展開を行っていない。これは戦略経営へ向けてのパラダイム転換を根底で支える社会認識の差に基づいていよう。アンゾフの場合，それが強く意識され，(1)の戦略概念の拡大化（問題領域の拡張）に結びついたように思われる。特に，社会戦略が全社戦略以下を方向づけるが，環境認識も，社会的問題に事業機会を見つけ（たとえば環境経営），実行するのも，組織能力に依拠していることには注意を要する（図11-7)[69]。戦略概念の道徳化（価値化）に関連する問題である。

(4) 戦略概念の精緻化

　戦略経営パラダイムにおいては，戦略概念は極めて精緻になった。戦略概念の階層的把握と分析手法の発展とが，これを切り開いたといえる。この点では，ボストン・コンサルティング・グループ (BCG) によって提唱された「経験曲線(experience curve)」(累積生産量-コスト関係の経験則)[70]，GEによって開発された「PIMS (Profit Impact of Marketing Strategy)」

(マーケットシェアー利益関係の実証的研究)[71]，あるいは競争概念などを含めて，マーケティング論や産業組織論に大きく負っている。特に BCG のプロダクト・ポートフォリオ・マネジメント (PPM)[72] は，経験曲線と PIMS を結びつけて，これに合理性と論理性を与え，多角化企業や複数事業企業に投資の方向や選択基準を示したものである（図 11-8・9）。ホファー＝シェンデルもこれを駆使している。

全社戦略レベルでも競争は重要な目標であるが，わけても事業戦略は競争戦略が中核をなす。この面では，ポーターをはじめとする産業組織論の貢献は非常に大きい。ポーターは，ベイン＝メイスンらの「産業構造→経営行為→業績」という静態的な主張をゲームの理論を導入して動態化させ，「産業構造⇄経営行為（戦略）⇄業績」と定式化し直した[73]。その際，「戦略的グループ」概念を一般化した「移動障壁」の概念[74]を用いて，産業構造の成熟度や構造的性質，その中での競争上の位置に応じた競争戦略を展開している。また，これまで余り顧みられなかった衰退産業でのエンド・ゲーム戦略を明らかにした点も特筆に値するだろう[75]。このように，ポーターは，業界内の競争だけでなく，それを超えた潜在的競争者の参入を前提に競争構造を解明し，コスト・リーダーシップ，差異化，集中化といった競争戦略を具体的に展開してみせた[76]。

これらとは趣が異なるが，『戦略経営』(1979)でアンゾフもまたコンティ

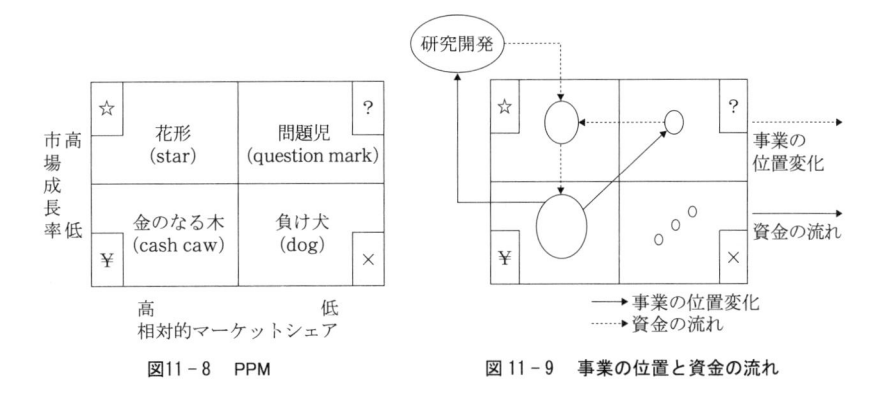

図11-8　PPM

図11-9　事業の位置と資金の流れ

ンジェンシー理論の成果を土台に,環境-組織-戦略パターンの適合化という点から,精緻化をはかっている。ただ,その精緻化には同時にいささかの煩雑さを伴っている。以上のように,戦略経営パラダイムでは,その研究は概念が精緻で,操作的で,適合的になった。経営戦略研究のこのような傾向を,10年後に野中と竹内は『知識創造企業』(1995) で「経営戦略の科学化 (scientification of business strategy)」[77]と表現している。

(5) 戦略概念の道徳化(価値化)

図11-7で既に示したように,環境を認識(解釈)し,戦略を創造し,戦略を実行(執行)するのは組織である。したがって,戦略は組織能力に左右される。組織能力は,組織構造とそれに付随する目標などからなる管理システムだけからなるのではない。そこには,存続した組織が生成する規範,態度(雰囲気),思考(哲学)などの価値システムをも含んでいる。長期にわたって組織メンバーに浸透し共有されるに至った組織価値を,バーナードは組織道徳と呼ぶ。一般に「組織文化」といわれ,戦略の創発・形成と執行に多大な影響を及ぼす。それは,組織価値(組織文化)が組織の解釈枠組として働くからである。本書第1章と第2章で既に論及したところだ。

組織文化は,大きくは一国の文化や風土,つまり社会価値に根ざしているであろうが,それを独特に内在化した個人価値をもつ人々の相互接触=コミュニケーション的相互作用から生まれ,その意味では組織自らが形成したものであって,組織ごと,企業ごとに異なる。極端な場合,一つの企業においてさえも多様である。それは個人価値の交わり方,つまり人々の相互接触の仕方が組織ごとに異なるからだ。また組織価値は経営理念や管理システムを反映するからでもある。経営者の個人価値,とりわけ創業者の個人価値の影響力は強く,それが組織に浸透して組織価値化することもしばしば見られる。アンドルーズが戦略の構成要素として個人的価値を挙げたのも,この点を見据えてのことであろう。アンゾフもまた組織風土と戦略的リーダーシップを論じ,戦略的経営能力の構成要素として戦略的文化を挙げるまでになった。図11-10で,その働きをもう少し具体的に語ってみよう。

第 11 章　戦略経営パラダイムの展開—戦略論者の経営認識とバーナード理論—　347

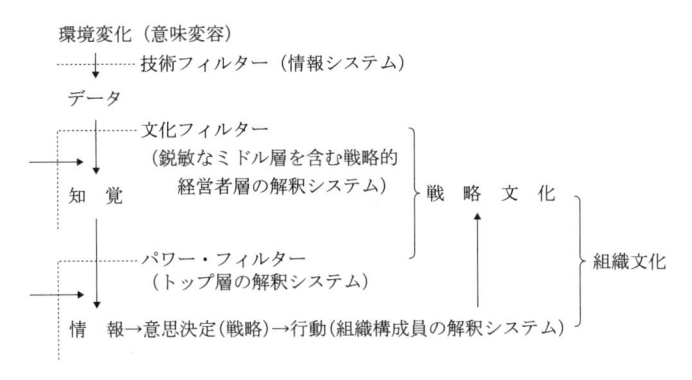

```
環境変化（意味変容）
      ↓……… 技術フィルター（情報システム）
   データ
      ├──── 文化フィルター
      ↓     （鋭敏なミドル層を含む戦略的
   知　覚      経営者層の解釈システム）          ⎫戦 略 文 化
      ├──── パワー・フィルター                  ⎬
      ↓     （トップ層の解釈システム）          ⎭組織文化
   情　報→意思決定(戦略)→行動(組織構成員の解釈システム)
```

図 11－10　組織（戦略）文化と環境（情報）認知（H. I. Ansoff［1984］78）を基礎に作成）

　企業などの経営体が環境変化を適切に把握することは容易ではないが，情報システム，その他の現場で捉えられることも稀ではない。それが技術フィルターを通ったデータである。客観的で現実を映し出すかにみえる現場データ（写像的情報，モノ化した情報）も実は構成されたものだ。それはデータを解釈して意味を引き出すという以上に，どこに技術フィルターを設定し，何をデータ化するかをはじめ，その把握自体が構成的方法を基礎にしているからである。もとより組織の環境観を構成するのに大きな力をもつのは，一部鋭敏なミドル層を含めて経営の第一線に立つ戦略的経営者の解釈システムであり，これに合致しないデータは見逃されることになる。もちろん，鋭敏なミドル層は自己の解釈システム，文化フィルターを変革（意味創造）して，環境状況や事業機会を知覚（意味付与）し，戦略を創造し，事業を構想するであろう。しかし，それが組織資源としての情報となるためには，なおトップ経営者層の解釈システム（パワー・フィルター）をくぐり抜けて権威づけられる必要がある。トップの多くはライン管理者出身であり，そこで積んだ経験から生じる解釈システムのバイアス，特に権力志向的解釈が，戦略革新の妨げになることは少なくない。鋭敏なミドル主体の自律的戦略行動が生まれるのは，このような時である。いずれにしても，戦略に対してこのように機能するトップとミドルの解釈システムを戦略文化と呼ぶならば，戦略文化の変革なしに，戦略の創造や革新はあり得ない。

ところで，環境を捉える，実は解釈した情報が意思決定（戦略）を介して組織行動に変換されるには，組織メンバーが共有する価値システム（解釈システム）を通して行動受容されねばならない。組織文化のこの部分は，変革の定着，戦略の執行に特に重要である。

いずれにしても，組織価値は組織メンバーに組織目標を一義的に解釈させて組織凝集性を高めるとともに，戦略の共通理解をもたらし，戦略執行の基盤となっている。それだけに，解釈枠組として働くこの組織価値が，時を経て社会価値とズレをきたし，人々の生活価値と乖離するに至るとき，従来の組織価値を破壊して，それらと調和する新たな組織価値を創造することが，戦略の創造や形成の基盤となる。このように戦略の創造・形成・執行に組織価値が大きく影響を受ける側面を，バーナードの表現を借りて「戦略概念の道徳化」と呼ぶことにしたい。戦略概念の統合化は必然的に戦略概念の道徳化を引き起こし，それが最近の資源ベース戦略論あるいは組織能力的戦略論への道を切り開いたともいえる。

IV 戦略論としてのバーナード理論
──アンゾフの経営認識とバーナード理論──

バーナード以降の経営学の発展をみれば，主著刊行「30周年記念版序言」(1968)を書いたアンドルーズ（またはアンドリュウス）によるまでもなく，バーナードの影響の大きさが理解できる。だが，それは戦略論としてはほとんど議論されてこなかった。かつて，バーナードの『経営者の役割』を書評で取り上げたコープランドも「バーナード氏は，私の見る限り，いかなる点でも，"ビジネス・ポリシー"に言及していない」[79]と批判している。これに対し，バーナードは誤解を招かないように「"ポリシー"という言葉を避けたのだ」[80]と反論し，その理由を12項目にわたって列挙する。さらに組織の定義や概念構成を含めて，この論争をみるとき，両者の相違は当時（1930年代から40年代初頭）のポリシー論から批判したコープランドに対し，今日なお十分に通用する水準で，しかも理論全体で答えたバーナードの違いで

あり,その差は歴然としている。基本的には経営認識の広さと深さの違いだと解するほかはない。

バーナード理論はその一部分が方針論であり,戦略論であるという以上に,全体としての理論的枠組がその性質をもっているという方が適切であろう。かつて私は次のように述べたことがある。「経営戦略論の系譜を経営者職能論からたどるとき,バーナードの『経営者の役割』(1938)にまで遡ることができる。バーナード理論は決して経営戦略論として展開されたものではないが,その透徹した人間論,協働論,組織論,さらに意思決定論,戦略的要因の理論,経営責任論は,経営戦略論の基礎理論として十分なものであり,今日なお乗り越えきれない内容をもっている」[81]。

もちろん,バーナード理論を戦略論として評価する著述は若干だとしても散見される。たとえば,著名な戦略理論家であるB. D. ヘンダーソンは,戦略から構造に向けての考察の中で,「大企業経営の複雑さに対する最も深い洞察はバーナードによってなされた」[82]と述べて,バーナードを戦略論の観点から評価している。バーナードそのものを取り上げたのではないが,ジェミソンもまた戦略経営論への経営行動論の貢献を論じるに際し,バーナードに触れている[83]。しかし,バーナード理論全体を戦略論的に論じたクリステンソンは,今なお例外に属すに違いない[84]。そのクリステンソンもバーナードの管理責任論,道徳的リーダーシップ論まで踏み込みはしなかった。本章もまたクリステンソンと同様の認識をもつゆえに,以下で戦略論としてのバーナード理論を考察することにしよう。

1 システムとしての組織

(1) バーナードのシステム論

バーナードが組織をシステムと見た最初の人であることは,よく知られている[85]。クリステンソンは,それをクロード・ベルナール→L. J. ヘンダーソン→バーナードという系譜で捉える。これもバーナード研究者には周知の事実である。

19世紀最大の生理学者といわれるベルナールは,生命体の維持が外的環

境のみならず内的環境にも依存し,むしろ内的環境の均衡を維持するために生命体は行動すると見た。それは「内的環境の安定性」を伴う有機体の主張であり,そこに「調整概念」も芽生える。ベルナールの考え方に共鳴したW. B. キャノンは,「内的環境の安定」を「ホメオスタシス」と呼び換え,そのキャノンとの共同研究を通して,N. ウィナーはベルナールの有機体観とフィードバック制御機構との類似性に気がついた。そこから生まれたのがサイバネティックスにほかならない。そしてキャノンのいま一人の同僚が,バーナードと親密な交流をもち,彼の主著『経営者の役割』を世に出すきっかけをつくったL. J. ヘンダーソンであった。

このような事情にいささかの影響があったにしても,バーナードは自らの経営体験から「組織の存続は………環境が不断に変化する中で,複雑な性格の均衡をいかに維持するかにかかっている。このためには組織は内的な諸過程の再調整が必要である。われわれは調整がなされるべき外的条件の性格にも触れるが,主たる関心は,その調整が達成される過程である」(p.6)と強調している。オープン・システム観の一つの宣言に違いないが,変化する環境に適応して均衡をはかる組織の生命力としての内的調整過程に注目する点に,ヘンダーソンを経たベルナールの影響が現れていると見ることもできる。

バーナードのこのような主張に対して二つの異なった見方がある。一般的には,クローズド・システム観を脱却し,組織を環境に開かれたオープン・システムと見た最初の人がバーナードだと理解されている。だが,エメリー=トリストは,バーナードの学問的貢献を認めながらも,「クローズド・システム観を引きずっている」[86]と激しい批判の矢を放つ。これを,バーナードがクローズド・システム観からオープン・システム観への過渡期に位置するゆえに,クローズド・システム観を脱却しきれずに,それを引きずった不十分なオープン・システム観に立っていると解釈することもできる。しかし,次のように見方を飛躍することも可能だろう。組織に内在的な管理者の視点から,従業員どころか顧客を含めた外部を内部化したと見れば,クローズドであり,観察者の視点に立てば,組織に内部的な活動源泉である個人を外部化しており,オープンである。この点は本書第8章と第12

章で取り上げたオートポイエーシス論の重要な論点であり，詳しくはそれらの章に譲ることにしたい。

ただ，ここでも次のことだけは指摘しておかねばならない。バーナードの場合，本書第9章で明らかにしたように，組織の再調整過程が組織の存続をはかる管理過程（executive process）であり，そこに再調整されて活性化した組織が協働システム，つまり経営体の環境適応を担っているのである。その意味では，バーナードは環境を意識したオープン・システム観に立っている。もっとも，協働システムの環境適応を，それを担う組織において内在的に把握しようとしたことは間違いない。しかし，それはクローズド・システム観とは次元の異なる視点だといえるだろう。いずれにしても，戦略計画パラダイムから戦略経営パラダイムへの転換は，組織の再調整能力，組織能力を認識した結果であった。

(2) システムと環境

協働システムや組織をオープン・システムとみることは，当然，環境の認識に導く。組織を「二人以上の人々の意識的に調整された活動ないし諸力のシステム」（p.73）と定義したバーナードの場合，管理者や従業員だけでなく，取引業者，顧客，投資家なども組織貢献者（組織メンバー）であり，これに地域住民も加え得る。外部を内部化しているとはいえ，一般的に表現すれば，このことは環境の多面性を示しており，戦略経営パラダイムにおける戦略概念の拡大化，問題領域の拡張にも相当程度耐え得る内容を備えている。組織存続ひいては経営体の存続の戦略的要因は，これら組織メンバー（一般的には環境）との好ましい交換関係を維持することであり，提供すべき誘因（製品，サービス，その他）と獲得すべき貢献（経営資源）の内容を明らかにして，戦略論の課題をよく示している。

ここに「戦略パラダイムよりも，バーナード以来の誘因−貢献パラダイムの方が，組織−環境関係には有効である」[87]というディルのような主張も現れてくる。これに対し，ホファー＝シェンデルは，①扱う環境の広さ，②変化する環境への適応性，③行為主体性，という観点から，戦略的パラダ

イムの方がすぐれていると反論する[88]。

　確かに，現代の環境状況は単なる利害者関係論や交換理論の枠を越えていることは否定できない。しかし，バーナード理論は，サイモン以降の狭い均衡理論と異なって，その延長上には現代の環境論たり得る余地を残している。その点は本書第6章でも示した。②や③については，バーナード理論の進化計画（evolutionary planning）や責任中心思考，経営理念の創造を強調した行為主体理論であることを示せば，十分であろう。

(3) 協働システムと組織と管理

　協働システムは物的，生物的，社会的，個人的要因が組織を通して統合されたシステムであり，その成立も存続も発展も組織を前提にしている。バーナードの場合，変化する環境に対する協働システムの適応過程がマネジメント・プロセス（management process）にほかならず（p.35, p.37），「環境適応的」を意味したアンゾフの「戦略的（strategic）」プロセスに近い。その環境適応的なマネジメント機能は全体としての組織によって担われている。したがって，組織の成立と存続が協働システムの帰趨を決定するのである。

　組織の成立と短期的な存続には，共通目的，コミュニケーション，協働意思がバランスよく結合（内的均衡）すればよく，調整が重要である。長期的存続には，内的均衡とともに有効性（目的の達成度と環境適切性）と能率（誘因ー貢献バランスと誘因創造能力）を通して外的均衡をはからなければならない。変化する環境に適応するために，組織は絶えず内的過程の再調整を必要とする。内的均衡（ホメオスタシス）をはかることが調整機能であるとすれば，再調整とは調整基準を変えることにほかならず，道徳的創造機能とも連動する。これを為すのも組織の機能であるが，内的にみれば，管理機能（executive function）である。したがって，管理とは，目的の定式化（有効性と関連）と協働意思の確保（能率に関連）をコミュニケーション・システムを通した調整と，道徳的創造能力を駆使した再調整によって，内的均衡と外的均衡をはかることである。

このようにバーナード理論にあっては，組織論と管理論が一体的に統合されているにとどまらず，管理機能（executive function）とそれが展開する管理過程（executive process）を通して活性化され能力を高められた組織によって環境適応をはかるマネジメント・プロセス，つまり戦略的プロセスが担われるとき，組織と戦略もまた統合されている。

2 複雑性の認識と戦略的要因の理論

　組織が有効性と能率を達成しながら，内的均衡と外的均衡をはかっていかなければならない状況は，道徳的要因と機会主義的要因が不可分に結びついた複雑な現実世界である。しかし，実践にあたって組織（具体的には経営者）は，複雑な世界のすべてを捉えようとしても，実際はその一部を切り取って主観的イメージで環境観を構成しているにすぎない。その中から目的に照らして少数の可変的な戦略的要因に現有資源を投入し，働きかけ，目的達成に向けて状況を変えようとする。その目的－手段の連鎖をバーナードは「戦略的要因の理論」と名づけた。そこでは目的に対する手段が戦略ということになり，アンゾフの戦略定義もほぼこれに従っている。

　もっとも，「戦略的」と「戦略」とを区別し，戦略的決定を「製品－市場」決定に限定した点で，アンゾフはバーナードの戦略的要因の理論に立つ山本に批判を浴びもする[89]。既述した占部とは異なるアンゾフ批判だ。それでは，戦略的要因の理論がバーナードの戦略論なのだろうか。山本はそのような立場に立っている。確かに，戦略的要因の理論が戦略論と多く重なることは否定できない。ただ，今日の戦略論のレベルや用語法からすれば，いささか誤解を招く。少なくとも，今日の戦略経営論は戦略的要因の理論＝戦略論という主張を超えていよう。しかし，そのことはバーナードがその実体的内容をもたないということとは全く別の問題である。バーナードは，今日の戦略論にも対応するような，①戦略的計画化（strategic planning），②機能的計画化（functional planning），③進化的計画化（evolutionary planning）からなる計画作成体系を論じているからだ[90]。

　計画すること，つまり計画作成が計画化（planning）であるから，その

方法にやや力点がある。厳密にいえば，計画（plan）と計画化（planning）はかなり異なるが，バーナードが計画化を「未来の青写真ないし構成」とも解していることもあり，ここでは計画化（計画作成）方法を含めて計画と呼ぶことにしたい。

ところで，戦略的要因の理論は，アンゾフによって「複雑性の集合」ないし「複雑性の要約」というユークリッドの方法との類似性が指摘されたが[91]，その集合や要約には直観的習熟を必要とするであろう。もちろん，その精緻化プロセスは，本来，論理的，分析的なものに違いなく，その意味では，戦略的計画は因果推論的，手段的であり，広く利用された計画作成方法で，計画の支配的な形態である。しかし，現実世界の現象や出来事は必ずしも因果連関的に生起せず，実際は試行錯誤によるほかない。

また気をつけなければならないのは，戦略的要因を説明するに際して，主著であげた「他の要因が不変ならば」（p.203）という条件は現実にはほとんどあり得ず，多くは誤謬であると，バーナード自身が認めた点であろう。彼によれば，有能な経営者は「複雑なシステムでの小さな変化が及ぼしそうな影響に大きな注意を払っている。彼らは『他のすべての要因が等しいので，この変化がこの結果ないし特定の結果だけを引き起こすであろう』という一般的議論に懐疑的」[92]である。「戦略的要因が分析される背景はあくまで全体状況」（p.239）であることを忘れてはならない。

戦略的要因を識別し，修正してゆく計画と明確に区別されるのが，複雑な相互依存関係にある全体システムの計画であり，バーナードはこれを機能的計画（化）（fuctional planning）[93]と呼んでいる。これは全体としての状況の創造や維持に関係し，その目的はシステムの均衡であるため，ここでは全体計画と呼ぶことにする。多くの独立変数や従属変数からなる全体計画では行為的直観や状況の感得が，当然，重要となる。また，この計画全体の均衡をはかるためにも，同時に日常業務活動への配慮も含まねばならない。

既に述べたように，組織の存続のためには有効性と能率を達成することを通して，内的均衡と外的均衡をはからねばならず，組織の絶えざる再調整を通してなされる。これは現代的意味での重要な戦略的問題であり，「ドック

に引き上げることなく公海上で船を造り直す作業」あるいは「列車をこれまで通り運行させながら新しい橋を建設する」ことを必要とする。バーナードはこれに対応する計画を進化的計画（化）(evolutionary planning) と呼んで，「一連の中間的な状態またはシステムを経て，将来の状況ないしシステムを実現するような計画（化）である」[94]としている。内容に即せば，日常業務活動と同時進行的変革計画とも呼ぶことができる。戦略的変化には，この進化的計画（化）が最も関連しているであろうし，将来のビジョン，道徳的リーダーシップに大きく依存する計画である。

　バーナードの計画体系はこれら三つの計画からなっており，主著を超えて，とりわけ論文集『組織と管理』から導き出されるものである。そのような計画を作成するにあたって，バーナードが考慮すべき要件，もっと端的にいえば，計画の構成要素を5つ析出して説明しているのも興味深い。第一の構成要素は，目的である。目的に対する手段が狭い意味での戦略だとすれば，目的を内在化させるバーナードの計画認識（つまり戦略認識）は広く，特に機能的計画や進化的計画によく妥当するだろう。第二の構成要素は，行為プログラムとしての計画の実行可能性である。実行可能かどうかの決定が，計画化プロセスの最大の難所ともいえる。同時進行的な変革計画である進化的計画には特に重要であろう。第三の構成要素は，計画に関連する情況の素材 (material) や与件である。計画推進者の行為，必要な人材や素材，刻々と変わる環境情況，あるいは市場競争状況，そして競争相手の予想しがたい行動などで，いずれの計画においても深く考慮されねばならない。第四の構成要素は，計画の公約 (commitment) である。これは，計画の実行から生じる意図された取り消しできない結果であり，創造されるべき歴史，約束にほかならない。したがって，すぐれた計画者は，当面の目的達成と効果的な計画化に役立つもの以外，将来の計画を拘束するような公約はしないのが普通だ。自由と柔軟性こそが計画にとって重要で不可欠な要件だからである。そこにリスクと不確実性に対する先見性の行使が必要になる。これについてもバーナードは詳しく論じているが，別の機会[95]に触れたので，そちらに譲りたい。そして，計画の第五の構成要素は，意思決定の責任だとい

```
全体計画（functinal planning）
 └→システム全体のバランス計画                進化的計画（evolutionary planning）
                                              └→戦略的行動
手段計画（strategic planning）
 └→戦略的要因の決定，目的－手段の連鎖
```

図11-11　バーナードの計画体系

う。その重要な側面が勇気であり，とりわけ進化的計画の推進力となろう。

　バーナードの戦略計画論ないし戦略論は，戦略的要因の理論＝戦略的計画論ではなく，上述のような相互作用的な計画体系から成り立っている。戦略的要因論は，バーナードの戦略論の一部を構成するにすぎない。したがって，バーナード自身が命名した戦略的計画は，クリステンソンのように，手段的計画ないし用具的計画と呼び換えた方が誤解が少ないかもしれない。全体としての計画体系は図11-11のようになり，今日の戦略論と比べても見劣りはしない。特に，同時進行的な変革計画としての進化的計画は，従来の計画論や戦略論が見落としていた側面であり，その考え方はますます重要になろう。

3　戦略的変化と道徳的リーダーシップ

　バーナード理論を大きく特徴づけるものに道徳論ないし道徳創造論がある。従来の研究では顧みられなかったこの側面に光を当て，バーナード理論の中心的位置に据え直したのは，飯野[96]をはじめとする諸研究であった。バーナードが責任を強調し，組織文化に触れ，道徳（価値）を論じたのも，合理的で，論理的で，線型的な機会主義的情況を超えて，没論理が支配し，非線型的な現実世界での行為理論を打ち立てようとしたからにほかならない。それだからこそ，彼は近代科学知＝言語知にとどまらず，行動知＝非言語知や身体知をも駆使して，現実を再構成しようと試みた。「今や絶好のチャンスだという直観に満ち」，「論理的過程でなく，決定にかかわる感覚によって識別される漠然とした抽象」の世界が，経営者や管理者が直面する世界だからである[97]。

　現代はバーナードが生きた時代以上に，不確実で複雑な乱流的環境状況に

あり，混迷を深めている。その中を経営者や管理者は短時間にさまざまな意思決定をしなければならない。ここに方向を示す理念による経営が求められ，組織の価値＝文化が求められる理由もあろう。前節で「戦略概念の道徳化」と指摘した側面である。

もちろん，バーナードは階層を問わず，組織がシンボルや文化を扱い，それを通して管理が促進されることをよく承知していた。彼はそれを非公式組織から説明し，規範，信念，態度，習慣などからなる非公式組織の影響を「文化」と捉えた[98]。

組織の凝集性を高めるものは，単なる合理性や論理性ではなく，共有する価値や信念が大きいと見るのである。戦略的変化にあたっては，このような組織文化（組織価値）は抵抗体にも促進体にもなり得るだろう。そこに組織文化の転換＝組織文化の創造的破壊が必要となるのである。バーナードはそれを「道徳的創造」(p.281) と表現した。経営理念の創造である。

今日の乱流的環境のもとでは，道徳準則の対立，価値の対立が一般的である。これを解決するには，対立を止揚し統合する，より高次の新しい経営理念の創造が必要である。それをなすのが道徳的リーダーシップにほかならず，経営者や管理者の大きな役割である。経営理念の創造，浸透，定着（組織文化として確立），さらに創造と変革を通して，現代企業は発展してゆく。有効性と能率が現在を切り開くとすれば，道徳性は未来を切り開くのである。カミングスも乱流的環境下では，「理念による経営」への回帰が見られ，一般的仮説とは逆に革新が進むという[99]。このように戦略的変化に直面し，組織文化の創造的破壊が強調される今日，バーナードの道徳的リーダーシップ，つまり価値創造的リーダーシップはますます重要になるに違いない。

本節で考察してきたように，バーナード理論は組織論と管理論，さらに戦略論が統合され，しかも理論全体でもって戦略論としての基本的枠組を備えていることが明らかになった。それは，今日の戦略経営パラダイムにおける戦略概念の (1) 拡大化（問題領域の拡張），(2) 統合化，(3) 階層化，(4) 精緻化，(5) 道徳化のうち，特に (1) 拡大化，(2) 統合化，(5) 道徳化にふかく貢献していることがわかる。また，その計画論は (3) 階層化にも基本的視座を提

供していよう。(4)精緻化は，当然，今日の問題である。

4 アンゾフの経営認識とバーナード理論

これまでの議論で，本章を始めるにあたって問うた「戦略経営パラダイムとバーナーディアン・パラダイム」をめぐる問題への一筋の道はほぼ示し得たものと思われる。結論的にいえば，戦略論のパラダイム転換による戦略経営パラダイムの展開は，経営学のバーナーディアン・パラダイムの転換を迫るものではなく，むしろバーナード理論を基礎パラダイムとしてなされている。これをアンゾフの経営認識の進展から確認してみよう。

チャンドラー，アンドルーズと並んで戦略計画パラダイムを切り開いたアンゾフの『企業戦略論』(1965) は，バーナード，特にサイモンの意思決定論を戦略論に適用した研究である。そこにアンゾフ戦略論は，バーナード以来の行動科学論の系譜に連なるという見方も生まれた（占部)[100]。しかし，注意しなければならないのは，アンゾフの経営戦略論がバーナードやサイモンの組織認識を捨象して意思決定概念だけを導入したということである。これは本来あり得ない。バーナードはいうに及ばず，サイモンといえども，両概念はワンセットだからだ。多くの研究者が気づかなかった当時，別の観点からではあったが，アンゾフの戦略的決定に対してバーナード理論での基礎づけを提起したのが加藤勝康である[101]。戦略論におけるパラダイム転換，すなわち『戦略計画から戦略経営へ』(1976) は，この指摘の延長上に現れた。図11-6および図11-12は，これを物語っている。特に，アンゾフが著した「環境－組織－戦略」の適合を示す図11-12は，内的にして外的に組織均衡をはかることが管理の目的とするバーナード理論の図式化と見紛うほどである。

このような流れは，『戦略経営論』(1979) では，枠組だけでなく，内容においても鮮明になっている。それは，能力論，権力論，風土論，リーダーシップ論の中に見出される。既に指摘されているが[102]，アンゾフがリーダーシップ機能を①ビジョンを描くこと，②そのビジョンを他のメンバーに伝え，③人々を鼓舞し，④そのビジョンに従うように影響力を行使する

第11章 戦略経営パラダイムの展開—戦略論者の経営認識とバーナード理論— 359

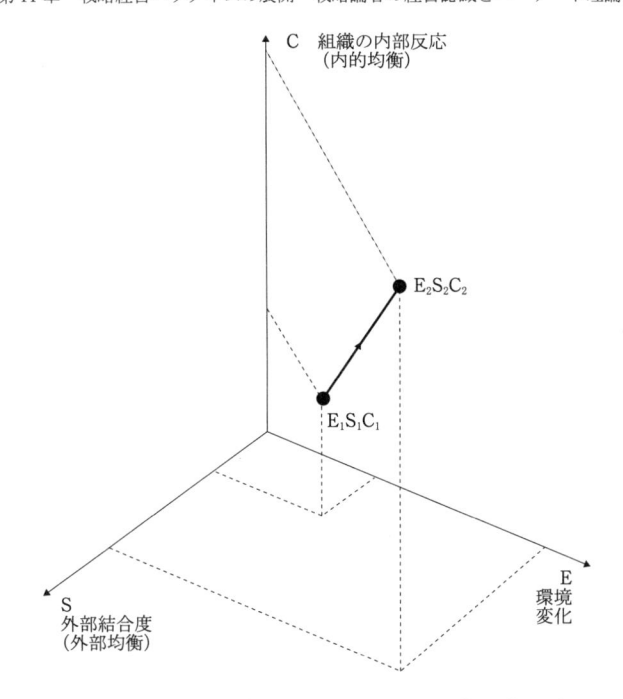

図11-12 戦略的状態変化 （H. I. Ansoff et al. [1976] p.12）

こと、と規定するとき[103]、バーナードの管理職能論（管理三要素＋リーダーシップ）とほとんど同じである。このようにみてくると、アンドルーズと異なって、『企業戦略論』(1965)ではバーナードに一顧だにしなかったアンゾフも、その経営認識、現実認識が深まるにつれて、バーナード理論に近づいたといっても過言ではないだろう。

最後に、両者の方法を試論的に検討しておこう。パラダイム転換といわれるほどのものは、本来、その方法や依って立つ科学観の転換を伴うはずだからである。ポリシー論を応用哲学だとするミトロフ＝メイソンは、まず哲学的スタンスを図11-13のように構築し、それに、各戦略研究を位置づけている[104]。それを手がかりに、アンゾフとバーナードを確信もなく、迷いながら位置づけてみたのが図11-14である。自らの経験を哲学的に洞察し、解釈して理論化したバーナードは、一つの領域に納まり切らないから、三つ

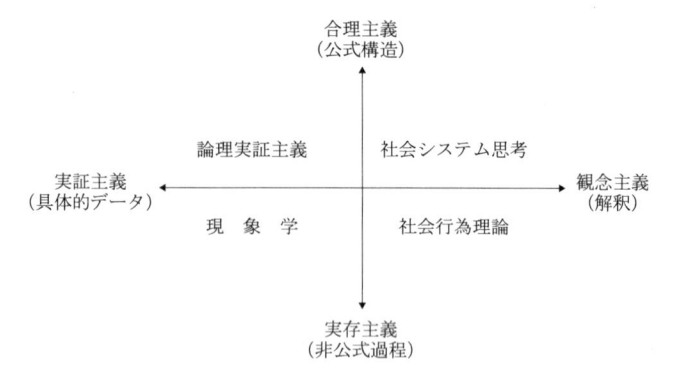

```
                合理主義
               （公式構造）
                  ↑
       論理実証主義 │ 社会システム思考
   実証主義        │              観念主義
  （具体的データ）←─┼─→          （解釈）
         現 象 学  │  社会行為理論
                  ↓
                実存主義
               （非公式過程）
```

図11-13 **基本的な哲学スタンス** (I. I. Mitroff and R. O. Mason [1982])

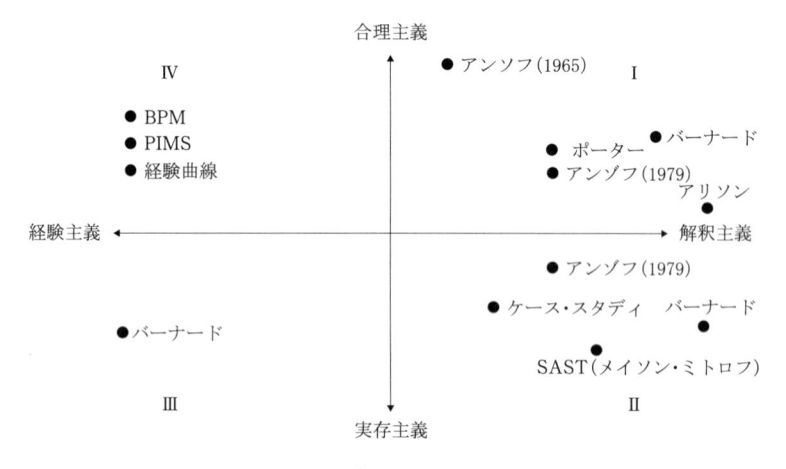

```
                    合理主義
                      ↑
         IV           │    ●アンゾフ(1965)    I
                      │
      ●BPM            │        ●ポーター    ●バーナード
      ●PIMS           │        ●アンゾフ(1979)
      ●経験曲線        │                    アリソン
  経験主義 ←───────────┼──────────────────→ 解釈主義
                      │        ●アンゾフ(1979)
                      │     ●ケース・スタディ  バーナード
      ●バーナード     │                    ●
                      │        SAST(メイソン・ミトロフ)
         III          │                     II
                      ↓
                    実存主義
```

図11-14 **戦略研究の哲学的位置づけ** (I. I. Mitroff and R. O. Mason [1982])

の象限に位置づけた。『企業戦略論』（1965）では分析的で論理的な方法をとったアンゾフも，『戦略経営論』（1979）では仮説演繹的方法をとって第Ⅰ象限だけでなく，第Ⅱ象限への突入をはかっている。これを線型モデルから非線型モデルへの移行と捉えることもできよう。方法的にはいま少し慎重な吟味を要するし，両者の位置づけも文字通りの試論であるし，暴論であるかもしれないが，近代科学的な分析方法とモデリングを信じて疑わなかったアンゾフが，方法や科学観に思いをめぐらし，バーナードの方法を意識するま

第11章　戦略経営パラダイムの展開—戦略論者の経営認識とバーナード理論—　361

でになったことは，やはり大きな変化に違いない[105]。それがバーナードの近代科学知を超えた無意識の行動知や身体知（＝暗黙知）の認識にまで達するかは，今後を待たねばならないが，『戦略経営の定着』（1984）でも，そこまでに至っていない。行動知や身体知は，意図的な戦略行動を超える自律的創発的戦略行動をもたらすからだ。むしろ，このような認識は，1990年代以降に現れた資源ベース戦略論の一部ともいえる知識ベース戦略論にうかがえる。

V　戦略経営パラダイムの再展開
——資源（能力）ベース戦略論者の経営認識とバーナード理論——

　本章として収録した元論文（1984年）は，前節までであった。もちろん，その後の戦略研究の進展は著しいものがある。それとともに戦略研究の主役も，アンゾフなどの世代から当時若手であったポーターなどの世代，あるいはそれに続く世代へと交代した。確かに，戦略研究の焦点にも変化が見られ，戦略論におけるパラダイム転換がなされたかのようでもある。それでは，近年の戦略研究は戦略経営パラダイムを超えた新たなパラダイムのもとで展開されているのだろうか。それとも，バーナーディアン・パラダイムを基礎パラダイムとする戦略経営パラダイムのもとで，理論内容を深め，戦略論として進化しているのだろうか。最近の代表的経営戦略研究の吟味を通して，その確認をしてみよう。

　ところで，1980年代末から90年代初頭は世界が大きく転換し，今日に至る社会的大変動の起点となった。たとえば，ベルリンの壁の崩壊（1989年）を契機に社会主義国家体制が崩れ，経済の世界的一元化や労働市場の一元化が進んだ結果，あらゆる企業は弱肉強食の市場原理が貫徹する大競争時代，グローバル競争時代に突入した。中国経済の台頭もこれに拍車をかけており，21世紀に入って，ますます大きな存在となっている。時を同じくして，潜在的には長く人類の脅威であった地球環境問題が，世界政治の課題に躍り出てきたことも，冷戦の崩壊と無縁ではない。地球の危機は90年代に人々

に深く浸透し，今では「人類共通の解決しなければならない課題だ」と真剣に受け止められ，その対処如何が企業の盛衰を決定するまでになった。さらに90年代に急進展した情報化（ネット化）が企業経営のあり方，事業の変容に大きく影響したことは，ここで述べるまでもないだろう。いずれもが，従来の競争ルールの変更であり，企業競争を激化させる。

経営学の中でも，環境変化への適応理論として生まれた経営戦略論は，これまでもダイナミックに展開してきたし，企業に強い競争上の地位を確保する競争優位（competitive advantage）はアンゾフの『企業戦略論』(1965)以来，重要な戦略の構成要素であった[106]。しかし，情報化，グローバル化，エコロジカル化を軸にした社会変動は，従来とは質も速さも異なる環境変化となって，企業に重くのしかかり，持続的競争優位の構築が経営の中心的課題となった。ここに1990年代以降の経営戦略論は，とりわけダイナミックな競争戦略論の構築を中心に理論展開がなされてきた。ポジショニング・アプローチと資源アプローチがその代表である。

1　ポジショニング・アプローチ

H. ミンツバーグは，多様な戦略研究を10の学派に分類した。デザイン学派，プランニング学派，ポジショニング学派，アントレプレナー（企業者）学派，認知学派，学習学派，パワー学派，カルチャー（文化）学派，環境学派，コンフィギュレーション学派がそれだ[107]。特に，はじめの三つは規範論的戦略論で，これまでの戦略研究の主流であった。この分類は1990年になされたこともあって，リソース・ベースト・ビュー（resource-based view：RBV），別言すれば，資源アプローチないし資源ベース戦略論は取り上げられていない。1998年の著作[108]でも，この分類はそのまま踏襲されている。

ミンツバーグによれば，デザイン学派の開祖は P. セルズニックと A. D. チャンドラーであるが，その実質はハーバード・ビジネス・スクールによって担われた。その理論的中核は，環境における機会（opportunity）と脅威（threat），自社の強み（strength）と弱み（weakness）の分析，略して

SWOT分析にあった。この考え方は今でも役立つが,「構造は戦略に従う」という立場は組織理解に限界があるから,当然に学習的視点に欠けている。

プランニング学派に対するミンツバーグの見方も厳しい。この学派で最も影響力をもつのがアンゾフの『企業戦略論』(1965)だと認めた上で,「1970年代には戦略マネジメントの実践に強い影響力をもつまでに発展したにもかかわらず,重大な欠陥があったために,次第にその勢いは衰えていった。今日では,まったく存在感がないとまでは言わないまでも,過去の栄光の影をかすかに残しているに過ぎない」[109]という。彼が指摘している「事前決定の誤り,分離の誤り(計画と実行,戦略と組織),形式化の誤り」が,「重大な欠陥」だと思われるが,それは戦略計画パラダイムの誤りだといえても,組織能力を重視する戦略経営パラダイムには妥当しない。おそらくミンツバーグが依拠していると思われるコンフィギュレーション学派は,コンフィギュレーション(安定状態,いわば構造)とトランスフォーメーション(変動,いわばプロセス)のうちに組織システムの実相を見ており,むしろ,成立・存続・成長・発展という組織の発展段階的考察を内包するバーナードの動態的組織観[110]とかなり重なっている。当然に,バーナード理論を基礎パラダイムとする戦略経営論とも親和的だと思われる。

さて,ポジショニング学派である。「企業が属する業界が持続的競争優位の可否を決定する」という立場で,ポーターが切り開いた。ミンツバーグに依るまでもなく,この学派はデザイン学派やプランニング学派と対立するというより,その前提を取り入れた上で,戦略策定プロセスの説明に終わらずに,戦略そのものの重要性を強調したことと,そこに実質的な内容も盛り込んだ点(本章Ⅲ-2-(4)「戦略概念の精緻化」で述べたように,「産業構造の成熟度や構造的性質,その中での競争上の位置に応じた具体的競争戦略を展開した」点)に評価されるべき特徴がある。

その実践的示唆もあって,特にわが国では1980年代後半から1990年代を通して,経営戦略論といえば,M.ポーターの『競争戦略論』といわれるほど浸透し,戦略論の標準的テキストとなった。しかし,彼の環境認識は狭く,経済的環境の,しかも定量化される領域にほぼ限定されている。戦略概

念の拡大化による政治環境や社会環境，まして自然環境などは視野に入っていない。それら環境が経済環境に与える関係こそが重要であり，それが既に指摘した環境間関係の考察である。また，その組織認識は「構造は戦略に従う」とする『戦略と構造』(1962) 執筆時のチャンドラーと同様で，公式データ的分析を通してトップが策定した戦略を下部組織を構成する部下の行動を通して執行するという理解である。そこには，「戦略概念の統合化」で強調した現場を踏まえた戦略的学習が見失われてしまう。その結果，また「産業構造の進展の中に位置取りをする」ポジショニング論の本質からいっても，戦略論的に重要な「自らの学習による市場創造」は難しい。

このように見てくると，ポーターによって本格化したポジショニング・アプローチは，戦略経営パラダイムに取ってかわる新しい戦略論のパラダイムを展開したのではない。むしろ，ミンツバーグがポジショニング学派と位置づけた BCG の主張とともに戦略概念を精緻化し，戦略経営パラダイムの一角を担って，その内容を豊かなものにしている。それは，その後の著作『競争戦略Ⅰ・Ⅱ』[111]や 1996 年論文「戦略とは何か」[112]，そして最近の論文「戦略とインターネット」(2001)[113]においても変わらない。

2 資源ベース戦略論

資源ベース戦略論とは，企業ごとに異質で，複製には多額のコストのかかる「経営資源に基づく企業観 (resource-based view of the firm)」に立って，持続的競争優位の源泉を保持する「稀少かつ模倣困難な価値ある経営資源」に求める戦略論である。その起源は，企業の成長指向理由を余剰資源の有効活用に求めた E. ペンローズにまで遡ることができるかもしれないが，直接的には「資源に基づく企業観：Resource-Based View of the Firm」(いわゆるリソース・ベースト・ビュー) と題したワーナーフェルトの 1984 年論文[114]に始まる。もっとも，資源ベース戦略論が離陸し，普及するにあたっては，広く捉えるとその一翼を担う G. ハメルと C. K. プラハラードの「コア・コンピタンス (core competence：中核能力)」論が起爆剤になった。これは「戦略なき経営」と揶揄されながらも躍進する 1980 年

代の日本企業の研究から生まれたもので,「コア・コンピタンスが企業の競争力を決定する」という主張は,戦略研究者に衝撃を与えて一躍名を馳せ,資源ベース戦略論が受け入れられやすい土壌をつくった。コア・コンピタンスに関する彼らの説明が,それに拍車をかけたといえる。

　ハメルとプラハラードは,1990年論文で「コア・コンピタンスとは,組織における集合学習であり,とりわけ多様な生産スキルをいかに調整し,複合的な技術の流れをいかに統合するかを学ぶことである」[115]と定義している。ここで組織における集合学習とは,協働の現場で実践を通して学ぶことで,いわゆる組織学習である。そこでは人々のもつ多様なスキルや知識が調整され統合されて新たな知識が創造され,それがまた集合学習によって協働の現場に連結されて,新たなレベルの実践＝行為を生み出してゆく。先進的な日本企業に典型的に見られた「集合学習に基礎づけられた組織的調整力と統合力,つまり知識（スキルや技術）を生み出し活用する組織能力」を企業競争力の核となるコア・コンピタンスと捉えたのである。ところが,具体的説明になると,彼らは集合学習の結果として獲得した技術などもコア・コンピタンスと捉えている。その傾向は1994年著作により顕著であり,コア・コンピタンスの代表例としてホンダのエンジンと動力機構の技術やソニーの小型化技術などを挙げるだけでなく,コア・コンピタンスを「顧客に特定の利益をもたらす新製品を生み出すスキルや技術の束」[116]と定義している。この定義は,スキルや技術を含めた知識を生み出す能力（＝主体的側面）から生み出されたスキルや技術（＝客体的側面,つまり資源的側面）に力点を移しており,競争における資源の役割を認識させて,確かに資源ベース戦略論の普及に大きく貢献した。と同時に資源と能力を一般にも混同させる素地ともなったのである。

　もちろん,経営資源を広く捉えれば,組織能力も経営資源といえる。D. J. コリスとC. A. モンゴメリーが,有形資産や無形資産のように投入要素ではないと認めた上で,組織ルーチンとも言い換え得る組織能力（organizatinal capabilities）を資源と見るのも[117],そのためだろう。彼らは当然にプラハラードとハメルの「コア・コンピタンス論」を資源ベース理論として扱っ

ている。コリス＝モンゴメリーと並んで，資源ベース戦略論者であるJ. B. バーニーも「これらさまざまな呼称（経営資源，コア・コンピタンス，ケイパビリティ：筆者）の意味する内容は微妙に異なるもののほぼ同じだと考えてもよい」と判断を下し，彼自身も「経営資源」と「ケイパビリティ」を同義に扱い，「コア・コンピタンスは多角化戦略の概念化や実行に関する議論に限定して使用する」と断っている[118]。もとより資源と能力を同義に扱い，資源ベース戦略論として資源から説き起こせば，能力は客体的な資源一般の属性理解に埋没し，能力のもつ主体的側面や能動的側面が弱められよう。それはバーニーの資源理解に端的に現れている。

競争上有利な戦略で魅力的な産業に進出をはかるため，競争構造が大きく影響するポジショニング戦略論に対し，各企業が内部に保持する「稀少かつ模倣困難な価値ある資源」が持続的競争優位の源泉だと主張したのが資源ベース戦略論であった。これを外部志向，環境重視のポジショニング戦略論に対する内部志向，組織重視の資源ベース戦略論と言い換えることができる。環境適応理論として生まれ，絶えず環境を意識せざるを得なかった経営戦略論にとって，資源が競争力を決定するという主張は画期的だった。

もっとも，「稀少かつ模倣困難な価値ある資源」が持続的競争優位の源泉だとするとき，競争優位を決定づける資源属性は「価値」であろう。稀少性や模倣困難性は獲得した競争優位を持続させるものではあっても，競争上価値のない稀少性や模倣困難性は無意味だからだ。それでは，価値ある資源をどのように決定するのか。これを明らかにできてこそ，資源ベース戦略論は競争戦略論として完結する。ところが，資源ベース戦略論は自らの理論内で「何が競争上価値ある資源か」を決定できず，「市場条件がそれを決定する」と述べて，環境重視のポジショニング論（ポーター理論）もそれを担う一つだと認めざるを得なかった[119]。バーニーが著作（2002）第5章「企業の強みと弱み」のサブタイトルに「リソース・ベースト・ビュー」とつけて，資源的見方をSW分析の延長上に位置づけたのは，象徴的だ。そして別論文（2001）[120]で資源の模倣困難性の説明に力を注ぐのも，資源ベース戦略論に残された聖域だという思いからに違いない。

3 能力（知識）ベース戦略論

上述のように，資源ベース戦略論は，競争優位をもたらす「価値ある資源」を自らの理論で決められず，その判別をポジショニング論などに委ねたこともあって，単独では競争戦略論として完結できなかった。問題はそれだけにとどまらない。たとえ「稀少かつ模倣困難な価値ある資源」を蓄積できても，激しい環境変化や情報化がもたらす共振化現象は資源の急速な陳腐化を招くからだ。資源ベース戦略論はこの点にも十分には答えられなかった。それは，本来ダイナミックな組織能力（ケイパビリティ，コンピタンス）を，バーニーなどがスタティックな資源一般に埋没させて理解していることと無関係ではないだろう。「コア・コンピタンスやコア・ケイパビリティは容易にコア・レジディティ（core regidity：硬直性）に転化する」[121]という指摘もまた同じ能力理解からなされている。

確かに，ある特定の組織能力が組織慣性となって硬直化することは避けがたい。しかし，図11-7でも示したように，環境変化を捉えて（実は解釈して）組織資源（スキルや知識）を組み換えて（つまり再解釈して）新たな組織能力（環境認識能力，戦略創造能力＝事業構想能力，戦略実行能力＝組織ルーチン）を構築するのもまた組織能力である。それは，いわば環境適応力である。このように能力とは，客体的，対象的説明では捉え尽くせない主体的で能動的な力を秘めている。もとより組織能力は組織ごとに異なり，そこに組織の主体性と力量が問われる。したがって，企業の経営能力の違いは，それを担っている組織能力の違いにほかならない。ここに同じ環境状況に直面する企業間で異なる行動をとる事情も説明できよう。この立場では，競争優位をもたらす「価値ある資源」の判断は，当然，組織に内属する。組織の環境観を構成するのも，自己の戦略能力や実行能力を評価するのも組織自身であり，組織能力によるからだ。

ところで，プラハラードとハメルのコア・コンピタンス論はアンドルーズの「組織の独自コンピタンス（distinctive competence：独自能力）」の研究を掘り起こしたものだという[122]。そして，アンドルーズ自身は，自著の脚注で，この言葉がP.セルズニックによって用いられたものであることを

明らかにしている[123])。

　セルズニックによれば，合理的で非人格的な（公式）組織も時が経過すると，そこに人々の相互作用の型（パターン）ができ，社会構造を生み出す。バーナードが「公式組織は非公式組織を創造する」と説明したものだ。この型は歴史的で，特定組織の独特な経験を反映した統合的かつ機能的なものであり，組織が内外の社会環境に自らを適応させるのに役立つだけではない。それは新しい活動的な諸力を生み出すダイナミックな力である。セルズニックはそれを（組織）価値と呼ぶ。バーナードが道徳と表現したものである。この価値が注入された組織は，合理的で非人格的な単なる道具から制度となる。制度化された組織は，独自な見方，習慣，その他のコミットメントによって，その活動のあらゆる面で影響され，高度の社会的統合が与えられる。この独自コンピタンスが組織性格を決定し特徴づけるのである[124]。それは，その組織固有の独自な見方や実践的な習慣がもたらす特殊な仕事の遂行能力であることもあるし[125]，より一般的な生産能力やマーケティング能力でもあり得る[126]。これが，『経営におけるリーダーシップ』(1957) で明らかにされたセルズニックの独自コンピタンスであった。

　このようなセルズニックの制度理解や独自コンピタンス論の源流がバーナードにあることは，少しでもバーナード理論に親しむ者であれば，容易に想像できよう。バーナードは主著『経営者の役割』(1938) で，「人々の間の協働が，彼らの活動からなる公式組織を通して，道徳性を創造するという事実」を明らかにするとともに，人々の個人的接触や相互作用を非公式組織と説明し，そこから生じる感覚や理解，規範，信念，態度，習慣などの影響を，講演原稿 (1943) でハッキリ「文化」と捉えている[127]。いわゆる組織文化である。さらに『カリフォルニア・マネジメント・レビュー』創刊号の巻頭を飾ったバーナードの最終論文「ビジネス・モラルの基本的情況」(1958) では，「組織は，習慣，文化様式，世界についての暗黙の仮説，深い信念，無意識の信仰を表現し，あるいは反映するのである。そしてそれらが組織を主として自律的な道徳的制度 (autonomous moral institutions) たらしめ」[128]と述べて，価値を帯びた組織あるいは価値を注入された組織を自

律的な制度と捉えている。バーナードの主著も参考にしているだろうが，セルズニックの 1957 年著作は時間的に前後するが，バーナードの 1958 年論文の直接的反映である。

　実は，バーナードの最終論文 (1958) は，彼が 1955 年 5 月 25 日，カリフォルニア大学バークレー校で行った講演を印刷したもので，当時，セルズニックはそこの教授であった。これで時間的順序も合致する。さらにセルズニックは 1957 年著作でバーナード論文と同じ例示さえ用いており，序文で真っ先にバーナードに謝意を表明しているのも，このことと無関係ではないだろう[129]。

　このようにバーナードが切り開き，セルズニックが継承した自律的な制度論と，それを基礎にした独自コンピタンス論は，道徳的創造や道徳的リーダーシップ（バーナード）ないし責任的で創造的なリーダーシップ（セルズニック）という創造要因を理論に組み込んだ，本来，ダイナミックな組織能力論であった。それはアンドルーズを経たハメル＝プラハラードの独自コンピタンス論にも，1990 年論文で「コア・コンピタンスとは，組織における集合学習であり，とりわけ多様な生産スキルをいかに調整し，複合的な技術の流れをいかに統合するかを学ぶことである」と定義した段階まで生きている。わかりやすくするためか具体的展開では，彼らは「技術を生み出す組織能力」から「生み出された技術」に焦点を移し，それをコア・コンピタンスと説明したこともあって，まるで客体的な実体であるかのような誤解を与えたことは否めない。

　集団学習とも説明されるコア・コンピタンスは，製品を開発し生産する技術にとどまらず，それを含めた広く知識を創出する組織能力である。この知識が環境認識能力，戦略創造能力（＝事業構想能力），戦略実行能力を支え，それを高度化する。その実践がまた知識を創出する。その意味では，集団学習による組織的知識が組織能力（つまりコア・コンピタンス）の背後にある基礎能力ともいえるし，組織能力とは知識創造能力だともいえる。まさに組織能力（知識）＝知識（組織能力）なのだ。ここに，能力を知識において捉え，理論的にも精緻化しようとする研究が現れてきた。それが知識ベース戦

略論にほかならない。その一部は，本書第6章「組織と知識」でも論じたし，他の詳しい研究もあるので[130]，これ以上論じる必要もないだろう。

ただ，本章を閉じるにあたって，能力ベース戦略論や能力を知識から明らかにしようとする知識ベース戦略論が，戦略経営パラダイムの転換を迫る新たなパラダイムのもとに展開されているのかどうかだけは確認しておきたい。結論からいえば，これまで述べてきたことから明らかなように，それら戦略論も戦略パラダイムの特徴の一つである「戦略概念の道徳化（価値化）」の延長上にある。まして，バーナード理論の基本的枠組の転換を迫るものではないことは，バーナードやセルズニックのアイデアを継承していることからでも明らかだ。それでも，「戦略概念の道徳化」に収め切れないほど内容豊かにはなっており，その限りで，それらは戦略経営パラダイムの再展開を果たしている。と同時に，組織と管理（戦略）を統合する基本的枠組，自律的制度を基礎にした組織能力観，行動知や身体知などの暗黙知を駆使した理論展開など，当事者が意識するかどうかはともかく，能力（知識）ベース戦略論はバーナードから大きな恩恵を受けているといわねばならないだろう。

【付記】
　本章として納めた元論文「戦略的経営パラダイムの展開：アンゾフの経営認識とバーナード理論」（『千里山商学』第20号）は，1984年に印刷されたものであるが，その後出版された翻訳書もできるだけ，引用文献に収録した。元論文の戦略経営把握の枠組は，管理会計研究者（津田博士『予算管理』同文舘，1994年，3頁，31頁）に引用され，会計情報研究者（林　昌彦『知識時代の会計情報システム』税務経理協会，2003年，第4章）にほぼそのまま利用されている。なお，元論文を本章所収にあたって，第Ⅴ節を書き加えた。全体的にも若干の修正を施している。また，私の論文ではすべてAnsoffをアンソフと記していたが，翻訳書と同じアンゾフとした。ただし，1981年7月13日の講演会（東京）の折に，本人に尋ねたところ，笑いながら「どちらでもかまわない」とのことであった。

1) H. I. Ansoff, *Corporate Strategy*, McGraw-Hill, 1965. 広田寿亮訳『企業戦略論』産業能率大学出版部，1969年。
2) H. I. Ansoff, R. P. Declerk and R. L. Hayes eds., *From Strategic Planning to Strategic Management*, Wiley, 1976.
3) H. I. Ansoff, *Strategic Management*, Macmillan, 1979. 中村元一訳『戦略経営論』産業能率大学出版部，1980年。
4) C. W. Hofer and D. Schendel, *Strategy Formulation : Analytical Concepts*, West, 1978. 奥中郁次郎・榊原清則・奥村昭博訳『戦略策定』千倉書房，1981年。
5) M. E. Porter, *Competitive Strategy*, Free Press, 1980. 土岐　坤・中村　治・服部照夫訳

『競争戦略』ダイヤモンド社, 1982年。
6) H. I. Ansoff, "The Changing Shape of Strategic Problem," D. E. Schendel and C. W. Hofer eds., *Strategic Management,* Littel Brown, 1979, pp.31-44.
　　H. I. Ansoff, "Societnal Strategy for Business Firm," H. I. Ansoff, A. Bosman and P. M. Storm eds., *Understaning and Managing Strategic Change,* North-Holland, 1982.
7) G. Hamel and C. K. Prahalad, "The Core Competence of the Corporation," *Harvard Business Review,* May-June, 1990, pp.79-91.
　　J. B. Barney, "Is the Resource-Based View a Useful Perspective for Strategic Management Research? Yes," *Academy of Management Review,* 26, 2001, pp.41-56.
8) C. I. Barnard, *The Functions of the Executive,* Harvard University Press, 1938. 山本安次郎・田杉　競・飯野春樹訳『経営者の役割』ダイヤモンド社, 1968年。
9) 加藤勝康「Kuhnian Paradigmとしてのバーナード理論の受容とその展開をめぐる一考察」日本経営学会編『現代経営学の基本問題（経営学論集第50集）』千倉書房, 1980年。
10) A. D. Chandlar, *Strategy and Structure,* The M. I. T. Press, 1962, p.14. 三菱経済研究所訳『経営戦略と組織：米国企業の事業部制成立史』実業之日本社, 1967年, 30頁（以下では本文に原書頁を記す）。本書ではチャンドラーは組織構造を組織と理解した伝統的組織観に立っている。新訳の有賀祐子訳『組織は戦略に従う』ダイヤモンド社（2004年）は大変上手な訳業で読みやすいが、この辺りの微妙な違いが伝わりにくい。チャンドラーも *The Visible Hand*（1977）では構造（structure）より組織（organization）を多用し、*Scale and Scope*（1990）では組織能力（organizational capability）を重視して、明らかに組織観の変化がみられる。戦略論を超えて、チャンドラー経営史学そのものに対する実証的批判として、レズリー・ハンナ・和田一夫『見えざる手の反逆』有斐閣（2001年）がある。
11) I. I. Mitroff and R. O. Mason, "Business Policy and Metaphysics," *Academy of Management Review,* Vol.7, No.3, 1982, p.365.
12) J. R. Galbraith and D. A. Nathanson, *Strategy Implementation : The Role of Structure and Process,* West, 1978, pp.26-48. 岸田民樹訳『経営戦略と組織デザイン』白桃書房, 1989年, 31-56頁。
13) 土屋守章『ハーバード・ビジネス・スクールにて』中公新書, 1974年, 121頁。
14) E. T. Penrose, *The Theory of the Growth of the Firm*（second ed.）, Basil Blackwell, 1980（first ed. 1959）, pp.76-80. 末松玄六訳『会社成長の理論（第二版）』ダイヤモンド社, 1980年。
15) H. I. Ansoff, 1965, *op.cit.,* p.9.
16) C. I. Barnard, *The Functions of the Executive,* Harvard University Press, 1938（1968年版を使用）, p.206. 山本安次郎・田杉　競・飯野春樹訳『経営者の役割』ダイヤモンド社, 1968年。以下は本文に原書頁を示す。
17) 意思決定概念と組織認識は本来一体のものであるが、ここで注意すべきは、アンゾフが両者を分け、サイモン流の意思決定プロセス論だけを導入したという点である。カーターはこの点を突いて、サイヤート＝マーチの研究を業務的意思決定を対象にしていると主張するアンゾフに対し、サイヤート＝マーチのアプローチを拡張すれば、企業戦略にも有効であると反論している（文献は本章注19）。
18) R. M. Cyert and J. G. March, *A Behavioral Theory of the Firm,* Prentice-Hall, 1963. 松田武彦・井上恒夫訳『企業の行動理論』ダイヤモンド社, 1967年。
19) E. E. Carter, "The Behaivioral Theory of the Firm and Top-Level Corporate Decisions," *Administraive Science Quaterly,* Vol.16, No.4, 1971.

20) G. T. アリソン／宮里政玄訳『決定の本質』中央公論社，1977年。キューバ危機については次の文献も参考になる。ジョン・サマヴィル／中野好夫訳『人類危機の十三日間：キューバをめぐるドラマ』岩波新書，1975年。
21) R. E. Miles and C. C. Snow, *Organizational Strategy, Structure, and Process*, McGraw-Hill, 1978. 土屋守章・内野 崇・中野工訳『戦略型経営』ダイヤモンド社，1983年。
22) J. R. Galbraith and D. A. Nathanson, *op.cit.* 前掲訳書。
23) J. L. Bower and I. Dotz, "Strategy Formulation: A Social and Political Process," D. E. Schendel and C. W. Hofer eds., *Strategic Management*, Littel Brown, 1979.
24) J. R. Galbraith and D. A. Nathanson, *op.cit.*, pp.138-143. 前掲訳書，167-173頁。
25) R. J. Ritschert and T. W. Bonham, "A Conceptual Model of Strategy Formulation," *Academy of Management Review*, Vol.3, No.2, 1978, p.216.
26) R. A. Burgelman, "A Model of the Interaction of Strategic Behavior, Corporate Context, and the Concept of Strategy," *Academy of Management Review*, Vol.8, No.1, 1983(a), p.61.
27) R. A. Burgelman, "A Process Model of Internal Corporate Venturing Diversified Major Firm," *Administrative Science Quaterly*, Vol.28, 1983(b), pp.1349-1364.
28) バーゲルマンは「イナクトメント (enactment)」という概念を K. ワイクに負っている。
　　K. Weick, *The Social Psychology of Organizing (Second Edtion)*, Addison-Wesley, 1979. 遠田雄志訳『組織化の社会心理学』文眞堂，1997年。
29) E. T. Penrose, *op.cit.*, p.42. 前掲訳書，56頁。
30) H. I. Ansoff (1979), *op.cit.*（本章注3), pp.91-92. 前掲訳書，109-111頁。
31) R. A. Burgelman, 1983 (a), p.64.
32) R. A. Burgelman, 1983 (b), p.1352.
33) Thomas S. Kuhn, *The Structure of Scientific Revolutions (second edition, enlarged)*, The University of Chicago Press, 1963 (1970), p.viii. 中山茂訳『科学革命の構造』みすず書房，1971年，v頁。
34) C. W. Hofer, E. A. Murray, R. Charan, and R. A. Pitts, *Strategic Management: A Casebook in Business Policy and Planning*, West, 1980, p.3.
35) W. H. ニューマン・J. P. ローガン／阪柳豊秋・増地昭男訳『経営方針論』日本生産性本部，1962年（原書は1959年）。
36) G. A. Steiner ed., *Managerial Long-Range Planning*, McGraw-Hill, 1963.
　　G. A. Steiner, *Top Management Planning*, Macmillan, 1969.
37) G. A. Steiner, *Strategic Managerial Planning*, The Planning Executives Institute, 1971. 河野豊弘訳『戦略経営計画』ダイヤモンド社，1978年。
38) Melvin T.Copeland, "The Job of an Executive," *Harvard Business Review*, Vol.18, No.2, 1940,
39) C. W. Hofer, E. A. Murray, R. Charan, & R. A. Pitts, *op.cit.*, p.5.
40) H. I. Ansoff (1965), *op.cit.*（本章注1). これは多角化戦略形成の理論研究であるが、アンゾフはその実証的研究も行っている。H. I. Ansoff, R. G. Brandenburg, F. E. Portner, and R. Radosevich, *Acquisition Behavior of U. S. Manufacturing Firms, 1946-1965*, Vanderbilt University Press, 1971. 佐藤禎男監訳『企業の多角化戦略：会社取得の分析と成果』産業能率短期大学出版部，1972年。
41) K. R. Andrews, *The Concept of Corporate Strategy*, Irwin, 1971. 山田一郎訳『経営戦略論』産業能率短期大学出版部，1976年。

第 11 章　戦略経営パラダイムの展開―戦略論者の経営認識とバーナード理論―　373

42) 庭本佳和「経営戦略の概念」『大阪商業大学論集』第 51・52 合併号, 1978 年。
43) R. N. Anthony, *Planning and Control Systems:A Framework for Analysis*, Harvard University, 1965. 高橋吉之助訳『経営管理システムの基礎』ダイヤモンド社, 1968 年。
44) *Ibid.*, pp.15-22. 同上訳書, 20-27 頁。
45) R. N. Paul, N. B. Donavan, and J.W.Taylor, "The reality gap in strategic planning," *Harvard Business Review*, May-June, 1978.
46) H. I. Ansoff, R. P. Declerk and R. L. Hayes, "From Strategic Planning to Strategic Management," European Institute for Advanced Studies in Management, Working paper, No.74-32, June, 1974.
47) H. I. Ansoff, "Corporate Structure Present and Future," Euroupean Institute for Advanced Studies in Management, Working Paper, No.74-4, Febrary, 1974.
48) 　グラック達やブラントも，アンゾフを戦略経営パラダイムの形成者と見ている。
　　・F. W. Gluck, S. P. Kaufman, and A. S. Walleck, "Strategic Management for Competitive Advantage," R.Harmermesh ed., *Strategic Management*, Wiley, 1983, p.303.
　　・S. C. ブラント／土岐　坤・小野寺武夫・大木英男訳『先端企業の戦略計画』ダイヤモンド社, 1982 年, 119 頁。
49) H. I. Ansoff, *Implanting Strategic Management*, Prentice-Hall, 1984. 中村元一・黒田哲彦・崔　大龍訳『戦略経営の実践原理』ダイヤモンド社, 1994 年。
50) J. Bracker, "Historical Development of the Strategic Management Concept," *Academy of Management Review*, Vol.5, No.2, 1980.
51) L. R. Jauch and R.N.Osborn, "Toward an Integrated Theory of Strategy," *Academy of Management Review*, Vol.6, No.3, 1981.
52) J. C. Camillus and J.H.Grant, "Operational Planning : The Integration of Programming and Budgeting," *Academy of Management Review*, Vol.5, No.3, 1980.
　　J. C. Camillus, "Corporate Strategy and Executive Action," *Academy of Management Review*, Vol.6, No.2, 1981.
53) E. R. Biggadike, "The Contributions of Marketing to Strategic Management," *Academy of Management Review*, Vol.6, No.4, 1981.
　　M. E. Porter, "The Contributions of Industrial Organization to Strategic Management," *Academy of Management Review*, Vol.6, No.4, 1981.
54) I.I.Mitroff and R.O.Mason, "Business Policy and Metaphysics," *Academy of Management Review*, Vol.7, No.3, 1982.
55) H. I. Ansoff, "Toward Strategic Theory of the Firm," H. I. Ansoff ed., *Business Strategy*, Penguin Books, 1969, p.21.
56) H. I. アンゾフ「経営者と経営戦略」高宮　晋監訳『国境を越える経営』日刊工業新聞社, 1972 年, 232 頁。
57) 　私はかつて次のように論じた。「アンゾフは戦略計画が全体的環境状況の一部しかあつかっておらず，しかも組織的局面を捨象していたとの反省に立って，戦略的問題を全体として扱い得る概念的枠組としての『戦略経営』概念を導入する。そこでは，戦略的問題領域は，外部結合の選択，その選択と執行の結合，外的変化に伴う組織の内的再調整も含むのである。ここに『戦略』ないし『戦略的決定』の概念的厳密性をほどくことなく，『戦略経営』概念を持ち込むことによって，戦略的問題領域の拡大がはかられている」庭本佳和, 1978 年前掲論文（本章注 42), 304 頁。

58) 庭本佳和「経営存在と環境の問題」山本安次郎・加藤勝康編『経営学原論』文眞堂, 1982 年。
59) E. R. Biggadike, *op.cit.*（本章注 53), p.621.
60) H. I. Ansoff, 1979, *Strategic Management*, p.92. 前掲訳書, 111 頁。
61) H. I. Ansoff, 1979, "The Changing Shape of Strategic Problem," *op.cit.*, p.41.
62) Y. M. Godiwalla, W. A. Meinhart, and W. D. Warde, *Corporate Strategy and Functional Management*, Praeger, 1979, p.10.
63) H. I. Ansoff, "Managing Discontinuous Strategic Change: The Learning-Action Approach," H. I. Ansoff, A. Bosman and P. M. Storm eds., *op.cit.*（本章注 6), p.12.
64) C. W. Hofer and D. Schendel, *op.cit.*（本章注 4), pp.27-29. 前掲訳書, 33-35 頁。
65) 占部都美『戦略的経営計画論』白桃書房, 1968 年, 145 頁。
66) H. I. Ansoff (1965), *op.cit.*（本章注 1), p.5. 前掲訳書, 14 頁。
67) D. E. Schendel and C. W. Hofer eds., *op.cit.*（本章注 6), p.12.
68) C. W. Hofer, E. A. Murray, R. Charan, and R. A. Pitts, *op.cit.*（本章注 34), p.11.
69) 庭本佳和「環境適応の経営ダイナミックス」『大阪商業大学論集』71 号, 1984 年, 131 頁。
70) アベグレン（ボストン・コンサルティング・グループ）『企業成長の論理：エクスペリアンスカーブへの理解』東洋経済新報社, 1970 年。
71) R. D. Buzzell, B. T. Gale, and R. G. M. Sultan, "Market Share: A Key to Profitability," *Harvard Business Review*, January-February, 1975.
S. Schoeffler, R. D. Buzzell, and D. F. Heany, "Impact of strategic lanning of profit performance," *Harvard Business Review*, March-April, 1974.
72) アベグレン（ボストン・コンサルティング・グループ）『再成長への挑戦：ポートフォリオ戦略』プレジデント社, 1977 年。B. D. ヘンダーソン／土岐　坤訳『経営戦略の核心』ダイヤモンド社, 1981 年。
73) M. E. Porter (1981), *op.cit.*（本章注 53), pp.614-616.
74) R. E. Cave and M. E. Porter, "From Entry Barriers to Mobility Barriers: Conjectural Decisions and Contrived Deterrence to New Competition," *Quarterly Journal of Economics*, Vol.XCI, No.2. 1977.
75) K. R. Harigan and M. E. Porter, "End-game Strategies for Declining Industries," *Harvard Business Review*, July-August, 1983.
76) M. E. Porter (1981), *op.cit.*（本章注 5). 前掲訳書。
77) 野中郁次郎・竹内弘高／梅本勝博訳『知識創造企業』東洋経済新報社, 1996 年（原書 1995)。
78) H. I. Ansoff (1984), *op.cit.*（本章注 49), p.335.
79) M. T. Copeland, "The Job of an Executive," *Harvard Business Review*, Vol.18, No.2, 1940, p.155.
80) C. I. Barnad, "Comments on the Job of the Executive," *Harvard Business Review*, Vol.18, No.3, 1940, p.296.
81) 庭本佳和「意思決定と経営戦略」飯野春樹・高柳　暁『経営学 (3)』有斐閣, 1979 年。
82) B. D. Henderson, "The Concept of Strategy," K. J. Albert ed., *Strategic Management Handbook*, McGraw-Hill, 1983. pp.1-11.
83) D. B. Jemison, "The Contributions of Administrative Behavior to Strategic Management," *Academy of Management Review*, Vol.6, No.4, 1981.
84) C. Christenson, "Strategic Planning Systems from a Systems Science Point of View," P. Lorange ed., *Imprementation of Strategic Planning*, Prentice-Hall, 1979.
85) ・L. J. Bourgeios, "Strategy and Environment: A Conceptual Integration," *Academy*

第 11 章　戦略経営パラダイムの展開―戦略論者の経営認識とバーナード理論―　　375

　　　　of Management Review, Vol.5, No.1, 1980, p.32.
　　　・D. B. Jemison, op.cit. (本章注 83), p.635.
　　　・F. E. Kast and J. E. Rosenzweig, Organization and Management, McGraw-Hill, 1974, p.107.
86)　F. E. Emery and E. L. Trist, "Socio-technical Systems," F. E. Emery ed. System Thinking, Penguin Books, 1969, p.282.
87)　D. E. Schendel and C. W. Hofer eds., op.cit. (本章注 23), p.48.
88)　Ibid., pp.27-28.
89)　山本安次郎『経営学研究方法論』丸善，1975 年，136-137 頁。
90)　C. I. Barnard, Organization and Management, Harvard University Press, 1948, pp.169-171.
　　　飯野春樹監訳『組織と管理』文眞堂，1990 年，166-168 頁。わが国のバーナード研究者で，バーナードの計画論に論及した者は，これまでなかった。本章として納めた元論文 (1984) が最初だと思われる。その後も眞野が取り上げただけだ (眞野脩『バーナードの経営理論』文眞堂，1987 年，第 7 章)。眞野は planning を「立案」と訳している。
91)　H. I. Ansoff (1979), op.cit. (本章注 3), p.220. 前掲訳書，265 頁。
92)　C. I. Barnard (1948), op.cit. (本章注 90), p.138.
93)　fuctional planning を機能的計画 (化) と訳すと誤解を招くかもしれない。内容からすれば，全体のバランス，全体の関係を問題にしており，バーナードは functional で関数状況ないし関係性を表現していると思われる。
94)　C. I. Barnard (1948), op.cit. (本章注 90), p.171.
95)　小林路義・庭本佳和・中津孝司『現代グローバル経営の新機軸』創成社，1994 年，74-81 頁。
96)　飯野春樹『バーナード研究』文眞堂，1978 年。
97)　庭本佳和「近代科学論を超えて」『大阪商業大学論集』第 66 号，1983 年，124 頁 (本書第 4 章として所収)。
98)　C. I. Barnard (1948), op.cit. (本章注 90), p.145.
99)　L. L. Cummings, "The Logics of Management," Academy of Management Review, Vol.8, No.4, 1983, p.533.
100)　占部都美，前掲書 (本章注 65), ii 頁。
101)　加藤勝康「経営戦略論と経営認識：アンソフ『経営戦略論』をめぐる一考察」『オイコノミカ』[名古屋市立大学] Vol.6, No.2, 1969 年，65 頁。そこで加藤は「アンソフのいう経営戦略的決定は，このような協働システムの論理にもとづくバーナード流の経営認識の基礎の上にこそ，その真の意義を理解することができる」と指摘し，当時大学院でアンゾフを学習し，それを経営学的に評価しようとしていた私をひきつける響きをもっていた。
　　　庭本佳和「アンソフ『企業戦略論』の経営学的意義」『千里山商学』第 6 号 (1973) は拙い研究ではあったが，それが結実したともいえる。しかし，本当の意味では，加藤の指摘を理解できず，それが私のバーナード研究のきっかけともなった。また，本章の問題意識自体が加藤に多くを負っている。
102)　藤本隆宏「アンソフの戦略論」土屋守章編『現代の企業戦略』有斐閣，1982 年，53 頁。
103)　H. I. Ansoff (1979), op.cit. (本章注 3), p.129. 前掲訳書，155-156 頁。
104)　I. I. Mitroff and R. O. Mason (1982), op.cit. (本章注 54), p.364.
105)　H. I. Ansoff (1979), op.cit. (本章注 3), p.220. 前掲訳書，265 頁。
106)　H. I. Ansoff (1965), op.cit. (本章注 1), p.110. 前掲訳書，137 頁。
107)　H. Mintzberg, "Strategy Formation : Schools of Thought," J. Frederickson ed.,

Perspectives on Strategic Management, Ballinger, 1990.
108) H. ミンツバーグ・B. アストランド・J. ランペル／齋藤嘉則監訳『戦略サファリ』東洋経済新報社, 1999 年 (原書は 1998 年)。
109) H. ミンツバーグ・B. アストランド・J. ランペル, 前掲訳書, 49 頁。
110) 庭本佳和「動的組織観の展開」大橋昭一・奥田幸助・井上昭一編『現代の経営と管理』ミネルヴァ書房, 1992 年, 第 4 章。
111) M. E. ポーター／竹内弘高訳『競争戦略論Ⅰ・Ⅱ』ダイヤモンド社, 1999 年。
112) M. E. Porter, "What is Strategy?," *Harvard Business Review*, November-December, 1996.
113) M. E. Porter, "Strategy and the Internet," *Harvard Business Review*, March, 2001.
114) B. Wernerfelt, "Resource-Based View of the Firm," *Strategic Management Journal*, Vol.5, 1984, pp.171-174.
115) C. K. Praharad and G. Hamel, "The Core Competence of the Corporation," *Harvard Business Review*, May-June, 1990, p.80.
116) G. Hamel and C. K. Praharad, *Competing for the Future*, Harvard Business School Press, 1994, p.199. 一條和生訳『コア・コンピタンス』日本経済新聞社, 1995 年, 254 頁。
117) D. J. コリス・C. A. モンゴメリー／根来龍之・蛭田 啓・久保亮一訳『資源ベースの経営戦略論』東洋経済新報社, 2004 年 (原書は 1998 年), 45-46 頁。
118) J. B. バーニー／岡田正大訳『企業戦略論 上』ダイヤモンド社, 2003 年 (原書は 2002 年) 245 頁。
119) J. B. Barney (2001), *op.cit.* (本章注 7)。
120) J. B. Barney, "Is Substained Competitive Advantage Still Possible in the New Economy? Yes," *Harvard Business Review*, March, 2001.
121) D. レオナルド／阿部孝太郎・田畑暁生訳『知識の源泉』ダイヤモンド社, 2001 年, 第 2 章。
122) D. J. コリス・C. A. モンゴメリー, 前掲訳書, 37 頁。
123) K. R. Andrews, *op.cit.* (本章注 41), p.97. 前掲訳書では, この脚注が抜け落ちている。
124) P. Selznick, *Leadership in Administration*, Harper & Row, 1957, pp.39-40. 北野利信訳『組織とリーダーシップ』ダイヤモンド社, 1963 年, 56 頁。
125) *Ibid.*, p.139. 同上訳書, 193 頁。
126) *Ibid.*, p.50. 同上訳書, 69 頁。
127) C. I. Barnard (1948), *op.cit.* (本章注 90), p.145. 前掲訳書, 146 頁。
128) W. B. Wolf and Haruki Iino eds., *Philosophy for Managers : Selected Papers of Chester I. Barnard*, Bunshindo, 1986, p.162. 飯野春樹監訳『経営者の哲学』文眞堂, 1986 年, 234 頁。
129) これらの事実は既に飯野によって明らかにされている。飯野春樹『バーナード研究』文眞堂, 1978 年, 262 頁。
130) 中橋國藏『経営戦略論の発展』兵庫県立大学経済経営研究叢書 LXXⅡ, 2005 年。

第 12 章
現代組織理論の自己組織思考
——オートポイエーシスとバーナード理論——

I コンティンジェンシー理論旋風と自己組織思考の台頭

　現代組織理論の原型は，構造的把握から過程的把握へ転換をはかったバーナードによって，1930年代にほぼ確立された[1]。この転換は組織の静態的把握から動態的把握への転換であった。組織とは過程（プロセス）であり，「二人以上の人々の意識的に調整された活動ないし諸力」が流れゆくシステムだとすれば，変化・変動こそ組織現象の常態であり，そこに本質もある。この組織像＝動態的組織観[2]は，空間的にも時間的にも絶えず変動を余儀なくされている現実の組織現象とも合致しよう。

　ところで，過程的思考と道徳的（価値的）創造性の強調によって，組織変動論の先駆けともなったバーナード理論以降，組織論は必ずしも十分に意識して組織の動態を描いてこなかった。たとえば，論理実証主義の枠内でバーナードを継承して自らバーナード＝サイモン理論と称したサイモンの場合，「制約された合理性」と「満足原理」概念を駆使して見事な組織革新論を展開しているが[3]，革新や創造の鍵を握る価値的側面を排除したこともあって，動態的組織論としてはもともと限界をもっていた。このような限界は，継続的・経時的な研究ではなく，一時点の断面的な組織構造分析をとったコンティンジェンシー理論に特に著しかった。

　1960年代に大きなうねりとなったコンティンジェンシー理論は，わが国では70年代から80年代初頭にかけて，一大衝撃を与えた[4]。現実重視とその統計的・科学的方法は，才気溢れる若手研究者を魅了せずにはおかなかっ

たからである。文献研究に偏りがちであった当時のわが国の場合，ことのほかその衝撃はすさまじかった。「一般的普遍理論はあり得ない」という認識のもとに，管理過程学派，普遍学派が批判されただけではない。何よりも同じ一般理論として成立していたバーナード理論やサイモン理論を直撃し，激しく狙い打った。コンティンジェンシー理論は，管理過程学派の主張する管理原則・組織原則の普遍妥当性を否定したが，組織観まで葬り去ったわけではないからだ。構造を重視するその方法は，むしろ静態的組織観に科学の衣を被せて再生させたともいえる。少なくとも伝統的組織観は，精緻になって息を吹き返し得る。だがバーナード理論やサイモン理論は生きる道は険しい。コンティンジェンシー理論の科学観と通底するものをもっているサイモン理論が生き長らえたとしても，科学観が異なるバーナードの動態的組織観は絶滅の淵に追いやられたのである。まさに静態的組織観の猛烈な逆襲であった。

　70年代から80年代初頭を吹き揺さぶったコンティンジェンシー理論であったが，上述した方法的バイアスから，組織ダイナミズムを描こうとすると，意外な弱点をもっていた。まず静態的な環境決定論に陥りやすく，戦略などの重要な変数が無視されがちであった。また変化への視点が乏しく，その環境理解は実に平板である。当然に組織への時間的考察を欠き，組織発展プロセスの把握が難しい。さらにコンティンジェンシー理論が想定するほど，組織構造の変革が容易でないことも，ポピレーション・エコロジーによって明らかにされている[5]。

　コンティンジェンシー理論の方法に対する反省もあって，1980年代後半以降，組織研究は環境適応のための戦略変動を基礎づける組織変動の内生プロセスに関心を移してきた。組織文化論や，ルース・カップリング概念を駆使したワイクの組織進化論[6]はその典型であろうが，社内ベンチャーの実証的研究から展開されるバーゲルマンの進化論的戦略論[7]などもこれに入るだろう。特にワイクの主張は，マーチ＝オルセンの「ゴミ箱モデル」[8]と並んで，合理性万能の組織理解を脱却させ，組織理論のパラダイム転換推進に大きな役割を果たした。このようなパラダイム転換を直接表明するものが，

「ゆらぎ」にその特徴を代表させる自己組織パラダイムにほかならない。

もっとも,わが国の場合,ワイクの組織進化論(変異-淘汰-保持モデル)を超えるものとして,ヤンツ経由でプリゴジンの自己組織パラダイムが導入された[9]。このことが,その後の経営学,特に経営組織論における自己組織理解に少なからず影響を及ぼしたように思われる。いずれにしても,自己組織パラダイムに依拠して,進化論的戦略論や組織文化が語られ,この両者を結びつけて企業進化論も展開された[10]。それが,逆に自己組織パラダイムを台頭させ,普及させたともいえる。今や「ゆらぎ」表現は,組織論を超えてマーケティングや流通論にまで浸透するに至り,ファッション化している。「ゆらぎ」表現さえ持ち込めば,組織革新をはじめとする諸問題がすべて解決するかのような風潮を招いてしまった。そこに,プリゴジン理論を拡張することの危険さが指摘され,経営学における直観的アナロジャイズのひどさが批判される所以もある[11]。

それでも,ワイクの解釈システムとしての組織観[12]が一般化したのは,自己組織パラダイムのもとであった。さらに創造性と結びついて,情報が問われ,意味が問われ,組織認識や組織的知識の研究[13],ネットワーク組織研究[14]へと進んでいる。それらは実質的にはバーナードの動態的組織観の浸透を示していよう。それにもかかわらず,わが国では,そのことがバーナードへの認知へと必ずしも進んでいない。組織文化を語り,情報創造が問われ,ネットワーク組織論が展開されても,これまでバーナードに触れることはほとんどなかった。わずかに,暗黙知を重視した組織的知識創造論(野中)が否定的に触れるのみである。これはアメリカの事情とかなり異なっている。

たとえば「解釈システムとしての組織観」を確立したワイクは,「従来の貧弱な経営思考の中で,バーナードの非論理的な思考は例外だ」[15]と認識していた。「ごみ箱モデル」の提唱者で,最近では若き日に自らも参画したマーチ=サイモン理論を相対化して,組織学習,組織インテリジェンスの展開に力を注ぐマーチも,バーナードが経験学習や非論理的精神過程を重視したことを見逃していない。とりわけ,経験や知識の準則化(コード化)に注

目している[16]。もとより「協働する人びとの間では、眼にみえるものが、眼にみえないものによって動かされる。無から、人びとの目的を形成する精神が生じる」(p.284) と主張するバーナードは、人びとに共有され、内面化されるに至った価値、規範、信念などを早くから組織における文化だと理解していた。マーチはこの点にも触れ、バーナードが管理者の文化価値形成職能を強調したことに論及している。同様にバーナードに注目し、組織文化論に一つの流れを与えたピーターズ＝ウォーターマンも、ベストセラーともなった『エクセレント・カンパニー』(1981) の中で、バーナードが管理者とは価値形成者だと主張した最初の人だと認めた上で、このような考え方が不当にも無視されてきたことを嘆いてもいる。それどころか、「チェスター・バーナードが 1938 年に出した『経営者の役割』は、おそらく完全な経営理論 (a complete management theory) と呼ぶに値しよう。………それ以来、まともな組織理論は出ていない、と言ってもさしつかえない」とまで主張する[17]。いささか過大評価であり、この主張には与しないが、彼らの率直な思いに違いない。またドイツの著名な経営学者 E. ハイネンも、組織における道徳的・価値的研究、つまり文化価値研究が 1930 年代のバーナードに遡ることをはっきり認めている[18]。

　流れは明らかに変わった。バーナードの『経営者の役割』出版 50 周年を祝って刊行されたウィリアムソン編著『組織理論：バーナードから現在および未来へ』(1990)[19] は、それを象徴していよう。組織理論家 (B. レビット＝J. G. マーチ、W. R. スコット、G. キャロル、J. フェファー) に加えて、人類学者 (M. ダグラス)、政治学者 (T. M. モー)、経済学者 (O. ハート、O. E. ウィリアムソン) が執筆している。編者が組織経済学の泰斗というだけでなく、いずれも当代一流の豪華な陣容である。組織理論のパラダイム転換＝自己組織パラダイムの浸透とともに、バーナード理論への理解が深まり、その動態的組織観は確実に浸透し始めた。バーナードへの批判的見地からとはいえ、W. G. スコット『チェスター・I・バーナードと管理国家の主護者たち』(1992)[20] もこの流れに彩りを添えている。

　いわゆるバーナード論者は別にして、その理論に対する日米の経営学者、

組織論者のこの態度の違いは，どこから生じるのであろうか。

一つにわが国では，組織理論のパラダイム転換を押し進め，自己組織パラダイムの浸透に大きく貢献した主流派経営学者，組織論者が，バーナードを葬り去ったかつてのコンティンジェンシー・セオリストであったことと無縁ではあるまい。本来，厳しい自己の方法的反省に立った超克の道を歩むことなしに，コンティンジェンシー・セオリストが科学観の異なる自己組織パラダイム論者になることはあり得ない。しかし，自らの方法を苦悩の中から編み出すこともなく，アメリカから成果を導入することが多いわが国経営学の場合，その乗り換えは実に容易であった。当然，かつて自己が否定したもの，見逃したものへの眼差しは弱く，忘却の彼方へ霧散するのであろう。

いま一つは，シニカルにいえば，むしろわが国経営学における自己組織論者が自ら導入し提言した自己組織パラダイムに完全に乗り換えきれなかったことから生じたように思われる。自己組織理論もただの替え上着であれば，完全に乗り換える必要はなかったかもしれない。だが，バーナード理解には少なからず影響を及ぼした。これは，経営学における自己組織論者の自己組織理解にかかわる，より本質的な問題である。本章では，自己組織性の再検討を通して，まずこの点を明らかにする。次いで，自己組織理論の射程にバーナード理論を捉え，そのことでバーナード理論の何が明らかになるかを示してみよう。

II 自己組織理論とオートポイエーシス

1 自己組織理論の生成と発展[21]

自己組織理論とは20世紀版有機体論だともいわれる。有機体ないし生命の理論が，生命領域＝生命現象を超えて構想され一般化したものが，ウィーナーのサイバネティックスを含むシステム論であり，とりわけホワイトヘッド，ベルタランフィの流れで捉えられる有機体論的システム論にほかならない。当然，自己組織理論もこのシステム論の流れにある。

それでも，ウィーナーに熱い思いを抱く吉田[22]を除けば，フィードバッ

ク制御システムを，たとえ第 1 次自己組織性と限定しても，自己組織システムと認めるのは必ずしも一般的ではない。また環境と相互作用する有機体イメージが自己組織理論の生成基盤であり，原風景であろうが，環境との相互作用を強調するベルタランフィの一般システム論でさえ，自己維持できる側面が注目されている。ここでは秩序だった構造や自己維持は前提でありその生成動態ではなく，それが持続する仕組みと結果（関係や規則）を問うことになる。その解答が開放性（オープンネス）と動的平衡（動的均衡）システムであった[23]。それは自己組織の萌芽だとはいえても，未だ自己組織とは言い難い。

有機体（＝生命）の著しい特徴は，自己維持ないし秩序維持現象であるにしても，それを絶えず生成し，時には劇的に変貌させる成長（＝変動）プロセスにこそ本質的特徴がある。これを一般化したものが自己組織システムの構想にほかならず，秩序が変動を内包し，変動が秩序に至る，つまり秩序化と変動化を同時に実現する論理の構築が必要となる。それが現代社会に求められる組織統合の論理であろう。

コンティンジェンシー理論旋風が経営学に吹き荒れ，とりわけ組織研究を席巻していた頃，哲学，物理学，生物学，そして経済学において，逆にこのような事態を見据え，変動と統合（秩序）を同時に説明するような新しい動きや関心が生じていた。

たとえば，経営学の隣接科学である経済学において，「個人の自由と秩序」に早くから関心を示していたハイエクである。貨幣・景気変動理論を中心にした戦前（第二次大戦前）の業績に対してとはいえ，1974 年に彼にノーベル経済学賞が与えられたのは，そのような動きの一つの象徴であろう。彼が「自生的秩序」を中心に取り上げた大著『法と立法と自由』の第 1 巻を出版したのは 1973 年であり，全 3 巻を 1979 年に完成させている[24]。このハイエク理論が「新自由主義」の中心的教義として浸透してゆくのは 1980 年代であった。哲学においても，「規則に従いつつ規則を変えてしまう」ことに注目したヴィトゲンシュタインの「言語ゲーム論」（『哲学探求』1945 年）に関心が高まったのが，1970 年代後半からで，80 年代に入ってから本格化

し，広く社会学にまで浸透した[25]。物理学では，プリゴジンがニコリスと共に『非平衡システムにおける自己組織』[26]を著した1977年に，これまでの散逸構造論への貢献によりノーベル化学賞を授与された。これが自己組織パラダイムの形成に大きく寄与したことは周知の事実である。また生物学の分野では，マトゥラーナ＝ヴァレラが「オートポイエーシス」を論じたのが1973年であり，70年論文「認知の生物学」と合わせて，80年に『オートポイエーシスと認知』[27]として出版されている。これもまた，自己組織論を新たな次元に展開させた。

　経済学，哲学，物理学，生物学におけるこのような動きは，いずれも新たな秩序生成に関心を示しており，大きく自己組織パラダイムの流れをつくった。コンティンジェンシー理論の方法的反省もあって，組織変動の内生プロセスに研究関心を移していた経営学，特に組織論は，とりわけプリゴジンの自己組織理論に大きく影響された。「ゆらぎ」にその特徴を代表させるプリゴジン流の自己組織パラダイムに依拠して，経営理論が語られたこともあって，自己組織パラダイムは経営学の奥深くまで浸透したのである。それではプリゴジンの「散逸構造論」とはどのようなものか。

　「散逸構造 (dissipative structure)」とは，熱平衡から「遠く離れた (far from equibrium)」システムにおいてはじめて現れる巨視構造の総称で，「平衡構造」と区別するためにプリゴジンによって名づけられた[28]。この名称はdissipativeが消散 (scattering)，消費 (wastage)，放蕩 (debauchery) さえ意味するゆえに誤解を招きやすく，いささか不運な語法であるが[29]，その斬新な"ゆらぎ"解釈は自己組織化理論を切り開いた。プリゴジンによれば，システム均衡を破壊すると信じられていた「ゆらぎ」は，エネルギーと物質の流れを伴った均衡から十分遠い状態でのみ新しい秩序を出現させることができる。「ゆらぎを介した秩序 (order through fluctuation)」にほかならない。その意味では散逸構造の進化は自己決定的なのである。

　ところで，この進化過程に含まれる"ゆらぎ"は，マクロ構造のパラメーターのゆらぎというより構造的ゆらぎであり，ミクロ構造で偶然に始まる動

き（ミクロ的ゆらぎ）によって，構造に非平衡をもたらす。これが臨界点（閾値）を超えると，構造的ゆらぎによる不安定，ひいては散逸の増大を招き，閾値の修正に導くマクロ的進化を促すのである[30]。それは元の状態に戻るホメオスタシスではなく，新たな秩序を形成する能力としてのホメオレシスであろう。ハーケンもまた同様に，レーザー光線の研究から，ミクロ・レベルの分子の動きが結果的に協力し合って全体として新しいマクロ構造を生成させる「協同現象」を明らかにし，その研究を「シナジェティックス」と名づけている[31]。ここに，秩序の破壊と創造が同一形式で捉えられ，非平衡（不均衡）が進化の源泉と積極的に評価されることになる。"ゆらぎ"に象徴される自己組織の確立である。もっとも，創造性はあくまでマクロレベルに結果として現れるのであって，ミクロレベルの分子の偶発的動き事態に創造性の種が宿っているのでないことには注意を要するだろう。

　プリゴジンは，このように拡散する散逸構造（＝自己組織化）が物理現象（熱力学現象）にも存在することを証明したが，それが必ずしも社会現象を説明するものでないことを承知していた。それにもかかわらず，当初から関心を抱いていた化学現象，生命現象への適用どころか，プリゴジン自身が時に社会現象にまで拡大して説明を試みることもあって[32]，散逸構造や"ゆらぎ"概念は，今や熱力学の枠を超えて広く応用され，経済学や経営学，とくに組織論にまで浸透してきた。それとともに"ゆらぎ"概念の理解にも微妙なゆらぎ，つまり微妙な変化がある。

　もともと，"ゆらぎ"は，マクロ法則から逸脱する確率頻度，つまり統計的平均値からのズレという意味で導入された。散逸構造論は，この"ゆらぎ"が時に結果として新たな秩序を構成する仕組みを問い，明らかにしたところに，核心がある。ところが，それを生命現象へ拡大して「個々の癌細胞は『ゆらぎ』だと考えられる。その出現は制御できず，絶えず現れ，複製によって増殖してゆく」[33]と語るとき，"ゆらぎ"は単なる秩序からの逸脱にすぎず，秩序生成の論理は失われている。

　この"ゆらぎ"概念が経営学や組織論に導入されるとき，意図的な秩序からの逸脱と解され，意図的にゆるがせば，組織革新や組織創造性に繋がると

いう安易な議論に陥りやすかった。これには経営学者自身の責任が大きいにしても，その原因の一端はプリゴジンの「ゆらぎ」説明に既に内在している。また，経営学者が依拠したヤンツの影響も無視できない[34]。プリゴジンの「序」で始まるヤンツの著作は，プリゴジンのアイデアを中心にしつつも，多くの自己組織に関する主張を結びつけて，しかも散逸構造＝オートポイエーシスという認識[35]のもとに，社会現象や文化現象，そして経営現象まで論じているからだ。トイプナーもオートポイエーシスと「これら概念を互いに区別することなく用い」るヤンツに「ここでとくに不愉快なのはヤンツである」と不満を表明している[36]。

　自己の秩序生成プロセスを問題にするプリゴジンの散逸構造論＝自己組織化論と，その自己を問うオートポイエーシス論とは，問いの次元がまったく異なっている。それにもかかわらず，散逸構造＝オートポイエーシスと理解されているために問いの違いに気づかないのか，わが国では，オートポイエーシス論に立って自己組織を論じた経営文献はほとんどない。このことは，わが国経営学における自己組織論者が自ら提唱した自己組織パラダイムに完全に乗り換えきれない事態を招いたのではないだろうか。他方，アメリカでは，「散逸構造＝オートポイエーシス」というヤンツの影響のもとに，同様に問いの違いに気づかないまま，両者に等しく論及する経営文献が見られる[37]。しかし，それが同時に，自己組織論の新たな展開ともいえるオートポイエーシス論に依拠して組織変革の論理を構築しようとする試み[38]や，組織的知識研究へオートポイエティックなアイデアを適用しようとする試み[39]への道を開いたといえる。

　ところで，散逸構造＝オートポイエーシスをわが国の経営学者がどう受け取ったかはともかく，次のことだけは指摘しておかねばならない。「ゆらぎ」は，循環的自己規定システムであるオートポイエーシスの論理に基づいてこそ，新たな秩序形成に繋がるのであり，「ゆらぎ」が自己創出＝オートポイエーシスの論理を形づくるのではないのである。とすれば，まずはオートポイエーシスの論理の理解こそが重要である。ここに，マトゥラーナ＝ヴァレラが展開したオートポイエーシスの論理を探ってみよう。

2 自己組織理論としてのオートポイエーシス

ヴァレラによれば，免疫システムに関する N. K. イェルネの「ネットワーク説」[40]に啓発され，さらにこれを拡張・発展させようとしたものが，オートポイエーシス・システムの構想である[41]。免疫システムにとって，「自己ならざるもの」から「自己」を峻別することが何よりも必要であるが，神経システムから出発して生命システムの原理を探るマトゥラーナ＝ヴァレラにとっても，免疫学が教える視点は重要であった。成長や自己の秩序生成は生命の大きな特徴であるが，それを一般化した自己組織理論は，当の生命たる自己を問うことがないからだ。しかし，マトゥラーナ＝ヴァレラは，自己生成する，当の自己に視角を据え，いささかなりとも生命に迫り，それを一般化しようとする。「言語が何かを語りうるのは，当の言語によってしか語ることができない」。この認識が「生命とは何か」を問うマトゥラーナ＝ヴァレラの出発点である。

ここから，生命システムを環境から規定される開放系（オープン・システム）と見なすことが放棄される。環境というコンテキストに言及し，他者言及システムとして記述するのが，自己組織化に至る従来の方法であった。そこでは観察者の眼が大きな役割を果たしている。これに対し，マトゥラーナ＝ヴァレラは「生命システムで生じることはすべて，それ自身との関係から必然的，構成的に規定されて生じる」として，システムのあり方をシステム自身との関係から明らかにする円環的な自己言及システムとして記述しようと試みた[42]。これは，これまでの自己組織理論と大きく隔たっており，それを明確に示すために創り出されたのが，「オートポイエーシス（autopoiesis）」という言葉にほかならない。これは，auto＝self と poiesis＝production からなっており，「自己創出」または「自己生産」とも訳せようが，そのまま用いることにしよう。

マトゥラーナ＝ヴァレラによれば，「オートポイエーシス・システム（autopoietic machine）は，構成要素（components）が構成要素を産出する産出（変形および破壊）プロセスのネットワークとして，有機的に構成（単位体として規定）された（organized）システムである。このとき，構

成要素は次のような特徴をもつ。(1) 変換と相互作用を通じて自己を産出するプロセス（関係）のネットワークを，絶えず，再生産し実現する。(2) そのようなネットワーク（システム）を空間的に具体的な単位体として構成し，またその空間内において構成要素は，ネットワークが実現する位相領域を特定することによって自らが存在する」[43]のである。このようなオートポイエーシスの特徴は，①自律性，②個体性，③境界の自己決定，④入出力の不在性，である。この場合，④の入出力の不在性の視点が，①自律性，②個体性，③境界の自己決定性のすべてを理解する基底に働いていることには注意しなければならない。

「システムに入力も出力もない」という点が，他のシステム論や自己組織理論と異なったオートポイエーシス論の決定的主張である。しかし，従来の理解に従えば，入出力の不在性はオートポイエーシス・システムが閉鎖系を意味して理解しにくいが，これはシステム自体に据えた視点から語る記述方法をとった当然の帰結であった。マトゥラーナ＝ヴァレラは，オートポイエーシスを構成要素が構成要素を産出する「円環的な産出作動システム」と循環的に捉えている。したがって，システムの産出物がシステムを産出するシステム，つまりシステム（産出）＝産出（システム）であり，組織の場合であれば，組織（調整された活動）＝調整された活動（組織）ということになる。これは外的観察者の眼を必要としない説明で，システムに内的な視点をとる限り，入力も出力も見えてこないし，また見る必要もない。オートポイエーシス論のめざしたものは，システムの特質を，どこまでもシステムそのものによって意味づける新しい論理の構築であった。

入出力の不在性を理解する場合，マトゥラーナ＝ヴァレラの次の言葉もヒントになろう。「神経システムの作動を説明するためには神経システムを閉鎖する必要があり，知覚は外的現実の把握ではなく，むしろ外的現実の特徴化だ」[44]。これにヴァレラ＝バズが「生体は外界分子の『内部イメージ』に対応する」[45]と述べているのと重ね合わせると，そのおおよその意味が浮かび上がってくる。「外的現実を把握しない」という限りでは閉じているが，「外的現実の特徴化」とは内的視点に立った外部の内部化にほかならず，内

部化された外部に「『内部イメージ』によって対応する」という意味では開いているのである。これをルーマンは「オートポイエーシスの閉鎖性は，必然的に開放性を随伴する」[46]と巧みに形容した。もっとも，わかりにくさを解きほぐし，理解の手がかりを与える「知覚＝外的現実の特徴化」や，特にヴァレラの「内部イメージ」説は，オートポイエーシス論の場合，内的視点から生起していても，同時に外的視点に立つ従来の科学観との溝を埋めて橋渡しをするための説明戦略であり，凡庸な私たちを説得するためにヴァレラが放った媚びであることを見逃してはなるまい。内部イメージは外的視点からでも語りうる。マトゥラーナに比べたとき，まだしもヴァレラはこれまでの科学論者と折り合いをつける術を知っていた（マトゥラーナのような破壊力と魅力に欠けるということでもあるが[47]）。

ところで，上述のように解釈すれば，入出力の不在性＝閉鎖性とは開放性に対する新たな視点の確立ともいえる。この意味での円環的産出作動において，オートポイエーシス・システムは自律性をもち，個体性を保証し，自らの境界を決定し，位相空間的領域を特定して自己維持をはかるのである。ここに位相的領域を特定するとは，物理的空間としてではない。それは，自己産出の中で自らが環境との境界を確定し創り出す空間であり，自らが内部を構成することを意味している。境界の自己決定がこのようなものであれば，入出力がなく，また絶えず変動して外部を内部化し直すとしても不思議ではない。バーナードもまた，顧客を含む二人以上の人びとの調整された人間行為によって境界を区切られた組織は，空間的には漠然としたもので，「どこにも存在しない」というのが，組織体験者，特に管理者に共通した感覚だという。たとえ物的位置をもつとしても，間接的なものにすぎず，まして政治組織や宗教組織に至れば，「空間的広がりの概念をほとんど用いることができない」とも述べており，組織領域を位相空間的に理解していたものと思われる[48]。同時に，「バーナードの組織概念は広すぎる」とか「組織の境界が不鮮明」という批判を招くことになった（本書第5章，8章で論じた）。

いずれにしても，オートポイエーシス・システムは循環的自己規定システムであり，その特徴はすべてこれに由来する。ヴァレラが，二つの手が互い

に描き合う有名なエッシャーの版画『手』を用いて説明しようとしたものは，この循環的自己規定であった[49]。

III　オートポイエーシス概念の適用をめぐって
　　　──オートポイエーシス＝循環的自己創造システム──

1　オートポイエーシス論に対する批判的見解

　もちろん，オートポイエーシス論を自己組織理論の展開だと見ることへの批判もある。たとえば，社会学の見地から自己組織パラダイムの普及に大きな貢献をした今田は，「これはまさにホメオスタシスそのものである」と述べ，「そこでいう自己組織とは，社会科学でいう構造変動としての自己組織とは意味が異なる。それは自己維持のことである」と激しく批判し，「これが自己組織性の理論と早合点してはならない」[50]と注意を喚起している。1994年論文では，系統発生を「内部イメージ」に取り込むヴァレラ＝バズの主張に「新鮮な進化論的解釈だ」と一定の評価もみせて，その批判の眼差しは少し和らいではいるものの，「従来の恒常性維持メカニズムとしてきちんと定式化したと考えていいだろう」と述べて，オートポイエーシス論に対する基本的態度を堅持している[51]。この点は2001年著作でも変わっていない[52]。

　確かに，マトゥラーナ＝ヴァレラ自身がオートポイエーシス・システムをホメオスタティック・マシンと説明しているが，同時に彼らは「ホメオスタティック（というよりリレーション・スタティック）システム」と断っているように，それはあくまで自己産出する関係性の循環を（ホメオスタティックより）リレーションスタティックと説明したものである[53]。自己維持にしても，内的視点で捉えられており，外的観察者の視点で判断されたものではない。個体性も境界の自己決定性も同様の視点で貫かれている。したがって，観察者から見て，構造変動を起していようと，オートポイエーシス・システムの論理が貫かれている限り，問題にならない。たとえば，形態の異なるオタマジャクシとカエルとでは，自らの空間構造を劇的に変更しているだけではなく，排出される尿の成分が異なるほど生理機構も組み換えられてい

るという。だが，オタマジャクシやカエルの視点に立てば，自己産出循環が維持された結果の変態（＝構造変動）にすぎず，同一個体として境界を自己決定しているのである。つまりオタマジャクシとカエルの同一性を支えているものが，オートポイエーシス・システムの論理であり，システム内的な視点にほかならない[54]。今田はこの点を見逃している。また，構造の産出ではなく，構成要素の産出としたところにオートポイエーシス論の特徴があるのだから，「構成要素の変数を変換することによって，自在に自己の構造を組み換えてゆく」（河本）[55]と反論することもできよう。

　今田はオートポイエーシス論を継承したルーマンに対しても「オートポイエーシス論のみを評価し，散逸構造論やシナジェティックスを無視したことは，社会意味論として大きな制約をもたらす」[56]と手厳しい。それは，おそらく，ゆらぎやノイズを，構造転換に導く意味を活性化する「未然の意味」「深層シニフィエ」と捉えるからだ[57]。何を社会的に意味ある「ゆらぎ」と見るかはひとまずおくとしても，システム的「ゆらぎ」をシステム変動につなぐシステムに内在的な論理が問題であろう。「ゆらぎを通した秩序形成」を強調する今田の場合も，差異性と自省作用を担って"ゆらぎ"を引き起し方向づける「創造的個」が暗黙に想定されるだけで，これをどのように社会システムの構造変動に繋ぐのかが，それほど明確なわけではない。むしろ，今田が批判するルーマンがオートポイエーシス論を拡張解釈して，その接合の道筋を明らかにしている。

　より本質的なオートポイエーシス批判は，ゾロによってなされた。彼はマトゥラーナ＝ヴァレラの方法を矛盾した理念主義と現実主義に足場があると見る。それだけではない。マトゥラーナ＝ヴァレラの理念的な形而上学と等しいと見なされる認識論的現実主義は，認識プロセスはともかく，外部世界が存在することは認めているという批判である。これに対して，徹底した（ラディカル）構成主義パラダイムにオートポイエーシス論を捉える論者は「ラディカル構成主義は，存在論的現実を否定しない。その知識の識別化とそこに生じた差異による作動に導かれる認識有機体が『現実』世界を存在論的に知ることができるということを，それは単に否定するだけだ」と反論する[58]。

第12章　現代組織理論の自己組織思考—オートポイエーシスとバーナード理論—　391

　もちろん，生命現象，つまり「生きていることとはどういうことなのか」を説明しようとしたマトゥラーナ＝ヴァレラは，生命が自然界（物的世界）に生きていることを承知しており，外部世界が存在することもわかっている。ただ，生命を説明する際に，外部世界を持ち込まないで済む記述方法を編み出しただけだ。しかし，それが近代科学的方法＝対象的方法を超える内的視点に立つことではじめて可能になったところに革命性がある。ゾロに限らず，「唯我独尊的だ」をはじめ，オートポイエーシス論に対する批判は多い。

2　社会システムへの適用

　オートポイエーシスを社会システムに適用しようとするとき，人間を社会の構成要素と見たマトゥラーナ＝ヴァレラは頓挫してしまう[59]。オートポイエーシスの定義上，社会をオートポイエーシスとみれば，人間のオートポイエーシス性を喪失してしまうからだ。ここから創造的な個人を放棄できないマトゥラーナは，カップリング概念をもちだして社会システムをオートポイエーシスになぞらえて語るにとどまり[60]，ヴァレラはオートポイエーシスの適用を有機体に限定しようとする[61]。このようにオートポイエーシス概念の社会現象への適用はかなり難しい。ここに，オートポイエーシス概念の社会的適用をめぐって，メタファー的活用，生命論的視座，社会学的拡張，の3つの立場が生まれる。

　組織論にいち早くオートポイエーシス概念を持ち込んだガレス・モーガンは，それを組織維持あるいは組織と環境の関係を考察する際にメタファーとして用いた[62]。ただ，メタファーとしてのオートポイエーシス概念の適用は，マトゥラーナ＝ヴァレラが苦悶した存在論的問題もないが，これを克服する論理の構築もなく，本章には大きな力を与えない。そこで以下では，生命論的オートポイエーシス概念の適用と社会学的拡張適用に絞って考察することにしよう。

(1)　生命論的オートポイエーシス概念の適用

　もともとマトゥラーナ＝ヴァレラは，社会や組織を説明しようとしたので

はなく，生命現象を，つまり「生きているとはどういうことなのか」を説明しようとした。そこから生まれたオートポイエーシス論は，その限りでは客観的現実の説明であった。マトゥラーナが「オートポイエーシス概念（notion）は，生命システムを物的空間（physical space）における自律的実体（autonomous entities）と十分に特徴づける」[63]と述べるのは，このためである。このマトゥラーナの説明は，あらゆる生命はオートポイエーシス・システムであるが，あらゆるオートポイエーシス・システムが必ずしも生物でないことを暗示している。それでも，生命のオートポイエーシスをできるだけ尊重して社会システムに適用しようとするのが，マトゥラーナや彼の影響を受けた社会学者 P. ハイル（Hejl）であり，「組織はオートポイエティックか？」と問う R. ケイ（Kay）である。

この立場は，社会システムがオートポイエーシス・システムかどうかの吟味から論を起こさざるを得ない。マトゥラーナ＝ヴァレラもそうした結果，上述したように，社会システムへのオートポイエーシスの直接的な適用に踏み切れずに距離をおいた。マトゥラーナは，厳密なオートポイエーシス概念を生物現象にとどめおき，社会現象にはオートポイエーシスの産出原理に類する「生成メカニズム」だけを適用しようとする。そこでは，本質的に非物的である社会システムも自然的あるいは物的構成要素で，オートポイエーシス・システムである個人から構成されたものとなる。つまり社会は「連結された人間からなるシステム」にほかならず，人びとが社会システムを産出すると想定されている[64]。しかし，このように把握されたマトゥラーナの社会システムが「みせかけのオートポイエーシス」であることは否定しようもない[65]。

ケイによれば，オートポイエーシス論の社会的適用で最も支持されているのが，社会システムを人間オートポイエーシス・システムの複合体とする見方である。ハイルもまたこれを受け継いで，社会を個人が互いに作用し，自己保存優先で自然環境と相互作用するプロセスだと構成的に描く。この社会規定からケイは，① 社会生成に対する人間の中心的役割，②「現実環境」に関する存在論的説明，③ 単一体としてのオートポイエーシス・システムの

維持に言及する自己保存第一主義を重要な点と析出し，マトゥラーナ＝ヴァレラの研究，特にヴァレラのオートノミー概念と一致すると高く評価している[66]。だが，ハイルの「構成単位としての社会システム論」もまた「オートポイエーシスに類するもの」にすぎない。そして，オートポイエーシス概念はオートノミー概念に吸収されるようなものでもないが，もしオートノミー概念で済むなら，オートポイエーシス論は不要である。

(2) 社会学的拡張適用
——オートポイエーシス＝循環的自己創造システム——

　社会は，生命論的意味でのオートポイエーシスを前提にして人間を社会の構成要素とする限り，厳密にオートポイエーシスとして描くことは難しい。だが，この難問は，人間をその構成要素から除外したバーナードの活動的組織理解にヒントを得たルーマンによって超えられてゆく。事実，「社会システムは心身をもった具体的な人間から成り立っているのではない。それは具体的行為から成り立っているのである。人間は………社会システムの外に位置している。すべての人間は………その社会システムにとっては環境なのである」[67]というルーマンの叙述は，バーナードに依拠してなされた。そのことは「組織論においては，この見解はバーナード（Barnard 1938, S.65ff）によって強力にそして一貫して主張された。ちなみに，組織は人間から『成り立っている』のではないというこのテーゼは，その理論的帰結である，組織にとって成員との関係は『外的』関係であるというテーゼと同様，あまり受け入れられない」という脚注が物語っている[68]。そして，バーナードの場合，行為を生みだす潜在的基盤がコミュニケーション的相互作用であった。それが社会であり，非公式組織だと理解している（本書第1章Ⅳ-1参照）。そこから生成するのが，（調整された）行為システムである（公式）組織にほかならない。

　組織成立の3要素としてコミュニケーション，共通目的，協働意思をあげたバーナードは，とりわけコミュニケーションが，目的形成機能，協働意思確保機能，ひいては，組織形成機能をもっていると承知していた。当然，彼

は『経営者の役割』(1938) で社会や非公式組織がコミュニケーション的相互作用からなることを予想させているが，1943年論文[69]ではそれを明示している。バーナードが明らかにしたように，行為がコミュニケーションによって生成し，行為のコンテクストがコミュニケーションであってみれば，「社会システムはコミュニケーションから成り立っている」と言い切るまでに，それほど距離があるわけではない。社会システムに適用するためのオートポイエーシスのこの変更と拡大は，全面的にルーマンの強靭な翻訳力に基づく創意と飛躍によってもたらされたとの指摘[70]にかかわらず，バーナードの大きな創意の上にルーマンの小さな飛躍が生みだした。

　ルーマンはオートポイエーシスを生命のオートポイエーシスを超えて一般化し，それを理論装置として導入して，社会システム自体をオートポイエーシス・システムとして記述しようとする。ここに，あらゆる生命システムはオートポイエーシス・システムとして記述できるが，あらゆるオートポイエーシス・システムは必ずしも生命として描けないことになる。ルーマンによれば，「社会システムは，オートポイエティックな再創出の様式としてコミュニケーションを用いる」という。したがって「社会システムの要素 (elements)——システムの究極の構成要素 (components)：筆者——は，コミュニケーション・ネットワークによって回帰的に生産・再生産（または創出・再創出）され，そのようなネットワークの外では存在し得ないコミュニケーションである」[71]。

　ルーマンにあっては，社会システムは，社会，相互作用，組織の一般概念，包括概念だから，論の帰結上，これらすべての社会システムの要素はコミュニケーションであって，組織の構成要素も当然にコミュニケーションとなるはずである。トイプナーもそれを認めている[72]。確かに，ルーマンも「社会とはコミュニケーションによって社会として再生産されるもののことだ」[73]と説明するし，相互作用を社会とは異なった類型の社会システムと認めた上で，自らにとってコミュニケーションの性質をもつ出来事をすべて囲い込む社会との対比で，相互作用の構成要素としてのコミュニケーションの特質を叙述している[74]。ところが，組織の構成要素についてはほとんど語

らない。そのためか，ルーマンが「社会システムの構造は予期（expectation）からなる。………それらは予期の構造であり，そして………それ以外に社会システムの構造の可能性はあり得ない。なぜなら社会システムはつかのまの行為－出来事をその要素とするからである」[75]，「行為のもつ意味観点が，その行為に向けられた予期に対して反応している場合，そして反応している限りで，（決定を取り上げてもよい）」[76]と述べていることを論拠に，「『意思決定が予期に生じる自己言及を現実化し』，したがって組織が意思決定に基づいて作用する社会システムだと解釈されるので，意思決定はルーマンにおいて重要である」[77]と，組織の構成要素がコミュニケーションでなく，意思決定であるかのように語る論者も現れる。ルーマンを基礎に組織のオートポイエーシスを論じる長岡もその一人と思われる（第8章参照）。

　ところで，ルーマンによって社会システムの構成要素と主張されたコミュニケーションとは，移転メタファーに代表される伝達活動だけを指していないことには注意を要する。ルーマンの場合，コミュニケーションとは，情報（information），発話（utterance），理解（understanding）の統一体である[78]。それぞれ言語化・概念化，対話，知識・暗黙知がこれらを支えている。コミュニケーションが，誤解を含めた理解を含むものとすると，これに続くコミュニケーションがなければ，成立しない。コミュニケーションの理解や意味確定には，次々とコミュニケーションが不可欠であり，その反復的産出が社会システムを構成している。当然，社会はコミュニケーションが生みだす意味に支えられた意味システムにほかならない。したがって，コミュニケーションを構成要素とする社会システムが維持されているのは，何らかの「意味共有」がなされているからだ。

　社会とコミュニケーションがこのようなものであれば，理解＝意味が問題である。そこでは，語られた（言語化・概念化された）ものが伝わらず，逆に語り得ないものが伝わることも珍しくない。そもそも言語化の過程で意味の捨象や隠喩や換喩による意味の転移が生じることもある[79]。語られたものであれ，語りえないものであれ，情報や知識がそのまま理解され共有されるのではなく，コミュニケーションは微妙な意味のズレを伴いながら，拡大

したり，縮小したりする。その微妙な意味のズレが社会システムにおける「ゆらぎ」にほかならない。これがコミュニケーションを切断するほど大きな裂け目となれば，社会システムは崩壊の危機を迎える。逆に，コミュニケーションにおける意味のズレがさまざまなコミュニケーションを誘発して新たな意味で埋められるとき，言い換えれば，コミュニケーションの連結のなかから情報が共有され理解が成立したとき，コミュニケーションは異なったレベルへ移行している。これが社会や組織に変動をもたらす。このように「コミュニケーションによって社会として再生産される」社会は，社会＝社会に違いないが，それが形式論理的に前項と後項の同一性（自己維持）を保持することを示すと同時に，位置の違いが内実の違い（社会≠社会）を表す循環的自己創造システムなのである[80]。

　最後に，独自のオートポイエーシスに立脚し，生命システムでなくなった社会システムのエコロジー的，環境問題的意味に簡単に触れておきたい。（生物的）生命性を失った社会システムは，自己の内に生命に響き合うものがないためエコロジー的危機（地球環境問題）に鈍感になり，それを内部化するのに不利にも見える。しかし，エコロジカルな自覚や地球環境問題に関する議論を，コミュニケーションからなる社会システムはコミュニケーションによるコミュニケーションの再生産を通してコミュニケーション問題とし，社会的コンテクストに落とし込むこともできる。現代社会はエコロジー的コミュニケーションを次々繰り出すことによって，自己を再構成し続けて，地球環境問題に迫り，これを克服できる方法を進展させ，超えてゆくのである。おそらく，それがエコロジー危機へのルーマンの対応だと思われる[81]。

Ⅳ　現代組織理論とバーナードの復権
――オートポイエーシス論からの照射――

　循環的自己規定（維持）システムが同時に循環的自己創造システムでもあり得ることを示したオートポイエーシス論は，変革や変動が同時に秩序や統

合(変動=統合)であるような,あるいは秩序や統合が変革や変動を内包する(統合=変動)ような組織統合の視点と論理をもっている。確かに,生命現象の新しい解釈としてマトゥラーナ=ヴァレラによって提出されたオートポイエーシス論は,社会現象への適用に失敗した。彼らに代わって,オートポイエーシス論を変更し拡張して,社会システムへ適用の道を切り開いたのは,ルーマンである。このルーマンの変更と拡張にバーナードが貢献していることは既に指摘したが,絶えず変動する組織の研究に対して,オートポイエーシス論は大きな可能性を秘めている。しかし,社会,相互作用,組織を包含する社会システムを取り上げたルーマンの分析水準は,組織の分析水準より抽象度が高い(これは理論の抽象度が高いということとは異なる)。それは,組織は社会システムだとはいえても,社会システムは組織だといえないことからでも明らかだ。そのため,マトゥラーナ=ヴァレラのオートポイエーシス論や,とりわけ組織論とほぼ重なるルーマンの社会システム論でさえ,そのまま組織論のパラダイムとなり得るのかは吟味を要しようが,論理や記述様式は分析水準を超えて貫かれている。少なくとも強力な武器には違いない。

　組織論で,内的視点に立つオートポイエーシスの論理と記述方法をとるのは,バーナードである。しかし,バーナードは,社会システムにオートポイエーシス概念を適用したルーマンのように,組織システムにオートポイエーシス概念を適用したのではない。順序は逆であって,まずは「バーナード理論ありき」だ。それを30年後に出現したオートポイエーシス論から照射すると,難解なバーナード理論の一部が氷解するにすぎない。

　たとえば,オートポイエーシス・システムは,システムと構成要素の間の循環的規定によって定義されているが,それはバーナード理論の特徴でもある。バーナードのシステム定義が自己言及的であることは,既に指摘されているが[82],コミュニケーション,共通目的,協働意思(貢献意欲)がバランスよく結びつくことに条件づけられて成立する組織の定義「二人以上の人びとの意識的に(consciously)調整された活動ないし諸力のシステム」もまた,調整主体が組織それ自体という循環的定義となっている。この循環的

定義は，バーナード研究者に早くから指摘され，組織調整主体説に立つ「意識的に」か，循環的定義に陥らない個人調整主体説に立つ「自覚的に」かというconsciouslyの訳語（本質的には組織理解）をめぐって，論争（加藤－飯野論争）[83]もなされてきた。だが，システムをその内側に視点を据えてシステムそれ自体から語ろうとすれば，「循環的定義」にならざるをえないことを，オートポイエーシス論は明らかにしている。

確かに，バーナード理論は，行為する経営者であると同時に認識者であったバーナード自身が永年の経験から感得した「組織感（＝行為的直観＝行動知）を駆使して，経営現象の内奥から鋭く捉えた産物であり，システムそれ自体の視点から語られている。ともすれば，バーナードの混乱と思われた循環定義が，システム内に視座を据えたバーナードの理論構築の方法の帰結であることを，オートポイエーシス論は示してみせた。逆にみれば，バーナードは，有機体論的システム論がようやく胎動し始めた1930年代に既にオートポイエーシス論の視点と記述方法を確立していたといえる。少なくとも，その萌芽ではあったろう。

マトゥラーナ＝ヴァレラが「生命とは何か」を問い，オートポイエーシス論を展開したのと同様に，バーナードは「組織とは何か」を組織それ自体から問う視点を確立した。バーナードの組織感＝組織に内的な視点から捉えれば，組織は構造ではなく，「コミュニケーション・システム」であり，人でも資本でもなく，「活動そのもの，あるいは活動の連結システム」であった。このようにコミュニケーションと活動，もう少し明確にいえば，「コミュニケーションを通して調整された活動」を重視すれば，組織貢献者として従業員と顧客との違いはなくなってしまう。バーナードが顧客を組織貢献者に加えたのは，吉田が指摘するような研究者の視点[84]というより，自らが協働現象を現出する経営者としての行為的直観（内的視点）で捉えたからであった。しかも，コミュニケーションと活動を引き起こすものがコミュニケーションと活動であり，それによって組織の境界が決定される。ここに，「顧客を含むバーナードの組織概念は広すぎる」という批判や「組織の境界があいまいだ」という指摘も生まれるが，それら批判はこの内的視点にも，そし

て組織定義がそれに基づいた叙述だということにも気がついていない。

　顧客のコミュニケーションと活動が組織のコミュニケーションと活動に連結すれば，それはもう組織なのである。より厳密にいえば，「コミュニケーションによって調整された活動」，とりわけ「調整された（人間）活動」が組織にほかならず，組織（調整された活動）＝調整された活動（組織）となる「オートポイエーシス・システムとしての組織」が成立する。ここから，バーナードは人間を排除した活動的組織観を展開するのである。組織を人間でなく，「調整された活動および活動の連結」と理解して，人間を組織の環境と捉えたことが，組織に対峙し得る個人の存在を可能にした。人間と組織は互いに環境なのであり，相互自律的である。もとより，組織が人間の活動から成り立ち，個人の行為が組織を起動したり，抑制したりする組織エネルギーの源泉であるから，人間と組織は個々の行為を奪い合い対立する関係と，時に共有し，行為を介して互いの力を移転しあい活用しあう関係にもある。したがって，組織にとって環境である個人の発展や創造性の発揮が，組織におけるコミュニケーションと活動の内実を変化させて，組織の発展に繋がっても不思議ではない。そのように捉えられた組織は，内的視点からは組織内部しかなくて閉じていても，観察者の眼からは外部を内部化しており，組織と環境との関係を，組織内に取り込んでいる。内的行為者の視点が，開放性の新たな意味づけを可能にした。

　行為者の眼に代位された組織に内的な視点は，価値（道徳性）の重要性も見逃さなかった。バーナードはさまざまな範囲とレベル（社会，共同体，非公式組織）に文化＝価値が成立すると見たが，社会価値（全体社会の文化）を独特に内在化した個人価値を背負った組織貢献者の濃密なコミュニケーションによって，組織価値が創られる。これが自己のアイデンティティの保持（自己維持）に寄与し，組織目的（これ自体が解釈されている）とともに，組織の自己産出の方向性を決定するのである。もっとも，組織価値に従ったつもりの行為が，行為を組織に提供する個々人の解釈の違いから，ズレるのも常である。それが組織における"ゆらぎ"をもたらそう。ここに組織価値も変化する。

この変化が，社会価値を独特に内在化した組織貢献者の個人価値と組織価値との交叉によって起こることもある。個人価値の変容は，その提供する活動の変容となって組織を変質させ，組織価値の変容を迫るからだ。これは組織にとって小さな"ゆらぎ"といえる。ここに組織は，濃密なコミュニケーションを経て，社会価値やそれを独特に内在化した個人価値と対立や葛藤を吸収・統合する新たな組織価値を創造せねばならない。これに失敗すると，従業員や顧客といった組織貢献者を失い，調整された活動からなる組織は一部で次の調整された活動を産出できず，大きな"ゆらぎ"に見舞われる。この"ゆらぎ"が循環的な調整された活動を断ち切るとき，組織は崩壊する。逆に，大きな"ゆらぎ"で生じた組織的裂け目が，新しい意味（組織価値）で埋められ，調整された活動が次々循環するとき，組織は発展しながら存続する。いずれに転ぶかは組織能力が決定しよう。

もっとも，新しい意味（組織価値）の創造といえども，本書第2章で述べたように，旧来の意味（組織価値）を基盤にしているため，時にこれを否定し，大きく隔たっていても，一般的にはその痕跡は残している。内的行為点に立ったとき，組織一体性を保ち得るのはそのためである。たとえば，カメラ・メーカーから出発したキャノンは，事業領域を拡大し，その姿を大きく変貌させてきた。しかし，オートポイエーシスの論理が貫かれている限り，つまり循環的な「調整された活動」の結果である限り，管理者や従業員どころか，顧客にとってさえ，キャノンはキャノンであり，同一会社という思いを抱き続ける。組織は変わりつつ変わらないのである。それがオートポイエーシス論の同一性の意味であった。

「理論としての成熟度が低い」をはじめいろいろな批判があるにしても，自己組織理論の一翼を担うオートポイエーシス論に，わが国経営学の自己組織論者は触れることがない。わが国に限っても，それは主として科学哲学者（河本英夫）[85]，法学者（村上淳一）[86]，社会学者（馬場靖雄）[87]，情報学者（西垣通）[88]などによって継承・展開され，見るべき理論進化がはかられている。むしろ，経営学者は自己組織論の一部を導入し，はやらせただけで，自己組織理論を深める作業を放棄し，そこにいささかの理論的貢献も果して

こなかった。ただ，半世紀以上（70年近く）前に成立したバーナード理論が，この経営学者の怠慢を補って余りある。オートポイエーシス論を現代の経営学や組織論に生かそうとすれば，バーナード理論の再解釈が一つの手がかりを与えるであろう。

　本章を閉じるにあたって二つのことを指摘しておきたい。一つは本書第11章で論じた能力（知識）ベース戦略論は，オートポイエーシスとしての組織観を踏まえたとき，より深く展開できるだろうということである。いま一つは，オートポイエーシス論が「調整された活動」を構成要素とする組織は非物的な活動システムにして意味システムであることを明らかにしたが，自然的構成要素である人間という生命を土台とする協働システム，つまり経営（体）は，生命システムにとどまるということである。ここに，意味システムである組織を中核的サブシステムとする経営（体）は，生命システムにして意味システムであるという序章での主張の理論的根拠が与えられよう。

【付記】
　本章は，庭本佳和「現代の組織理論と自己組織パラダイム」（『組織科学』Vol.28, No.2, 1994年）および庭本佳和「組織統合の視点とオートポイエーシス」（『組織科学』Vol.29, No.4, 1996年）を合わせて一つに書き直したものである。『組織科学』に掲載されたこともあって，両論文はかなり引用されたが，ルーマンの著作『社会の経済』（文眞堂，1991年）の翻訳者でもある春日が，これを論拠の一つに挙げて，バーナードの組織理論とルーマンの組織理論の類似性を論じているのが印象に残った（春日淳一「社会システムとしての組織」『経済論集（関西大学）』第47巻第6号，1998年）。

1）C. I. Barnard, *The Functions of the Executive*, Harvard University Press, 1938（以下は *The Functions* として原書頁のみ示す）．山本安次郎・田杉競・飯野春樹訳『経営者の役割』ダイヤモンド社，1968年．
2）庭本佳和「動的組織観の展開」大橋昭一・奥田幸助・井上昭一編『現代の経営と管理』ミネルヴァ書房，1992年，第4章．
3）特に J. G. March and H. A. Simon, *Organizations*, Wiley, 1958, Chaper7. 土屋守章訳『オーガニゼーションズ』ダイヤモンド社，1977年，第7章．
4）わが国のコンティンジェンシー理論研究は，野中郁次郎『組織と市場』（千倉書房，1974年）に始まり，野中郁次郎・加護野忠男・小松陽一・奥村博昭・坂下昭宣『組織現象の理論と測定』（千倉書房，1978年），降旗武彦・赤岡功編『企業組織と環境適合』（同文舘，1978），占部都美『組織のコンティンジェンシー理論』（白桃書房，1979年）で本格的に紹介・導入され，加護野忠男『経営組織の環境適応』（白桃書房，1980年）の成果を経て，野中郁次郎・加護野忠男・榊原清則『日米企業の経営比較』（日本経済新聞社，1983年）に結実した。特に『日米企業の経営比較』は1984年に日経経済図書文化賞および組織学会賞を併せ受賞して最高潮に達したが，

わが国のコンティンジェンシー理論研究は，おおよそ，これをもって終焉したといえる。この間，おびただしい数のコンティンジェンシー理論関連研究論文が発表されたことはいうまでもない。

5) M. T. Hannan and J. Freeman, "Structural Inertia and Organizatinal Change," *American Sociological Review*, Vol.49 (April), 1984. この点は次の文献でも論じた。庭本佳和「組織動態論序説」『大阪商業大学論集』第72号，1984年
6) K. E. Weick, *Social Psychology of Organizing (second edition)*, Addison-Wesley, 1979. 遠田雄志『組織化の社会心理学[第2版]』文眞堂，1997年．
7) R. A. Burgelman, "A Model of the Interaction of Strategic Behavior, Corporate Context, and the Concept of Strategy," *Academy of Management Review*, Vol.8, No.1, 1983.
R. A. Burgelman and L. A. Sayles, *Inside Corporate Innovation*, The Free Press, 1986. 小林 肇監訳『企業内イノベーション』ソーテック社，1987年．
8) J. G. March and J. P. Olsen, A*mbiguity and Choice in Organizations*, Universitetsforlaget, 1976. 遠田雄志・アリソン・ユング訳『組織におけるあいまいさと決定』有斐閣，1986年（ただし抄訳）．
9) 野中郁次郎「進化論的戦略と組織文化」『組織科学』Vol.7, No.3, 1983年。『組織科学』に現れた自己組織パラダイムの最初の主張だと思われる。「組織秩序の解体と創造：自己組織パラダイムの提言」(『組織科学』Vol.20, No.1, 1986) では，それがより鮮明となった。
10) 野中郁次郎『企業進化論』日本経済新聞社，1985年。
11) 浅田 彰「プリゴジーヌ 躍動する生成の科学」『現代思想』Vol.14-14, 1986年, 44-45頁。この点を河合忠彦は「注目されるのは，自己組織化サブパラダイムの適用を企てた野中の試みである。しかし，それは先駆的な試みとしては高く評価されるものの，アナロジーの多用でモデルに代えるといったものであったため厳しい批判（今田，庭本など）を浴び，逆にその後の複雑系アプローチに沿う研究の停滞を招いた」と語り，その打開をはかろうとしている。河合忠彦『複雑適応系リーダーシップ』有斐閣，1999年，18頁．
12) R. A. Daft and K. E. Weick, "Toward a Model of Organization as Interpretation Systems," *Academy of Management Review*, Vol.9, No.2, 1984.
13) 加護野忠男『組織認識論』千倉書房，1988年。
野中郁次郎『知識創造の経営』日本経済新聞社，1990年．
14) 今井賢一・金子郁容『ネットワーク組織論』岩波書店，1988年。なお，一見正反対の性質をもつ情報通信ネットワーク（今井）とヒューマン・ネットワーキング（金子）がどのように結びついてネットワーク組織論の展開が可能になったかは，バーナードの組織概念の理解が明らかにしてくれる（庭本佳和「情報通信技術の発展と近未来組織：バーナードの組織概念・知識観とネットワーク組織」『オフィス・オートメーション』Vol.13, No.1, 1992年）．
15) K. E. Weick, "Managerial Thought in the Context of Action," S. Srivastva and Associates, *The Executive Mind*, Jossey-Bass, 1984, p.225.
16) B. Levitt and J. G. March, "Chester I. Barnard and the Intelligence of Learning," O. E. Williamson ed., *Orgnization Theory: From Chester Barnard to Present and Beyond*, 1990, pp.11-37. 飯野春樹監訳『現代組織論とバーナード』文眞堂，1997年．
17) T. J. Peters and R. H. Waterman, Jr., *In Seach of Excellence*, Harper & Raw, 1981, pp.97-102. 大前研一訳『エクセレント・カンパニー』講談社，1983年，174-182頁．
18) E. Heinen, "Entscheidungsorientierte Betriebswirtschaftlehre und Unternemenskultur," *Zeitschrift für Betriebswirtschaft*, Jg.55, Nr.10, Oktober, 1985, S.984.
19) O. E. Williamson ed., *op.cit.*（本章注16）．

20) W. G. Scott, *Chester I. Barnard and Guardians of Managerial State*, University Press of Kansas, 1992.
21) 詳しい説明は，庭本佳和「現代の組織理論と自己組織パラダイム」『組織科学』Vol.28, No.2, 1994年，を参照のこと。
22) 吉田民人「自己組織パラダイムの視角」加藤勝康・飯野春樹編『バーナード：現代社会と組織問題』文眞堂，1986年，99頁。
23) Ludwig von Bertalanffy, *General System Theory*, Penguin Books, 1968（ドイツ語原著は1940年），p.128. 長野　敬・太田邦昌訳『一般システム論』みすず書房，1973年，118-119頁。
24) 『ハイエク全集』春秋社，第8, 9, 10巻，1987-1990年。
25) 翻訳を含めた邦語文献だけでも，おびただしい数にのぼり，ここに列挙することが難しい。経営学文献でヴィトゲンシュタインに触れる研究は少ないが，経営組織論分野で言語ゲームに踏み込み論じたものに，藤井一弘「『管理責任の性質』再訪：リーダーシップは言語ゲームか」『星陵論苑』第8号，1987年，がある。
26) G. ニコリス＝I. プリゴジーヌ／小島陽之助・相沢洋二訳『散逸構造』岩波書店，1980年。
27) H. R. Maturana and F. J. Varela, *Autopoiesis and Cognition : The Realization of the Living*, D. Reidel, 1980. 河本英夫訳『オートポイエーシス』国文社，1991年。
28) G. ニコリス＝I. プリゴジーヌ，前掲訳書，4頁。
29) De Greene, *The Adaptive Organization*, Wiley, 1982, p.175.
30) G. ニコリス＝I. プリゴジーヌ，前掲訳書，417-418頁。
31) H. ハーケン／牧島邦夫・小森尚志訳『協同現象の数理』東海大学出版会，1980年。H. ハーケン／斉藤信彦・小森尚志訳『シナジェティクスの基礎』東海大学出版会，1986年。
32) G. ニコリス＝I. プリゴジン／我孫子誠也・北原和夫訳『複雑性の探求』みすず書房，1993年，261-266頁。
33) I. プリゴジン＝I. スタンジェール／伏見康治・伏見　譲・松枝秀明訳『混沌からの秩序』みすず書房，1987年，249頁。
34) 不勉強なためヤンツの著作を知らなかったが，私自身もプリゴジンから直接引いて，散逸構造を論じた（「組織動態論序説」『大阪商業大学論集』第72号，1985年）。その意味では責任の一端はあるが，秩序の破壊と創造を同一形式で捉えるプリゴジンの説明は，不均衡への偏見に対するシャワー効果および組織革新論にヒントを与えたとは思う。なお，散逸構造＝自己組織を取り上げた文献としては，上述の注29) 文献（1982）が早い。わが国では，上掲の野中論文（1983）だと思われるが，ヤンツ経由のためか，これにはプリゴジンの名も文献も挙がっていない。
35) エリッヒ・ヤンツ／芹沢高志・内田美恵訳『自己組織化する宇宙』工作社，1986年，第2章。
36) グンター・トイプナー／土方　透・野崎和義訳『オートポイエーシス・システムとしての法』未來社，1994年，34頁。
37) K. K. Smith, "Rabbits. Lynexs, and Organizational Transitions," J. R. Kimberly and R. E. Quinn, *New Future : The Challeng of Managing Corporate Transitions*, Irwin, 1984, pp.267-294.
38) G. Morgan, *Images of Organization*, Sage, 1984, pp.233-272.
39) Georg von Krogh and Johan Roos eds., *Managing Knowledge : Perspectives on cooperation and competition*, Sage, 1996. Georg von Krogh, Johan Roos and Dirk Kleine eds., *Knowing in Firms*, Sage. 1998. これらについては本書第6章を参照のこと。

40) 免疫システムに関する説明として、一つの時代を風靡した N. K. イェルネの「ネットワーク説」に、1984 年度のノーベル賞が与えられたが、多田によれば、還元主義的方法を駆使する分子生物学の王国の前に、「イェルネの壮大な理論は見捨てられ、数年の間に廃墟のようになってしまった」という。それでも「いつかはそこに戻らなければならないと免疫学者の一部は考えている」(多田富雄『免疫の意味論』青土社、1993 年、72-73 頁)。
41) F. J. ヴァレラ・N. M. バズ／小泉俊三訳「自己と無意味」『現代思想』(青土社) 1984 年、166 頁。
42) H. R. Maturana and F. J. Varela, *op.cit.*, p.xiii. 前掲訳書、18-19 頁。
43) *Ibid.*, pp.78-79. 同上訳書、70-71 頁。
44) *Ibid.*, p.xv. 同上訳書、22 頁。
45) F. J. ヴァレラ・N. M. バズ、前掲論文、181 頁。
46) N. ルーマン／馬場靖雄訳「社会学的概念としてのオートポイエーシス」『現代思想』青土社、1993 年 9 月号、115 頁。なおドイツ語で書かれた元論文は 1987 年印刷である。
47) ドイツではマトゥラーナ理論しか使われず、ヴァレラにはまったく関心がないという指摘がなされているが (『現代思想』1996 年 9 月号、37 頁)、これは両者の異なる科学的傾向のゆえだろう。
48) C. I. Barnard, *The Functions*, p.80.
49) F. J. ヴァレラ／浅田・斉藤訳「創造の環」『現代思想』青土社、1993 年 9 月号、154 頁。M. C. エッシャー『無限を求めて』朝日新聞社、1994 年、91 頁。
50) 今田高俊『自己組織性』創文社、1986 年、59-61 頁。
51) 今田高俊「自己組織性論の射程」『組織科学』Vol.28, No.2, 1984 年、30 頁。
52) 今田高俊『意味の文明学序説』東京大学出版部、2001 年、221 頁。
53) H. R. Maturana and F. J. Varela, *op.cit.*, pp.78-79. 前掲訳書、70-71 頁。
54) 河本英夫「第三世代システム：オートポイエーシス 4」『現代思想』青土社、1993 年 9 月号、58 頁。
55) 河本英夫『オートポイエーシス』青土社、1995 年、219 頁。
56) 今田高俊 (2001)、前掲書、221-222 頁。
57) 同上書、223-230 頁。
58) Robert Key, "Are Organizations Autopoiesis? A Call for New Debate," *Systems Reseach avd Behavioral Science*, November-December, 2001, p.462.
59) H. R. Maturana and F. J. Varela, *op.cit.*, p.118. 前掲訳書、134-135 頁。
60) *Ibid.*, pp.xxiv-xxx. 前掲訳書、35-44 頁。
61) ヴァレラが『オートポイエーシス』の序文を書いたビーアを批判するのも、この観点からである (F. J. ヴァレラ「オートノミーとオートポイエーシス」『現代思想』青土社、1993 年、64-65 頁。
62) G. Morgan, *op.cit.* pp.233-272.
63) H. R. Maturana, "Autopoiesis," M. Zeleny ed., *Autopoiesis : A Theory of Living Organization,* Elsevier, 1981, p.21.
64) Robert Key, *op.cit.*, p.466.
65) グンター・トイプナー、前掲訳書、54 頁。
66) Robert Key, *op.cit.*, p.470.
67) ニクラス・ルーマン／沢谷 豊・関口光春・長谷川幸訳『公式組織の機能とその派生的問題 上』新泉社、1992 年、28 頁。
68) 同上書、34 頁。
69) C. I. Barnard, *Organization and Management,* Harvard University Press, 1948, pp.143-

第12章 現代組織理論の自己組織思考―オートポイエーシスとバーナード理論― 405

145. 飯野春樹監訳『組織と管理』文眞堂，1990年，145-146頁．
70) H. R. Maturana and F. J. Varela, 前掲訳書 (1991) 286頁（河本解題）．河本英夫 (1993)，前掲論文，53頁．特に1993年の河本論文には，この指摘の論拠として脚注に，「ルーマン『エコロジーの社会理論』（土方　昭訳，新泉社）の第8, 9章参照」となっていたので，読み直してみたが論拠らしきものを見つけることができなかった（わからなかった）．
71) N. Luhmann, "The autopoiesis of social systems," in F. Geyer and J. van der Zouwen eds., *Sociocybernetic paradox: observation control and evolution of self-steering systems*, Sage, 1986, p.174.
72) グンター・トイプナー，前掲訳書，56頁．
73) N. ルーマン (1987)／馬場靖雄訳，前掲論文，120頁．
74) N. Luhmann (1986), pp.176-177.
75) N. Luhmann/transrated by J. Bednarz, Jr., with D. Baecker, *Social Systems*, Stanford University Press, 1995（ドイツ語原書は1984年），p.293. 佐藤　勉監訳『社会システム論（下）』恒星社厚生閣，550頁．訳書はドイツ語版からの翻訳であるため，英語版からの本文引用文とは微妙に異なる．
76) *Ibid.*, p.294.
77) Robert Key, *op.cit.*, p.465.
78) N.Luhmann (1995), p.147. 前掲ドイツ語版訳書（上），230頁．オリジナルのドイツ語原書（1984）では，それぞれ情報（Information），伝達（Mitteilung），理解（Verstehen）であり，ルーマンのコミュニケーションは「情報，伝達，理解の統一体」とされてきた．情報と理解はともかく，Miteilungは文字通りの「伝達」や「通知・報告」などを意味しており，transmission, communication, notificationに近い．それを翻訳者だけでなく，1986年論文でルーマン自身もutterance（発言・発話）を選んだことは，情報発信と対話を重視したものと思われる．
79) R. A. ウォルドロン／築島謙三訳『意味と意味の発展』法政大学出版局，1990年．
80) N. ルーマン (1987)／馬場靖雄訳，前掲論文，120-121頁．
81) N. ルーマン／土方　昭訳『エコロジーの社会理論』新泉社，1987年（原書は1986年）．
82) 山口昌哉「システムの新しいかたち，フラクタルについて」飯野春樹編『人間協働』文眞堂，1988年，66頁．
83) この論争は，飯野春樹『バーナード研究』（文眞堂，1978年）に対する加藤の書評（加藤勝康「飯野春樹『バーナード研究』書評」『商学論集（関西大学）』第23巻第2号，1978年）と飯野の反論（飯野春樹「バーナード研究の動向」降旗武彦ほか編『経営学の課題と動向』中央経済社，1979年，第6章）に始まる．この論争には，多くのバーナード理論研究者も参加した．最近でも若い研究者がこれに論及している（生田泰亮「公式組織の定義をめぐる問題の検討」河野大機・吉原正彦編『経営学パラダイムの探求』文眞堂，2001年，第18章．また辻村も真正面からこれを論じている（辻村宏和「経営教育の視点からの"consciously coödinated"のもう一つの解釈」同上書，第19章）．
84) 吉田民人・鈴木正仁編『自己組織性とは何か』ミネルヴァ書房，1995年，75頁．
85) 河本英夫『オートポイエーシス』青土社，1995年．河本英夫『オートポイエーシスの拡張』青土社，2000年．
86) 村上淳一『システムと自己観察』東京大学出版会，2000年．
87) 馬場靖雄『ルーマンの社会理論』勁草書房，2000年．
88) 西垣　通『基礎情報学』勁草書房，2004年．

終章
意味と生命の経営学
―― 社会的責任と地球環境問題 ――

I 現代の経営課題とバーナード理論

1 現代社会と意味の復権

　現代は，社会全体が激しく変動する大きなうねりに見舞われる時代の転換点に立っている。時代の転換点は，さまざまな角度から意味が問い直される。人々がその生き方を模索するのも，経営体，とりわけ企業とその中核となる組織が単なる組織変革を超えてそのあり方や方向を模索するのも，時代の転換点に立って新たな意味に応えようとするからだろう。近年の経営倫理・組織倫理や信頼，そして企業の社会的責任への関心の高まりは，その一つの証にほかならない。社会における意味の復権である。

　20世紀に始まった現代社会は，大量生産・大量消費を実現したフォード・システムによって確立された。これを支えた技術革新と生産革新が社会に物質的豊かさをもたらしたことは言うまでもない。豊かさは人々の価値観を変え，社会を大きく変化させるが，その底流で静かに進行していた諸現象が，近年，誰の眼にも明らかになってきた。そして今，経営環境としての現代社会を激しく変動させ，時代を大きく転換させる諸現象を情報化(ネットワーク化)，グローバル化，エコロジカル化(地球環境問題)[1]と特徴づけることができる。20世紀後半，とりわけ20世紀末に顕著になったこれら諸現象は，21世紀前半にますます社会に影を落とすであろう。その社会的意味を「意味の復権」という観点から捉え，現代企業が直面する経営課題を明らかにするところから，この終章を始めよう。

(1) 情報化と意味の復権：自由を求めて

　人類の歴史は，飢えと貧困との戦いの歴史であった。原始時代はおろか産業革命を経ても，人々の生活はなお貧しく，マルクスはそれを克明に描いてみせた。先進国においてさえ，国民生活が一定水準に達したのはそれほど古いことではない。しかし，第二次大戦後の技術革新と大量生産システムがもたらした物質的豊かさは，今や世界中に広がっている。

　経営体にとって，情報の重要性は今に始まったものではないが，豊かさが実現した今日，それが決定的に重要になった。豊かさが人々の価値観を大きく変化させたからである。量よりも質が，質を超えた好み（＝商品の使いやすさ・楽しさ・安らぎ），つまり個性が重視され，健康や心の豊かさも求められている。それは人々の自由への希求の反映であるが，「自由への努力が生命の証」[2]だとすれば，生命性の発露と見ることもできる。企業からすると，絶えざる変化と非連続の時代であり，消費は揺らぎやすく，捉えにくくなった。この生活者の意識と行動の非連続な変化や差異が情報だとすると，現代は生活に根ざした情報が渦巻き，それが極めて重要な時代である。広い意味での情報化現象の出現であり，豊かさが情報を生むのだともいえる。これに応える職人的こだわり，微妙な技能やノウハウ，芸術的センス，デザイン力，あるいは人間的サービスもまた広く情報や知識にほかならない。情報社会とは，一面，人間的要請に人間的スキルで応える社会でもある。

　近年，急速に発達した情報技術（ネットワーク）は，非連続な変化を速やかに把握し，人々のニーズに応える製品・サービスを生産し提供する武器である。ここに低コストと並んで，スピード経営が競争の鍵となってきた。いわゆる経営情報化を超えるオープンなネットワーク経営も展開されるようになった。だが，ネットワークが家庭（個人）にまで浸透するとき，最終消費者を含む顧客の位置づけは従来と変わらざるを得ない。顧客は one to one マーケティング対象の個客であると同時に，さまざまに提案して生産にかかわるプロシューマー（トフラー）であり，ネット上で仲間を募って購入価格交渉さえ行う商費者（＝商人的消費者）ともいえ，バーナードの「組織貢献者としての顧客」という主張が説得力をもって迫ってこよう。豊かさを背景

にした情報化は，生命性を内包する人間の意味，個人の意味を浮かび上がらせ，組織に組み込ませる基盤なのである。もちろん，情報化には光だけでなく影もある。それは情報化の「思わざる結果」であるが，これについては，「エコロジカル化：生命性を求めて」で論及する。

(2) グローバル化と意味の復権：文化価値多様性を求めて

急進展する情報技術（ネットワーク化）はまた，グローバル化の技術的基盤である。情報化がグローバル化を呼び，グローバル化が情報化を促す。情報が世界を飛び交う中で世界に背を向けて生きることは難しい。情報統制下にあった社会主義体制の崩壊がこれをよく物語っている。つまりグローバル化とは，さまざまな国や地域の社会状況や経営体の繋がりが地球全体に拡張していくプロセスにほかならず，近代の国家システムや経営システムの領域性が変容してゆく現象である。その結果，世界の経済や労働市場が一元化し，弱肉強食の市場原理が貫徹する大競争時代に突入した。わが国企業も思わぬ地域で顧客を獲得し，予想外の競争相手と戦い，昨日の競争企業と国境を超えて提携を結ぶというのが常態となっている。あたかも地球全体が一つのシステムとして機能し始めたかのようだ。

それにもかかわらず，グローバル化は文化価値の多様性を浮かび上がらせる。それはグローバル化がスキルや知識，文化価値を含めた情報が国境を超えるとき，本格化するからだ。しかし，逆に，グローバル化は一つの価値が他の価値を駆逐して普遍化してゆく現象のようにも見える。たとえば，経済や経営の領域で叫ばれるグローバル・スタンダードとは，その実，アメリカン・スタンダードの浸透にほかならず，アメリカの情報文化に彩られたインターネットの世界的普及がそれを後押ししていよう。

アメリカン・スタンダードの卓越性は，情報化時代の経営をリードする透明性と革新性ないし創造性にあるといってよい。それを生み出すものが，移民国家ゆえに内包する文化価値多様性と競争性である。異質なものへの寛大さと競争の激しさが創造性を生む源泉であるが，アメリカ文化のこの特殊性に世界に通用する普遍性が内在しているともいえる。しかし，アメリカの文

化価値多様性を支えているものが世界の特殊性（＝文化価値多様性）であるとき，アメリカン・スタンダードの浸透やインターネットを介した英語（米語）文化への一元化は，自らの支持基盤を堀り崩すことにもなりかねない。ネットによる「世界共振」は文化や文明の多様性を損なう恐れもはらむからだ。この点の議論が十分なされていないが，世界が文化価値多様性の保持に失敗すれば，創造性の源泉を失うだけでなく，生命の多様性を保持する基盤（自然と共生してきた地域の文化や生活様式）まで失うことに，もう少し注意を払うべきだろう。

とかく普遍性が強調されがちなグローバル化は，その普遍性が特殊性に基礎をおく両義的なものである。言い換えれば，グローバル化とは生命の多様性を保持してきた地域特殊性（＝文化価値多様性）に光をあて，共存をはかる新たな意味の問いかけなのである。

(3) エコロジカル化と意味の復権：生命性を求めて

社会を揺り動かす3つ現象は，一見，脈絡がなくバラバラのようであるが，相互に関連している。情報化がグローバル化の技術的基盤であり，グローバル化が情報化を促したように，情報化はまた一時鎮静化したかにみえた環境破壊が実は地球的規模でますます深刻化していることをあぶりだした。人工衛星が捉えた南極大陸上空のオゾンホールもコンピュータ・グラフィックスによって誰の眼にもわかるように描き出され，人々に衝撃を与えたことは，記憶に新しい。1980年代末に浮上した，いわゆる地球環境問題だが，豊かさを実現した大量生産・大量消費の過程で生じる廃熱・排液・排ガスを含めた「生産プロセス廃棄物」と豊かさを演出した「製品廃棄物」がその元凶である。

60年代末に公害に困惑した人々も，30年を経た今日，資本の論理や生活の論理（大量消費の上に成立する豊かな生活様式）との繋がりだけでなく，一部で私たちの自然観や自由概念と関連することを気づき始めた（本書第3章を参照）。一般的にも自然や生命，そしてエコロジーに対する関心や意識を確実に高め，それを社会的コンテクストに埋め込むに至っている。地球環

境問題は今や「人類共通の解決しなければならない問題だ」と人々に真剣に受けとめられ，その対処いかんが企業をはじめとする経営体の盛衰を決定するようになった。それが21世紀経営の最大の課題だといえる。

　地球環境問題は，その本質を端的に言えば，「自然の破壊と生命の危機」の問題であり，有史以来の人類の願望であった豊かさ追求の「思わざる結果」であった。これに情報化やグローバル化の「思わざる結果」が絡めば，事態はより深刻化する。情報技術革新の速さとそれが実現する処理スピードは，経営体に機会と脅威をもたらすだけでなく，人間の身体的反応をはるかに超えているからだ。つまり情報化は，生命システムとしての人間の感覚的・身体的歪みをもたらす基盤ともなることを忘れてはならないだろう。それどころか，バーチャル・リアリティで地球環境の危機を理解し，バーチャル・コミュニティで人々と接するとき，知識と身体が切り離され，身体に基づく主体性が簒奪されている。それを生命性の簒奪と言い換えてもよく，情報化の「思わざる結果」である。それは地球環境問題の理解と行動の限界ともなりやすい。とかく普遍性が強調されがちなグローバル化もまた同様である。世界が文化価値の多様性を喪失すれば，創造性の源泉を失うだけでなく，生命の多様性を保持する基盤まで失う恐れは既に指摘した。

　このように見てくると，「生命性の簒奪」や「生命の危機」，「多様性喪失の危機」を内包しつつ現代社会を大きく変動させる3つの軸は，社会に新たな意味を浮上させ，復権させる動きと連動していることがわかる。その根底には生命の意味の社会的組み込みの力が流れているだろう。今，企業の経営倫理が問われ，社会的責任やその一環としての環境経営が要請されるのはそのためだ。それは生命の意味を経営の意味に具現した実践の要請であり，経営研究者の立場からは，「意味と生命の経営学」確立の要請でもある。このように受けとめて，本章は社会的責任経営の視野のもとに，現代経営の課題である「地球環境問題」を取り上げることにする。

2　「意味と生命の経営学」を求めて

　序章で述べたように，生きている地球を含めた生態的自然の循環が生命の

論理だとすれば，生きている地球，生態的自然に対する要素としての生命の関係が，当該生命の「意味」であった。したがって，生命の「意味」とは，生命の論理を生命自らが内在化したものといってもいい。この生命の意味を経営の意味として内在化し，理論展開をはかった経営学を，ここでは「意味と生命の経営学」と呼んでおこう。そこでは，自然環境や社会環境は前提であり，当然，その社会認識や環境認識が問われる。

(1) 経営理論の社会認識・環境認識

企業を含めて経営体は，環境変化に適応し，存続してきた。むしろ，現代の経営は過去の経営と環境の相互作用の創造物であり，現代の経営環境も過去の経営行動と環境の相互作用の結果生み出された歴史的産物である。相互作用的創造に，経営と環境の関係の本質がある（図・終-1）。

それにもかかわらず，経営学は，長い間，経営システムの内的ダイナミズムの解明に力を注いできた。たとえば，F.テイラーの科学的管理法にはじまり，H.ファヨールによって確立された伝統的経営管理論は，その典型である。このクローズド・システム観を脱却し，経営体を環境に開かれたオー

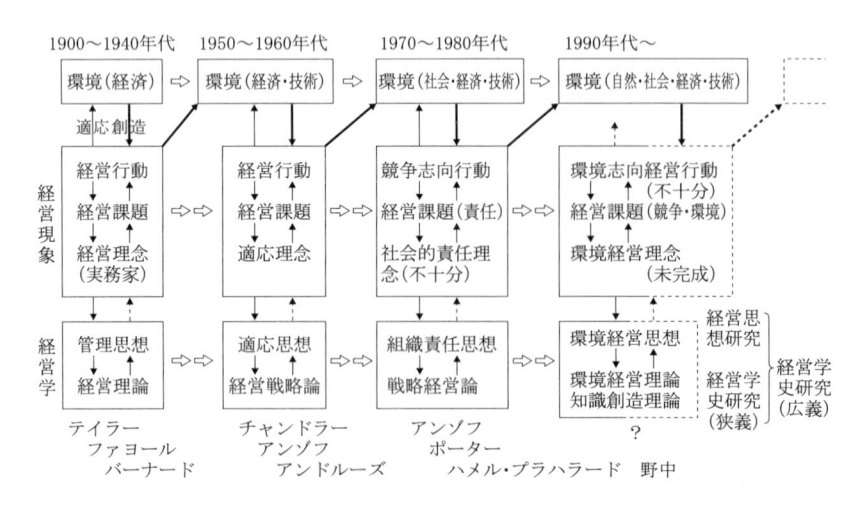

図・終-1 経営と環境の相互作用的創造

プン・システムとして理解したのは，C. I. バーナードが最初であった。このようなシステム観に立脚して，環境適応を理論的課題にするコンティンジェンシー理論や経営戦略論が生まれたといえる。

もっとも，経営戦略論が認識した環境は，主として経済環境（資本・労働・製品市場等）であり，せいぜいのところ政治環境，そして社会環境が考慮されたにすぎない。自然的要因はスッポリ抜けているか，公害現象や環境問題が社会的，政治的圧力としてわずかに説明されるだけであった。この点は，環境をより精緻に，かつ実証的に捉え，操作化に一応成功しているコンティンジェンシー理論も変わらない。むしろその環境把握は平板で，環境変化の大きなうねりを捉えるには不向きであった。もちろん，本書第11章で論じた戦略経営パラダイムを特徴づける一つの「戦略概念の拡張化（問題領域の拡張化）」は，これまでの環境認識を超えているが，経営環境論一般や社会的責任論一般で扱う環境も長く利害者集団論にとどまっていたことは否めない。本章で問う環境とは，経営学が長く無視してきた自然環境にほかならず，利害者集団論を超えて自然や生命そのものと直接向かい合い，内包して理論化することが要請されている。当然，これまでの経営学の対象外であった。

(2) 地球環境問題への経営学史的視点

経営学の社会認識や自然環境認識が上述のようなものであれば，経営学史研究の視点から「現代経営と地球環境問題」や，それを含んだ社会的責任を論じることは極めて困難となる。そもそも経営学史的視点とは何なのか。恐らくは，経営学の歴史を辿る中から身につく経営学ならびに経営を見る眼なのであろう。だが，本書が個別学説研究に属するとはいえても学史研究とは言い難いこともあって，それがどのようなものかを具体的に語るのは，いささか荷が重い。そこで経営学史研究の意義ないし目的と思われるものを挙げて，これに代えることにしたい。

経営学史研究の目的ないし意義は大きく3つであろう。第1は，経営の理論史（狭義経営学史）およびその生成基盤となった思想史からなる経営学の

歴史（広義経営学史）を把握して，経営学の課題と性格を含めた「経営学とはいかなる学問か」を探ることである。いわば経営学の自己認識であり，経営学の全体と細部を捉える地図づくりといえる。第2は，社会科学には難しい実験的・検証的役割である。たとえば，テイラーの科学的管理法の研究は，テイラー理論が当時の経営課題にどのように応え，役立ったのかを歴史的に明らかにできるだろう。第3は，直面する経営課題を認識し，その解決の糸口を過去の経営理論に求めることである。その場合，現代的視点からの読み直しも必要だろう。広く社会的責任の視野のもとに「現代経営とエコロジカル化（地球環境問題）」への経営学史的視点を求める本章は，この第3の立場に近いと思われる。

　地球環境問題に直面する現代の経営体は，環境志向的経営行動が求められている。企業の経営実践においても模索され始めてはいるが，未だ十分ではないし，それを導く環境経営理念も未完成だ。経営実践を支え，時に提言する経営思想も経営理論も確立していない。経営学にとって，手つかずの領域といってよいだろう。もちろん，過去の経営理論を踏まえることなく，現代の経営学者が環境経営思想と環境経営理論からなる経営学を構築できるならば，経営学史的視点は必要ないかもしれない。しかし，経営学の現状をみれば，その可能性は薄い。環境経営思想の構築に必要な自然観や自由観，さらに知識観を内包する科学観を含めたパラダイム・チェンジを，現代の経営学者が自力でやり遂げることは今なお難しいからだ。それどころか，環境経営思想と環境経営行動を繋ぐ経営の論理の構築も容易ではない。ここに経営学史的視点が浮上する。しかし，経営学史上でもこれに応え得る理論は極めて乏しく，バーナード理論が例外的な存在だろう。そのことは，本書でも示してきた。繰り返しになるが，本章はそのバーナード理論を基礎にして，社会的責任論の視野のもとに「現代経営と地球環境問題」への接近を試みようとするものである。

II 環境思想から経営思想へ
――現代企業と経営理念としての社会的責任――

　今日，自然や生命の観念は，朧げな理解のまま，徐々に社会コンテクスト化しつつあり，これを経営の思想（具体的には経営理念）や論理にいかに内在化するかが次の問題である。本来は，ここで自然や生命の観念を明らかにするとともに，それを内在化した経営思想や経営の論理を語らねばならないが，自然と生命を内在化させた環境思想から経営思想への展開は，序章「意味と生命システム」で済んでいる。ここで語れば繰り返しになろう。また，その経営の論理への展開は次節に譲ることにする。本節ではまず，環境思想を内在化した経営思想を担い，それに導かれる経営体，とりわけ「現代企業とは何か」を概念的に明らかにし，企業における社会性（社会的責任）を目的論的に考察しよう。次いで，環境問題をはじめとする企業の社会的責任 (Corporate Social Responsibility : CSR) を，「経営理念としての社会的責任」の観点から論じたい。それが「環境思想から経営思想へ」のより具体的な展開だからである。

1 経営体としての企業
(1) 企業概念・経営概念

　もともと企業は，自らの危険負担で冒険的な企てにも乗り出して利益獲得をはかった企業者活動を制度化したものだ。したがって，企業概念は，今日でも，危険負担，企業者，企業者精神と密接不可分の関係にあり，人間の「生きる＝自由の追求」を基礎にしているという点では，生命性の発揮ともいえる。しかし，企業概念はそれにとどまらず，多くの側面を含んでいる。たとえば企業を意味する英語，enterprise や undertaking は企業者的側面に，business や concern は事業的側面に，firm は資本結合的側面に力点がある。「交わり」とか「仲間」をも意味する company と相互転用される corporation は，二人以上の人々の協働を含意しており，法人や株式会社ど

ころか，自治体や団体をも意味して，通常の企業概念を超えている。後述の経営体に近く，ドイツ語の Gesellschaft がこれにあたるかもしれない。いずれにしても企業は，主体的な企業者活動と組織行為，資本結合，その対象である事業を含むさまざまな側面が複雑に絡み合っていることがわかる。

経営概念も多義であるが，大きく3つの意味に集約できるだろう。第1に事業を「経営する」という行為や機能を意味し，行為の仕方や方法を含意している。第2は，行為する主体であり，主として実行機能を担う従業員を含めて，経営機能を担う者の総称である。特に実質的支配機能（経営者層の選任権），企業者（戦略）機能，管理・調整機能を担う経営者・管理者を指すことが多いが，経営機能全体が，今日，組織的に担われており，経営者層，管理者層を形成していることを見逃してはならない。組織の管理が重要になるだけでなく，これが経営それ自体，企業それ自体という発想を生む源泉になっている。第3は，経営体を意味し，一般には企業（広義）と理解されているが，大学や都市(地方自治体)，国家も経営体といえる。バーナードの協働システム概念はこれを最もよく示しているだろう。

(2) 主体・客体の統一的存在としての企業

本書では，企業を経営概念の第3の意味の経営体として，経営を経営概念の第1の意味「行為・機能」を含んだ第2の意味「行為主体」と捉えたい。したがって，経営とは「行為主体としての経営（経営者・管理者・従業員）とそれが担う経営機能」とを指している。この経営機能が組織的に担われるとき，行為主体としての経営は組織であり，組織作用が経営機能ともなる。この点からも，企業は組織を中核とした経営体である。

早くから，経営体（経営存在）を事業，企業，経営の統一的存在と捉えた山本安次郎の場合[3)]，企業は「投資を目的とする資本結合の組織体」と狭義に理解されており，当然，経営体そのものではない。企業は資本所有に基づいて投資対象である事業を決定する意思主体であると同時に，事業を行うべく職能分化した経営（専門経営者）を支配（選任・罷免）する意思主体であり，損益帰属の主体，具体的には投資家（株主）集合である。

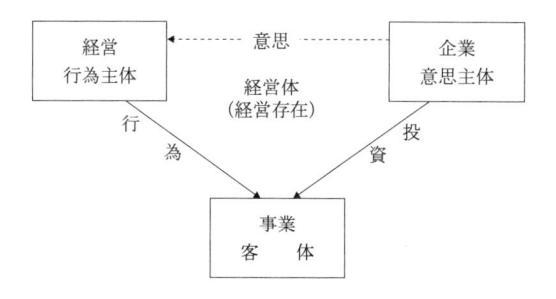

終章　意味と生命の経営学―社会的責任と地球環境問題―　417

図・終 - 2　事業・企業・経営の統一的主体としての経営体　(庭本 1996) 4)

　これに対して経営とは「資本運用の職能に基づいて社会的に要請された事業を遂行する行為主体」にほかならない。ここに，経営を内包する経営体としての企業は二重に主体的存在である。もともと企業（狭義）は，事業を決定する意思主体にして行為主体，つまり経営主体であったが，周知のように，所有と経営が分離して，行為主体としての経営が自立していった。それでも株主総会や取締役会が本来の機能を果たしている限り，その自立は相対的なものである。しかし，所有者（株主）の多くが，意思主体というより，単なる投資主体化する今日，経営は企業（狭義）の代理人としての事業の行為主体にとどまらず，実質的支配権（取締役選任権）を獲得して，「所有と支配の分離」を進行させ，半ば意思主体化している。これが組織として担われるとき，そこに生成する組織価値が社会価値との間でギャップが生じれば，さまざまな倫理的歪みやコーポレート・ガバナンス問題をもたらす。これらが次の問題である。

2　企業を動かす力
　　　――バーナードの企業観――

(1)　企業目的としての営利性と社会性：バーナードの企業観

　経営体は必ずそれを存立させる内在的・自律的目的と外在的・社会的存在目的を持っている。この目的達成へのエネルギーが経営体を衝き動かすのである。企業の場合，社会に要請された，あるいは社会に受け入れられる製品・サービスを適正な価格と品質と方法で生産して提供すること（＝社会性

の発揮）が，社会にその存在が認められる存在目的である。そこには顧客への誠意，取引先へのフェアな態度，従業員への思いやり，生命の多様性を内包する自然や地域社会への配慮なども含まれている。それを通して獲得した利益を資本の提供者（株主）に配当することが，内在的・自律的目的にほかならない。いわゆる営利性であるが，本来の意思主体である企業（狭義）に端を発する内在性・自律性があるだけに，これが経営体レベルの企業でも唯一の目的と認識されやすく，「企業の目的は利益追求である」と主張される根拠となってきた。そこでは社会性は手段視されてしまう。

　しかし，企業も社会性の発揮があってはじめて営利性を社会から許容される。営利性の正当性は社会性に基礎づけられているのである。社会性もまた営利性を容認することによって実現される。もちろん，社会性の水準と内容は時代とともに変わり，そこに「企業は社会意識の関数」といわれる理由もある。「意味の復権」とは，この社会性の水準と内容の新たな問いかけだが，社会のこの要請に応えるものが経営倫理にほかならない。

　ところで，バーナードは企業の目的をどのように捉えていたのであろうか。主著『経営者の役割』では，政治組織や宗教組織と対比させながら，僅かに「産業組織では物財ないしサービスの生産が目的である」と述べるだけだ。ただ，次のような重要な脚注をつけている。「実業家（business men），経済学者，牧師，政治家，労働組合が執拗に目的と見誤っているが，利益（profit）は目的ではない。利益は，普通，所有者，投資家と呼ばれる貢献者層の動機を満たす誘因を提供するために必要であり，また，彼らの貢献は他の貢献者層に対する誘因を供給するのに必須である。利益の可能性とそのある程度の実現は，ある（組織）経済では継続的に誘因が供給されうる条件として必要である。しかし，いかなる組織の客観的目的も利益ではなく，サービスである」[5]。ここで，「産業組織」とは企業だとみて間違いないだろう。その目的を「製品・サービスの生産」とするとき，上述の存在目的を意味しており，「利益は目的ではない」と主張する点は，営利性を企業の内在的・自律的目的とする本書の立場と異なっているかに見える。これについては後述するとして，バーナードが利益をどのように捉えていたかを把握する

終章　意味と生命の経営学—社会的責任と地球環境問題—　419

ことが必要であろう。利益概念が異なれば,「利益は目的でない」が意味するところも異なるからだ。

　バーナードの主張の正確な祖述者であり,そしてバーナードの講演「損失の社会的意義」(1941) を丹念に追った眞野によれば,バーナードが把握する企業利益とは「配当や税金,管理者報酬等を差し引いた上での剰余金といわれる種類のものを中心とした組織自体の取得分を意味する」[6]という。また「生産性の向上による成果は,組織の構成員である株主,債権者,消費者,従業員,国家地方公共団体,取引先等の所得の増大に振り向けられるべきなのである」とも指摘する。いずれにしても,バーナードの利益とは組織貢献者に誘因として提供した残余ということになる。そして,この利益ゼロの状態が企業にとって理想的状態であるという。これをバーナード自身の言葉でたどると,「事業システムの均衡は,総体としての利益ゼロという形で維持されることによって,次の結果（社会均衡と社会福祉の維持：筆者）を生みだすことが必要である」。しかし,企業にとって,損失は避けがたい。この損失不可避性とその回避努力が,企業存続に建設的に作用するというバーナードの指摘は興味深いが,さらに次のように述べているのは,利益の位置づけという点で重要だ。「全体としての事業制度が,利益も損失もない要求された正常な状態に近づくための唯一の方法は,ある企業 (some concern) は利益を生みだすべきであり,そしてそうした全体の利益が,だいたい全体の損失と均衡するべきことである。………損失は利益を必要とし,損失額が利益の額を決定する。逆に利益の額が認めうる損失額を決定し,そして事業制度の均衡を得るに必要な損失額を決定する」[7]。

　このバーナードの利益理解と P. F. ドラッカーの利益観が極めて近いことは,直ちに了解できるだろう。もちろん,ドラッカーがバーナードの利益観に近いのである。

　ドラッカーは利益の目的として,(1) 事業の究極の判定基準,(2) 事業継続コスト (the cost of staying in business) の確保,(3) 自己金融（社内留保）による事業のイノベーションのための未来資本の調達,を挙げている[8]。特に (2) の観点に立てば,いわゆる「利益」というものは存在しなくな

る。少なくとも，将来の損失をカバーして，事業を継続していくための「必要最小限の利益」が求められるだけという考え方は，バーナードと共通の基盤に立っている。顧客を組織貢献者と捉えたバーナードと企業の目的を顧客の創造とするドラッカーもまた同じような顧客認識が流れていよう。「P. F. ドラッカーが師事した米国の経営者，バーナード」[9]と実務家が語るのを眼にしたとき，いささか驚いたが，その主張から見れば，そう言えなくもない。ただ，両者とも企業目的を，存在論的に把握したというより，経営的観点から捉えたことは否めないだろう。当然，そこには自立した経営的視点の確立がある。

(2) 現代企業と経営者の役割

もともと企業は企業者活動を制度化したものであるが，そこでは企業者は革新者にして，革新の利益の享受者＝利益追求者であった。激しい環境変化に直面する現代の経営者もまた企業者精神を必要としている。それでは，かつての企業者活動と現代の経営者活動とどこが違うのか。営利性に衝き動かされた企業者活動も，結果として社会性も発揮してきたが，敢えていえば，社会性の位置づけが違うのである。

今日，経営の目的は単なる利益の追求に終わらない。企業目的の営利性と社会性を組み込んだ経営性を発揮して，自らの環境観のもとに，企業を維持・発展させることである。そこでは，社会性を追求すべき目的とし，営利性を市場経済体制においてどうしても超えねばならない厳しい制約と捉えることもできる。少なくとも所有と経営が分離し，自立した経営者のもとでの方が，社会性を営利性の手段から転換させ，目的に位置づけやすい。それがバーナードやドラッカーに見られる企業目的理解となっている。

もちろん，経営体としての企業の存続・発展は，自らの投資対象であるとともに行為対象であり，何よりも生存領域ないし存立基盤である事業の成否にかかっている。企業の営利性と社会性を具現する事業は，市場性が問われるだけでなく，当然，事業内容と成果，そして方法の自然的・社会的妥当性が問われる。つまり経営の責任性と正当性が問われるのだ。経営倫理を構成

終章　意味と生命の経営学—社会的責任と地球環境問題— 421

するこの問いを内包しつつ，技術革新，製品（サービス）革新を含んだより高度で，時に異質な事業領域に転換するところに，量的成長を超えた事業の質的発展や革新があり，その実現をめざす行為主体としての経営のあり方と機能の発展（＝経営革新）もある。それゆえ，事業発展，ひいては企業の発展を決定する事業領域の定義と再定義，言い換えれば，環境を認識（解釈）し，事業を構想し，具体的な戦略を展開する企業者機能は，最も重要な経営機能である。その速やかな遂行と管理がそれを支えているが，これら経営機能全体が組織として担われていることは既に指摘した。従って，組織革新を断行し経営革新をはかり，機敏な事業選択と資源展開を実現することが，現代企業の経営者の役割だといえる。

(3) 企業目的と経営目的（組織目的）の乖離

企業の目的は営利性の追求と社会性の発揮である。この2つを同時に実現する事業を構想し遂行するのが経営にほかならず，企業目的は，当然，経営目的でもあった。しかし，所有と経営が分離し，経営機能が組織として担われるようになってくると，経営の目的は営利性と社会性を組み込みつつも，経営組織を中核とする企業それ自体を維持・発展させることに変質してゆく。具体的には，従業員と経営者からなる経営共同体の維持・発展である。特に日本企業に顕著であり，ここに経営目的は企業目的そのものでなくなった。バーナードやドラッカーは，日本企業のような経営共同体の維持を想定していないが，経営目的を企業目的と語っていることは否めない。

それでも，営利性や社会性は企業の存続を前提にしており，企業の存続・発展も営利性と社会性を達成することによって可能になるから，本来，企業目的と経営目的は矛盾するものではない。ところが，日本企業に典型的に見られるように，あまりにも偏狭な経営共同体意識（＝硬直した組織の論理）は，企業目的と経営目的との間に微妙なズレを生み出す。営利性は利益の獲得以上に売上高重視に偏り，株主への配慮を欠くようになってしまった。取締役および監査役の社内人事化と株式持合いが，トップ経営者（サラリーマン専門経営者）の権力を強めて，それを容易にしたが，そこでは企業目的と

経営目的のズレは一層拡大し，時に経営方法や事業手段の社会的妥当性や社会的公正さまでも忘却させるほどであった。それは，一連の金融不祥事，毎年のように繰り返されるさまざまな企業不祥事，さらに薬害エイズをはじめ生命を直接脅かす経営行動に端的に示されている。いずれの場合も，社会意識を反映しない組織硬直性がその原因である。それを企業不祥事を生む体質と言い換えてもよい。ここにコーポレート・ガバナンスの問題が噴出するのである。

もとより，経営体は社会意識に逆らっては生きられず，社会は自然の摂理を超えては生きられない。この生命の論理が，社会価値に徐々に浸透しつつあり，経営体はこれを自らの組織価値の中に意味として組み込むことが求められ始めている。近年の経営倫理や組織倫理の研究の隆盛は，このことと無縁ではない。組織倫理の確立とは，社会価値からズレて硬直した既存の組織価値に社会価値を吹き込んで新たな組織価値（意味）を創造することであるからだ。しかし，それは組織を道具視し，ひいては人間を道具視しては難しい。組織は人間にとって単なる道具ではなく，生かされ，生きる世界であり，場でもある。このように理解してはじめて，社会意識に根ざした個人の倫理を組織の論理として展開することが容易になるだろう。その根底には，人間も組織も意味システムだという認識が潜んでいる。そして組織の意味，それを内在化した経営の意味の具体的展開が，経営理念としての社会的責任にほかならない。

2 経営理念と社会的責任

「企業の社会的責任」という言葉は，公害（地域限定的・局所的な環境汚染）に端を発した「反企業意識」の高まりの中（1960年代末〜1970年代前半）に定着した。しかし，当時，その意味するところは立場によって大きく異なっていた。M. リチャーズの表現[10]を借りれば，「企業の社会的責任は利益の極大化」[11]とする M. フリードマンなどの古典的な社会的責任否定説から，社会的責任を一応認めながらも，その危険性を主張する G. バークなどの新古典派[12]，K. デイビスなどの穏健派[13]，M. アンシェン[14]や A. B.

キャロル[15]などの現実派、さらに極めて広範な社会的責任を政府による厳しい統制と告発型消費者運動によって迫るネーダー流の急進派[16]まで、実にさまざまだった。このように社会的責任をめぐる議論は、狭い枠にとどまるようなものではなく、経営理念、もっと言えば、自由企業体制に対していかなるスタンスをとるかにかかわっている。

(1) 自由企業体制と社会的責任

ある一定の価値理念が混沌とした状態に一つの秩序（世界観）を与え、行動を方向づけることは、マックス・ウェーバーの『プロテスタンティズムと資本主義の精神』をもちだすまでもなく、よく知られた事実である（本書もまたこの問題を論じてきた）。このプロテスタント倫理（労働倫理）と、アダム・スミスによって「見えざる手」と説明された市場倫理、さらに自由倫理（本書第3章参照）が三位一体となって生みだされたものが、産業革命であり[17]、自由企業体制であった。それは今日なお経営理念の内容をなしている。

しかし、この理念に導かれた経営行動が環境破壊をはじめ諸々の社会問題を引き起こしたことも否定できない。そこに社会的責任の観念も生成する。もっとも、一見対立する両観念も「社会的責任の遂行いかんが将来の自由の総量を決定する」[18]と認識されれば、「社会的責任は社会的自由のコスト」[19]であり、積極的に自由企業体制を守るものとなる[20]。言い換えれば、社会的責任は自由企業の理念の中にこそ生まれ出た観念であり、極めて体制的な思念といえよう。

それでも、社会的責任の遂行力である現代の経営理念においては、その基礎となる自由企業理念の一部組み替えは必要である。「社会主義が自由を犠牲にして似非公正に終わり、民主資本主義が公正を犠牲にして自由を促進する誤りに陥りがち」[21]であるとき、社会的責任は自由企業体制（市場経済体制）の公正や公共性にかかわっていることは明らかであろう。

K. デイビス達に従えば、自由企業理念を構成するものは、利益、労働倫理、私有財産、自由、個人主義、機会の平等、競争、自然法、小さな政府、

であるが、今や機会の平等や競争などの公正さに疑念が投げかけられており、G. C. ロッジはそれらに代わるコミュニタリアニズム、成員権、コミュニティの要請、政府の役割の増大、システム思考を主張している[22]。ロッジの主張のままでないにしても、現代の経営理念は伝統的理念を新しい考え方によって再生させたものに違いなく、図・終-3にみるように、伝統的な考え方と新しい考え方の混合物だといえる。もちろん、それを構成する諸要素は内的関連をもっており、それを捉えたのが図・終-4[23]である。これによって、経営理念としての社会的責任の位置とそれがどのような観念からなっているかが明らかとなろう。そこには、「私的利益の追求─（自然調和）→公共の利益」から「公共の利益─（自覚・責任）→私的利益」へという考え方の変化も示されている。少なくとも、公共の利益と私的利益を同時に考慮することが必要な時代になったのである。

　もっとも、これによって競争や利益が意味を失うのではない。利益は経営を動機づけるとともに、超えねばならない厳しい制約として機能する。利益概念が目的概念から制約へと転換するところに社会的責任の成立の基盤もあ

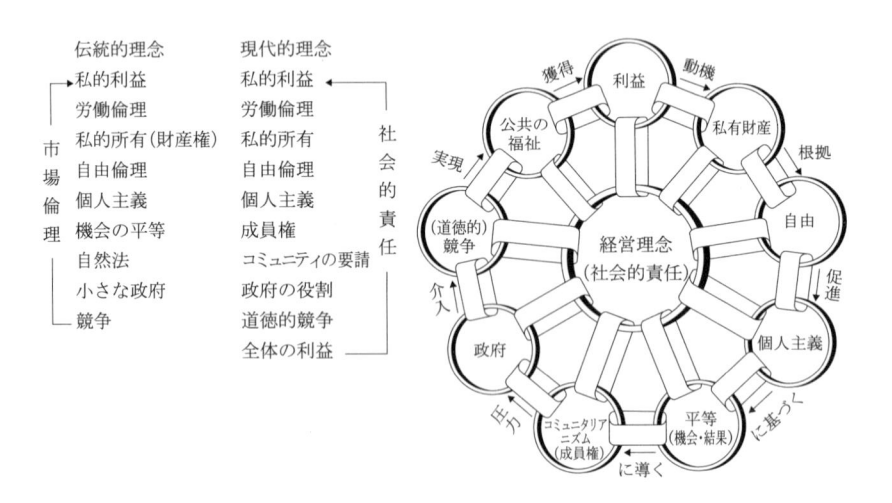

図・終-3　自由企業理念の組み替え　　図・終-4　自由企業理念と社会的責任

(K. Davis & Others, 1980, p.191 の図を基礎に作成)

り，そこに道徳的意思決定の本質もある。それは事業方法の道徳化（自然的・社会的妥当性）であり，事業内容の道徳化（自然的・社会的妥当性）であって，競争はますます激しくなるであろう。今日，不祥事企業は直ちに競争から脱落し，再び信頼を得られなければ退場を強いられることを誰もが承知している。逆に言えば，この競争の激しさが，経営の道徳化を促すのである。

(2) 経営理念（理想）としての社会的責任

これまで「経営理念と社会的責任の関係」を，社会的責任理念の基礎となる総体としての自由企業体制理念のもとで論じてきた。ここで論じようとするのは，個々の企業がその実現をめざして掲げる社会的責任の性質である。現在，多くの企業で掲げられている社会的責任とは，多少の革新があったにしても，既に現行の経営戦略や管理・業務システムに落とし込まれた社会的責任であり，時に他社に追随的な社会的責任だ。CSRブームのなかで，各社の社会的責任経営が似かよっているのは，そのためである。確かに社会的責任の持続的実行には，戦略に落とし込み，それと結合せねばならない。しかし，それが他社を模倣した外観だけの社会的責任であれば，社会的責任とは言い難い管理・業務システムにすぎず，そこには，経営の独自性や差異性は生まれにくい。

ここに「経営理念としての社会的責任」とは，現行の経営戦略や管理・業務システムをはるかに超えて掲げた，あるいは秘かにめざす「経営理念としての社会的責任」である。それは経営の理想や夢の段階の社会的責任であり，主観的な使命感や思いであるかもしれない。多くの場合，困難な道であり，時に嘲笑の種にさえなる。

理想や夢の段階の「経営理念としての社会的責任意識」と，社会的責任経営実践である「経営戦略としての社会的責任」の間には，簡単には超えられないギャップがあるのが普通だ。この理念と戦略の間のギャップを埋め，実現する力が，社会的責任を支える経営の論理にほかならない（図・終-5）。詳しくは後述するとして，それは責任優先ないし責任中心思考であり，ここ

に経営の独自性と差異化が発揮されるだろう。その一つの例を，排ガス規制法に対する自動車各社の経営姿勢に見ることができる。

たとえば，アメリカの大気浄化法の1970年改正（いわゆるマスキー法）の延期条項とアメリカ企業の政治的決着に触れて，当時の本田技研社長は次のように批判している。「マスキー法の一年延期条項が云々されたときも，延期が決まったときも，延期申請しない，というわれわれの考え方は変わらなかった。この排気ガス問題に関しては，企業の社会的責任からどうしても解決しなければならない，と思ったからだ。技術的に解決しなければならないものを政治的に解決しようとすると，永久に悔恨が残る」（同社内報，1973年1月）。PR上手なホンダだけにいささか割り引かねばならないが，自らの主張を守って鮮やかな出処進退をみせた本田宗一郎の言葉ゆえに軽くはない。また，最終的には1978年から完全実施されたわが国の廃棄ガス規制法に最後まで反対し，醜いまでに逃げ回ったトヨタ自動車でさえ[24]，当時の金額で年々2000億円以上の投資と借金さえ覚悟して，設備と技術体系の革新に取り組んだという[25]。日米自動車会社のこの経営姿勢の差が，エンジン性能，自動車性能の差に現れたことは，今では周知の事実である。それは21世紀に入った今も続いている。1990年代初頭，三菱自動車とトヨ

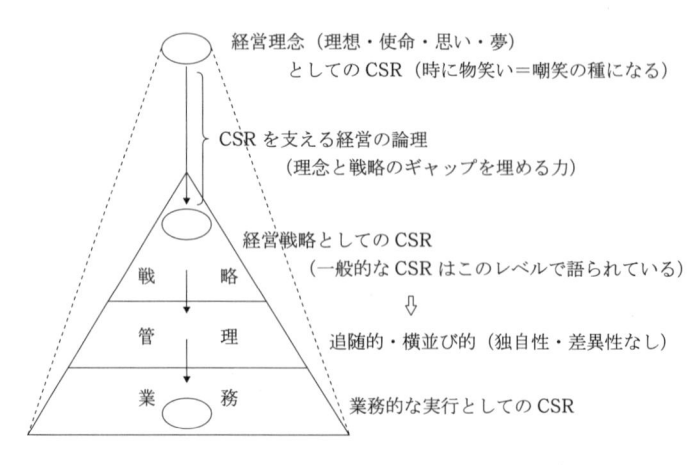

図・終-5　社会的責任の全体像

- 経営理念（理想・使命・思い・夢）としてのCSR（時に物笑い＝嘲笑の種になる）
- CSRを支える経営の論理（理念と戦略のギャップを埋める力）
- 経営戦略としてのCSR（一般的なCSRはこのレベルで語られている）
  ⇩ 追随的・横並び的（独自性・差異性なし）
- 戦略
- 管理
- 業務　業務的な実行としてのCSR

タ・グループのダイハツがもっていたハイブリッド車（内燃機関と電気モーター）の技術の種を花開かせ，世界でいち早く世に出したのが，排ガス規制法当時（1970年代後半），決して技術力の高くなかったトヨタであったことは，経営姿勢，社会的責任を支える論理の差を象徴している。しかし，今日，ハイブリッド車を生産し，世界市場に投入するのは，社会的責任の実践に違いないが，もう社会的責任と声高に語る必要もない一般的な経営戦略，競争戦略の一翼である。

　経営理念としての社会的責任の性質を浮き彫りにするために，最後にコーポレート・ガバナンスとの関係に触れておこう。コーポレート・ガバナンスがうまく機能したら，企業はかなり社会的に行動するようになるだろう。少なくとも，経営者報酬の開示をはじめ株主（投資家）への説明責任を果たせば，社会的責任（CSR）の一環だとしばしば主張されている「組織運営の透明性」も高まるかもしれない。また，社会意識が高まれば，株主主権論を超えた社会的観点からの広義コーポレート・ガバナンスも働きやすくなり，社会的責任の遂行が企業に利益をもたらすようになるだろう。ここに，CSRとは経営そのものと理解され，ガバナンスと区別しない主張が散見されるようになってきた。それは実務家の発言に著しいが，学者の意見にもしばしば見られる。

　長期的利益の観点から社会的責任を語れば，ガバナンスと同じ地平に立っているかのようである。それでは両者は同じなのか。結果からみれば，重なる部分が多いにしても，その依って立つ理論的根拠はまったく違う。

　社会的責任は，企業が社会的に行動すること自体，社会的問題を解決することそのものが目的であり，目標である。私たち個人の社会的行動でも，単に「得だから」という以上に，「人間的価値や社会的価値」に基づいている。それと同じことだ。ガバナンスが経営に外的力だとすれば，社会的責任は経営に自律的力なのである。理想や夢や使命感や思いが含まれる経営理念としての社会的責任意識は，まさに経営に自律的である。

III 経営思想から経営の論理へ

　自然や生命の意味を受けとめた環境思想の経営思想への転換は序章で試みた。そして前節で，現代企業の目的論的考察と社会的責任の理念的考察から，そのより具体的な経営的展開をはかるための土台造りを行った。しかし，自然を重視し生命の意味を組み込んだ社会的責任実践はまだ遠い。夢や理想を含んだ「経営理念としての社会的責任」と経営実践として遂行する「経営戦略としての社会的責任」との間のギャップを埋める経営の論理が必要である。まず，社会問題・環境問題をバーナードの「思わざる結果」の射程で捉えよう。

1 「思わざる結果」としての社会問題・環境問題

　1960年代のわが国における高度経済成長は，公害・環境問題と表裏一体だった。だが，高度経済成長政策を押し進めた池田勇人元総理大臣の秘蔵っ子で，自身も後に総理大臣となった宮沢は，60年代末の国会で河川の水質汚濁（公害）を質問されたとき，「何とか答えたものの，本当は何を問われたのか分からなかった」と30年後に回想している。初めて公害を指摘されたとき，とっさに理解できなかったのである。若き日から切れ者と謳われた宮沢にしてそうであった。それを思えば，その数年後とはいえ，「資本の論理に促迫せられて大量生産様式が生みだされ，資本の論理と大量生産様式が合体せられて，公害が生みだされた」(1972)[26]と指摘した三戸（公）はさすがに鋭い。後年，「随伴的結果」概念[27]を駆使して地球環境問題に迫ったのは，この指摘からの当然の帰結ともいえる。

　詳しくは本書第9章で論じたが，三戸の「随伴的結果」は，バーナードの能率概念からヒントを得ると同時にその不満から生まれた。人間行動と組織行動を評価する尺度として，バーナードが目的の達成度としての有効性とともに能率を強調したことは広く知られている。能率とは，個人レベルでは「思わざる（意図せざる・求めざる）結果」の満足であり，不満足は当然に

不能率となる。協働行為では個人動機の満足に関連し，「協働システムの能率は提供する個人的満足によって自己を維持する能力」で，「組織の能率とは，そのシステムの均衡を維持するに足るだけの有効な誘因を提供する能力」だという。協働や組織レベルでは「思わざる結果」に直接には論究していない。ここに三戸は，バーナードの能率概念に組織レベルでの展開と欠落を見るのである。

　宮沢の例に見るように，意図せざる結果がどのようなものであるかを事前に把握することは難しい。だからこそ，個人であれ組織であれ，目的追求行為が意図せざる結果を伴うことすら長く認識できなかったのである。たとえば，新日本窒素水俣工場だけでなく，戦前から日本中で多くの工場が排水を川や海に流し，煙を大気に撒き散らしてきた。それら工場を所有する企業は，公害や環境問題を自らの目的行為の必然的な随伴的結果だと把握していたのだろうか。豊かな生活を夢見た個人は，その実現が，今日の深刻な地球環境問題を伴うと理解していたのだろうか。決してそうではない。どこまでも，意図せざる結果は思わざる結果であり，事後的にのみ「必ずある」随伴的結果と把握できるだけだろう。そのため地球環境問題は深刻化し，解決を困難にしているのである。「思わざる結果」とは，最先端の科学知を含めた人知のいたらなさの直截的な表明であり，そのように受けとめるべきであろう。

　公害情報や環境情報は，それが認識できてはじめて，情報化される。組織がそれを認識する契機は，広く捉えた組織貢献者の参加と離脱をおいてほかにない。その意味では，バーナードの組織能率概念は，顧客を組織貢献者に含むその組織概念とワンセットになっている。ここにバーナードは協働能率を個人動機の満足に関連させ，組織に視点を据え直して（＝組織に内的な視点で）組織能率を「人々の貢献（協働意思）を確保し維持する能力」としたものと思われる。問題は組織能率から「意図せざる結果」が欠落しているかどうかだ。

　動機の満足・不満足は，一般に目的行為の結果にかかわる。バーナードもそのことは承知しているが，「行為の原因ならざる動機」とも説明して，動

機の満足・不満足で，目的行為の結果の満足・不満足だけでなく，確かに，意図せざる結果の満足・不満足を含めて論じている。しかし，組織目的が達成されても，個人目的が満たされなかったにしろ，個人にとっての意図せざる結果が不満足だったにせよ，個人が組織から離脱したら，そして今後参加してくれなかったら，個人の協働意思（身体的・精神的エネルギー）を生命源にしている組織にとって，これほどの意図せざる結果の不満足はあるまい。ここにバーナードの道徳的創造機能が発動され，組織能率の再構築がはかられるのである。この「意図せざる結果」を扱うことが組織能率である。むしろ，組織能率を「人々の協働を確保する組織能力」と見たところに，地球環境問題をはじめとする意図せざる結果への対応を，経営の内奥に組み込んだ論理として展開できる可能性を秘めているように思われる。

2　自然環境の主体化と情報環境

　経営体にとって，自らの生成基盤であり，日々の活動の中で直接向かい合っている経済・技術環境や，それと密接にかかわるばかりか，租税負担義務を負い，時に規制を受ける政治環境は，特に「環境の主体化」といわずとも，認識しやすい環境であった。従来の経営戦略論や社会的責任論はこれらの環境を前提に展開されたといってよい。しかし，経営活動と不即不離でありながら，客体視されていた自然環境や社会環境は，環境の主体化＝社会問題化してはじめて経営体から認識されるという現実は否定できない。思わざる結果としての地球環境問題もまたそうであった。なお，これからの議論は序章の「図・序-2　経営環境の構造」が前提になっている。

　ところで，すべての問題はそれが社会問題化し，経営問題化するまで時間がかかり，通常3つの段階を経て経営に至る。第1段階：社会の一部に関心は存在するが，特に経営体（企業）に向けられていない。経営が環境から受けるシグナルは弱く，未だ不明瞭である。第2段階：経営体が広くかかわるのは明確になるが，社会的圧力は弱い。しかし，シグナルとしてはかなり強くなり，鋭敏な経営は概ねキャッチできる。第3段階：経営体への期待（社会的圧力）が明確になり，政府の規制なども予想され，一気に経営問題化す

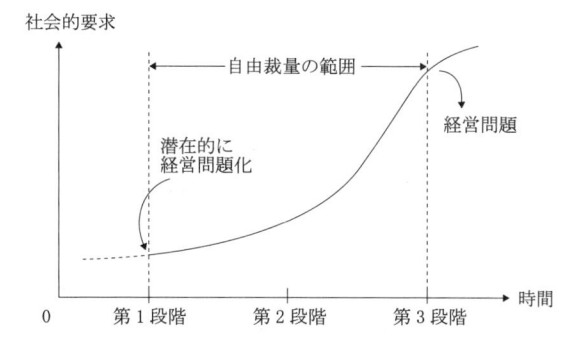

終章　意味と生命の経営学―社会的責任と地球環境問題―　431

図・終-6　環境の経営問題化（Ackerman, 1976, 一部変更）

る[28]。それを図示すれば，図・終-6になるだろう[29]。どの段階で問題となるかは経営の能力にも依っており，第1段階から第3段階が経営の自由裁量の範囲である。いわば社会的責任遂行の準備段階であり，これを超えると，実践が要請される。第3段階ではじめて問題を認識したら，経営の困難は大きく，反社会的行為に走りやすい。従来の経営戦略論や社会的責任論は，第2段階から第3段階の強い環境兆候をもって展開された。そこでは環境の主体化ないしは利害者集団が明確な前提になっている。

　さて，自然環境を主体化させたのは何といっても，そこを生活の場とする地域住民であり，それらを代表する地方自治体であり，それらに動かされた政府だといえる。今では，それが地球規模で広がっている。社会的環境を認識させたものは消費者運動をはじめとする諸運動であろうが，それに応じた地方自治体，政府の力も大きい。また一人一人の大衆の動きも無言の圧力をかけた。インターネットが普及する今日では，それが直ちに全国規模で広がる。文化的要因は生活者としての個人を通して，社会的環境や経済的環境に投影される。政治的環境は多くの場合，経済的環境と直結し，あるいは法律や政府活動となって主体化する。経済的環境は顧客，株主，取引先，競争者などによりもともと主体化しやすい。従業員は労働組合を組織することによって大きな環境主体となった。このような環境主体は，別の言葉でいえば，経営体をめぐる利害者集団であり，これまでの，そして今もなお社会的

責任論では第一義的環境とされている。

 もっとも，利害者集団論はこれまでの社会的責任論の環境論ではあり得ても，これからの社会的責任論の展開にとって十分だとは言い難い。消費者運動や地域住民の運動が，あるいは世論が社会的環境や自然環境を主体化させ，その重要性を経営に認識させはしたが，それでも図・終 - 6 に則していえば，第 2 段階，第 3 段階の強い環境シグナルにすぎないからである。利害者集団を組織貢献者として内部化したバーナードの組織理解はこれを超えてはいるが，今，問われるべきは利害者集団への影響要因である第 1 段階に至るまでの弱いシグナルをもキャッチする環境モデルであろう。それが，今日の社会的責任論のための経営環境論にほかなるまい。そのためには，まず環境の主体化プロセスないし環境間関係を明らかにしなければならない。

 環境間関係を定式化すると，「生活者としての個人→価値観の変化→経済環境→経営」となるのが通常の場合である。環境問題では多くが，「① 自然環境（汚染）→② 生活者としての個人→③ 価値観（自然観・社会観）の変化→④社会環境→⑤ 政治環境→⑥ 経済環境→⑦ 経営（環境経営）→⑧ 自然（汚染減少）」であった。

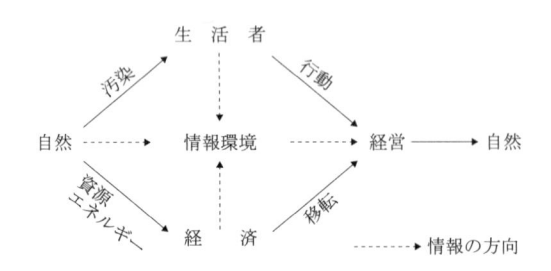

図・終 - 7　情報環境と環境認知 （庭本 1982）

 ① ② さらには ③ を含めて図・終 - 6 の第 1 段階までに属そう。④ は第 2 段階であり，⑤ は第 3 段階，⑥⑦ ともなれば実行段階である。このようにみると，弱い環境シグナルをキャッチするには ①～③ こそが重要であり，経営は変化を政治環境や経済環境を経て捉えるのではなく，それらを直接に捉える努力が必要である。それを可能にするのが図・序 - 2 の情報環境にほ

かならない。つまり経営は，環境および環境間の動きや変化をすべて情報環境で捉えることができる。したがって，経営自らの環境観はこの情報環境を通じて形成されることになる。

これを図・序-2に戻って説明すると，経営をとりまく斜線の部分が情報環境を表している。(イ)は「文化価値情報」であり，社会的変化の底流を知るうえで重要である。(ロ)は生活者としての個人と自然との重なりからなる「地域・生活情報」であり，いわゆる環境情報の多くを含んでいる。(ハ)は自然と経済とが絡み合った自然的・物質的環境から生まれる「資源・汚染情報」であり，自然環境情報の大きな部分を占める。(ニ)は経済・技術情報，社会情報，政治情報が結合した産業情報である。もちろん，これら情報をいかに捉え，どのような環境観を構成するかは，経営の認識（解釈）能力によって異なり，そこに経営の主体性も発揮される。図・終-7は情報環境を入れて定式化し直したものであるが，鋭敏な認識力とすぐれた情報システムをもつならば，経営が地域住民の行動や経済環境からの強いシグナルをキャッチする前に自然環境からの弱いシグナルを直接捉えうることを示している。もっとも，認識が直ちに行為に結びつくとは限らない。地球環境問題のように自己から遠く，実感が伴いにくいとなおさらだ。情報化の思わざる結果として指摘した点だ。ここに認識が行為に結びつく論理ないし思考が欠かせない。

3　社会的責任を支える論理と責任中心思考

(1)　CSR バブルを超えて

21世紀に入ると，企業の社会的責任論（Corporate Social Responsibility : CSR）は，英語略字表記のCSRとなって，社会に躍り出てきた。それでも，2003年にはCSRの呼称を冠した報告書を公表していたわが国の大手企業は2社にすぎなかった。しかし，1990年代に定着した環境報告書をCSR報告書に衣替えして，2004年前半だけで20社を超す大手企業が発行したという。また，2003年後半から2004年にかけて，大手企業にCSR担当部署が相次いで設置された。その動きはいずれ中堅企業にも及んでいく

だろう。

　新聞の紙面にも CSR 記事はしばしば現れる。多くの経営者も新聞広告も含めて熱心に CSR を語っている。だが，それほど CSR の内容が見えてこない。その逆に，企業不祥事が頻発するのは皮肉というほかないが，まさに言葉だけが一人歩きするバブルの様相を呈している。その他の現象でも英語略字で語られると一過性のブームで終わることが多いが，CSR をバブルを超えて展開し，定着させるためにも，昨今の CSR 論の意味を歴史的に位置づけてみよう。

　経営責任は，経済的責任と社会的責任からなる。早くから経営の社会的責任と意識されていたのは，株主への配当責任である。会社経営にとって，これは同時に経済的責任でもあり，経営責任として理解されていた。これを超える経営の責任が，社会的責任として問われることになる。わが国の場合，そのような社会的責任論の高まりは大きく3つの時期に分かれ，いささか混乱しつつ，領域的にも質的にも深められてきた。

　第Ⅰ期社会的責任論（1950年代後半）は，株主への責任を前提に，顧客に対する「良質・安価な製品・サービス」が強調された。今日，これを社会的責任という人はない。それどころか経済的責任を果たすための競争武器でさえある。第Ⅱ期社会的責任（1960年代後半-70年代初頭）は経済的領域のみならず，消費者問題（製品の安全性等）や雇用問題（社会的弱者に対する就業保障など）も加わり，特に公害問題（生産プロセス廃棄物による地方的汚染）の解決に迫られた。そして現在（2000年代前半），コンプライアンスや地球環境問題を中心にした第Ⅲ期社会的責任（CSR）論が展開中である。

　確かに1980年代初頭，本章の基になった諸論文で筆者自身は，第Ⅱ期までの問題を質的に深めるとともに，広く地球的規模での環境問題（とりわけ熱汚染や製品廃棄物）がその中核になる第Ⅲ期社会的責任論を論じたし，今日の地球環境問題をも認識していた。しかし，第Ⅲ期社会的責任論は経営学研究の全体として浮上せず，1980年代後半のバブル経済と歩調を合わせて，メセナ（芸術文化の擁護・支援）やフィランソロピー（博愛・慈善），あるいはコーポレート・シチズンシップ（企業市民）が強調された社会貢献論へ

と流れていった。メセナやフィランソロピーなどの社会貢献は，より積極的な社会的責任の遂行に違いない。しかし，社会貢献論でさえ経営の論理として十分に展開できなかった。市民意識が権利にのみ結びつくわが国の場合，なおさらである。バブルの崩壊とともに下火になってしまった現状は，そのことをよく示している。それでも，公共意識や責任意識を基礎にする社会貢献論は，1990年代に深刻化した（認識できたというべき）地球環境問題を含めた第Ⅲ期社会的責任論が展開しなければならない道筋を照らしている。とりわけ社会的責任を経営の内在的論理として展開できる可能性は示唆していたであろう。バーナードの責任意識はそれと同質のものだ。これを論じる前にデイビス達の社会的責任論理を検討せねばならない。

(2) デイビス＝フレデリック＝ブロムストロムの社会的責任論理[30]

経営理念の確立は経営を方向づけ，社会的責任遂行の必要条件であっても，実践に向けての十分条件とは言い難い。この方向づけの上に実践に繋ぐ論理が必要である。それが経営の立場からみた社会的責任を支える論理にほかならない。社会的責任を支える論理となれば，K. デイビス達の主張がある。彼らの依拠する「権力－責任均衡の法則」には，わが国の研究者も多くが従っており，従来の社会的責任論を支える代表的論理だった。

確かに，デイビス＝フレデリック＝ブロムストロムは極めて広範な社会問題に目を向けて，バランスの良い社会的責任論を展開している。環境問題も経営問題として論じており，彼らの論理が経営の論理として妥当であれば，社会的責任論の強力な武器となろう。

ところで，企業の社会的責任の問題は企業と社会とのあり方の問題であるから，現代社会をどのように捉えるかを抜きには語り得ない。彼らの前提は，権力が一極集中した一元化社会ではなく，権力がさまざまなセクター（各企業もその一つ）に分散した多元社会である。権力の分散が社会に自由と開放性を与えるが（p.65），同時に利害の調整を必要とする。ここに社会的責任の問題が生じるが，デイビス達は経営者が全体社会に視野を広げれば，意思決定の際に公共的価値が考慮され，その結果，行為の中にも入り込

むところに社会的責任の本質を見た（p.44）。この見方を支えるものが「権力－責任均衡の法則（Low of Power-Responsibility Equilibrium）」にほかならない。この法則は次のような二つの命題から成っている。

　第一命題：社会的責任は社会的権力に伴う（p.50）。

　これは「社会的責任は社会的権力と同量でなければならないのは歴史のよく教えるところであって、経営の社会的責任もその有する社会的権力に由来する」というもので、「責任は権力の代償」である。ここにいう社会的権力とは社会的影響力を指しているが、「経営によって行使される権力とは、社会が経営に期待する仕事を遂行する権力を意味する機能的権力である。それは『支配する（over）』権力というよりもむしろ『ことを行う（to do）』権力である」と規定している。

　第二命題：責任の回避は権力喪失に導く（p.51）。

　「社会が責任的だと思わないような権力の行使は権力を失う」ことは歴史的にも明らかな「責任の鉄則（Iron Low of Responsibility）」である。

　もとより第一命題と第二命題は不即不離の関係にある。特に第二命題は長期的視野に立った歴史的命題であり、一応の妥当性はもっていよう。しかし、第一命題をもって現実の企業の社会的責任（量）の論拠とされるとき、そこにいささかの問題をはらんでくる。というのも、現実の企業が求められている責任は必ずしも権力と連動しないからだ。それは、とりわけ中小企業において著しい。だが、デイビス達は、他の研究を引用しながら、権力－責任均衡の法則が中小企業にも妥当することを次のように説明する。

　確かに、中小企業は権力よりも責任が重く、その権力－責任関係はアンバランスである。社会の高い期待にもかかわらず、その市場支配力は小さく、地域への影響力も限られている。また新聞や法廷で活動家集団と戦う資源も十分でない。しかし、長期的には均衡をはかるため、中小企業も社会的権力や政治的権力を高めて、監督官庁などへの活動を活発にし、圧力を加えようとするであろう（p.53）。デイビス達は、そこに権力－責任均衡の法則の貫徹をみている。要するに、中小企業も団結してロビー活動に精を出せということだ。

さて，この主張に論理の"飛躍"ないし"すりかえ"がないであろうか。まず，権力概念から検討してみよう。デイビス達が定義した権力とは，社会が期待する仕事を遂行する能力＝行為権であって，新聞や法廷で活動家と戦う権力ではなかったはずである。まして監督官庁に圧力をかけたりする政治力ではあり得ない。そこに定義との分裂がみられる。これは「権力－責任均衡の法則」の存立そのものにかかわることであるが，組織理論における「権限－責任均等の法則」からの援用の是非から問い直さなければならないだろう。人はその本来の意味で理解しがちだからである。そこにリチャーズが「このアプローチによれば，銀行が何故大学生に低利で貸しつける社会的責任を負うのか理解しがたい」[31]と困惑する理由も潜んでいる。それどころか，デイビス達自身がこの誤解，混乱に陥って，自ら区別した行為権と支配権を混同するに至っている。

　いま一つの問題は，デイビス達が社会的責任否定論者に「権力がない（権力＝０）ゆえに責任がない（責任＝０）というのは完全競争モデルであって，現代の大規模組織の権力的現実と一致しない」(pp.53-54)と反論するとき，権力－責任均衡の法則に立つ限り，権力＝０ならば，責任＝０であることを認めざるを得ず，完全競争化では社会的責任問題が発生しないことを想定していることである。

　それでは，社会的責任問題は完全競争下では起こり得ないのであろうか。地球環境問題などの社会問題は不完全競争市場から生じたというよりも，むしろ従来の市場の観念や市場の原理に乗らないから発生した。完全競争が成立するか否かを超えている。市場支配力のない中小企業も社会的責任を問われるのはそのためである。

　このように，権力－責任均衡の法則は形式論理に陥って，経営のダイナミックな現実を捉え難い。これに社会的責任の論拠を求めるとき，責任は客観的，外在的に規定され，経営の論理に組み込んで主体的，内在的に展開することが困難となる。そこでは企業は社会的責任を受動的に受け入れるにすぎない。企業の社会的責任とはそうした形式的，外在的立場を乗り越えた自律的な主体の論理，行為の論理によってはじめて可能になる。それは責任を

権力において捉えるのではなく,自由において捉える責任優先的あるいは責任中心的立場であり,C. I. バーナードが主張してやまなかったものである。

(3) 責任中心思考と経営の論理

社会的責任は,企業に権限(権力)があろうとなかろうと問われる。社会性は企業の存在目的だからである。それどころか,激しい変化や予測のつかない事態(=思わざる結果)に備えて,あらかじめ権限を規定しておくことは不可能に近い。権限と責任の規定通りに仕事を進めていたら,社会的責任の遂行どころか,変化の激しい時代には新たなビジネスチャンスをつかむタイミングを失い,緊急事態にも対処できなくなってしまうだろう。この観点から,デイビス達の「権限－責任均衡の法則」に依拠する経営の論理,とりわけ社会的責任論理を批判した。しかし,そのことが彼らの多元的社会観の否定にまでは進まない。

確かに,現代社会は多元的社会である。それは,一元的社会のようにひとつの制度的方向の下に統合され,対立のない社会でも,自己中心的なバラバラな無秩序社会でもない。一元的社会にも無秩序社会にも自由は乏しい。権力が分散した多元的社会の相互依存の中にこそ社会的自由が生まれる。この社会的自由が経営の主体性,自律性の根源だといえる。逆に,そこに対立や環境問題をはじめ諸々の社会問題も引き起こされがちだ。その調整や解決は,企業をはじめとする経営体に委ねられ,社会的責任も問われる。多元的社会における責任の基礎は自由にあるのであって,保有する権力ではない。この点をはっきり認識していたのが,バーナードであった。

バーナードの思考は,主著『経営者の役割』で一応の頂点に達し,そこで展開された諸概念の多くを,彼は終生ほとんど変えることはなかった。たとえば,誤解と混乱を招き,激しく批判された組織概念にしても,揺るぎない自信をもっていた。その彼が,「日本語版の序文」やウォルフによるインタビュー[32]の中で「責任の問題を十分扱っていない」と反省し,修正をはかった。この点を自らの問題意識のもとに鋭く捉え,断片的資料[33]をつなぎ合わせて,それを「責任優先説」として定式化したのが,飯野である。責

任は権限と均等でなく，それより大きいとする責任優先的考え方は，組織を「責任のシステム」と把握し，社会的責任を内在的に展開する道を切り開いた[34]。バーナード研究の第一人者といわれた飯野の研究のなかでも，これはひときわ光っている。

　それにもかかわらず，ここでは責任優先思考でも責任優先説でもなく，敢えて責任中心思考としておこう。なるほど，バーナードは，伝統的な権限観（＝支配権）を打破するために，それと比べて彼の考える責任（＝現実に問われる責任）が大きいことを論証してみせた。しかし，それはおそらく説明戦略だろう。権限を「道徳的責任を受容した人びとの保護権」とバーナードのように解せば，それは自由を基礎にした行為権である。そこには「行為する権限には責任が伴う」どころか「責任を受容しなければ，行為権は生まれない」との認識があるだろう。バーナードの責任概念と権限概念（＝行為権）では釣り合っている。しかし，バーナードの真意は，権限を支配権でなく行為権と理解するだけでなく，責任概念を権限概念から開放することではなかったか。責任は権限の対概念という以上に，自由との対概念である。行為の自由と能力を動かすものは，責任（意識）よりほかにない。バーナードはここに着目した。だから責任優先思考ではなく，責任中心思考なのである。

　飯野の責任優先説をこのように解釈すると，どのように小さな問題も権限中心思考では果たし得ず，責任を中心に考えねばならないという主張に違いない。たとえば，D. J. ファッシングも次のように述べている。人間が「道徳的創造物であるがゆえに能力は責任を負う」[35]として「自覚が責任感をつくり，知識が責任を生成する。完全な公式では，知識＋権力（ただし行為能力：筆者）＝責任，である。私達は知れば知るほど，ますます責任が重くなる」[36]。デイビス達でさえ「経営の偉大さを示すのは理性（brain）とともに感性（heart）である」(p.8)という。いずれにしても，自覚や認識が責任を芽生えさせ，知識や情報が責任を生成し，行為能力が責任を負う。知れば（認識）知るほど，行為能力（自由）があればあるほど，責任は重くなるのである。責任に対するこのような理解が，理念と戦略のギャップを埋める

力として働き，地球環境問題をはじめとした社会的責任問題を自己の内在的な論理として展開する道を切り開くことができるだろう。

IV　経営戦略としての社会的責任
　　――環境経営の展開――

1　社会的責任と経営の論理の統合

　環境問題に限らず，経営が先見性を行使せねばならないことは多い。この点を考える場合，先見性の行使を「世代間の価値評価の問題」[37]と捉えたバーナードの主張には実に洞察深いものがある。確かに，生命の意味を問う環境問題は，次世代（未来世代）に対する現世代の責任をいかに捉えるかという問題，経営の意味の問題にほかならない。このことは，地球環境問題の高まりの中で，近年，環境倫理学においてようやく理解されつつある。

　さらに社会的責任（環境問題）を経営の論理として展開しようとする場合にも，バーナードは一つの示唆を与えてくれる。たとえば，エコロジスト達が「社会の進歩は経済成長とは対立する」[38]と言うとき，バーナードは「経済的進歩か社会的進歩か」という二者択一的な問いの立て方をせず，「経済的進歩は，他の社会的諸力もそれに比例して着実に発展し，かつそれらの社会的諸力を表し出すことが確実にできる相応の組織ができたときにのみ，社会進歩を意味する」[39]と述べて，経営や組織のあり方いかんでは，「経済的進歩は社会的進歩でもありうる」ことを示し，経営の力と役割が明確に意識されている。ここに，経営が地球環境問題に取り組む舞台は整った。

　もっとも，経営体が地球環境問題をはじめとする社会的責任に取り組む姿勢は一様ではない。社会的責任を経営戦略に組み込んだ経営の論理を構築できるかどうかで分かれる。端的に言えば，社会的責任と経済的利益との関係をどう見るかである。一般的には，社会的責任を果たせば，コスト増を招き，利益を減少させるという主張がかなり説得力をもっている。このように両者を対立的に捉えると，社会的責任は利益を社会に引き渡す義務となり利益を圧迫する以外の何ものでもない。これまで多くの経営者はそのように考

えてきた。この場合，社会的責任を経営戦略に組み込んで展開することはかなり難しい。たとえ今日の地球環境問題への関心の高まりを受けとめた経営理念や経営倫理の上から取り組んだとしても，投下費用は利益を生まないコストと理解され，消極的な環境対策になってしまうだろう。

　それでは社会的責任と利益とは対立するものなのだろうか。必ずしもそうでないことを既に1970年半ばにボウマンとヘアが明らかにしている[40]。彼らによれば，社会的責任（公害防止）を ① 適度に果たす企業は，② よく果たすか，③ ほとんど果たさない企業より利益率が高い。それでも「よく果たす企業（責任的）は，ほとんど果たさない企業（無責任）よりも業績がよい」と強調することを忘れてはいない[41]。つまり業績順は ① 適度に果たす企業 ＞ ② よく果たす企業 ＞ ③ ほとんど果たさない企業，である。環境意識が進んだ現在だと，② よく果たす企業 ＞ ① 適度に果たす企業 ＞ ③ ほとんど果たさない企業，の可能性が高い。あるいは，ほとんど果たさない企業は淘汰されるか，いずれ淘汰されるだろう。

　彼らの研究は，社会的責任と利益との直接的対立まで否定したのではないにしても，社会的に責任的な企業が必ずしも低業績ではなく，むしろ逆であることを論証してみせた。もちろん業績がいいから社会的責任に取り組めると理解することもできる。しかし，社会的責任は利益の原因ではないとしても，環境変化に対する感受能力の高さを示す指標であり，ビジネス・チャンスをつかむ戦略的能力の高さとも受けとめられる。さらに積極的に社会的責任を経営戦略に組み込みそこから業績を高める道はないのだろうか。もともと企業は社会的要求に応えて利益をあげてきたのであり，いずれも生存にとって必要であってみれば，両者を統合することは可能なはずだ。事実，環境問題に熱心に取り組んでいる日本企業には，リコー，キャノン，トヨタ，セイコー・エプソン，日本IBMなどのように業績的にも優良な企業が多い。そこには単なる環境対策を超えて，環境問題に取り組む経営によって利益を高めてゆく環境経営を展開しているものと思われる。第Ⅰ期，第Ⅱ期の社会的責任の歴史は，社会意識の高まりとともに，社会的責任がいずれ経済的責任に貢献し，両者が両立するようになることを示している。この点も指摘し

ておこう。

2　社会的責任経営戦略の展開

　企業の社会的責任（CSR）の第一段階だとしばしば指摘されるコンプライアンス（法令順守，広く捉えれば倫理遵守も含めて）は，これなしには企業存立が許されない経営前提で，いわば「守りのCSR」である。本来，社会的責任ともいいにくいが，多くの企業が不祥事で企業価値を損ねている現状を思えば，それを徹底する組織戦略が必要である。

　ところで，経営体としての企業の発展は，自らの投資対象であるとともに経営行為の対象であり，そして何よりも生存領域ないし存在基盤である事業（本業）の成否にかかっている。企業の営利性と社会性を具体化する事業は，その市場性が問われるだけでなく，当然，事業内容と成果，そして事業方法や手段の社会的妥当性が問われる。

　コンプライアンスは事業方法の社会的妥当性の基本であるが，広く捉えれば，社会的弱者（マイノリティ，身障者，女性など）に対する就業保障などもこれに入るだろう。最長3年程度まで選択的にとりやすい出産休暇や育児休業をはじめ，職場復帰を保障する制度，他企業とも相互利用可能な職場に隣接した保育所の設置など，女性に働きやすいシステムは人権的配慮であるが，少子化という社会的課題（環境的には決して問題ではないが）にも貢献しよう。もちろん社会的弱者に雇用機会を提供し，能力に応じて管理者に登用することは，企業の人的資源を豊かにし，利益の源泉になることは多い。また，汚染物質を出さない，少なくとも基準値まで処理する生産システムの構築も事業手段や方法の社会的・自然的妥当性の問題で，いわゆる環境経営の一環である。

　生命の論理と意味を内在化した経営理念や経営哲学を掲げただけでは，自然との共生をはかる環境経営は実現しない。経営理念は，経営戦略に浸透して具体的な事業に反映され，現実の経営行動として展開されなければならない。それが理念と戦略のギャップを埋めるということだ。それは必ずしも狭い意味の環境ビジネスに進出することとは限らない。むしろ環境経営とは，

経営体の本来の投資対象であるとともに行為対象である事業を，その市場性からだけでなく，環境経営を具現するものとして，事業内容と成果，そして事業方法の社会的・自然環境的妥当性を問うところにある。もっとも，地球環境問題に対する社会科学的に有効な提言はただ一つ "Small is Beautiful"[42]であるが，これは「造るな」，少なくとも「大量生産するな」というに等しく，企業経営の観点に立てば，これほど厳しい課題はない。この厳しい問いと課題を内包しつつ，自らを鍛えて組織革新をはかり，それを梃子に技術革新，製品（サービス）革新を導き，時に異質な事業領域に転換する，より高度な経営を実現するところに，企業にとって，環境経営を展開する真価があるだろう。いわば退路を断ってイノベーションに邁進せざるを得ず，それが環境経営を展開する企業の強さの源泉となっている。

具体的にいえば，事業内容の検討とは，既存事業や新規事業を自然環境的観点から評価することである。その結果，厳密に環境経営を展開しようとすれば，経営体（企業）は時に既存事業から脱却し，時に新規事業への進出を見合わせることも必要になるが，人々の利便性からも企業経営上からも難しいことが多い。たとえば，大気汚染の元凶である自動車事業から自動車会社が撤退するのは，現在の社会システム，経済システムを前提にする限り，不可能に近い。この場合，環境に配慮したエコ商品（ハイブリッドカーや燃費効率の高い低公害ネエンジン）の開発などを事業内容の検討の結果と見てもよいだろう。省エネ電化製品など，環境負荷の低減を志向する商品の開発も同様である。それは製品レベルでの "Small is Beautiful" への努力の一つだ。

もともと人類の巨大な活動自体が環境破壊の原因であるので，事業内容を検討して根本的な解決をはかることには限界があるが，自然の生態循環，つまり自然の浄化作用にのらないもの，少なくともリサイクルできないものは製品化しないという意識が環境経営には不可欠である。もっとも，すべてのリサイクルが自然環境的に優れているとは必ずしも言えないことには注意せねばならないが，そういう意識は必要だろう。

車はまた深刻な製品廃棄物となるが，電化製品や情報機器などを含めてリ

サイクル・システムの確立は事業方法の検討である。生産プロセスへの環境技術の導入も事業方法の問題であることは，既に指摘した。それによって省エネが実現し，生産プロセス廃棄物（排水・廃液・廃熱）や産業廃棄物が抑制されれば，コスト削減に結びつく。グリーン調達（たとえば風力発電で生産された電気の購入）やグリーン（エコロジカル）マーケティングなども事業方法の工夫である。いずれも経営革新や組織革新が伴っており，これらを他社に先駆けて実行すると，競争力強化につながることが多い。自動車会社の世界的再編も各社のグローバル戦略の一環に違いないが，そこには巨額にのぼる環境技術開発費の負担や環境技術の入手といった環境戦略が深く絡んでいることは周知の事実である。

さらに，顧客や投資家の環境意識が高まってエコファンドなどが定着すれば，環境経営は資金調達の面でも有利になるだろう。エコファンドは，各企業の環境問題への取り組み方を第三者が評価する金融商品で，企業の環境格付けとして機能し始めている。また有能な人材確保や従業員のモラール向上も，社会的責任経営，環境経営の効果であろう。

3 社会貢献と企業市民（コーポレート・シチズンシップ）

このように，事業戦略に落とし込める社会的責任経営や環境経営は，コスト削減や戦略武器となって競争力を高めて利益を増やす道もあり，試行錯誤しながらも進展してゆくに違いない。残る問題は社会的責任の第三段階ともいうべき，事業外領域のメセナ（芸術文化の擁護・支援）やフィランソロピー（博愛・慈善）といった，主体的に社会的役割を果たす，いわゆる社会貢献活動である。これらは，時に利益を圧迫して企業経営の足枷ともなるだけに，株主を中心とした利害関係者を納得させる根拠を必要とするだろう。これにも二つの考え方がある。

一つの有力な根拠は，企業も社会を構成する一員，企業市民（コーポレート・シチズンシップ）だという理解である。市民としての個人が寄付やボランティアなどの社会的な貢献活動をするように，企業も社会を構成する一市民として社会的に行動し，その保持する資源や力に応じた役割を果たさなけ

ればならないというものである。社会貢献活動を根拠づける一般的な主張だ。

いま一つ考えられるのは，企業は社会を内包しており，極論すれば「企業は社会」だから，より正確にいえば，企業は社会的ネットワークの結節点だから，均衡のとれた社会貢献活動は企業活動そのものとなる。

本書で何度も指摘してきたように，バーナードは組織の構成員を経営者や管理者，従業員のみならず，株主や債権者はもちろん，取引業者や顧客も含めた。利害関係者論と違って，この構成員（個人）の「調整された活動」が組織なのである。もちろん，株主だけという個人はいない。株主も社会人（市民）であり，消費者であり，他社の管理職や従業員であるかもしれない。管理者も従業員も同様に社会人（市民）であり，消費者であり，自社や他社の株主なのである。ここに，組織には絶えず社会意識が流れ込み，時に流動化する。この組織を中核とする企業は，単に社会を構成する一員という以上に，社会的ネットワークの結節点だといえるだろう。このような組織観に立つと，均衡のとれた社会貢献は企業活動そのものだという主張も理解されるに違いない。「利益（組織貢献者に誘因として提供した残余）ゼロの状態が企業にとって理想的状態」とするバーナードの企業観も，この主張を後押しするだろう。

そもそも，社会とともにすら生きられない企業は，自己からさらに遠い自然に思いを馳せられず，自然とともには生きられるはずもない。序章で示した「生命の包括関係（図・序-3）」は，このことをよく示している。もし，均衡のとれた社会貢献が社会とともに生きる感性の証ならば，社会貢献企業は自然とともにも生きられる可能性が高いだろう。このような企業が，本書が前提にした生命システムにして意味システムであることを確認し，この終章を，そして本書を閉じることにしよう。

【付記】

本章は，「経営存在と環境の問題」山本安次郎・加藤勝康編『経営学原論』文眞堂（1982）第17章と「経営の社会的責任」『大阪商業大学論集』第63号（1982）を基礎に，「組織と意味の展開」『組織科学』Vol.33, No.3（2000）を加えて，一つに書き直したものである。特に「経営存在と環境の問題」[43)]に対しては，当時，村田晴夫が「自然環境からの立論には傾聴すべきものを含んでい

る」と指摘している。また山本経営学に対する最も厳しい批判者であり，わが国経営学界全体にも鋭い批判の眼を向けて，激しい言葉を浴びせる裴富吉（ベエ　ブキル）から「評者は『経営学原論』の執筆者に，いいにくいことも遠慮なくいってきた。が，同書に関してはすなおに評価したい部分がある。第17章「経営存在と環境の問題」[庭本佳和]は出色の出来であると思う。今後，経営学がとりくまねばならない課題をよく示唆している」[44]と評価された。しかし，本書は「その後，進歩がない」と批判されるかもしれない。

1) 現代社会を特徴づける「情報化」や「グローバル化」はともかく，「エコロジカル化」は生半可な表現である。当初（1993年，流通科学大学シラバス）は，バーナードの表現を借りて「道徳化（地球環境問題）」としていたが，翌年から「エコロジカル化（地球環境問題）」に変更した。庭本佳和「組織変革とヒューマン・リソーシズ」山本安次郎・加藤勝康編『経営発展論』（文眞堂，1996年）と「組織統合の視点とオートポイエーシス」『組織科学』（Vol.29, No.4, 1996）および「組織と意味の展開」『組織科学』Vol.33, No.3, 2000）を執筆の際，そのまま踏襲したが，『組織科学』の威力もあってか，それが定着してしまったようだ。私自身は納まりの悪い表現がいまだに気にかかる。
2) A. N. ホワイトヘッド『過程と実在』みすず書房，1981年，154頁。本書第3章参照。
3) 山本安次郎『増補　経営学要論』ミネルヴァ書房，1964年（1974年増補）。
4) 庭本佳和（1996），山本・加藤編『前掲書』252頁。
5) C. I. Barnard, *The Functions of the Executive,* Harvard University Press, 1938（以下は *The Functions* として原書頁のみ記す）。山本安次郎・田杉　競・飯野春樹訳『経営者の役割』ダイヤモンド社，1968年，154頁。
6) 眞野脩『バーナードの経営理論』文眞堂，1987年，55頁。
7) C. I. Barnard, "On the Social Significance of Losses," 1941, pp.33-34. ただし，眞野脩，前掲書（64-65頁）におけるバーナードの長い引用からの孫引きである。
8) P. F. Drucker, *The Practice of Management,* Harper & Raw, 1954, pp.76-77. 上田惇生訳『[新訳] 現代の経営（上）』ダイヤモンド社，1996年，112頁。
9) 『日経ビジネス』1999年6月14日号，133頁。当時，安田生命保険（現明治安田生命保険）社長だった宮本三喜彦の言葉。なお，宮本は明治安田生命保険不払い問題の責任をとり，2005年11月に会長職を退いた。
10) M. D. Richards, *Organizational Goal Structures,* West, 1978, pp.82-83.
11) M. Friedman, "The Social Responsibility of Business is to Increase Profit," *New York Times Magazine,* September, 13, 1970.
12) G. Bark, "Hazards of Corporate Social Responsibility," *Fortune,* 87, June, 1973, pp.114-117, pp.216-218.
13) K. Davis, W. C. Frederick and R. L. Blomstrom, *Business and Society,* McGraw-Hill, 1980.
14) M. Anshen, *Corporate Strategy for Social Performance,* Macmillan, 1980.
15) A. B. Carroll, *Business and Society : Managing Corporate Social Performance,* Little Brown, 1981.
16) R. Armstrong, "The Passion that Rules Ralph Nader," *Fortune,* 83, 1971.
17) A. B. Carroll, *op.cit.,* pp.13-15.
18) D. J. Fasching, "A Case for Corporate and Management Ethics," *California Management Review,* Vol.XXIII, No.4, 1981, p.67.
19) K. Davis, W. C. Frederick and R. L. Blomstrom, *op.cit.,* p.46.

20) H. M. Williams, "Free Enterprise in a Free Society," *California Management Review*, Vol.XXIII, No.2, 1980, pp.29-34.
21) D. J. Fasching, *op.cit.*, p.67.
22) G. C. Lodge, "Business and Changing Society," Harvard Business Review, March-April, 1974, pp.63-68. 次の文献がより詳しい。ジョージ・C. ロッジ／水谷栄二・西潟真澄・後正武訳『ニュー・アメリカン・イデオロギー』サイマル出版会, 1979 年（原書は 1974 年）。
23) K. Davis, W. C. Frederick and R. L. Blomstrom, *op.cit.*, p.191 の図を基礎に作成。
24) 西村　肇『裁かれる自動車』（中公新書）中央公論社, 1976 年。
25) 内橋克人「90 年代－日本の技術の選択⑤」『世界』1989 年 8 月号, 344 頁。
26) 三戸　公「大量生産様式の論理と責任」『経済評論』1972 年 6 月号。
27) 三戸　公『随伴的結果』文眞堂, 1994 年。
28) R. W. Ackerman, "How Company Respond to Social Remands," *Harvard Business Review*, July-August, 1973, pp.95-96.
29) R. W. Ackerman, *The Social Challenge to Business*, Harvard University Press, 1975, p.64.
30) K. Davis, W. C. Frederick and R. L. Blomstrom, *op.cit.* 以下は本文に頁数をあげる。
31) M. D. Richards, *op.cit.*, p.83.
32) W. B. ウォルフ／飯野春樹訳『経営者のこころ』文眞堂, 1978 年, 21 頁。
33) ハイネマン『民主主義における官僚制』に対する書評に比較的まとまった記述がある。William B. Wolf and Haruki Iino eds., *Philosophy for Managers: selected papers of Chester I. Barnard*, Bunshindo, 1986, Chapter 9. 飯野春樹監訳『バーナード　経営者の哲学』文眞堂, 1986 年, 第 9 章（翻訳は庭本担当）。
34) 飯野春樹『バーナード研究』文眞堂, 1978 年, 第 8, 9 章。特に 195 頁, 235 頁。
35) D. J. Fasching, *op.cit.*, p.62.
36) *Ibid.*, p.68.
37) W. B. Wolf and Haruki Iino eds., *op.cit.*, p.52. 前掲訳書, 76-77 頁。
38) ドミニク・シモネ／辻　由美訳『エコロジー』白水社, 1980 年, 8 頁。
39) W. B. Wolf and Haruki Iino eds., *op.cit.*, p.43. 前掲訳書, 62 頁。
40) E. M. Bowman and M. Haire, "A Strategic Posture toward Corporate Social Responsibility," *California Management Review*, Vol.XVIII, No.2, 1975, pp.49-58.
41) ボウマン＝ヘアの研究を利用する際, リチャーズはこの点を見逃している（M. D. Richards, *op.cit.*, p.83.）。
42) E. F. Schumaher, *Small is Beautiful*, Blond & Briggs, 1973. 斎藤志郎訳『人間復興の経済』佑学社, 1976 年。
43) 村田晴夫「書評　山本安次郎・加藤勝康編著『経営学原論』文眞堂, 昭和 57 年」『武蔵大学論集』第 30 巻第 3・4 号, 1982 年, 107 頁。
44) 裴　富吉「書評　山本安次郎・加藤勝康編著『経営学原論』文眞堂, 昭和 57 年」『論集（商経編）』（札幌商科大学）第 34 号, 1983 年, 131 頁。

事項索引

ア行

暗黙知　11, 13, 129, 133, 134, 137, 138, 139, 177, 178, 184, 186, 187, 188, 189, 190, 191, 197, 199, 200, 201, 202, 203, 204, 205, 206, 208, 210, 211, 214, 251, 312, 361, 370, 379

意思決定　38, 59, 122, 163, 246, 269, 303, 304, 305, 306, 307, 308, 309, 310, 313, 314, 315, 316, 317, 318, 319, 320, 328, 355, 358, 395

意味　1, 13, 15, 17, 18, 69, 178, 214, 216, 287, 289, 347, 395, 396, 400, 407, 408, 409
　——の過剰　13, 16, 17, 19
　——の余剰　71

エントロピー　8, 9, 10, 13

オートポイエーシス　12, 13, 170, 171, 209, 241, 242, 243, 246, 247, 351, 377, 381, 383, 385, 386, 387, 388, 389, 390, 391, 392, 393, 394, 396, 397, 398, 399, 400

オープン・システム　5, 9, 350, 351, 412

思わざる結果　280, 287, 290, 291, 292, 409, 411, 428, 429

カ行

外的観察　389, 273, 275, 276, 278, 352
外的均衡　273, 275, 276, 278, 350
外的視点　160
概念構成　145, 159, 160, 161, 162, 165, 225, 227, 228, 230, 234
外部観察　145, 160, 171
環境汚染　1, 2, 75, 116
環境倫理　1, 21, 23
企業　3, 347, 407, 415, 416, 417, 418, 419, 420, 422
　——目的　417, 420, 421
競争　355, 361, 362, 409
　——戦略　343, 363

協働システム　6, 7, 8, 18, 38, 57, 151, 226, 227, 228, 229, 230, 232, 233, 234, 261, 267, 269, 270, 272, 273, 280, 281, 282, 283, 293, 294, 352, 401

協働の哲学　29, 31, 32, 43

クローズド・システム　5, 350, 351, 412

経営体　3, 6, 11, 63, 149, 263, 264, 347, 401, 407, 409, 411, 412, 416, 417, 422, 430

経営の論理　3, 425, 437, 438, 440

形式知　188, 191, 199, 200, 202, 204, 205, 210, 211

コア・コンピタンス　210, 326, 364, 365, 366, 367, 369

公害　1, 4, 9, 117, 325, 340, 410, 413, 428, 429, 434

公式組織　18, 45, 46, 53, 57, 65, 163, 164, 227, 246, 247, 307, 368, 393

行動知　19, 20, 21, 70, 126, 128, 129, 133, 177, 178, 180, 181, 183, 184, 187, 188, 190, 191, 197, 199, 206, 309, 311, 312, 313, 314, 315, 356, 361, 370

功利主義的個人主義　32, 40, 42, 43, 44

功利的個人主義　47, 49, 51

個人的知識　62, 101, 138, 180, 183, 184, 185, 186, 187, 207, 304, 315

コンティンジェンシー理論　175, 192, 196, 330, 345, 377, 378, 382, 383, 413

サ行

資源ベース戦略論　326, 348, 361, 362, 364, 365, 366, 367

自然観　4, 6, 15, 74, 75, 99

自然破壊　1, 75, 87, 116

実践　210, 211, 213, 214, 215
　——共同体　211, 212, 213, 214, 215, 216, 217

社会的責任　115, 116, 340, 407, 411, 413, 415, 422, 423, 424, 425, 426, 427, 428, 433, 434, 435, 436, 437, 440, 441, 442

――論　414
自由意思　6, 36, 37, 38, 39, 58, 73, 75, 76, 88, 95, 96, 99, 101, 124, 132
自由の暗転　96
自由の恐怖　97
純粋組織　227, 230, 231, 234
自律的戦略行動　332, 333, 334, 337, 347
身体知　19, 20, 21, 70, 126, 181, 186, 199, 313, 314, 356, 361, 370
制度　148, 149, 153, 155, 156, 157, 165, 368, 369
生命　6, 10, 11, 14, 19, 381, 391, 408, 410, 413, 415
　――システム　1, 8, 9, 11, 16, 396, 401, 445
　――性の簒奪　411
　――の意味　10, 19, 20, 21, 23, 412, 428
　――の危機　1, 411
　――の論理　11, 12, 15, 19, 412, 442
制約された合理性　60, 120, 121, 377
責任中心　352, 425, 433, 438, 439
責任優先　100, 425, 439
全人仮説　43, 306
戦略的要因の理論　258, 316, 326, 353, 354
側生組織　68, 248
組織　7, 57, 147, 175, 209, 236, 240, 282, 377, 398
　――経済　252, 253, 254, 259, 263, 273, 283, 284, 285, 287, 289, 292
　――生態論（ポピュレーション・エコロジー）　5, 6
　――定義　144, 161
　――的知識　101, 134, 186, 188, 191, 196, 208, 209, 210, 379
　――能力　282, 337, 341, 344, 346, 348, 365, 367, 369, 370, 400, 430
　――文化　46, 192, 197, 210, 213, 319, 346, 348, 357, 368, 379
　――文化論　99, 175

タ行

地球環境　413, 430, 440, 441
　――問題　1, 2, 22, 179, 325, 361, 396, 407, 410, 411, 414, 433, 437, 361, 367, 369, 370
知識ベース戦略論　361, 369, 370
知の階層性　126, 127, 134, 313
知の包括関係　126

ディオニソス　12, 103, 104
道徳的個人主義　52
道徳的創造　99, 100, 101, 165, 177, 178, 289, 357
　――性　61, 255, 287, 289, 290, 291, 292, 295

ナ行

内的記述　246
内的均衡　199, 273, 275, 276, 278, 352
内的視点　71, 145, 160, 161, 167, 168, 238, 241, 242, 389, 397, 398, 399
内部観察　131, 166, 170, 171, 246
日常の理論　191, 193, 195
人間関係論　33
能率　260, 263, 264, 270, 271, 272, 274, 275, 276, 278, 279, 280, 281, 282, 283, 286, 293, 294, 352, 354, 428, 430
能力ベース戦略論　367, 370
ノモスとしての自由　64, 78, 79, 88, 91, 100, 105, 106

ハ行

バーチャル・コーポレーション　145, 241
バーチャル・コミュニティ　35, 41
バーチャル・リアリティ　35
パラダイム　320
非公式組織　18, 44, 45, 46, 52, 53, 57, 65, 71, 156, 158, 163, 164, 165, 213, 246, 247, 307, 308, 368, 393
ピュシスとしての自由　64, 79, 86, 88, 91, 105, 106
表現的個人主義　49, 51, 52
非論理的過程　125
非論理的精神過程　126, 197, 199, 312, 379
プロシューマー　146, 240, 408
ポピュレーション・エコロジー　378

マ行

満足解　120
満足基準　60
満足原理　94, 121

ユ行

有効性　260, 263, 264, 270, 271, 272, 275, 276, 279, 280, 281, 282, 283, 285, 293, 294,

352, 354
誘発的戦略行動　332
ゆらぎ　243, 320, 379, 383, 384, 385, 390, 396, 399, 400

ラ行

利益　418, 419, 420, 422, 424, 427, 440, 441

リソース・ベース戦略論　210
理念型組織　231, 233, 234, 235
理念型的組織　227
倫理的個人主義　46, 52
論理実証主義　118, 121, 377
論理的過程　125, 127
論理的精神過程　126, 199, 312

人名索引

ア行

アリストテレス　79, 80, 88, 100
アンソニー, R. N.　336
アンゾフ, H. I.　180, 264, 316, 319, 324, 325, 328, 333, 335, 336, 337, 339, 340, 341, 342, 343, 344, 345, 346, 352, 353, 354, 358, 359, 360, 361, 362, 363
アンドリュウス（アンドルーズ）, K. R.　271, 272, 305, 335, 336, 346, 348, 358, 359, 367, 369
飯野春樹　31, 100, 138, 228, 260, 261, 276, 293, 294, 356, 398, 438, 439
今井賢一　176
今田高俊　389, 390
ヴァレラ, F.　171, 186, 209, 241, 242, 383, 385, 386, 387, 388, 389, 390, 391, 392, 397, 398
ヴィトゲンシュタイン, L.　40, 382
ウィリアムソン, O. E.　121, 148, 254, 288, 303, 380
ウェーバー, M.　30, 48, 169, 423
ウェンガー, E.　211, 212
ウォーターマン, R. H.　380
占部都美　273, 274, 275, 276, 277, 278, 279, 343
エールリッヒ, E.　165
大平金一　274, 275, 276, 277, 278
オルソン, M.　49

カ行

加護野忠男　138, 175, 177, 188, 191, 192, 193, 194, 196
カッツ, D.　9
加藤勝康　124, 168, 227, 276, 260, 261, 358, 398
金井壽宏　188, 190, 201
ガルブレイス, J. K.　15, 144, 236, 329
ガルブレイス, J. R.　328, 329, 331
カール・ワイク　199
川端久夫　145, 237, 276
河本英夫　390
カーン, L.　9
カント, I.　81, 82
ギアーツ, C.　41, 169
北野利信　123, 163, 164, 165, 169, 253
キャロル, G. R.　5
クリステンソン, C.　349, 356
クロー, G. von　208, 209, 210
クーン, T. S.　194, 326, 334
クーンツ, H.　303
ケイ, R.　392
ゲーテ, J. W. von　8, 116
ゲルウィック, R.　129
ケレーニイ, K.　12
コース, R. H.　148, 288
コープランド, M. T.　144, 160, 164, 348
コリス, D. J.　365, 366

サ行

サイモン, H. A.　31, 33, 59, 60, 94, 120, 121, 122, 123, 124, 129, 131, 144, 197, 198, 237, 273, 303, 305, 310, 314, 318, 319, 328, 330, 358, 377, 378
サイヤート, R. M.　176
坂下昭宣　279
佐々木恒男　75, 76, 77, 124, 131, 132, 252, 251, 254, 255, 260, 261, 262, 292
サムエルソン, P. A.　118
ジェヴォンズ, W. S.　118
シェンデル, D. E.　324, 337, 342, 343, 344, 345, 351
シュッツ, A.　159, 160, 161, 169
シュルツ, W.　102, 103, 106
シュンペーター, J. A.　176, 180
ジョージェスク＝レーゲン, N.　10
スコット, W. G.　47, 48, 49, 50, 51, 62, 63, 64, 65, 380

鈴木辰治　36
スナイダー, W. M.　211, 212
スミス, A.　33, 47, 93, 94, 117, 304, 423
セルズニック, P.　124, 156, 305, 362, 367, 368, 369, 370
ソクラテス　88

タ行

高橋公夫　253, 254, 288, 292
竹内弘高　199, 200, 346
谷口照三　265, 270, 271, 290
チャンドラー, A. D.　180, 326, 327, 328, 329, 333, 341, 358, 362, 364
中條秀治　145, 147, 237, 238, 247
槌田　敦　10
デイビス, K.　422, 435, 436, 437, 438, 439
テイラー, F.　5, 33, 35, 193, 412, 414
デカルト, R.　77, 81, 82, 116, 124, 131
デューイ, J.　185, 271
デュギッド, P.　212, 214
デュルケーム, E.　52
トイプナー, G.　385, 394
道明義弘　263, 265, 266, 270
ドッズ, E. R.　64, 97
トフラー, A.　146, 239, 408
ドラッカー, P. F.　92, 93, 199, 419, 420, 421

ナ行

長岡克行　246, 247, 395
仲手川良雄　77, 79
ニーチェ, F. W.　102, 103, 104, 105
ニュートン, I.　82, 116
ネイサンソン, D. A.　328, 329, 331
野中郁次郎　134, 138, 175, 188, 196, 198, 199, 200, 201, 202, 203, 204, 205, 206, 207, 208, 212, 346, 379

ハ行

ハイエク, F. A.　82, 96, 160, 176, 177, 183, 382
ハイネン, E.　156, 380
バーゲルマン, R. A.　175, 331, 332, 334, 337, 338, 342, 378
パスモア, J.　102
パーソンズ, T.　303, 304
ハート, D. K.　47, 48, 49, 50, 51, 62
バーニー, J. B.　366, 367
ハメル, G.　364, 365, 367, 369
バーリン, I.　74, 77
ピーターズ, T. J.　380
ファッシング, D. J.　439
ファヨール, H.　251, 263, 266, 412
フォレット, M. P.　93
藤井一弘　246, 254, 265, 270
フーバー, H. C.　63
ブラウン, J. S.　66, 212, 214
プラトン　79, 88, 101, 203
プラハラード, C. K.　364, 365, 367, 369
プリゴジン, I.　8, 334, 379, 383, 384, 385
フリードマン, M.　118, 119, 422
フロム, E.　96, 98
裵富吉（ベエ　ブキル）　446
ベラー, R. N.　40, 46, 50, 51, 52
ベルグソン, H.　8
ベルタランフィ, L. von　9, 381, 382
ベルナール, C.　349, 350
ペロー, C.　30, 31
ヘンダーソン, L. J.　261, 349, 350
ペンローズ, E. T.　176, 177, 304, 328, 331, 332, 364
ホイットマン, W.　50
ポーター, M.　199, 324, 325, 345, 361, 363, 364, 366
ホッブス, T.　83, 84, 86
ポパー, K. R.　118
ホファー, C. W.　324, 325, 334, 337, 342, 343, 344, 345, 351
ポラニー, M.　87, 88, 90, 91, 128, 129, 137, 138, 139, 184, 186, 189, 190, 191, 197, 203, 204, 205, 207, 208, 315
ポラニー, K.　253, 288
ボールディング, K.　10, 303
ホワイトヘッド, A. N.　20, 125, 271, 381

マ行

マクダーモット, R.　211, 212
マーチ, J. G.　121, 176, 198, 310, 320, 330, 378, 379, 380
マトゥラーナ, H. R.　170, 171, 186, 209, 241,

242, 383, 385, 386, 387, 388, 389, 390, 391, 392, 397, 398
眞野 脩　278, 419
マリノフスキー, B. K.　41
マンスフィールド, R.　5
三戸 公　36, 93, 94, 145, 237, 270, 279, 280, 281, 290, 306, 428, 429
ミトロフ, I. I.　359
ミル, J. S.　74, 84, 91, 102, 117
ミンツバーグ, H.　362, 363, 364
村田晴夫　134, 271, 445
メイソン, R. O.　359
メーヨー, G. E.　33, 41, 94, 163, 164, 305
モーガン, G.　246, 391
森本三男　277
モンゴメリー, C. A.　365, 366

ヤ行

山崎正和　50
山本安次郎　270, 276
ヤンツ, E.　379, 385

吉田民人　270, 381, 398
ヨーナス, H.　102

ラ行

ライル, G.　178, 190
リースマン, D.　38, 50
リチャーズ, M.　422, 437
ルフェーブ, H.　132
ルーマン, N.　17, 144, 209, 236, 242, 243, 244, 388, 390, 393, 394, 395, 396, 397, 401
レイヴ, J.　211, 212
レスリスバーガー, R. J.　38, 164
レヴィ=ストロース, C.　132
ロース, J.　209, 210
ロック, J.　84, 86
ロビンソン, J.　4

ワ行

ワイク, K.　169, 175, 194, 199, 378, 379
渡瀬 浩　30, 31, 43, 44

著者略歴

庭本 佳和（にわもと よしかず）

1946年　中国大連市生まれ（1947年引き揚げ）
1969年　関西大学商学部卒業
1975年　関西大学大学院商学研究科博士課程単位取得
2001年　大阪商業大学教授、流通科学大学教授を経て甲南大学経営学部教授
専攻分野　経営組織論、経営戦略論
主要著作　『バーナード 経営者の役割』（共著）有斐閣新書，1979年
　　　　　『経営学原論』（共著）文眞堂，1982年
　　　　　『バーナード：現代社会と組織問題』（共著）文眞堂，1986年
　　　　　『情報化社会と企業経営』（共著）中央経済社，1988年
　　　　　『現代の経営と管理』（共著）ミネルヴァ書房，1992年
　　　　　『現代グローバル経営の新機軸』（共著）創成社，1994年
　　　　　『経営発展論』（共著）文眞堂，1996年
　　　　　『現代組織の諸相』（共著）文眞堂，2001年
　　　　　『経営学パラダイムの探求』（共著）文眞堂，2002年

文眞堂現代経営学選集
第Ⅱ期第4巻
バーナード経営学の展開
―意味と生命を求めて―

2006年2月20日　第1版第1刷発行　　　　検印省略

著作者　　庭　本　佳　和

発行者　　前　野　眞太郎
　　　　　東京都新宿区早稲田鶴巻町533

発行所　　株式会社 文眞堂
　　　　　電　話　03（3202）8480
　　　　　FAX　03（3203）2638
　　　　　郵便番号（162-0041）　振替00120-2-96437番

印刷・モリモト印刷　製本・イマキ製本所
©2006
定価はカバー裏に表示してあります
ISBN4-8309-4538-9　C3034